MW01615863

OTRAS OBRAS DE JANE ROBERTS DE NEW AWARENESS NETWORK INC.

Todos los títulos están disponibles en inglés; algunos de los títulos también están disponibles en castellano. Le rogamos mirar nuestro sitio web en español para ver los detalles. Ir a **www.sethlearningcenter.org** y hacer 'click' en el link arriba y a la izquierda, o ponerse en contacto con nosotros por teléfono o por correo postal.

LAS SESIONES TEMPRANAS

Las sesiones tempranas consiste en las primeras 510 sesiones dictadas por Seth através de Jane Roberts. Hay 9 libros en la serie Sesión Temprana.

LAS SESIONES PERSONALES

Las sesiones personales, muchas veces llamadas "las sesiones suprimidas", son sesiones de Seth que Jane Roberts y Rob Butts consideraron ser de una naturaleza sumamente personal y, por lo tanto, fueron mantenidas en cuadernos aparte del cuerpo principal del material de Seth. Las Sesiones Personales se publicaron en 9 tomos.

"El gran valor que veo ahora en las numerosas sesiones eliminadas o privadas es que tiene la de ayudar a otros, tal como nos ayudaron a Jane y a mí con el pasar de los años. Considero de suma importancia tener añadidas esta sesiones al magnífico cuerpo creador del trabajo para que todos las vean."
-Rob Butts

LA COLECCIÓN AUDIO DE SETH

Grabaciones únicas de Seth hablando através de Jane Roberts son disponibles en casette y en CD (disco compacto). Para una descripción de la Colección Audio de Seth y otras obras de Jane Roberts, pida nuestro catálogo gratis. (Más información al final de este libro.)

Para información diríjese a New Awareness Network en la dirección abajo y solicitar el catálogo más reciente. Asimismo, Ud. puede visitarnos en la web: www.sethcenter.como www.sethlearningcenter.org

New Awareness Network Inc.
Casilla 192
Manhasset, NY 11030

www.sethcenter.com
www.sethlearningcenter.org

EL
MATERIAL
SETH

by

Jane Roberts

EL
MATERIAL
SETH

by

Jane Roberts

NEW AWARENESS NETWORK INC. , Manhasset NY USA

Publicado por New Awareness Network Inc.

New Awareness Network Inc.
P. O. Box 192
Manhasset, NY 11030 USA

Primera edición española publicada por Editorial Diana, MÉXICO 1991
Traducción: Rafael Quijano

Las opiniones y declaraciones sobre la salud y temas médicos expresadas en este libro son las de la autora y no son necesariamente las de la casa editorial o endosadas por ella. No deberían ser consideradas aquellas opiniones y declaraciones como sucedáneas de consulta con un médico autorizado .

Diseño de portada: Michael Goode

Library of Congress Cataloging-in-Publication Data

Roberts, Jane 1929-1984
        El Material de Seth
        /por Jane Roberts

p.   cm.
ISBN 978-0-9768978-3-5

1.   Escritos espirituales 2. Self-Miscelánea
I.   Roberts, Jane 1929-1984 II. Butts, Robert F. III. Título
IV. Serie: Seth (Espíritu), 1929-1984 Libro Seth.

ISBN 978-0-9768978-3-5
Impreso en U.S.A.

"Puedo asegurarte que la muerte es otro principio, y que, cuando estás muerto, no estás en silencio. Pues esta voz que ahora oyes, ¿es silencio? ¿Está muerta la presencia que sientes dentro de esta habitación?. . ."

A finales de 1963, Jane Roberts y su esposo se hallaban experimentando con una tabla ouija, cuando una personalidad que se llamó a sí misma "Seth", empezó a formar mensajes. Pronto la señora Roberts empezó a entrar en trance con gran facilidad; sus gestos, sus ojos, su voz, todo ello lo tomó "prestado" el mismo Seth.

EL MATERIAL DE SETH es el relato documentado de cómo una mujer que no creía en la idea de la vida después de la muerte, se vio confrontada por una prueba aplastante. Seth ha diagnosticado enfermedades, descrito correctamente el contenido de sobres sellados (así como edificios que se encontraban a miles de kilómetros de distancia), e impartido conferencias en vivo. Ha materializado apariciones en una sala de estar perfectamente iluminada, y continúa sorprendiendo tanto a estudiantes de lo oculto como a profesionales; y, desde el mismo principio, el texto de cada sesión dos veces por semana ha ha sido grabado en su totalidad.

Esto es lo mejor de toda una serie continua de notables "conferencias" sobre salud, sueños, proyección astral, Dios, la reencarnación y los mecanismos del subconsciente humano. Como Raymond Van Over dice en su introducción: "Seth, en mi opinión, posee un gran talento para presentar y exponer temas complejos y a menudo muy difíciles, de una manera simple y clara. . . Desde el punto de vista filosófico, el material de Seth es algo de lo mejor que he leído en su clase". Retomando a menudo un tema exactamente donde lo dejó seis meses antes, Seth explica brillantemente muchos de los problemas y paradojas de lo oculto, y ofrece numerosas instrucciones para desarrollar PES (percepción extrasensorial), que cualquier lector puede ensayar por sí mismo. Ilustrado con sorprendentes fotografías tomadas durante una sesión real, EL MATERIAL DE SETH proporciona evidencia facinante y convincente de uno de los más extraordinarios "maestros" psíquicos del presente siglo.

Este libro está dedicado a Seth,
y a Rob, mi esposo

INTRODUCCIÓN

La personalidad de un médium es un tema fascinante y provocativo, porque se relaciona con cuestiones esenciales sobre la mente del hombre, la índole de su conciencia y hasta su destino final. Normalmente se define a un médium como "una persona que, supuestamente, es sensitiva a agentes paranormales y es capaz de impartir conocimientos derivados de ellos o de llevar a cabo actos que serían imposibles sin su ayuda". La mayoría de la gente describe a una médium como una señora enfundada en exóticos ropajes, medio oculta en oscuros rincones, esperando estafar a sus clientes el dinero que tan duramente han ganado. Si bien no hay duda que tal tipo de médiums todavía existe —y que alguna vez se han atravesado en nuestro camino— este difícilmente puede tomarse como un retrato completo.

Fue un poco antes de que empezara el presente siglo cuando los médiums empezaron a gozar de popularidad y el espiritismo se desarrolló como su religión. Por aquel entonces las sesiones se llevaban a cabo en un salón pequeño y apropiadamente diseñado que, frecuentemente, daba la apariencia de un teatro pequeño, cuyo escenario era una especie de capilla o poseía otros elementos religiosos. A los concurrentes, que por lo regular acudían emocionalmente abrumados por alguna tragedia reciente en su familia, se les excitaba hasta la histeria, mediante el canto de himnos y música de órgano. Era, en realidad, una producción teatral muy bien montada.

La médium entraba en trance y, con ayuda de su "agente" espiritual, comunicaba mensajes de seres amados, ya desaparecidos y que moraban en el "mundo de los espíritus". Muy a menudo, estos mensajes eran bastante triviales y hasta sumamente tontos, pero los acongojados sobrevivientes se marchaban a casa reconfortados y seguros de que sus seres queridos todavía existían "en alguna parte" y eran "felices".

En ocasiones la médium mostraba conocimientos que parecían ser alguna forma de percepción extrasensorial. Fue este aspecto de los médiums lo que dio origen a la parapsicología o investigación científica y controlada de la PES. No hay duda alguna que los médiums y el espiritismo eran y todavía lo son, excesivamente susceptibles al fraude. En los más sutiles rincones de la percepción, la evidencia objetiva es difícil de alcanzar y casi imposible de colocar bajo condiciones efectivamente controladas. En la mayoría de tales investigaciones, los hechos a menudo se aceptan no sobre evidencia científica, que es muy poca, sino basados en la fe, que siempre es abundante. Quizás el bien conocido investigador psíquico Harry Price lo expresó mejor cuando observó que el "espiritismo es, en su mejor forma una religión y, en su peor manifestación, una superchería y estafa organizada".

Pero, desde que comenzó la investigación sobre los médiums en trance, se ha hecho claro que constituyen en verdad una experiencia compleja, y son parte de un fenómeno más grande que en la actualidad se designa como "estados alterados de conciencia". A menudo entre los otros tipos de estado de trance, predominan condiciones patológicas, como en los comas, la catalepsia, el síncope y la animación suspendida. Todos estos se hallan asociados con el inconsciente, como lo están otros estados que resultan de la ingestión de ciertas drogas, o los efectos de las enfermedades sobre la química corporal; y todos ellos son más intensos que otros estados alterados, como el sueño normal, la hipnosis y el sonambulismo.

De los muchos tipos de estados alterados de conciencia, el del médium se halla entre los más valiosos, ya que es en sus trances donde el terreno subjetivo de la mente humana puede investigarse más convenientemente. Muchos de los que han estudiado a los médiums escribieron que, en efecto, se trata de un método para expandir la conciencia. El físico británico Raynor Johnson ha observado que existen muchos estados "en los que la conciencia es sacada del nivel de vigilia normal, y a los que colectivamente podemos denominar estados de trance. Algunos de ellos pueden ser creados por hipnosis. . . por drogas como la mezcalina o por anestésicos, y otros pueden producirse mediante ciertas prácticas de yoga. . . Un médium o una persona sensitiva, puede desprenderse voluntariamente y entrar a uno de estos estados, en los que la conciencia es elevada a un nivel intermedio dentro del yo y puede, al mismo tiempo, mantener una 'línea de comunicación' con el mundo exterior".

En virtud de que se trata de la *auto*inducción de un estado de trance y está relativamente libre de condiciones patológicas, el trance del médium da cabida a un elemento mayor de control sobre la experiencia, exactamente como ocurre en el caso de la hipnosis.

Jane Roberts comparte una característica única con algunas otras grandes médiums, como Eileen Garrett y la señora Osborne Leonard. Muchas médiums contemplan el material que surge de sus trances con una credulidad casi religiosa y, ciertamente, de su experiencia espiritista frecuentemente surgen convicciones religiosas. Pero, a pesar de su fascinación con el mundo subconciente con el cual han logrado hacer contacto, algunos médiums se resisten a la tentación de creer inmediatamente y depender totalmente de las revelaciones de una personalidad en el trance. La señora Garrett, por ejemplo, ha dedicado su vida a investigar el significado de lo que es ser una médium, de su propio mundo inconsciente, y de los fenómenos parapsicológicos en general. La señora Leonard también se ha dedicado a examinar las interrogantes de su propia condición de médium, y permitió ser sometida a numerosos ensayos y pruebas.

Los grandes médiums son tan raros como los grandes músicos o los grandes artistas. Sus características incluyen una mezcla peculiar de susceptibilidad a los estados de trance y una poderosa personalidad que es al mismo tiempo curiosa, objetiva y honestamente autocrítica. Por supuesto, no es fácil caracterizar muchos rasgos especiales del carácter extraordinario del médium; pero a mí me parece claro que Jane Roberts es una médium verdaderamente excepcional.

Experimentar franca y abiertamente con nuestra propia experiencia subjetiva —examinar las fuentes de inspiración, imaginación o creatividad— siempre ha sido característico de la personalidad excepcional. André Breton, autor del *Manifiesto Surrealista*, estaba obsesionado con la idea de combinar lo real y lo irreal en el arte, quizás porque al igual que el artista sumi japonés, no se sentía seguro de las distinciones entre los dos. Llevó a cabo una serie de experimentos con la escritura automática, en un esfuerzo por descubrir los aspectos ocultos de lo que conocemos como "real". El resultado, según argüía Breton, fue una expresión más pura del hombre interno, y este matrimonio del mundo inconsciente con la conciencia objetiva o consciente, no es muy distinto del viaje que Jane Roberts ha emprendido. Para una mujer joven que no ha pasado muchos años actuando como médium, ha logrado recorrer un largo camino hacia el análisis abierto y autocrítico, necesario para entender verdaderamente su papel de médium, y sus implicaciones más vastas. Ya se ha comprometido profundamente con la aplicación práctica de lo que son, básicamente, cuestiones filosóficas. Sin embargo, parte de este impulso debe atribuirse a la naturaleza de Seth, la personalidad del trance que ha nacido de su experiencia espiritista.

A la personalidad del trance por lo regular se le llama "agente" debido a que supuestamente manipula el cuerpo físico de la médium en esa situación y, a menudo, asume características individualizadas y únicas. Originalmente, claro está, se creía que el agente de la médium era el espíritu de alguna entidad descarnada que se apoderaba de ella como vía de comunicación con los vivos. Pero en *The World of Psychic Phenomena*, F. S. Edsall hace ver que la creación de personalidades del trance o agentes, parece depender de experiencias subconscientes relacionadas con los antecedentes o ambiente peculiares de la médium.

Las interrogantes sobre cuál es la personalidad del agente y cómo se comunica, son en extremo difíciles y, durante décadas, las han venido

13

estudiando los parapsicólogos y analistas de lo profundo. (Por cierto que Seth —con gran sentido común y honestidad, según me parece a mí— discute el difícil problema de la distorsión de hechos en el material que se recibe a través de una médium. Debido a que se hallan íntimamente asociadas con poderes supuestamente supranormales, se espera que las médiums también sean absoluta y cien por ciento exactas. Por supuesto, ese es el caso, pero popularmente prevalece este punto de vista y eso puede palparse en la actitud pública hacia Cayce o Dixon.) Algunas personas creen que el hombre posee talentos que pueden trascender los sentidos y muy posiblemente influyen en el inconsciente, sin al parecer afectar la mente consciente en lo absoluto. Edsall escribe que las experiencias de la médium relacionadas con su "ambiente podrían jugar una parte medular en la formación de estas extraordinarias personalidades secundarias que, en el caso de algunas médiums notables, parecen tan misteriosamente omnisapientes".

Muchas teorías psicológicas se han propuesto para explicar la existencia de personalidades del trance, como la teoría del analista neoyorquino Ira Progoff del "dinatipo". Tras extensas investigaciones con Eileen Garrett, Progoff concluyó que la "presencia de varios agentes que la controlan, es esencial para mantener un. . . equilibrio en la mente de la señora Garrett". El Dr. Progoff considera las personalidades que controlan los médiums "no como entidades espirituales, sino como formas simbólicas de dramatización, por medio de las cuales se hace posible articular los grandes principios de la vida en la experiencia humana". De manera similar, Sócrates tenía su "daimon" personal, Graves su Diosa Blanca de la poesía, y Noé en sus sueños de ebrio se veía a sí mismo como la encarnación de sus propios ancestros, primero Adán, y luego Jeremías. Cada hombre, según hace ver la teoría, personifica de esta manera lo que *él es*, subconscientemente. Psíquicos como la señora Garrett, han especulado que quizás ellos crean sus propios entes alternativos, únicamente que lo hacen en una forma más reconocible y razonable; como demonios o controles "espirituales".

W. H. Salter, bien conocido y objetivo investigador psíquico, propuso otra cosa, sin embargo: si la personalidad del trance continúa comunicándose año tras año, "sin equivocarse jamás en el tono emocional o intelectual que debe emplear, y nunca salirse de su papel, resulta difícil construir una explicación plausible basada sólo en la inferencia subconsciente y la dramatización por parte de la médium".

Las respuestas finales y definitivas se hallan en alguna parte en el futuro. Y si bien es importante formular preguntas, tales dudas no deben sobreponerse de ningún modo a otros aspectos igualmente importantes de las características del espiritismo. El *contenido* de los mensajes de la médium en trance, muy a menudo pasa desapercibido, indudablemente porque la mayor parte del tiempo, son hasta cierto punto declaraciones tontas o incoherentes. Pero, en algunos casos raros —como las declaraciones en trance de Edgar Cayce— parecen ser ideas importantes y estimulantes que merecen y exigen consideración. Y los mensajes a través de la personalidad de "trance" de Jane Roberts, Seth, ameritan tal atención.

El mejor material de los trances demuestra una buena introspección psicológica, comunicada a través de una fuerte y apasionada personalidad; y el material de Seth conlleva todas estas cualidades. No obstante, Seth agrega un ingrediente del que carece la mayoría del material espiritista: claridad de pensamiento y presentación. La mayor parte del material, tanto de agentes de médiums antiguos como modernos, está basado en una sintaxis desordenada y pensamientos confusos; sin embargo Seth, según creo, posee un gran talento para explicar temas complejos y a menudo sumamente difíciles, de una manera simple y con toda claridad. Para el ojo práctico del filósofo profesional y el parapsicólogo académico, en ocasiones parecerá tratar con ideas familiares. (Su explicación de que la mente de la persona abandona el cuerpo durante el sueño, por ejemplo, es clásica y nos hace regresar a los tiempos primitivos.) Pero, para aquellos que apenas empiezan a familiarizarse con el fascinante mundo de los sueños, la PES y los otros aspectos extraordinarios del inconsciente, Seth será un maestro con una visión tan clara como el cristal.

Y es a éstos, al que busca, al que hace preguntas, que Seth se dirige continuamente. El propósito definido de sus mensajes, es proporcionar un "medio por el cual la gente pueda entenderse mejor, revaluar su realidad y modificarla". En el capítulo sobre la percepción interna, Seth ofrece consejos claros y sensatos respecto a cómo proceder para expandir la conciencia individual y desarrollar técnicas de meditación y de PES. También se ve aquí algo que sólo tienen en común Seth y algunos otros, como los mensajes en trance de Edgar Cayce, una gran dosis de consejos con sentido común, y una preocupación llena de simpatía por los problemas individuales lo que diluye considerablemente las especulaciones filosóficas y metafísicas. Estos elementos parecen ser una de las características básicas del material de Seth y, con toda seguridad, son los que yo personalmente encuentro más atractivos.

Algo interesante es que la personalidad y presentación de Seth son tan individuales que, tras un breve periodo de familiarización, uno tiende a considerarlas como provenientes de un intelecto moderno y adiestrado, más que del lado opuesto del velo de Isis. El material cubre asimismo una gama sorprendentemente vasta de ideas, que a menudo son sumamente intrigantes y originales. A mí me interesa particularmente el tratamiento que da Seth a la "proyección de fragmentos de la personalidad", que se halla fuertemente en la tradición del *doppleganger* teutónico y el *Vardoger* eslavo. (Este es un fenómeno muy difundido: hasta Freud, por ejemplo, vio su *doppleganger* cruzando velozmente un espejo. De Maupassant una vez vio a su "doble" entrar caminando en un salón, tomar asiento frente a él y dictar parte de un libro que había estado dando grandes problemas al autor francés. Cuando por fin terminó, se puso de pie y se desvaneció. Yo únicamente desearía que Seth describiera con más claridad la *mecánica* del fenómeno, en

15

contraposición con su *teoría*.) Por supuesto, existe asimismo la tradición ocultista de la proyección de formas del pensamiento como la describe la señora David-Neel cuando creó su "tulpa" tibetano. Ciertamente, "una idea *es* un evento, un suceso", de acuerdo con Seth. Por tal razón es lógico que cualquier idea, en cualquier esfera de actividad, tanto si se materializa físicamente como si no, hubiera tenido un impacto sobre nuestras vidas. La "idea como realidad", es otro concepto antiguo que se formalizó desde los inicios de la civilización occidental por Platón y que muchos filósofos retuvieron a través de las eras. Mas, en lugar de discutir este concepto en términos abstractos únicamente, Seth lo desarrolla hasta su conclusión lógica. Todas las ideas, pensamientos y áreas de concentración, ayudan a crear un universo dinámico y en continua interrelación, con la *idea* jugando un papel tan importante y tan tangible como cualquier evento físico.

La teoría de Seth sobre la crucifixión es un ejemplo ideal. De acuerdo con Seth, la crucifixión se originó en el "universo de los sueños" y ocurrió dentro de otra realidad, y "emergió en la historia como una *idea*". Seth no dice que la crucifixión sea nada más un "sueño" que surgiera de una necesidad común dentro del hombre, sino una idea actualizada en otro reino de tiempo y espacio, que afectó nuestro mundo temporal y modificó por completo nuestra civilización. Por supuesto, ésta es una interesante especulación; pero consideremos por un momento con cuánta facilidad aceptamos el aforismo filosófico de "una idea puede cambiar el mundo".

Existen muchos ejemplos: "No sólo de pan vive el hombre", "Ama a tu prójimo como a ti mismo". En nuestras vidas cotidianas, tratamos de manifestar estas ideas y convertirlas en realidad, hacerlas pasar del mundo abstracto al temporal de causa y efecto. Seth, de hecho está volteando las tablas sobre nosotros al sugerir que la realidad quizás pueda funcionar también en la *otra* dirección; la idea es realidad que tiene un profundo efecto sobre el mundo temporal todo el tiempo. El problema está en ampliar nuestra base de percepción y comprensión de tal manera que la conciencia temporal pueda manifestarse en este mundo de ideas, a fin de que podamos darnos cuenta del impacto de este mundo de ideas sobre nuestra civilización y nuestras vidas personales.

Seth dice que "el mundo del sueño posee conceptos que algún día transformarán por completo la historia del mundo físico, mas una negación de tales conceptos como posibilidades, obstaculiza y demora su surgimiento". Kant, mucha de cuya filosofía descansa en el concepto de que "la mente impone" realidad sobre los "datos del sentido", probablemente hubiera convenido con Seth en que los sentidos "crean el mundo material", en lugar de simplemente percibirlo.

Asimismo, dentro de los comentarios de Seth se presentan destellos de material que provoca tanto la reflexión, que ameritan considerablemente más atención de la que reciben. Seth menciona, por ejemplo, la existencia de figuras simbólicas que asumen formas identificables dentro del inconsciente, con objeto de comunicarse más efectivamente. Esta es un área de investigación desprovista de hechos concretos, más rica en especulación y reportes experimentales. El gran psicoanalista suizo Carl Jung notó la existencia de lo que él denominó figuras arquetípicas en el inconsciente, que a menudo se comunican con la mente consciente a través de figuras simbólicas de personalidades míticas, religiosas o históricas de gran magnitud. (El mismo Jung pasó años comunicándose con Filemón, figura arquetípica en su propio inconsciente.)

Masters y Huston, tras extensa y profunda investigación en los efectos del LSD, clasificaron la expansión de la conciencia, inducida por la droga, dentro de cuatro categorías; en el tercer nivel simbólico dieron a conocer la persistente manifestación de personas históricas o legendarias y una abundancia de símbolos míticos.

Filosóficamente, el material de Seth es algo de lo mejor dentro de su tipo que he llegado a leer. Un estudio comparativo del pensamiento de Seth debería resultar sumamente interesante. Su material es bastante novedoso y complejo, por lo que para presentarlo, resultan adecuados los confines de este gran libro. Naturalmente, es por tal razón imposible resumirlo todo en esta breve introducción. A mi mente vinieron multitud de preguntas durante su lectura; muchas de ellas han permanecido sin resolver; pero, para mi forma de pensar, esto no es una cosa mala. Después de todo, si nos vemos mental, emocional o espiritualmente estimulados para formular preguntas, sondear nuestras actitudes estandarizadas y hacer presión más allá de los límites de nuestros prejuicios, en las áeas del pensamiento que siempre están creciendo, podemos llevar a cabo muchas cosas. Esto, según creo, es el valor más grande de la personalidad de Seth y sus comunicaciones. Como él mismo ha indicado, es un comunicador y un estimulador del pensamiento, como lo son poquísimos maestros temporales.

Posiblemente nadie puede saber hacia dónde nos llevará esta investigación; pero hay una cosa de la que podemos estar seguros: los registros de las comunicaciones en trance, como el material de Seth, son de inestimable valor, puesto que nos ofrecen la rara oportunidad de escarbar en la mente subjetiva del hombre. Este no es un beneficio casual o de paso, puesto que es un vislumbre en los manantiales de un río que es, a la vez, misterioso, provocativo y vitalmente importante para el bienestar de la humanidad. Esta es la fuente donde bebe la inspiración, donde la intuición aporta una chispa a la mente científica, donde estallan los sueños de los poetas y donde una gran porción de nuestras vidas transcurre, en términos tanto de tiempo como de energía.

Raymond Van Over
Nueva York, Nueva York.

INTRODUCCIÓN DE LA AUTORA

Fue el 29 de febrero de 1968. Yo estaba celebrando una de mis clases, de dos a la semana, sobre PES. El gran ventanal que da a la bahía estaba abierto y dejaba entrar el tibio aire nocturno. Las luces, como siempre, se hallaban encendidas en mi sala principal, donde se llevaban a cabo mis clases. De pronto tuve la sensación que teníamos un visitante. Como de costumbre, entré en trance con toda facilidad, sin que mediara preámbulo alguno. Esta clase estaba compuesta por jóvenes universitarias. Habían leído mi primer libro, sabían lo concerniente a Seth y habían concurrido a varias clases; mas nunca habían presenciado una sesión con Seth. Mis ojos se cerraron y, cuando se abrieron algunos momentos después, eran mucho más oscuros. Yo empecé a hablar por Seth. Este había dejado caer mis anteojos al suelo en un rápido gesto característico; no obstante, ahora miré detenidamente a cada estudiante, con un foco agudo y claro. La voz que hablaba era profunda, bastante fuerte y más masculina que femenina.

Estábamos teniendo una sesión de Seth espontánea, que sirvió para presentar a mis estudiantes a Seth, y dejaré que algunos trozos de ella sirvan el mismo propósito ahora, introduciendo a Seth con aquellos lectores que no han tenido noticias de él:

"De acuerdo con lo que se les ha enseñado, ustedes están compuestas de materia física de la que no pueden escapar; pero esto no es así. La materia física algún día se desintegrará, pero ustedes no. Si bien no pueden localizarme ahora, sepan que estoy aquí. Sus propios padres parecen desaparecer ante vuestros ojos y desvanecerse en la nada para siempre. No obstante, puedo asegurarles que ellos continuarán viviendo y también puedo asegurarles que la muerte no es sino otro principio más y que, cuando estén muertas, no estarán en silencio. Pues ¿es esta voz que ahora escuchan, silencio? ¿Es esta presencia que ahora sienten dentro de este salón, la muerte?

"Estoy aquí para decirles que su felicidad no depende de juventud, puesto que difícilmente yo puedo considerarme joven. Estoy aquí para decirles que su felicidad no depende de su cuerpo físico, puesto que, según su concepto de él, yo no tengo ninguno. Yo poseo lo que siempre he tenido: la identidad que es mía y que nunca ha disminuido. Por lo contrario, crece y se desarrolla.

"Ustedes son lo que son y serán más. No tengan miedo del cambio, pues ustedes son el cambio y están cambiando mientras se encuentran sentadas ante mí. Toda acción es cambio, ya que de otro modo habría únicamente un universo estático y entonces ciertamente la muerte sería el final. Lo que yo soy es también lo que ustedes son: conciencia individualizada.

"Cambien con las estaciones, pues ustedes son más que las estaciones. Ustedes forman las estaciones y éstas son reflejos de su propio clima psíquico. Esta noche yo vine para cierto propósito: de modo que puedan sentir mi vitalidad y, al palparla, saber que yo les hablo de dimensiones más allá de aquéllas con las que están familiarizadas. La tumba no es el final, puesto que yo no les hablo con los labios de la muerte.

"Me encuentro en este salón, aun cuando no hay objeto alguno dentro del cual puedan colocarme. Ustedes están tan descarnadas como lo estoy yo. Ustedes tienen un vehículo que usar: un cuerpo que llaman propio y eso es todo. Tomo prestado el nombre de Ruburt (nombre que me da Seth; además, Seth siempre habla de mí como si yo fuera hombre), con su consentimiento; pero lo que soy no depende de átomos y moléculas y lo que vosotros sois tampoco depende de materia física. Ustedes han vivido antes y vivirán de nuevo y, cuando hayan cumplido con su existencia física, todavía vivirán.

"Vengo aquí como si me hubiera aparecido a través de un agujero en el espacio y el tiempo. Siempre hay senderos en el espacio y el tiempo a través de los cuales podrán viajar y, en sueños, ustedes han estado donde yo estoy. Quiero que sientan su propia vitalidad. Sientan que viajan a través del universo y sepan que eso no depende de su imagen física. En realidad, ustedes proyectan su propia energía para formar el mundo físico. Por lo tanto, para cambiar su mundo son ustedes mismas las que deben cambiar. Deben modificar lo que proyectan.

"Ustedes siempre fueron y siempre serán. Este es el significado de la existencia y el gozo. El Dios que es, se halla dentro de ustedes, puesto que ustedes son parte de todo lo que es."

Seth habló a través de mí durante dos horas, con tanta rapidez que las estudiantes tenían dificultad para tomar notas. Su placer y vitalidad eran obvios. La personalidad no era en verdad mía. El humor seco y sardónico de Seth brillaba en mis ojos. Los músculos de mi rostro se descompusieron en diferentes patrones. Mis gestos, normalmente femeninos, fueron reemplazados por los suyos. Seth estaba disfrutando de sí mismo en la forma de un anciano, astuto, vivaz y completamente humano. Cuando hablaba del gozo de la existencia, retumbando con aquella voz tan peculiar suya, esa voz profunda y sonora tronaba.

Más tarde, una de las estudiantes, Carol, me dijo que aun cuando ella conocía las palabras que brotaban de mi boca, sentía no obstante que le estaban llegando de todas partes, de las paredes mismas.

Durante un descanso, Carol leyó las notas que había tomado. De pronto, sin transición alguna, me convertí de nuevo en Seth, inclinándome hacia adelante y bromeado:

"Si eres mi estenógrafa, debes hacerlo mejor que ahora. Eres una escritorzuela emborronadora."

Luego tuvo lugar un periodo de toma y daca, en el que Seth corrigió las notas de Carol conforme ésta las leía, agregó varias observaciones para aclarar ciertas frases e intercambió con ella algunos conceptos. Las estudiantes formularon preguntas y Seth dio respuesta a ellas.

Esta fue una sesión sumamente sencilla. Seth se dirigió por sí mismo a las estudiantes por vez primera; no obstante, tocó varios tópicos que con frecuencia aparecen en el material de Seth. La personalidad es multidimensional. El individuo se halla básicamente libre de espacio y tiempo. El destino de cada uno de nosotros está en nuestras propias manos. Los problemas con que nos enfrentamos en esta vida, nos confrontarán en otra. No podemos culpar a Dios, a la sociedad o a nuestros padres por nuestras desgracias, puesto que antes de esta vida física nosotros mismos escogimos las circunstancias en las cuales naceríamos y los desafíos que podrían mejor apartarnos del desarrollo. Conformamos la materia física sin esfuerzo alguno, y de manera tan inconsciente como cuando respiramos. Telepáticamente, todos percibimos las ideas masivas, con las que formamos nuestra concepción total de la realidad física.

Para el mes de diciembre de 1969, mi esposo Rob y yo habíamos celebrado 500 sesiones con Seth, durante un lapso de cinco años. Mi primer libro en este campo, *How to Develop Your ESP Power* (Cómo desarrollar su facultad de PES), explicó brevemente las circunstancias que me llevaron a interesarme en la PES y los experimentos que condujeron a la introducción de Seth. Desde entonces, Seth ha demostrado aptitudes telepáticas y de clarividencia, en ocasiones tan frecuentes, que es inútil repetirlo. Mediante estas sesiones ha ayudado a amigos, extraños y estudiantes y, siguiendo sus instrucciones, mi esposo y yo estamos aprendiendo a desarrollar nuestros potenciales psíquicos.

No obstante, yo no era una "psíquica nata", con antecedentes de experiencia paranormal. Ni Rob ni yo teníamos conocimiento alguno sobre tales cuestiones e, incluso después de mi entusiasmo inicial, yo no aceptaba estas cosas sin un serio autocuestionamiento y análisis intelectual. Quería mantener mis experiencias sobre una base tan científica como fuera posible.

—Sí —afirmé—; hablo en trance por una personalidad que asegura haber sobrevivido a la muerte. Sí, tu puedes desarrollar tus propias facultades extrasensoriales. Sí, Seth insiste en que la reencarnación es un hecho. Pero. . . pero. . . pero. . . De cualquier modo, encontré las ideas que se presentan en el Material de Seth, fascinantes; mas de ninguna manera estaba dispuesta a aceptarlas como el mismo tipo de hecho sólido con que aceptaba, digamos, el tocino que tomé durante el desayuno. Ahora sé que son mucho más importantes.

Para mí esto equivalía a un suicidio intelectual; hasta admitir la posibilidad de que Seth fuera realmente una personalidad que hubiera sobrevivido a la muerte. En ninguna parte de mi primer libro dije que pensara que Seth fuera exactamente lo que él aseguraba ser: "una esencia de personalidad de energía no enfocada ya en la realidad física". En vez de ello, estudié las diversas posibles explicaciones para tales personalidades, dadas por psicólogos y parapsicólogos, por un lado y por espiritualistas por el otro. En ninguna parte pude encontrar una explicación tan lógica y consistente como la dada en el mismo material de Seth.

Estaba yo tan acostumbrada a pensar de mí misma como criatura física, limitada por el espacio y el tiempo, que casi me rehusaba a aceptar la evidencia de mi propia experiencia. Si bien involucrada en la labor más intuitiva del mundo, yo trataba de ser más y más objetiva. Traté de dar un paso atrás, a un mundo que realmente había abandonado para siempre: un universo en el que nada existía excepto en términos físicos, un mundo en el que las comunicaciones de cualesquiera otras realidades o dimensiones, era imposible. No obstante, continuamos celebrando sesiones con Seth dos veces por semana.

Empecé a gozar de experiencias fuera del cuerpo (proyecciones astrales), mientras me hallaba sentada en mi sala de estar hablando por Seth. Seth describía lo que yo veía mientras mi propia conciencia se hallaba a millas de distancia, percibiendo ubicaciones y sucesos en otras ciudades o estados. Nuestros archivos contienen las declaraciones de dos hermanos en California, por ejemplo, asegurando que Seth describió correctamente su hogar y vecindario, mientras yo hablaba por él en Elmira, Nueva York, a más de cuatro mil quinientos kilómetros de distancia. Difícilmente podía yo negar tales hechos.

Subsecuente a la publicación de mi libro anterior, recibí cartas de extraños solicitando mi ayuda o mi consejo. Finalmente convine en celebrar algunas sesiones para aquellos que se hallaban necesitados, aun cuando esta gran responsabilidad me atemorizaba. Las personas involucradas nunca asistieron a las sesiones, puesto que vivían en otras partes del país; no obstante, me aseguraban que el consejo les fue de gran ayuda y la información dada sobre sus antecedentes individuales, era correcta. Seth a menudo explicaba los problemas como resultado de tensiones no resueltas en vidas pasadas de su reencarnación y daba consejos específicos respecto a la forma en que los individuos podían usar sus aptitudes, para enfrentarse a estos desafíos.

Antes de esto, yo había sospechado que los datos sobre la reencarnación constituían un delicioso platillo de fantasía, fraguado por mi propio subconsciente. Cuando todo esto comenzó, de hecho no estaba yo segura en lo absoluto de que sobrevivimos a la muerte alguna vez y, mucho menos, una y otra vez.

Rob y yo difícilmente podíamos considerarnos muy religiosos, de acuerdo con los términos convencionales. Ni siquiera hemos asistido a la iglesia en años, excepto para asistir a bodas o funerales. A mí se me educó como católica; pero, cuando crecí fue más y más difícil aceptar el Dios de mis ancestros. La ironía me susurraba que Él estaba tan muerto como lo estaban aquéllos. El cielo que me sustentara cuando era niña, una vez que llegué a mi adolescencia me parecía una sutil falacia para dar sentido a la existencia. ¿Quién quería permanecer sentado siempre por allí, cantando himnos para un Dios padre, incluso si Él existía en realidad, y qué especie de Dios inteligente requería tal adoración constante? Ciertamente se trataba de un Dios inseguro, con características sorprendentemente humanas.

La alternativa, la del fuego infernal, era igualmente increíble. No obstante, el Dios convencional de nuestros padres se conformaba aparentemente con permanecer sentado, sin preocupación alguna, entre los benditos en el cielo, mientras el diablo torturaba al resto de los muertos desafortunados. Ese Dios, decidí entonces, quedaba eliminado. Yo no lo toleraría como amigo. A ese respecto, Él tampoco trató a su Hijo muy bien que digamos, según nos cuenta la tradición. Pero a Cristo por lo menos se le podía aceptar, pensaba yo. Había estado aquí y sabía cómo era todo.

Más tarde, antes de cumplir los veinte años, dejé tras de mí al Dios arcaico, a la Virgen y la comunión de los santos. El cielo y el infierno, los ángeles y los diablos, fueron despedidos por mí. Este grupo particular de productos químicos y átomos que yo conocía como "yo", no caería en tales trampas, por lo menos ninguna que yo pudiera reconocer.

Los antecedentes de Rob eran diferentes. La clase de religión de sus padres era una suerte de protestantismo social, más bien deliciosamente inocente de dogmas. En general, Dios amaba a los niños y a las niñas con camisas almidonadas, aceptable educación, zapatos brillantes y padres que ganaban suficiente dinero. . . también ayudaba el que las madres prepararan sabrosas galletas para los pequeños.

Ninguno de nosotros se sentía amargado por la aparente injusticia de Dios: la verdad es que no le prestábamos mucha atención. Yo contaba con mi poesía y Rob, que era un artista, tenía su pintura. Cada uno de nosotros abrigaba un fuerte sentido de contacto con la naturaleza. Nadie estuvo más sorprendido de lo que yo estaba, entonces, al encontrarme de una manera sumamente abrupta, hablando por alguien que supuestamente había logrado sobrevivir a la muerte. En ocasiones me reprendía con vehemencia, pensando que hasta mi abuela irlandesa hubiera encontrado bastante difícil de aceptar el tener espíritus en su sala de estar. . . y ¡yo solía pensar que ella *era* supersticiosa! Un alma que hubiera sobrevivido a la muerte, me parecía parte integral de la tontería de los adultos a la que yo pensaba haber escapado, gracias a una educación universitaria, una mentalidad rápida y una buena dosis de rebeldía natural. Me llevó buen tiempo descubrir que yo estaba mostrándome muy prejuiciada contra la idea de supervivencia, tanto como otras personas estaban a su favor.

Ahora comprendo que, si bien me sentía orgullosa de mi abierta mentalidad, mi flexibilidad mental se extendía únicamente a ideas que encajaban dentro de mis propias ideas preconcebidas. Ahora me doy cuenta que la personalidad humana posee una realidad mucho más grande de lo que por lo regular estamos preparados a concederle. *Alguien* ha producido más de cincuenta cuadernos de notas de fascinante material, y hasta en mis momentos de mayor escepticismo tengo que aceptar la realidad de las sesiones y del material. El alcance, calidad y teorías del material, "nos atrapó" casi de inmediato.

Tanto Rob como yo estamos convencidos de que el material de Seth brota de fuentes más allá de mi yo, y que está mucho menos distorsionado por un simbolismo frío y convencional, que otros escritos paranormales con que nos hemos encontrado. Seth dice que este material ha sido entregado por él mismo y por otros, en distintos tiempos y lugares; pero que se da otra vez, en formas nuevas, para cada generación subsecuente, a través de los siglos. El lector tendrá que hacer su propio juicio y sacar sus propias conclusiones; pero yo en lo personal acepto sus teorías como válidas y significativas.

Además, el acertijo de personalidades tales como la de Seth, llámesele "posesión del espíritu" o "daimon" (como lo hizo Sócrates), ha venido preocupando a la humanidad a través de los siglos. El fenómeno difícilmente puede decirse que es nuevo. Por medio del relato de mi propia experiencia y la presentación del material, espero arrojar alguna luz sobre la índole de tales experiencias y demostrar que la personalidad humana posee habilidades todavía por estudiarse y otras formas de recibir conocimientos que aquellas que usualmente emplea.

El Material de Seth ha transformado por completo mis ideas y la índole de la realidad, y reforzado mi sentimiento de identidad. Ya no pienso, como lo hacía anteriormente, que el hombre sea esclavo del tiempo, el mal y el deterioro y se halle a merced de tendencias destructivas incorporadas sobre las que no tiene ningún control. Me siento en control de mi propio destino, como nunca antes lo estuve y ya no lo siento regulado por patrones forjados subconscientemente durante mi infancia.

De ninguna manera quiero implicar que me siento por completo liberada de toda preocupación y temor, sino únicamente que ahora sé que tenemos la libertad de cambiar nosotros mismos y nuestro entorno y que, de una manera muy básica, nosotros mismos formamos el ambiente en el que luego vivimos. Creo que formamos nuestra propia realidad, ahora y después de la muerte.

El propósito de este libro es introducir a Seth y a su Material a ustedes. Aun cuando Seth se ha aparecido sólo una vez en una materialización física, Rob lo ha visto con suficiente claridad para pintar un retrato de él que adorna nuestra sala de estar (véase la sección ilustrada). A través mío, Seth ha producido un manuscrito continuo, que abarca más de cinco mil cuartillas escritas a máquina a doble espacio, dentro de un lapso no superior a cinco años. Conozco a muchas personas "vivas" que no han producido tanto durante toda su vida. No obstante, mi propia labor continúa; desde que comenzaron las sesiones, he escrito dos libros de ensayos (sin contar éste), dos de poesía y una docena de cuentos cortos. Seth ciertamente no ha "robado" nada de mi propia energía creadora para sus propios fines.

Los primeros capítulos de este libro se referirán al surgimiento de la personalidad de Seth y al impacto que ejerció en nuestras vidas, mientras nosotros tratábamos de entender qué estaba ocurriendo. Como salidas de ninguna parte, parecía que me encontraba sufriendo experiencias que yo consideraba casi imposibles. Nunca en nuestras vidas nos habíamos encontrado tan atrapados entre la curiosidad y la precaución, tan fascinados y asombrados.

En los primeros capítulos también se hallarán extractos de algunas de las primeras sesiones, puesto que las ideas de Seth eran entonces tan nuevas y extrañas para nosotros, como las sesiones mismas. Pero el énfasis principal estará en el relato mismo, desde el primer experimento con la tabla ouija, hasta el primer caso en que yo asombré a Rob y a mí misma hablando por Seth; y los cambios en nuestras actitudes conforme tuvieron lugar acontecimientos posteriores. Asimismo, incluiré ejemplos de las habilidades clarividentes de Seth.

La mayor parte del libro discutirá las ideas de Seth sobre diversos tópicos, como la vida después de la muerte, la reencarnación, la salud, la índole de la realidad física, el concepto de Dios, los sueños, el tiempo, la identidad y la percepción. Estoy segura que estos extractos del material mismo y algunas lecturas de ejemplos sobre la reencarnación, proporcionarán a la mayoría de los lectores mayor introspección dentro de sus propias personalidades y las situaciones en que se encuentran. Abrigo grandes esperanzas de que las teorías de Seth sobre la salud beneficiarán a todos mis lectores, y que el material respecto a la personalidad ayudará a cada uno a descubrir por sí mismo la realidad multidimensional que es su herencia.

Se estudiarán las implicaciones filosóficas y psicológicas de la calidad de médium, fenómenos de PES y los posibles orígenes del Material de Seth, junto con varias cuestiones concernientes a la realidad independiente de Seth. También transmitiré el consejo de Seth respecto al desarrollo de aptitudes psíquicas.

Alguien que se halle familiarizado con la literatura psíquica y experiencias paranormales, hubiera estado mejor preparado para estos acontecimientos de lo que yo estaba; pero yo no me los hubiera perdido para el mundo.

CAPÍTULO UNO:

Conocemos a Seth

Las circunstancias que condujeron a las sesiones de Seth, todavía me sorprenden. Por ejemplo, yo no estaba divagando y buscando un sentido de propósito definido. Mi primera novela acababa de publicarse a la rústica y todas mis energías se hallaban canalizadas en la idea de llegar a ser una buena novelista y poeta. Consideraba el ensayo como el campo clásico de los periodistas y escritores no creativos. Pensaba que mi vida y mi obra estaban ya planeadas y mi curso perfectamente marcado. No obstante, aquí estoy, escribiendo mi tercer libro de ensayos.

Pese a todo, el año de 1963 fue un año malo para nosotros. Rob padeció un fuerte malestar en la espalda y difícilmente se sentía lo bastante bien para pintar, cuando llegaba a casa del trabajo. Por mi parte, yo tenía dificultades para definir una idea para otro libro. Nuestro viejo perro mascota, Mischa, había muerto. Quizás estas circunstancias me hicieron darme más cuenta que de costumbre, de la gran vulnerabilidad humana, aunque ciertamente muchas personas han sufrido años difíciles, sin que ello resulte en el surgimiento de fenómenos psíquicos. Quizás, sin saberlo, yo había llegado a una crisis mental y mis aptitudes psíquicas despertaron como resultado de la necesidad interna.

Lo que ocurrió después fue algo como un "viaje" sin drogas. Si alguien me hubiera obligado a ingerir, sin que me diera cuenta, una pastilla de LSD, la experiencia no hubiera sido más enloquecedora. Entre un minuto normal y el siguiente, una fantástica avalancha de nuevas y radicales ideas estalló en mi cabeza con tremenda fuerza, como si mi cráneo fuera una especie de estación receptora, sintonizada con un volumen insoportable. No sólo las ideas me brotaron a través de este canal, sino también sensaciones, intensificadas y punzantes. Yo me

27

sentía perfectamente sintonizada, encendida o de cualquier otro modo que se quiera llamar, *conectada* con alguna increíble fuente de energía. Ni siquiera tuve tiempo para llamar a Rob.

Fue como si el mundo físico fuera realmente un trozo de papel muy delgado, que ocultara infinitas dimensiones de realidad y yo, de súbito, me estuviera arrojando a través del papel con un fuerte ruido de estrujamiento. Mi cuerpo se hallaba sentado ante la mesa, mientras mis manos furiosamente garrapateaban las palabras e ideas que, como destellos, me embargaban la cabeza. Sí, yo parecía ser alguien diferente y, al mismo tiempo, viajaba a través de las cosas. Empecé a deslizarme hacia abajo a través de una hoja, para descubrir todo un universo completamente abierto ante mí y luego, de nuevo me veía arrojada hacia nuevas perspectivas.

Sentía como si se me estuviera implantando conocimiento en las mismas células de mi cuerpo, de modo que no pudiera yo olvidarlo, un saber que me penetraba los intestinos, una espiritualidad biológica. Era algo así como un sentimiento y un conocimiento, más que sabiduría intelectual. Al mismo tiempo, recordé haber tenido un sueño la noche anterior, que ya había olvidado, en el que había tenido lugar esta misma suerte de experiencia; y sabía que las dos cosas estaban conectadas.

Cuando recobré la conciencia, me encontré borroneando lo que obviamente se pretendía que fuera el título de un antiguo grupo de notas: *El universo físico en la construcción de ideas*. Posteriormente, el Material de Seth desarrollaría esas ideas, mas en ese momento no lo sabía. En una de las primeras sesiones, Seth dijo que éste había sido su primer intento de ponerse en contacto conmigo. Sólo sé que, si hubiera empezado a hablar por Seth aquella noche, me hubiera sentido totalmente aterrorizada.

Como ocurrieron las cosas, yo no sabía qué es lo que había pasado y, no obstante, hasta en ese momento, pensé que mi vida toda había cambiado de súbito. La palabra "revelación" surgió en mi mente en ese momento y yo traté de desecharla, a pesar de que la palabra era perfectamente cabal y precisa. Simplemente yo sentía temor por el término y sus implicaciones místicas. Estaba familiarizada con la inspiración en mi propio trabajo; mas esto era algo muy diferente a la inspiración ordinaria, como lo es un pájaro de un gusano.

Las ideas que "recibí" eran exactamente así de asombrosas. Voltearon por completo mis ideas de realidad. Esa mañana y cada mañana hasta ese instante, yo siempre había estado segura de una cosa: se podía confiar en la realidad física. Quizás no fuera de nuestro agrado en ocasiones, pero se podía tener confianza en ella. Se podían modificar las ideas hacia ella, si así se deseaba; pero esto de ninguna manera cambiaría lo que era la realidad. Ahora nunca podría sentir de ese modo otra vez.

Durante esa experiencia yo supe que nosotros formábamos la materia física y no lo contrario; que nuestros sentidos nos mostraban únicamente una realidad tridimensional, sacada de entre un número infinito que no podíamos percibir ordinariamente; que podíamos confiar en nuestros sentidos hasta y únicamente en tanto no hiciéramos preguntas que estuvieran más allá del alcance limitado del conocimiento. Pero algo más: simplemente no sabía, por ejemplo, que todo posee su propia conciencia. Ahora, de pronto, *sentí* la fantástica vitalidad presente hasta en cosas que con anterioridad yo había considerado inanimadas. Un clavo se hallaba pegado en el antepecho de la ventana, y yo experimenté brevemente la conciencia de los átomos y las moléculas que lo componían.

A pesar de todas mis ideas anteriores y mi sentido común, supe que el tiempo no era una serie de momentos que tenían lugar uno antes del otro, y cada uno era algo así como una pinza para tender ropa en un tendedero, sino que toda experiencia existía en alguna especie de ahora eterno. Todo esto fue garrapateado con mucha rapidez y todavía conservo ese manuscrito. Incluso ahora me llena con ese sentido de descubrimiento y revelación.

He aquí algunas notas sacadas de ese manuscrito:

"Nosotros somos porciones individualizadas de energía, materializadas dentro de la existencia física, para aprender a formar ideas de energía y hacerlas físicas (ésta es la construcción de ideas). Proyectamos ideas en un objeto, de manera que podamos manejarlo. Pero el objeto es el pensamiento materializado. Esta representación física de la idea nos permite aprender la diferencia entre el 'yo' que piensa y el pensamiento. La construcción de ideas nos enseña al 'yo' que es, al mostrarle a él sus propios productos de una manera física. En otras palabras, aprendemos contemplando nuestras propias creaciones. Aprendemos el poder y efecto de las ideas trasmutándolas en realidades físicas, y aprendemos responsabilidad en el uso de la energía creativa. . .

"La entidad es el yo básico, inmortal y no físico. Se comunica sobre un nivel de energía con otras entidades y posee un casi inagotable suministro de energía a su mando. El individuo es la porción del yo total que manejamos para expresarlo físicamente. . .

"El ojo proyecta y enfoca la imagen interna (idea) en el mundo físico, de la misma manera que una cámara cinematográfica transfiere una imagen sobre una pantalla. La boca crea palabras. Los oídos crean sonido. La dificultad en entender este principio se debe al hecho de que nosotros damos por supuesto que la imagen y el sonido ya existen para que los sentidos los interpreten. La verdad es que los sentidos son los canales de creación por los cuales la idea se proyecta en una expresión material.

"La idea básica es que los sentidos se desarrollan no para permitir el conocimiento de un mundo material ya existente, sino para crearlo. . ."

Esas ideas fueron solamente una piedra de toque para lo que vendría después. El manuscrito finalmente llegó a consistir de alrededor de cien páginas, incluyendo nuevas definiciones de términos viejos. Por ejemplo: "El subconsciente es el umbral del nacimiento de la idea dentro de la mente consciente individual. Conecta a la entidad y al individuo. . . El cuerpo físico es la construcción material de la idea que la identidad

tiene sobre sí misma, bajo las condiciones y propiedades de materia. . .
El instinto es la habilidad mínima para la construcción de ideas, necesarias para la supervivencia física. . . El presente es el punto aparente del surgimiento de cualquier idea en forma de materia física."

Creo que esta experiencia y el manuscrito fueron *extensiones* de los procesos subconscientes creativos que se encuentran tras cada acto creador; la creatividad normal "encendida" de pronto o alcanzada hasta un grado increíble. En esa noche se generó suficiente energía para cambiar la dirección de mi vida y la de mi esposo. Por esta razón creo que tales experiencias son de máxima importancia psicológicamente. Estoy segura que este acontecimiento suscitó el surgimiento de mis propias facultades "psíquicas" insospechadas y actuó como gatillo para la producción del Material de Seth.

Aparentemente yo alcancé un punto en el que estas aptitudes estuvieron listas para mostrarse y así lo hicieron. Debido a mi adiestramiento previo como escritora, emergieron a través de palabras, más que, digamos, a través de visiones recibidas en una experiencia que me atemorizaría demasiado.

También me gustaría mencionar que yo creo que la facultad psíquica por sí misma es un afloramiento o extensión de aptitudes creativas, inherentes en cada uno de nosotros y, por ende, normales, en vez de supranormales. Sin embargo, como el lector verá después, sí creo que estas habilidades son atributos de otra porción de nuestras personalidades, con las que no estamos relativamente familiarizados. Creo, entonces, que las aptitudes creativas normales, elevadas, nos sintonizan con otras dimensiones de la realidad.

Subsecuentemente a este episodio, hasta mis experiencias subjetivas ordinarias empezaron a cambiar. Poco tiempo después empecé a recordar mis sueños, de pronto y sin ninguna razón aparente. Fue como descubrir una segunda vida. No sólo eso, sino que en los dos meses siguientes, tuve dos sueños proféticos muy vívidos; los primeros, según mi leal saber y entender, que yo llegué a tener.

Para decirlo suavemente, se despertó nuestra curiosidad. En cierto escaparate vimos un libro sobre PES y las palabras "sueños clarividentes" destacaban fuertemente en la portada, por lo que lo compramos. Más o menos por esa época, yo estaba buscando la idea para un nuevo libro y Rob me hizo la sugerencia que esto me llevaría más y más lejos de la forma de vida que siempre habíamos conocido.

La obra que acabábamos de adquirir, empastada a la rústica, se encontraba en la mesa para el café entre nosotros, mientras nos hallábamos sentados conversando. "Tengo los perfiles para tres novelas y ninguno de ellos realmente me complace", exclamé en esa ocasión.

Rob tomó el libro y dijo en tono de broma: "¿Por qué no escribes un libro de hágalo usted mismo sobre PES?"

—Oye, tú estás loco. Yo sé nada respecto a eso que se llama PES y esa es la razón por la que no puedo hacerlo. Además, eso no es ficción y nunca he hecho otra cosa sino ficción y poesía en toda mi vida.

—Sí, lo sé —aclaró Rob—; pero estás interesada en sueños y sobre todo, después de esos dos en particular que tuviste. ¿Y cómo llamas a esa experiencia que tuviste el mes pasado? Además, los libros que hemos visto se han referido únicamente a médiums bien conocidas. Pero ¿qué hay respecto a gente ordinaria? ¿Qué tal si todo el mundo tuviera esas facultades? —Me le quedé mirando. Se había puesto verdaderamente serio—. ¿No podrías preparar una serie de experimentos y ponerlos a prueba? Úsate a ti misma como si fueras un conejillo de indias.

Dicho de ese modo, la idea de Rob tenía sentido. Yo podía investigar un tópico, que ahora me intrigaba y, al mismo tiempo, hacer un libro.

Al día siguiente di principio a la tarea. Antes de una semana había preparado un grupo de experimentos con el designio de descubrir si la persona ordinaria podría o no desarrollar facultades extrasensoriales. Hice un esbozo del libro y lo remití a mi editor, aun cuando en verdad no abrigaba grandes esperanzas.

En cierto modo para gran sorpresa mía, éste me respondió con rapidez, mostrándose sumamente entusiasta con la idea. Lo que quería era recibir tres o cuatro capítulos que le sirvieran de ejemplo. Rob y yo nos sentimos encantados, pero también consternados, cuando nos pusimos a examinar los títulos de capítulos que yo había anotado para el libro: "Una sesión espiritista de hágalo usted mismo", "La telepatía, ¿hecho o ficción?", "Cómo operar la ouija".

—Bueno, trabaja en ello —dijo Rob riendo.

—Tú y tus sugerencias —repuse molesta. Para ese momento ya estaba yo teniendo segundos pensamientos. Nunca habíamos estado ante una médium y en toda nuestra vida nunca habíamos tenido experiencia telepática y la verdad es que nunca habíamos visto una tabla ouija. Por otro lado, pensé: ¿qué tengo que perder? (No fue sino mucho más tarde que recordé que otra sugerencia de Rob me había lanzado al campo de la ficción en primer lugar.)

Así pues, empezamos. Primero nos decidimos por la tabla ouija, porque ésta me pareció el menos complicado de nuestros diversos experimentos. Nuestra casera encontró una tabla en el desván y nos la prestó. La verdad es que ambos nos sentíamos un poco turbados las primeras veces que ensayamos con la ouija. Mi actitud era de "bueno, terminemos con esto para poder realmente llegar a las cosas que nos interesan, como la telepatía y la clarividencia". No es sorprendente que nuestros primeros intentos resultaran en fracasos.

La tercera vez que lo intentamos, el pequeño indicador finalmente empezó a moverse bajo nuestros dedos y trazó mensajes que supuestamente provenían de un Frank Withers (no es su verdadero nombre), que había vivido en Elmira y muerto durante la década de 1940.

He aquí algunos ejemplos. Rob formulaba las preguntas y la aguja trazaba las respuestas.

31

—"¿Puedes darnos el año de tu muerte?"
1942.
—"¿Conocías a alguno de nosotros?"
NO.
—"¿Fuiste casado?"
SÍ.
—"¿Tu esposa vive o ya murió?"
MURIÓ.
—"¿Cuál era su primer nombre?"
URSULA.
—"¿Cuál era su apellido?"
ALTERI.
—"¿Cuál fue tu nacionalidad?"
INGLESA.
—"¿Cuál era la nacionalidad de ella?"
ITALIANA.
—"¿En qué año naciste?"
1885.

Mucho nos sorprendió que la tabla funcionara con nosotros. Yo pensé que todo esto era algo muy divertido: dos adultos pendientes de que el indicador se deslizara a través de la tabla, y no lo tomamos con demasiada seriedad. Por una razón, claro está: ninguno de nosotros creía particularmente en la vida después de la muerte y, ciertamente, no una vida consciente, capaz de comunicarse. Más tarde confirmamos que se sabía que una persona con el nombre del comunicante, había vivido en Elmira y muerto en los años cuarenta, cosa que me atemorizó un poco. Sin embargo estábamos demasiado interesados en descubrir qué hacía que el indicador se moviera, aun más que en los mensajes que nos transmitía.

La siguiente vez que la manejamos, varios días después, Frank Withers dijo que él había sido un soldado en Turquía durante una vida anterior e insistió (a través de la tabla), que nos había conocido a Rob y a mí en una ciudad de nombre Triev, en Dinamarca, en otra vida más. Se dieron fechas y ubicaciones, aunque quedó bien claro que ya no existe Triev.

Luego, el 8 de diciembre de 1963, nos sentamos nuevamente ante la tabla, preguntándonos si ésta en realidad funcionaba o no. Era una noche agradable y caliente en el salón. Frente a las ventanas caía la nieve. Luego, de pronto, el indicador comenzó a moverse con tanta rapidez, que difícilmente podíamos mantener su ritmo.

Rob formulaba las preguntas y luego hacíamos una pausa mientras él escribía las respuestas que el indicador nos daba. Frank Withers había dado, en sesiones anteriores, respuestas sencillas de una o dos palabras. Ahora las respuestas se hicieron más largas y su carácter pareció cambiar. La atmósfera de la habitación pareció un tanto diferente.

—¿Tienes algún mensaje para nosotros? —inquirió Rob.

LA CONCIENCIA ES COMO UNA FLOR CON MUCHOS PÉTALOS, replicó el indicador.

Desde los primeros mensajes, Frank Withers había insistido en la validez de la reencarnación, por lo que Rob preguntó:

—¿Qué piensas de tus varias reencarnaciones?

ELLAS SON LO QUE YO SOY; PERO YO SERÉ MÁS. ACERTIJO: EL TOTAL DE LA SUMA DE SUS CORAZONES.

Esta fue la primera vez que el indicador deletreaba oraciones completas. Yo me reí.

—¿Es todo esto el subconsciente de Jane hablando? —preguntó Rob.

EL SUBCONSCIENTE ES UN CORREDOR. ¿QUÉ DIFERENCIA TIENE LA PUERTA QUE ATRAVIESES?

—Tal vez es *tu* subconsciente —dije a Rob; pero él ya estaba presentando otra pregunta:

—Frank Withers, ¿podemos llamarte de nuevo a ti sobre alguna pregunta específica en el futuro?

SÍ. PREFIERO QUE NO ME LLAMES FRANK WITHERS. ESA PERSONALIDAD FUE MÁS BIEN INCOLORA.

Rob y yo nos encogimos de hombros; esto era realmente tonto y la aguja trabajaba cada vez con más rapidez. Rob aguardó un momento y luego inquirió:

—¿Cómo preferirías que se te llamara?

PARA DIOS, TODOS LOS NOMBRES SON SU NOMBRE, deletreó la aguja.

¡Ahora Withers se estaba volviendo religioso! Yo entrecerré los ojos y pretendí dirigir la vista a la ventana.

—Pero todavía necesitamos algún tipo de nombre para usar cuando hablamos contigo —dijo Rob.

PUEDES LLAMARME DEL MODO QUE PREFIERAS. YO ME LLAMO A MÍ MISMO SETH. ESTO ENCAJA EN EL MÍ DE MÍ, LA PERSONALIDAD QUE MAS CLARAMENTE SE APROXIMA AL YO TOTAL QUE SOY O QUE ESTOY TRATANDO DE SER. JOSÉ ES TU YO TOTAL, MÁS O MENOS, LA IMAGEN DE LA SUMA DE TUS VARIAS PERSONALIDADES EN EL PASADO Y EL FUTURO.

Todo esto fue deletreado con tanta rapidez, que apenas podíamos mantener nuestras manos sobre la ouija. A pesar de mí misma, me incliné para acercarme más. La parte posterior de mi cuello ya me dolía. ¿Qué era lo que estaba ocurriendo?

—¿Puedes decirnos más? —interrogó Rob—. Si tú me llamas José, ¿cómo llamas a Jane?

RUBURT.

Nuevamente nos miramos uno al otro. Yo hice una mueca.

—¿No quisieras aclararme eso un poco? —preguntó Rob.

¿QUÉ HAY QUE ACLARAR? —replicó la aguja.

—Bueno, a nosotros nos parece un nombre un poco extraño. No creo que tampoco le guste a Jane.

EXTRAÑO PARA EL EXTRAÑO.

Hubo una pausa. No sabíamos qué preguntar o cómo proceder. Finalmente, Rob inquirió:

—¿Podrías decirme por qué padecí esa molestia en la espalda a principios de este año?

LA VÉRTEBRA 1 NO CANALIZABA FUERZA VITAL POR EL ORGANISMO. RESTRINGIDA POR TEMORES QUE OPRIMÍAN NERVIOS. LA EXPANSIÓN DEL ESPÍRITU PERMITE QUE EL ORGANISMO FÍSICO SE EXPANDA, LIBERA PRESIONES.

Estos son sólo algunos extractos de esa primera sesión con Seth. (Algunas semanas más tarde, no obstante, Rob tuvo algunos problemas con su espalda y acudió a un quiropráctico que le dijo que su primera vertebra estaba fuera de alineamiento.) La sesión duró hasta ya pasada la media noche y, después de eso, nos sentamos a conversar sobre ella.

—Tal vez sea parte de *ambas* de nuestras mentes subconscientes, en una forma que no entendemos —opiné.

—Tal vez —aceptó Rob y luego agregó con una mueca—. Tal vez *es* realmente alguien que logró sobrevivir a la muerte.

—¡Oh, diablos! —exclamé más bien disgustada—. Además, ¿qué propósito tendría? Si existen espíritus, deben tener mejores cosas que hacer que ponerse a mover tablas ouijas.

—¿Qué fue lo que dijiste, Ruburt? —preguntó Rob. Sentí ganas de golpearle la cabeza.

Seth tenía un propósito, desde luego: entregar el material que nos ha venido dando dos veces por semanas hasta ahora, como una obra de relojería, durante los pasados cinco años. Mas entonces no lo sabíamos. Si bien ésta ya era la cuarta sesión con la tabla, en realidad fue nuestra primera sesión con Seth.

Las siguientes dos fueron bastante semejantes, excepto por un elemento asombroso: yo empecé a anticiparme a las respuestas de la tabla. Esto me molestó y preocupó sin fin y me inquietó cada vez más. En la siguiente sesión, que fue la cuarta con Seth, escuché las palabras en mi cabeza de una manera cada vez más rápida y no únicamente oraciones, sino párrafos enteros, antes de que fuesen deletreados.

La siguiente sesión comenzó como las demás. Yo estaba trabajando por las tardes en una galería de arte y, después de lavar los trastos y cuando Rob terminó de pintar por ese día, sacamos nuestra tabla.

—¿Por qué Jane se muestra bastante reservada respecto a nuestros contactos contigo? —preguntó Rob, una vez que estuvimos sentados—. Puedo asegurar que no se muestra demasiado entusiasta.

ESTA PREOCUPADA PORQUE RECIBE MIS MENSAJES ANTES DE QUE SE DELETREAN. TAMBIÉN HARÍA QUE TÚ FUERAS MUY CAUTO.

34

—Pero ¿por qué esto es causa de preocupación? —inquirió Rob, con lo que en ese entonces pensé que era una maravillosa inocencia fingida.

ES MÁS INQUIETANTE.

—¿Por qué? —insistió Rob.

UNA TABLA ES NEUTRAL. LOS MENSAJES EN LA MENTE NO LO SON. Mientras tanto, ya habíamos informado a un amigo nuestro: Bill Macdonell, sobre lo que estábamos haciendo. A su vez Bill nos había platicado respecto a una aparición que había tenido varios años antes, cuando era estudiante de arte. Nunca antes había dado a conocer esto a nadie. Ahora Rob preguntó que era lo que Bill había visto.

UN FRAGMENTO DE SU PROPIA ENTIDAD. UNA PERSONALIDAD PASADA QUE RECUPERÓ MOMENTANEAMENTE SU INDEPENDENCIA EN EL PLANO VISUAL. EN OCASIONES OCURRE UN LAPSO DE ESE TIPO.

—¿Estaba la imagen consciente de la presencia de Bill?

Escasamente escuché a Rob hacer la pregunta. Durante toda la sesión yo había estado oyendo las palabras en mi cabeza, mucho antes de que la tabla las escribiera y sentí el impulso de expresarlas verbalmente. Ahora el impulso se hizo más fuerte y yo me hice más determinada a combatirlo. No obstante, sentía una terrible curiosidad y ¿qué podía suceder, después de todo? No lo sabía y esto hizo que mi curiosidad se hiciera más aguda.

La aguja empezó a deletrear la respuesta a la pregunta de Rob.

DE ALGUNA MANERA SUMERGIDA, TODOS LOS FRAGMENTOS DE UNA PERSONALIDAD EXISTEN DENTRO DE UNA ENTIDAD, CON SU PROPIA CONCIENCIA INDIVIDUAL. . .

El indicador hizo una pausa. Yo me sentía como si me encontrara de pie, temblando, en el tope de un elevado trampolín, tratando de obligarme a saltar, mientras todo tipo de personas aguardaban impacientemente atrás de mí. En realidad, fueron las palabras las que me empujaron y parecían venir corriendo aceleradamente por mi mente. De alguna loca manera sentí que se me acumulaban montones de sustantivos y verbos en la cabeza, hasta que bloquearon todo lo demás y yo tenía que expresarlos. Y, sin realmente darme cuenta de cómo y por qué, abrí mi boca y los dejé salir. Por vez primera empecé a hablar por Seth, continuando las oraciones que la tabla había deletreado apenas un momento antes.

—Cuando Bill vio la imagen y reconoció su presencia, el fragmento mismo pareció tener un sueño. La entidad opera sus fragmentos en lo que se calificaría de una manera subconsciente, es decir, sin dirección consciente. La entidad da al fragmento vida independiente y luego la entidad más o menos olvida al fragmento. Cuando ocurre un momentáneo lapso de control, ambos se encuentran cara a cara. Es tan imposible para la entidad controlar personalidades fragmentarias, como para la mente consciente controlar los latidos del corazón en el cuerpo.

De pronto las palabras se detuvieron y yo me quedé mirando a Rob.

—¿Pudiste escucharte a ti misma? —me preguntó.

Asentí, muy asombrada.

—Muy ténuemente, como si un programa de radio estuviera funcionando en mi cabeza desde alguna otra estación—. Hice una pausa y coloqué mis manos de nuevo en el indicador, pensando que ya había tenido suficiente de esta manera de hablar o cualquier cosa que fuera, por una noche.

—Seth, ¿querrías verificar la recepción de Jane del mensaje anterior? —preguntó Rob.

SÍ. ESO DEBERIA HACER QUE ELLA SE SIENTA MEJOR.

Me relajé un poco; la aguja estaba de nuevo encargándose de los mensajes. Pero Rob propuso otra pregunta:

—Entonces ¿es posible caminar por una calle y encontrarse con un fragmento de ti mismo?

El indicador comenzó a contestar.

POR SUPUESTO. TRATARÉ DE PENSAR SOBRE UNA BUENA ANALOGÍA PARA ACLARAR ESTE PUNTO. HASTA LOS PENSAMIENTOS, POR EJEMPLO, SON FRAGMENTOS, AUNQUE EN UN PLANO DIFERENTE. . .

De nuevo las palabras ganaban rapidez por mi cabeza, mientras el pequeño puntero las deletreaba lenta y metódicamente. Recuerdo que me embargó una terrible impaciencia y luego me di cuenta de que estaba terminando el mensaje en voz alta:

—Tienen que ser traducidos a la realidad física. Fragmentos de otro tipo, llamados fragmentos de personalidad, operan independientemente, aun cuando están bajo los auspicios de la entidad.

Una vez más, las palabras nada más se detuvieron. Ahora estaba yo decidida a no dejar que ocurriera de nuevo la misma cosa, hasta que tuviera tiempo de reflexionar sobre ella y así se lo dije a Rob. No obstante, convinimos en verificar con la tabla.

—¿Estuvo correcta la respuesta de Jane, Seth? —preguntó Rob.

SÍ —replicó la aguja—, LA HACE SENTIRSE MEJOR EL NO TENER QUE ESPERAR HASTA QUE LA OUIJA DELETREE LAS RESPUESTAS.

—Me da gusto que alguien piense así —hice ver a Rob; pero ahora que los mensajes estaban de nuevo en la tabla, me sentí más segura, la curiosidad me invadió de nuevo. Dije a Rob que preguntara si uno de nosotros solo podría hacer funcionar la ouija y ésta sugirió entonces que lo intentáramos. Rob colocó sus manos en el indicador y formuló una pregunta, mas a duras penas hizo un ligero movimiento.

Luego, ambos pusimos las manos sobre ella.

—¿Qué te pareció eso, Seth? —inquirió Rob.

NO MUY BIEN. CUALESQUIER CONTACTOS DE SU PARTE PROBABLEMENTE INCLUIRÁN DATOS VISUALES INTERNOS. JANE PROBABLEMENTE SERÁ CAPAZ DE RECIBIRME DIRECTAMENTE EN CUALQUIER CASO. EL CONTACTO NO ES POSIBLE EN TODO MOMENTO. TÚ ENCONTRARÍAS ESTO MÁS EMBARAZOSO QUE YO.

—Hum —exclamó Rob. Ambos reímos y finalmente dimos por terminada la sesión.

No obstante, no sé lo que Rob hubiera pensado entonces si hubiera comprendido lo que Seth quería decir con "datos visuales internos"; y al escribir esto ahora, simplemente recuerdo que él estaba sorprendido cuando sus primeras visiones internas aparecieron con extraordinaria vivacidad. Las describiré con más detalle posteriormente. Por supuesto, esa noche estábamos primordialmente interesados en mi experiencia de hablar. Si yo hubiera sabido cómo aumentaría esto en la siguiente sesión, probablemente me hubiera dado un ataque nervioso.

De hecho, el mes siguiente nos aguardaba con experiencias tan asombrosas, que estuvimos a punto de dar por terminados los experimentos. No obstante, a la vez nos sentimos más tranquilos. Si había más en este mundo real de lo que sospechábamos, ciertamente queríamos descubrirlo. Y todavía estamos descubriéndolo, pues incluso ahora aparecen nuevos elementos en las sesiones. El Material de Seth continúa y todavía tenemos incontables preguntas que quisiéramos nos fueran contestadas.

El 8 de diciembre, por lo tanto, fue cuando Seth se presentó a sí mismo. El día 15 yo hablé por él por vez primera. Pronto, ya liberada por completo de la tabla, su personalidad empezó a expresarse con mucha mayor libertad. El proceso resulta fascinante al ser contemplado. Por esta razón, dedicaré espacio a las primeras sesiones, con objeto de que el lector pueda conocer el material que Seth me entregó y verlo surgir como una personalidad por derecho propio.

CAPÍTULO
DOS

Imágenes de la Playa York:
Personalidades "fragmentadas"

Antes de la siguiente sesión, yo me encontraba sumamente nerviosa. Había tenido un día particularmente pesado en la galería y Rob también se sentía muy cansado. No obstante, Rob despertó con bastante rapidez, ya que en el curso de las siguientes dos horas yo iba a hablar por Seth. Esta sesión fue asombrosa también por otra razón: la información en sí era tan sorprendente como la forma en que yo la estaba dando a conocer.

Casi de inmediato escuché las palabras en mi cabeza, como antes; pero insistí en empezar con la ouija. El indicador se movió antes de que siquiera pronunciáramos una palabra. SÍ. BUENAS NOCHES.

Rob bostezó y la aguja deletreó entonces:

ESPERO QUE NO SEA LA COMPAÑÍA.

Rob rió y dijo:

—Seth, ¿son las plantas y los árboles fragmentos?

La aguja empezó a moverse a través de la tabla.

EN CIERTO SENTIDO, TODAS LAS COSAS PODRÍAN DENOMINARSE FRAGMENTOS. . .

Sin embargo, las palabras se estaban acumulando en mi cabeza y, después de que las primeras oraciones se deletrearon, yo tuve la sensación de sumergirme en lo desconocido, de dejarme ir. Enseguida comencé a hablar por Seth de nuevo.

"Pero existen diferentes tipos. Los fragmentos de personalidad difieren de otros en que pueden hacer que otros fragmentos se formen de sí mismos. . ."

Rob dijo que era como si yo estuviera leyendo de algún manuscrito invisible. Mis ojos se encontraban completamente abiertos. En ese momento me rehusaba decididamente a cerrarlos y tampoco quise tomar asiento. Por cualquier cosa que ocurriera, yo iba a encontrarme

39

firmemente asentada sobre los pies, de manera que pudiera empezar a correr hacia la puerta, en caso de que llegara a preocuparme demasiado. Esta era en verdad una actitud cómica, ahora que pienso en ello. En realidad, conforme hablaba por Seth yo solía caminar constantemente por el cuarto; no obstante, difícilmente me daba cuenta de lo que estaba haciendo. Rob tomaba notas con tanta rapidez como podía. No sabía taquigrafía o escritura rápida; por lo que asentaba todo con letra manuscrita normal y luego lo pasaba a máquina el día siguiente. Sin embargo, pronto empezó a crear su propio sistema de símbolos y abreviaturas.

"El individuo presente en cualquier vida dada, podría denominarse un fragmento de su entidad total y tiene todas las propiedades de la entidad original, aun cuando éstas permanecen latentes o sin uso. La imagen que tu amigo vio era un fragmento de personalidad suya propia. Este tipo de fragmento de personalidad es de un origen diferente al de tu amigo, quien por sí mismo es un fragmento de su propia entidad. Nosotros llamamos a este tipo de fragmento de personalidad dividido o un fragmento de imagen de personalidad. Por lo regular éste no puede funcionar en todos los niveles de tu plano físico.

"Un individuo puede enviar una imagen del fragmento de personalidad a otro nivel de existencia enteramente, hasta sin su propio conocimiento consciente. Puede lograr valiosa información en este otro nivel y luego regresar. El tipo de fragmento que tu amigo vio fue de este tipo, pero estaba tan desconectado de tu amigo y fue enviado a su viaje de una manera tan distraída, que su información probablemente pasó directamente a la entidad que tu amigo representa. . ."

Más tarde Rob me dijo que tenía todo tipo de preguntas que hacer, pero no quería interrumpirme y su mano ya estaba cansada por tanto tomar notas. Todo el tiempo yo continué paseándome de un lado a otro en el salón, con los ojos medio abiertos, pronunciando este monólogo, sin ningún signo de titubeo.

"La tendencia es hacia una mayor concentración del individuo consciente. Entonces estos fragmentos de personalidad divididos o imágenes, pueden mantenerse bajo escrutinio, sin sujetar al ego presente a una distracción. Ahora bien, lo que tu llamarías el subconsciente, lleva a cabo esta tarea; no muy bien, puesto que nunca fue diseñado para enfocar una atención clara. La conciencia se expandirá dentro de tu plano. El alcance de la conciencia se ampliará de tal modo que todos los fragmentos de personalidad, imágenes de personalidad dividida y fragmentos individuales en encarnaciones subsecuentes, se mantendrán en un foco claro sin ningún esfuerzo. Es hacia esto que se encamina la evolución, aun cuando, claro está, lo haga a un ritmo lento como paso de burro."

Yo continué dictando este material desde las 9:00 y en forma continua, hasta que Rob sufrió un calambre de escritor a las 9:50. Únicamente he presentado extractos. Ambos estábamos tan asombrados de que yo hubiera hablado durante tanto tiempo y pronunciado tan complicadas oraciones sin correcciones o titubeos de ninguna especie. Luego, diez minutos después, mientras estábamos descansando, Rob dijo que iba a preguntar si habíamos llegado a ver alguna vez tales imágenes de "fragmento de personalidad". De inmediato, las palabras empezaron a acumularse de nuevo en mi cabeza y comencé a dictar. Mientras hablaba, no tenía idea del significado de las palabras, por lo que no fue sino hasta el siguiente periodo de descanso, que supe lo que Seth había estado diciendo. Fue el siguiente pasaje el que, posteriormente, ambos de nosotros encontramos tan inquietante.

"El hombre y la mujer en la pista de baile de la Playa York. . . eran fragmentos de ustedes mismos, desechadas las materializaciones de sus propios sentimientos negativos y agresivos. . . Las imágenes se formaron por la energía culminante de sus energías destructivas en ese momento. Si bien ustedes no las reconocieron conscientemente, de manera inconsciente las conocían perfectamente. Inconscientemente vieron la imagen de sus tendencias destructivas y estas imágenes por sí mismas los impulsaron a combatirlas."

Rob al instante se dio cuenta del episodio al cual se estaba refiriendo Seth. Cómo se las arregló para quedarse sentado tranquilamente tomando notas, mientras Seth proseguía, es más de lo que yo puedo entender.

A fines de 1963, varios meses antes de que comenzaran nuestras sesiones, habíamos tomado una vacación en la Playa York, en Maine, con la esperanza de que un cambio de ambiente mejorara la salud de Rob. El doctor no sabía cual era la causa del dolor de espalda y sugirió que pasara algún tiempo bajo tratamiento en el hospital. En vez de ello, decidimos que su reacción a la tensión era, por lo menos parcialmente, la responsable. De ahí nuestro viaje.

La noche en cuestión nos dirigimos a un club nocturno, en busca de una atmósfea festiva. Rob sentía constantemente el dolor y, si bien no se quejaba, le era imposible ocultar los súbitos espasmos. Entonces observé a una pareja, ya de mayor edad, que se hallaba sentada al otro lado del salón. Ellos en realidad me atemorizaron por su sobrenatural parecido con Rob y yo misma. ¿Nos veríamos nosotros como ellos, así de alejados y amargados, sólo que más jóvenes? No podía yo separar los ojos de ellos y, finalmente, se los señalé a Rob.

Rob dirigió la vista a la pareja y se quejó de otro espasmo en la espalda. Luego ocurrió algo que ninguno de nosotros había sido capaz de explicar. Para gran asombro de mi parte, Rob se puso de pie, me tomó del brazo e insistió en que bailáramos. Un minuto antes difícilmente hubiera podido caminar.

Yo tan sólo me le quedé mirando. No habíamos bailado juntos durante los ocho años que llevábamos de casados y la banda estaba tocando un "twist" ritmo con el que nosotros no estábamos en lo absoluto familiarizados por ese entonces. Además, Rob no aceptaría un no por respuesta. Yo tenía miedo de comportarme como una tonta, pero Rob me arrastró hasta la pista de baile y durante el resto de la noche estuvimos danzando, a partir de ese momento, su condición física mejoró notablemente. Toda su manera de ver la vida pareció más brillante desde ese momento.

Ahora Seth estaba diciendo:

"Mirando en retrospectiva, pueden decir que el efecto fue terapéutico, mas si hubieran aceptado subconscientemente las imágenes, eso habría marcado el principio de un severo deterioro para ambos, personal y creativamente. También aquí las imágenes marcaron la culminación crítica de sus energías destructivas. El hecho de que las imágenes fueran de ustedes mismos, demuestra que sus energías destructoras estaban vueltas hacia adentro, aun cuando materializadas en forma física. . .

"Salir a bailar representó el primer movimiento para alejarse de lo que esas imágenes significaban y la acción violenta fue lo mejor que pudo pasar bajo las circunstancias. . . pudo haber tenido lugar una sutil transformación en la que tú y Jane transfirieron la mayor parte de sus personalidades a los fragmentos que ustedes mismos habían creado. . . y a través de sus ojos se hubieran visto ustedes mismos a través del salón. En este caso, sus personalidades actualmente predominantes dejarían de ser dominantes."

Durante un descanso Rob me dijo lo que Seth había indicado respecto a las imágenes. Ninguno de nosotros había oído hablar sobre formas de pensamiento entonces y toda la cuestión me pareció a mí increíble. No obstante, pensé, los psicólogos hablan sobre proyección y transferencia, mediante las cuales proyectamos nuestros temores hacia otra persona u objeto y luego reaccionamos a ellas.

—Tal vez Seth quiere decir una creación simbólica —dije. Pero pronto las palabras comenzaron a fluir de nuevo y se hizo obvio que Seth estaba insistiendo en una materialización literal.

—¿Quién abandonó el salón primero, Jane y yo o las imágenes? —inquirió Rob.

De nuevo estaba yo hablando por Seth:

"Los fragmentos proyectados desaparecieron. Se pusieron de pie, caminaron a través del salón y desaparecieron entre la multitud. No tenían poder para abandonar el lugar donde habían nacido, a menos que ustedes mismos se lo hubieran dado. Recuerden que ellos existían de verdad. . . por eso, simbólicamente, su triunfo reforzó el aspecto saludable de sus egos presentes."

La noche avanzó, mas Seth no daba señales de cansancio. Un poco antes de media noche, Rob y yo tomamos otro periodo de descanso y decidimos poner fin a la sesión. (Incidentalmente fue Seth quien sugirió que tomáramos un descanso de cinco a diez minutos cada media hora, de ahí en adelante.) Rob y yo no sabíamos qué pensar de esta sesión. Por una razón, porque era la primera vez que yo hablé durante tanto tiempo y, por otra parte, no sabíamos cómo evaluar lo que se había dicho.

La explicación de Seth a la cuestión de la Playa de York, tenía sentido intuitivamente para nosotros. Ciertamente, algo significativo había ocurrido esa noche, pero ¿en realidad habíamos nosotros materializado las imágenes físicas de nuestros temores ocultos? ¿Hace esto la gente con frecuencia? Si es así, las implicaciones eran en verdad asombrosas. ¿O era la explicación válida, psicológica y simbólicamente, pero *prácticamente* resultaba un montón de tonterías? ¿Deberíamos continuar con las sesiones? Yo me mostraba un poco más renuente que Rob, por estar tan directamente involucrada, pero ¡que gran oportunidad! Reflexioné. Decidimos continuar por lo menos algunas sesiones más, para ver lo que podría tener lugar. Rob tenía algunas preguntas respecto a las personalidades fragmentarias que quería formular: ¿qué quería decir Seth con su aseveración de que podíamos habernos convertido en esas imágenes? Rob anotó las respuestas en un papel, a fin de que no se le olvidaran y dos noches después nos sentamos ante la ouija una vez más. Por supuesto, por el momento no sabíamos si alguna de las sesiones podría ser la última, fuesen cuales fueran nuestras decisiones conscientes. Todo lo que sabíamos era que Seth podría desvanecerse, como lo había hecho Frank Withers. Rob tenía ya preparada su lista de preguntas, a fin de que pudiéramos recibir algunas respuestas mientras todavía teníamos oportunidad.

Pero en esta siguiente sesión, yo hablé por Seth durante un tiempo más largo de lo que hasta entonces había hecho. Seth nos dio un relato detallado de dos vidas pasadas e inició una historia reencarnacional de la familia de Rob. El material contenía ciertas excelentes introspecciones psicológicas y, usándolas, nos encontramos llevándonos mucho mejor con nuestros parientes. Sin embargo a mí de ninguna manera me agradaba esta insistencia respecto a la reencarnación. "Las introspecciones psicológicas son magníficas —dije a Rob durante un descanso—; pero la parte relativa a la reencarnación probablemente es pura fantasía. Deliciosa, es verdad, mas sólo fantasía."

—No tienes que tomar una decisión en uno u otro sentido ¿o sí? —preguntó Rob—. ¿Cuál es la prisa? Veamos que más tiene que decir. Además, yo he aprendido mucho respecto a mi familia esta noche y tengo por delante toda mi vida. Eso vale algo.

Luego, cuando reanudamos la sesión, Rob presentó la pregunta que habíamos tenido en la mente desde que Seth mencionó por primera vez las imágenes de la Playa York:

—¿Si Jane y yo hubiéramos aceptado subconscientemente esas imágenes, hubiéramos podido retornar a nuestra casa, donde somos conocidos? Las imágenes eran más viejas.

Instantáneamente las palabras se acumularon en mi cabeza y brotaron por mi boca. Yo estaba fuera y Seth estaba allí.

"Las imágenes representaban una culminación de muchos años de experiencia con una tendencia negativa. Si ustedes las hubieran aceptado entonces, hubieran terminado como réplicas, mientras se cambiaban en las imágenes. No obstante, cualquier creatividad y constructividad que ustedes poseyeran, hubiera suavizado los rostros. Hubieran sido reconocibles a los amigos, mas los cambios se habrían notado. Las personas hubieran comentado que quizás no parecían ser los mismos y con mucha razón."

—¿Hemos tenido alguno de nosotros otras experiencias similares? —inquirió Rob.

"Hubo una tarde en un pequeño parque, cuando tenías alrededor de once años. Pensaste que estabas solo. Eran alrededor de las cinco de la tarde, del 17 de septiembre, cierto día en que no había escuela. De pronto se apareció otro niño. Tú no lo habías visto llegar y diste por supuesto que había venido por una senda que se hallaba alrededor de un quiosco para músicos. En las manos traía algunas matatenas. Se miraron uno al otro y estuvieron a punto de hablar, cuando una ardilla saltó a un árbol próximo.

"Tú volteaste la cabeza para ver a otro lado y, cuando te volviste de nuevo, el niño se había ido. Por algún tiempo estuviste reflexionando y luego se te olvidó por completo el incidente. De hecho, en ese preciso momento tu hermano Loren se asomaba por la ventana del taller de tu padre (al otro lado) y nada vio."

—¿Era el niño real o qué? —preguntó Rob.

"Era un fragmento de personalidad de ti mismo. En ese momento estabas deseando un compañero de juegos y tenías celos porque tu hermano permanecía tanto tiempo con tu padre. Casi sin saberlo, materializaste un fragmento de personalidad como compañero de juego. En aquel entonces no tenías manera de saber lo que había pasado y no pudiste dar ninguna permanencia a la imagen.

"Ocasionalmente una personalidad se asombrará a sí misma por tal producción de imágenes. Por lo regular, este fenómeno se desvanece para cuando la personalidad llega a ser un adulto. Sin embargo, en la infancia tales ejemplos son frecuentes. A menudo, cuando un niño grita debido a algún espanto, lo que ha visto es una producción de imágenes o proyección fibrosa, formada por un vívido deseo por parte del subconsciente."

—Me encanta la forma en que liga todo esto con la motivación subconsciente —dije más tarde.

Rob sonrió.

—¿Preferirías que no lo hiciera?

—Pero reencarnación, ¿y niños que forman personalidades fragmentarias o lo que sean, como compañeros de juego? —Fruncí el ceño—. No obstante, es fascinante como un diablillo. ¡Y piensa en lo que significa si es cierto!

—Y piensa en la gente que hemos conocido y que de pronto nos parecen por completo diferentes a lo que solían ser, de maneras que no podemos imaginar —insistió Rob—. Si Seth tiene razón, en realidad se convirtieron en las imágenes destructivas que tenían de sí mismos.

Me estremecí con intranquilidad.

—Pero ¿sería siempre destructiva o no? ¿No podría funcionar exactamente de manera contraria?

—¿Preocupada? —me preguntó Rob en tono de burla.

—De ninguna manera —contesté con suavidad; pero podía ver los rostros de aquella pareja todavía en mi mente y existían tantas preguntas todavía en el aire. Algunas de ellas fueron contestadas en las siguientes sesiones y esta explicación, tomada de una sesión que tuvo lugar tres años después, resulta particularmente interesante.

"Ahora bien, respecto a las imágenes de la Playa York. Aquí energías agresivas y destructivas se proyectaron inconscientemente hacia fuera, dada una pseudorealidad y validez física temporal. La carga emocional proporciona el patrón y el ímpetu para tales creaciones. De conformidad con el grado de realidad física que se alcance, el cuerpo físico del originador transfiere o traspasa porciones de su propia estructura química. Se usan proteínas y hay una elevada pérdida de carbohidratos.

"De la misma manera que las proteínas y substancias químicas del cuerpo pueden usarse para formar diversos tipos de imágenes, también pueden utilizarse para formar una úlcera, bocio o para efectuar otros cambios (en el mismo cuerpo). Aquí se niegan emociones particulares, se disocian. El individuo no quiere aceptarlas como parte de sí mismo. En vez de proyectarlas al exterior, como tú lo hiciste en las imágenes de la Playa York, son dirigidas a una área específica del cuerpo o, en otros casos, se deja que vaguen y, para decirlo de algún modo, se tornen en viajeros que causan problemas, a través del sistema físico del cuerpo."

Por la época en que Seth nos dio esta información, ya teníamos los antecedentes para entenderla. En sus discusiones sobre la salud, Seth siempre había sostenido que la enfermedad a menudo es resultado de emociones disociadas e inhibidas. La psiquis intenta deshacerse de ellas, proyectándolas hacia una área específica del cuerpo; en el caso de úlceras, la energía desviada va a dar a la producción real de la úlcera misma. Si áreas realmente grandes del yo se hallan inhibidas, puede formarse una personalidad secundaria, agrupada alrededor de aquellas cualidades desconfiadas y negadas por el ego primario y por lo regular opuestas a él. En otros casos, las emociones inhibidas pueden proyectarse al exterior y en otras personas o como en el caso de las imágenes de la Playa York, la energía muy cargada reprimida puede realmente formar imágenes pseudofísicas que presentan la personalidad con la imagen físicamente materializada de sus temores.

Sin embargo, en aquel entonces todo esto era nuevo para nosotros. Por todo lo que yo sabía, Seth era él mismo una personalidad secundaria y, al llegar a este punto, podíamos haber dado de baja las sesiones. Aun cuando las encontramos bastante intrigantes, ciertamente no estábamos convencidos de que Seth fuera alguien que hubiera sobrevivido a la muerte. Lo más probable, según pensábamos, era que se tratara de una porción muy viva de mi propio subconsciente. Ya para ahora habíamos llevado a cabo suficientes lecturas para preocuparnos respecto al ángulo de la personalidad secundaria. No obstante, no había evidencia alguna de excesiva emotividad en el material; no existían odios reprimidos, prejuicios o deseos. Seth no hacía demandas de ninguna especie sobre ninguno de nosotros.

Entretanto, se presentaron los días festivos de Navidad. No celebramos sesiones durante dos semanas y ambos nos preguntábamos qué ocurriría cuando lo intentáramos de nuevo, si es que lo hacíamos. Pero el siguiente episodio desquició por completo nuestras ideas de lo que era posible; tanto refutó nuestras teorías convencionales, que estuvimos a punto de poner fin a todo el asunto. Obviamente no lo hicimos; no obstante, nuestras sesiones iban a dar color a nuestras actividades en los siguientes años e influyeron enormemente en la dirección en que yo permitiría que funcionaran mis propias habilidades psíquicas.

CAPÍTULO
TRES

Seth asiste a una sesión:
Un "nuevo" juego de dedos

Una sesión espiritista experimental fue la siguiente en la lista de experimentos para mi libro. Teníamos una idea sumamente vaga de lo que era una sesión espiritista, pues nunca habíamos asistido a una. Pensábamos, no obstante, que más de dos personas deberían verse involucradas, por lo que decidimos pedir a Bill Macdonell que se uniera a nosotros, puesto que él era el único que sabía de nuestros experimentos. Bill se presentó la noche del 2 de enero de 1964 y, con la animación del momento, yo sugería que los tres hiciéramos una prueba.

Los resultados fueron tan sorprendentes que, en lugar de parafrasear las notas de Rob, voy a incluirlas exactamente como las escribió. Por una razón: él era mejor observador de lo que yo podía ser y la manera en que sus notas estaban escritas, muestra su estado mental, su actitud cuidadosa y precavida, y su postura crítica. Bill Macdonell leyó las notas y estuvo de acuerdo con ellas.

"Comenzamos por tomar asiento ante una mesa pequeña, en nuestra sala de estar. Cubrimos la mesa con un trozo de material oscuro. La cocina tiene comunicación con la sala, por lo que cerramos las persianas en ambos cuartos y bajamos las cortinas sobre ellas.

"No sabiendo cómo proceder con exactitud respecto a celebrar una sesión, conectamos un pequeño foco eléctrico rojo, un adorno de Navidad. Nuestras paredes son blancas, por lo que podíamos ver bastante bien una vez que nos adaptamos a la semioscuridad.

"Pedí a Jane que pusiera su anillo de bodas sobre la mesa. Los tres nos tomamos de las manos alrededor de ella. Sentado calmadamente, con la escasa luz y contemplando la sortija, comprendí que como observador, libre de preocupaciones, podría no tener muchas dificultades para ver cualquier cosa que quisiéramos ver.

"En el extremo del anillo apareció un pequeño punto de luz, pero al mover el brazo, descubrí que podría hacer que la luz titilara, apagándose y encendiéndose. Era simplemente el reflejo rojo del foquito, por lo que lo coloqué detrás de las cortinas, donde la luz era difusa. Nada ocurrió cuando de nuevo dirigimos la vista al anillo. Yo empecé a hacer preguntas en voz alta, de una manera fortuita, mas no las dirigí a Seth.

"Luego, de pronto, Jane anunció con una voz clara y firme: 'Vigila la mano'. Era más bien una orden y entonces supe que Seth estaba con nosotros. Jane sintió que su mano se iba enfriando poco a poco. Para mi alivio, Seth, a través de la voz de Jane, describió en detalle cada efecto que siguió, de modo que, según dijo, no hubiera duda respecto a lo que ocurriría.

"Empezó por decirnos que contempláramos el pulgar de Jane. La punta del dedo empezó a brillar y parecía ser que la carne fluía con una luz blanca y suave. No hubo ningún efecto radiante, sino que meramente varió el color de la carne misma. Puesto que la mano se encontraba en la oscuridad, no había posibilidad de malinterpretar el cambio.

"El brillo se extendió a lo largo de todo el pulgar, hasta el monte de carne en su base, junto a la palma. 'Contempla cómo desaparece el monte', dijo Seth, con más que una ligera satisfacción. '¿Ves el cambio de color y las sombras en la palma? Si quieres una demostración, entonces la tendrás, aunque parece tonto. . . Y ahora la muñeca. ¿Ves cómo se engrosó y se pone blanca?'

"La muñeca de Jane en verdad se engrosó. Se hallaba sentada con la mano izquierda oprimida sobre la mesa. Usaba un suéter negro, con las mangas remangadas y la luz blanca y fría se extendía sobre la muñeca que se hacía más gruesa, hasta el antebrazo y el suéter.

"Luego la mano comenzó a cambiar sus proporciones generales y adquiría una forma de garra. Yo tuve la molesta impresión de la garra de un animal. Los dedos de Jane, normalmente largos y gráciles, se habían encogido para convertirse en apéndices cerdosos, según me pareció. El brillo cundió por las palmas, eliminando las sombras que normalmente se debían ver allí, por lo que no parecía que los dedos estuvieran meramente doblados.

"Lentamente, la mano recuperó su forma normal. Jane estaba sentada con las palmas hacia arriba. Ahora Seth realmente se extendió. Los dedos comenzaron a hacerse más largos y a blanquearse. Luego, un segundo juego de dedos empezó a elevarse sobre los propios dedos de Jane. Ahora podría haber sido sumamente fácil para Jane doblar sus dedos en esta posición, pero aquí nosotros tres vimos el segundo conjunto crecer y hacerse más largos y blancos. Además, este segundo juego tenía las uñas *en la parte superior*. Si hubieran sido los dedos propios de Jane, las uñas hubieran estado volteadas sobre la mesa e invisibles.

" 'Para ser un primer intento, lo estoy haciendo primorosamente' dijo Seth. '¿Qué piensas de esto? Echa una buena mirada'. Durante

48

algunos minutos estudiamos el efecto que se hallaba frente a nosotros. Para mí los dedos extra, doblados tan grotescamente, me parecían cerosos, casi húmedos, como si apenas recientemente se hubieran moldeado. Jane no pareció estar tan atemorizada. Luego, gradualmente, el juego extra de dedos desapareció.

'' 'Ahora la mano cambia de nuevo —indicó Seth—. Se convierte en grasa aplastada. Frank Withers tenía una mano como esa, exactamente como esa. Frank Withers era un bobalicón' dijo con gran satisfacción, aun cuando Frank fue, de acuerdo con Seth, un fragmento de personalidad de su propia entidad.

''La mano se puso aplastada y regordeta por un momento. Luego, recuperó su forma de garra. 'Ahora —me dijo Seth a mí—, muy cuidadosamente extiende los dedos y toca la mano. Quiero que la toques, a fin de que puedas sentir cómo es'. Con mucho cuidado coloqué las puntas de mis dedos sobre la palma de Jane. Aquella como garra se sentía muy fría, húmeda y viscosa y la piel tenía una sensación grumosa a la que yo no estaba acostumbrado, en la mano de Jane.

''Seth hizo que esta luz interna fría bañara la muñeca y la palma de la mano de Jane, hasta un grado todavía más notable. En la unión de la mano y la muñeca, la carne creció hasta convertirse en un bulto semejante a un huevo. El aspecto blanco inundó el brazo de Jane, hasta el suéter y se escurrió hasta sus dedos, hasta que toda semblanza de sombra hubo desaparecido del brazo y la palma. Luego, para poner fin a esta parte de la demostración, Seth hizo que Jane colocara las manos, una junto a la otra sobre la mesa, de modo que pudiéramos ver con claridad la diferencia entre las dos. Gradualmente, la mano retornó a lo normal y Seth nos ordenó que tomáramos un periodo de descanso.

''Después del descanso, Seth nos dijo que cerráramos la puerta que da al baño. El lado de la puerta que da a la sala tiene un espejo de gran tamaño y Seth nos dijo que nos miráramos en él. Puesto que el espejo es alto y delgado, tuvimos que colocarnos muy juntos en los tres lados de la pequeña mesa, con objeto de que pudiéramos ver nuestros reflejos. Jane estaba sentada enmedio. Sus labios se hallaban muy cerca de mi oído mientras hablaba. Yo podía oír y sentir el aliento de cada una de sus sílabas y cada respiración que tomaba. Su voz bajó de volumen considerablemente y en verdad tuve la sensación de que ella en realidad estaba hablando por alguna otra persona (más que por una personalidad subconsciente que simplemente se llamaba Seth, por ejemplo).

'' 'Ahora los tres miren su reflejo claramente en el espejo, exactamente como deberían hacerlo. Estén pendientes, porque cambiaré la imagen de Jane y la reemplazaré con otra' dijo Seth; y la imagen de Jane comenzó a cambiar. Su cabeza cayó un poco más abajo y, al mismo tiempo, varió la forma de su cráneo, su cabello se hizo más corto y se alisó sobre ella hasta que se estrechó más. Los hombros de la imagen en el espejo se concorvaron y se hicieron más estrechos. Luego, la cabeza en el espejo se inclinó y miró hacia abajo, mientras la misma

Jane se sentaba con la cabeza erecta, mirando directamente hacia el espejo.

"Más tarde Jane confesó que esto le produjo un choque mucho mayor que cualquier otra cosa. Yo la miré primero a ella junto a mí y luego en el espejo. No había duda respecto a la diferencia que había entre las dos. Asimismo, vi una sombra que circundaba la imagen del espejo. Al mismo tiempo, tuve la sensación de que el rostro colgaba hacia adelante del cuerpo. La cabeza del espejo pareció hacerse más pequeña y detecté un tenue brillo a su derredor mientras colgaba en el espacio, aparentemente entre el reflejo del espejo y los tres de nosotros.

"Asimismo, fue obvio que la imagen del espejo estaba sentada varios centímetros más abajo de donde estaba Jane; y de vez en cuando, la misteriosa cabeza se inclinaba y luego colgaba delante del cuerpo."

Fin de las notas de Rob.

Durante la sesión, yo no me había sentido ni un poco nerviosa o atemorizada. Sin embargo, ya al final sentí un profundo choque, al ver tal diferencia entre la imagen en el espejo y yo misma. Creo que momentáneamente temí verme realmente así. Después de todo, esa es una reacción completamente normal: por lo regular, cuando uno se ve en el espejo, éste nos presenta una fiel reproducción y ninguna mujer va a sentirse muy contenta de ver una aparición espectral que la mira fijamente.

Cuando Seth se hizo cargo de las cosas, su confianza hizo que desaparecieran todas las otras ideas y dudas de mi cabeza. No obstante, todo el tiempo mantuve los ojos bien abiertos. Pude así examinar las diferencias entre mis manos, por ejemplo y ver el otro conjunto de dedos y el brillo blanco que se extendía hasta el borde de mi suéter arremangado. Parecía que, cuando Seth hablaba, producía un leve chasquido y desaparecía y, no obstante, un tremendo sentido de energía me invadía cuando él lo hacía. Excepto por la imagen del espejo al final, nada me molestaba en lo absoluto.

Pero tan pronto como terminó la sesión, yo me sentí totalmente sobrecogida. En vez de estar animada por la parte de Seth en los acontecimientos, estábamos desquiciados. Todos sabíamos lo que habíamos visto. Rob incluso había tocado la mano en un momento y Seth nos había ofrecido muchas ocasiones de comprobar los efectos conforme ocurrían. No podíamos aceptar la evidencia de nuestros sentidos, ni podíamos realmente negar una evidencia tan obvia. Aun cuando estábamos tratando de experimentar para el libro, pensamos que las sesiones eran una locura, algo nada respetable. No queríamos que Seth estuviera involucrado y específicamente habíamos decidido con firmeza *no* preguntarle.

Mi escepticismo intelectual se suscitó simplemente debido a que esta experiencia había tenido tanto éxito. Argüíamos una y otra vez sobre si la sugestión podría o no haber sido responsable; pero sabíamos que esto no podía explicar ni la mitad de lo que había ocurrido. Difícilmente podría explicar la característica de grumos que Rob había sentido en mi mano o el segundo juego de dedos, aun cuando decidimos que *podría* quizás haber explicado la extraña imagen en el espejo.

La verdad es que, por vez primera en nuestras vidas, nos encontramos nosotros mismos experimentando sucesos que no podíamos explicar y dudando de la evidencia de nuestros sentidos: algo incómodo para cualquiera. Todo el asunto ejerció tal efecto sobre nosotros, que decidimos que no trataríamos de repetir ese tipo de sesión de nuevo durante tres años. (Como verá el lector, sin embargo, Seth se presentó en forma de aparición en la sesión No. 68.) De ahí en adelante, siempre mantuvimos las luces encendidas, para verificar con más facilidad cualesquier efectos que pudieran presentarse.

El trabajo posterior me ha convencido que los fenómenos psíquicos no se aparecen simplemente porque queremos que lo hagan o como resultado de la sugestión por sí sola. Otros efectos posteriores tuvieron lugar en plena luz. Durante algunas de mis clases de PES, por ejemplo. La aparición de Seth también tuvo lugar a plena luz. Asimismo, desde entonces he conocido incidentes adicionales, cuando grupos de personas sumamente susceptibles a la sugestión y con poco sentido crítico, se han congregado en salones oscuros, esperando todo tipo de apariciones. . . y nada ocurrió en lo absoluto.

Creo que tanto Rob como yo nos disgustamos al vernos forzados de pronto a encarar temas que no estábamos listos para enfrentar. Todo estaba ocurriendo con gran rapidez. No había pasado un mes desde que empezamos con la tabla ouija. Nuestras ideas de lo que era posible, se estaban convirtiendo en algo de locura. Decidimos celebrar otra sesión, para ver lo que Seth tenía que decir respecto a este asunto y nuevamente consideramos la conveniencia de poner término a los experimentos, libro o no libro. No obstante, difícilmente podíamos culpar a Seth, puesto que la sesión había sido nuestra idea desde un principio. Yo tenía que escribir los resultados de la sesión para uno de los primeros capítulos y difícilmente sabía cómo proceder.

La siguiente noche celebramos lo que pensábamos que podría ser nuestra última sesión. Al terminar ésta supimos que estábamos comprometidos y, para nosotros, esta sesión realmente marca el principio del Material de Seth, el fin de los datos preliminares.

Por primera vez Seth realmente "se presentó" como otra personalidad definida riendo y bromeando. Rob simplemente no podía creer que él estuviera hablándome a mí en términos ordinarios. Pero, más que esto, el largo monólogo de Seth sobre la índole de la realidad, nos cautivó e intrigó. No teníamos idea que se trataba de una explicación sumamente simplificada y astutamente eslabonada para nuestro nivel de entendimiento, en ese momento. No obstante, produjo en nosotros una tremenda impresión.

Durante aproximadamente tres horas, yo hablé por Seth, recorriendo el salón de un lado a otro, bromeando, haciendo pausas de vez en cuando, a fin de que Rob se pusiera al corriente en sus notas y entregando este monólogo al tiempo que usaba gestos, expresiones faciales y verbales e inflexiones, enteramente diferentes a las mías propias. Hablé constante y continuamente sin titubeo alguno, desglosando un material filosófico serio con comentarios joviales, de manera muy semejante a como lo hace un profesor en un pequeño seminario. La sesión despertó así nuestra curiosidad intelectual e intuitiva, tanto que todo pensamiento de descontinuar se fue por la ventana.

"Supongamos una red de alambres, un laberinto de cables que se entrelazan y están construidos de manera tan interminable, que el ver a través de ellos parecería no tener ni principio ni fin. Tu plano podría semejarse con un pequeño espacio entre cuatro alambres sumamente enmarañados; y mi plano podría semejarse a un pequeño espacio en los alambres vecinos, en el otro lado. No sólo nos encontramos en lados diferentes de los mismos alambres, sino que, al mismo tiempo, estamos arriba o abajo, según tu punto de vista. Y si piensas en los alambres como formando cubos (y esto va para ti, Joseph, por tu amor a las imágenes), entonces los cubos podrían también encajar uno dentro del otro, sin perturbar a los habitantes de cualquier cubo ni una pizca. Y estos cubos se encuentran dentro de otros cubos y yo estoy hablando ahora sólo de la pequeña parte de espacio formada por tu plano y el mío.

"Piensa nuevamente en términos de tu plano, ilimitado por el enmarañado conjunto de alambres y mi plano, en el otro lado. Éstos, como ya dije, poseen ilimitada solidaridad y profundidad; no obstante, para un lado el otro es transparente. Tú no puedes ver a través de ellos; pero los dos planos se mueven constantemente, uno a través del otro. Espero que veas lo que he hecho aquí: he iniciado la idea del movimiento, pues la verdadera transparencia no es la habilidad de ver a través, sino de moverse a través.

"Esto es lo que quiero significar por quinta dimensión. Ahora, haz a un lado la estructura de alambres y cubos. Las cosas se comportan como si los alambres y los cubos existieran; mas éstas eran únicamente la construcción necesaria para aquellos que están en mi plano. . . Construimos imágenes consistentes con los sentidos que tenemos. Meramente construimos líneas imaginarias sobre las cuales caminar.

"Tan reales son las construcciones de muros de tu cuarto, que en invierno te congelarías sin ellos. No obstante, no existe tal salón ni tampoco hay paredes. Así pues, de una manera similar, los alambres que construimos son reales, aun cuando no existen alambres. Las paredes de tu cuarto son transparentes para mí, aun cuando no estoy seguro de que actuaría, queridos Joseph y Ruburt, para una demostración en una fiesta.

"No obstante, esas paredes *son* transparentes y también lo son los alambres; pero, para propósitos prácticos, debemos comportarnos como si ambos estuvieran allí. . . Además, si analizas nuestro laberinto de alambres, te pediré que imagines que llenas todo lo que es, con tu plano y mi plano como dos pequeños nidos de pájaro en un tejido semejante a nicho en algún árbol gigantesco. . .

52

"Piensa que estos alambres son móviles, que constantemente tiemblan y también están vivos en que no sólo portan el material del universo, sino que a la vez son ellos mismos proyecciones de él; y verás cuan difícil de explicar es esto. Tampoco puedo culparte por sentirte cansado, cuando después de pedirte que te imaginaras esta extraña estructura, insisto luego que la destruyas, puesto que no es más vista o tocada de lo que es el zumbido de un millón de invisibles abejas."

Fue en esta sesión cuando Seth sugirió que celebráramos sesiones dos veces por semana, diciendo que un programa establecido era mucho mejor que la actividad esporádica. Y prosiguió: "En uno u otro momento, todos nosotros en mi plano imparten tales lecciones; pero los nexos psíquicos entre maestro y discípulos son necesarios, lo que significa que debemos aguardar hasta que las personalidades en tu plano hayan progresado lo suficiente para dar inicio a las lecciones. Estas lecciones son después conducidas con aquellos psíquicamente ligados a nosotros.

"Lo que tú llamas emociones o sentimiento, es la conexión entre nosotros y es tal conexión la que con más claridad representa la fuerza de vida en cualquier plano, bajo cualquier circunstancia. Con ella está tejido todo el material en tu mundo y el mío."

Una vez que terminó de impartir el material anterior, Seth permaneció un rato por allí, como si quisiera enfatizar un periodo social informal. Invitó a preguntar, con frecuencia hacía gestos y pausas frente a Rob, mirándolo directamente a través de mis ojos abiertos (pero no como los de Jane).

"No hay nada malo y quizás mucho bueno, que pueda ganarse —dijo—, en tratar de efectuar cualesquier experimentos que tú quieras hacer por ti mismo. Llámalo tarea en casa, si gustas. Quizás hasta llegue yo a darte una Estrella de Oro aunque, si te conozco bien probablemente insistirás en que sea el maestro quien dé la proverbial manzana a los alumnos, en vez de todo lo contrario."

Luego, con fuertes acentos humorísticos, habló respecto a la tabla ouija que todavía usábamos para abrir y cerrar las sesiones. "Es una cuestión de formalidad en que ella renueva el contacto de una manera familiar y, asimismo, siempre me ha gustado la formalidad, hasta cierto punto. La tabla nos da un momento de respiro y es un método para decir buenos días o buenas noches o tocarnos el sombrero. Soy también de la opinión que el pequeño ritual tiende a enfatizar datos en la mente y establecerse con ventaja, de la misma manera que la buena cocina está hecha por finos platillos. . . Al final de una sesión resultaría más cordial posar tus manos brevemente en la tabla. Tienes suerte que no te pida usar traje y corbata."

Al oír esto Rob lanzó una carcajada y lo mismo hice yo cuando éste me leyó las notas. Nos sentíamos fascinados por el monólogo sobre la quinta dimensión que, incidentalmente, fue mucho más largo de lo que aquí se extracta. La personalidad de Seth impactó a Rob a tal grado que, por lo menos él, estaba convencido que Seth era una personalidad por completo independiente. Por supuesto, me conoce tan perfectamente, casi en cualquier modalidad, que se encuentra en excelente posición para juzgar las diferencias y similitudes entre mi personalidad y la de Seth.

Después de hacer que Rob describiera la sesión y después de leer las notas, mi actitud fue de simple asombro. Rob y yo somos bastante informales y nuestros amigos también lo son. Los hombres no suelen usar sombrero y trajes completos, por ejemplo, sino pantalones de mezclilla y camisas o suéteres. Así pues, encontré a Seth delicioso, quienquiera o cualquier cosa que fuera. ¿A quién otro que conociéramos, era tan de la "vieja escuela" que hasta hablara de tocarse el sombrero o se refiriera a la comida como "buena cocina"? De cualquier modo, no daba una impresión atemorizante y el monólogo quintadimensional, era en verdad provocativo.

No obstante, yo estaba aprendiendo ya a estudiar mi propia conducta psicológica y la cuestión de la realidad independiente de Seth entró más y más en mi mente. Puesto que, en cierta manera, me había "convertido" en Seth, nunca me siento capacitada para verme a mí misma como Seth en la forma que lo puede hacer Rob o que lo pueden hacer mis estudiantes en una sesión de clase; pero se que él produce una definida impresión en otros. ¿Quién o qué era él? Constantemente preguntaba a Rob. ¿Cómo me veía yo? ¿Cómo sabía que era alguna otra persona la que hablaba? ¿Qué había sobre Seth que le convenciera tanto que éste era algo más que una parte disasociada de mi propio subconsciente?

Lejos de ponerme a buscar a Seth en cada rincón, resguardé mi integridad mental con toda la determinación de mi naturaleza. Luego me sentí tonta, porque Seth nunca hizo absolutamente ningún intento de "invadir" mi día de trabajo normal. Lo que es peor, pensaba que se sentía divertido, aunque era muy comprensivo, y pensaba que mis esfuerzos, si bien básicamente innecesarios, eran todavía importantes para mi paz mental.

No obstante, nunca me di cuenta de los nuevos progresos, hasta que en realidad ocurrían espontáneamente y, en ocasiones, para mi propia sorpresa. Si pensábamos que Seth "aparecía" como él mismo en las últimas sesiones, teníamos mucho que aprender en la siguiente, cuando de pronto surgió la voz propia y más poderosa de Seth.

La primera sesión con Frank Withers había tenido lugar el 2 de diciembre de 1963. En la decimocuarta sesión, el 8 de enero, yo estaba lista para hablar por Seth, con tonos profundamente masculinos y todo lo demás. En verdad, habíamos recorrido mucho camino en tan poco tiempo como un mes. Fuera de toda duda, aquellos aproximadamente treinta días estuvieron llenos de una actividad psicológica, excitación y especulación más intensa, de lo que hasta entonces habíamos encontrado. Pasarían cuando menos tres años, mucho después de que apareció mi libro, antes de que siquiera empezara a entender lo que había ocurrido.

CAPÍTULO CUATRO:

La "voz de Seth"

Durante todo este tiempo estuve trabajando en la galería de arte local, por las tardes. Pasaba las mañanas dedicada a mi libro sobre PES, escribiendo los resultados de nuestros experimentos. Todavía no habíamos dicho a nadie lo que estábamos haciendo, excepto a nuestro amigo Bill. De hecho, pocos de nuestros amigos sabían lo que pretendíamos, hasta que el libro estuviera terminado. Ahora me pregunto la razón de que hayamos guardado tanto sigilo; pero, por aquel entonces, nos pareció mucho mejor mantener al mundo muy separado. Teníamos suficientes cosas en que preocuparnos nosotros mismos.

La personalidad de Seth se estaba expresando con mucha mayor libertad ahora que me hallaba libre de la tabla, particularmente después de la sorprendente decimocuarta sesión. No creo que Rob lo llegue a olvidar nunca. Estábamos asombrados por el hecho de las sesiones mismas. Antes de que empezáramos, por lo regular estaba sumamente nerviosa y me preguntaba si Seth se presentaría o no. En aquellos días siempre tenía temor de entrar en trance, abrir la boca y. . . ¡nada! O, lo que era peor, que empezara a decir disparates. Además, ni siquiera me daba perfecta cuenta de *cómo* sabía cuando Seth estaba listo. Solíamos empezar las sesiones a las 9 de la noche. Cinco minutos antes de esta hora, me embargaba esa sensación de nuevo; como si fuera a saltar de un trampolín para caer en un estanque profundo. . . y sin siquiera saber con seguridad si podría nadar.

La sesión se inició en la forma usual, sin indicios de que ocurrieran cambios en la voz. Me gustaría mencionar aquí que, para entonces, ya habíamos leído varios libros sobre percepción extrasensorial; pero todavía no habíamos encontrado nada respecto a comunicaciones a través de la voz. Habíamos leído respecto al caso meritorio de Patience Worth, donde cierta señora Curren producía novelas y poesía con una tabla ouija y escritura automática; pero carecíamos por completo de la idea de que cualquiera pudiera hablar por otra personalidad. Nunca se le había ocurrido a ninguno de los dos que mi voz pudiera cambiar de cualquier modo.

En esta decimocuarta sesión, yo hablé por Seth durante quince minutos completos, que era el periodo más largo sin descanso hasta entonces. Seth empezó por aconsejarnos que lleváramos una vida social más balanceada: que saliéramos y nos mezcláramos con la gente, a fin de contrarrestar la intensa actividad interna de la experiencia psíquica. Luego se lanzó a su primera disertación sobre los Sentidos Internos, tema que era enteramente nuevo para nosotros y que, en el futuro, íbamos a elaborar más.

"Todo en su plano es la materialización de algo que existe independientemente de su plano. Por lo tanto, dentro de sus sentidos existen otros sentidos que perciben en el interior. Sus sentidos regulares perciben un mundo externo; pero los sentidos dentro de los sentidos reconocibles, perciben y crean un mundo interno. . . toda vez que ustedes existen en un plano particular, necesariamente deben acoplarse a él, mientras bloquean e impiden muchas otras percepciones. Es como un foco psíquico, una concentración de conciencia en concordancia con ciertas líneas. Cuando su habilidad crece en relación con el ambiente, entonces se pueden permitir mirar a su alrededor, usar los Sentidos Internos y agrandar su campo de actividad. Esto no es sino natural. La supervivencia en determinado plano, depende de su concentración dentro de él. Cuando la supervivencia está más o menos satisfecha a través de la atención, entonces pueden permitirse percibir otras realidades."

En realidad este material prosiguió durante varias páginas y, como era usual, Rob estaba escribiendo con tanta rapidez como podía, para mantenerse a tono con la entrega.

Al transcurrir la segunda hora de sesión, mi voz empezó a tornarse más áspera y fue la primera vez en las sesiones que llegara a mostrar señales de tensión. Después de la discusión inicial sobre los Sentidos Internos, Seth dijo: "No pretendía yo hacerte trabajar tan duro esta noche, Joseph. Si tu mano está trabajando con tanta rapidez como la boca de Ruburt, debes sentirte exhausto. ¿Te gustaría tomar un descanso o poner fin a la sesión? Siempre estoy pensando en tu conveniencia, por lo menos cuando no me siento preocupado por tu educación", agregó con una sonrisa.

Rob solicitó un receso; pero luego me urgió a terminar la sesión, antes de que perdiera la voz. Yo sabía que se sentía muy preocupado por mí, pero a la vez estaba tremendamente interesado en el material que Seth nos estaba dando. Además de esto, como Seth, yo había estado en extremo activa, haciendo comentarios chistosos de vez en cuando, a fin de intercalar descansos y romper la monotonía de un monólogo serio. El sentido de otra personalidad independiente, era más fuerte de lo que antes había sido y, en tal virtud, decidí continuar. En ese momento ya eran más de las 10:30 y, mientras estábamos hablando, Rob había preguntado en voz alta cuál era el significado del tiempo. Cuando reanudamos, Seth empezó a discutir esta cuestión.

"El tiempo no tiene significado sin barreras. Para expresarlo de otro modo, el tiempo no tiene sentido sin la necesidad de actuar en contra de otras acciones. Básicamente, ésta es una verdadera joya de descripción, si me lo digo a mí mismo. La parte triste es que tú probablemente no estarás apto para entenderlo todavía. ¡Eso toma tiempo! Como mi intención es vencer tu ignorancia, no me pude resistir. Quiero decirlo con suavidad, pues no tienes idea de las dificultades que involucra tratar de explicar el tiempo a alguien que debe tomarse tiempo para entender la explicación.

"El estudio del tiempo te enseñará también muchísimo respecto a la índole de la quinta dimensión. Nuestros imaginarios alambres compuestos de vitalidad solidificada, son fluidos, espero que entiendas esto, aun cuando están solidificados, puesto que la solidez es ilusión."

Aquí, como Seth, golpeé el escritorio para poner énfasis y, de pronto, empecé a hablar en una voz más fuerte. Al mismo tiempo, desapareció lo áspero. Palabra tras palabra, la voz se hizo más profunda, más formal y más alta. Cuando Rob bajó la vista para hacer sus notas, se dio cuenta que estaba teniendo lugar alguna metamorfosis de algún tipo. Escribía tan rápido como podía, por lo que también pudo levantar la vista de vez en cuando, para ver lo que estaba ocurriendo. Yo me encontraba en ese momento de pie, frente a él, con ojos no parecidos a los de Jane, bien abiertos, mirándolo como para asegurarse de que entendía lo que se estaba diciendo.

"También dije que este sentimiento de vitalidad y, viéndolo bien, prefiero ese término: vitalidad, se está moviendo y es por sí mismo parte de la materia viva del universo. Ahora bien, cuando estos alambres pasan aparentemente de plano a plano, en realidad forman los límites de cada plano y quedan sujetos a las leyes particulares dentro de cada uno. Por lo tanto, se hallan sujetos al tiempo dentro de tu sistema particular de tres dimensiones."

Durante el último pasaje, la voz se hizo más fuerte cada vez, como si estuviera tratando de llenar un salón de buen tamaño. Mientras escribo este capítulo, estoy leyendo lo anotado en esa sesión y me he puesto a repasar las notas originales de Rob, garrapateadas entre este pasaje y el siguiente. Estas notas muestran con bastante claridad sus reacciones:

"Al mirar a Jane y conociendo también perfectamente su voz natural tan femenina, tuve que reflexionar dos veces para comprender que esta otra nueva voz estaba surgiendo de ella con tal volumen y sin absolutamente ningún esfuerzo. No sé si yo estaba más sorprendido con el hecho que Jane parecía no inquietarse de ningún modo por esta voz o por el hecho de que tuviera un tono tan definido, profundo y masculino."

Sin embargo, poco tiempo tuvo Rob para hacer notas extra y el pasaje continuó sin pausa alguna. "El movimiento de la vitalidad aparentemente solidificada, da la ilusión de tiempo. La acción contraria involucrada en este caso es acción contra la esencia de la vitalidad misma, de igual manera que hablamos de un encierro mental herméticamente cerrado anteriormente. . . La acción y contra-acción son el gatillo del tiempo. En algunos otros planos el movimiento es simultáneo y el tiempo desconocido. Para mí, tu tiempo puede manipularse; es uno de los varios vehículos por los cuales yo puedo penetrar en tu conciencia. . .

"Ahora bien, como ejemplo de mis buenas intenciones, pondré fin a esta sesión. Continuaría si no estuviera obligado a enfrentarme a tus limitaciones físicas. Me siento capaz de entrar muy bien esta noche y, cuando esto ocurre, me gusta aprovechar la circunstancia. Después de todo, ¿puedes calmarme?. . . En cualquier caso, te diré buenas noches. Deberías saber que yo también disfruto de un momento de intercambio social o no te mantendría ocupada por tanto tiempo. Lamento la necesidad de mantener a Joseph tan ocupado (con sus notas). Buenas noches amigos."

Instantáneamente mi voz volvió a ser normal. La aspereza desde mucho antes había desaparecido. Ahora nos resultaba casi imposible poner fin a la sesión. Estábamos sumamente intrigados. A pesar de las palabras de despedida de Seth, yo podía "sentir" que todavía estaba presente, junto con un tremendo sentido de vitalidad y buena voluntad. Rob me habló sobre la voz fuertemente masculina y su asombroso volumen, y en todo a mi alrededor sentí fluir esta gran energía y buen humor, como si un invisible Seth se hallara sentado allí, sonriendo, listo para iniciar una plática amistosa.

Tan pronto como decidimos continuar, esa voz profunda brotó nuevamente de mí y, como Seth, empecé a caminar por el cuarto, haciendo pausas al hablar directamente a Rob o mirar por la ventana. Realmente sentía que alguna otra persona se estuviera estableciendo dentro de mi cuerpo y se estuviera acostumbrando a moverlo, mientras brillaba su satisfacción por este logro.

"Me encanta hablar contigo por algunos momentos, en lo que te daría mucho gusto llamar conversación normal. Los amigos no siempre hablan sobre asuntos elevados y de mucho peso. . . Anteriormente hemos estado demasiado preocupados con otras cosas para cualquier intercambio emocional y, si la voz de Ruburt suena casi sombría en esta fase de transición, yo en lo personal me siento en un estado muy jovial y hasta podrías decir que frívolo. Por amor de Dios, hazme cualesquier preguntas que tengas en mente."

Como Seth, hice una pausa y miré sonriente a Rob directamente a los ojos. Rob de nuevo estaba sorprendido por la voz tan profunda que había empezado a adoptar y se tomó un minuto para pensar en algo que preguntar. Además, todavía sonreía ante la manera jovial de Seth y los gestos humorísticos e inflexiones de voz que eran muy diferentes a los míos.

—Pues, ¿tienes amigos en tu plano como nosotros tenemos aquí?

"Claro está que tenemos amistades. La única cosa respecto a tu plano que lo hace un campo tentador de esfuerzo para nosotros aquí, es que algunos de nosotros tenemos nexos de un tipo emocional e intentamos, aunque a menudo de una manera poco efectiva, hacer contacto con antiguos amigos. Así como tú escribes cartas a amigos en países extranjeros y no los olvidas, tampoco nosotros nos olvidamos."

Rob formuló varias otras preguntas y ambos de ellos, Rob y Seth conversaron uno con el otro durante tres cuartos de hora. Respecto a la voz, Seth dijo: "La voz de Ruburt es un experimento. Lo inmediato de nuestras sesiones se incrementaría si más de mi personalidad pudiera mostrarse. Yo podría continuar hablando muy contento y, podría decir, animadamente, durante horas, mas no lo haré. No soy un viejo gruñón y conservador. De vez en cuando Frank Withers aparece simplemente porque él fue mi última materialización independiente y está acostumbrado a hacer las cosas él mismo. Yo no lo he podido asimilar por completo, aunque, puedes creerme, lo intento."

Al llegar aquí Rob empezó a reír de nuevo. Seth había hablado jovialmente, aunque sin demostrar malicia alguna, respecto a Frank Withers. El tono de su voz y amplia sonrisa suavizaba las palabras reales que se pronunciaban. Rob hizo un comentario sobre las actitudes y Seth dijo: "Temo que no he aprendido humildad de ti todavía. Por otro lado, me conociste antes de que yo conociera a Frank Withers y mi vanidad entonces era asombrosa. Tú mismo eras sumamente vanidoso y, como mujer, ciertamente ponías a tu esposa actual en vergüenza, en lo que respecta a vanidad."

Por supuesto, se estaba refiriendo a algunos datos sobre reencarnación que nos había dado antes. Eventualmente nos enteramos que Seth, Rob y yo, formábamos parte de una antigua entidad; esto lo discutiremos en los capítulos 14 y 15. Seth también nos diría, más tarde, que esta relación anterior fue parcialmente la responsable de nuestras comunicaciones.

Como el toma y daca entre Rob y Seth continuaba, Rob se acostumbró a la voz y realmente disfrutó de ella, puesto que no existía duda en su mente ahora que Seth era Seth, alguien por completo diferente e independiente.

La impresión que Rob tuvo de la voz, gestos y manerismos, fue la de un caballero enérgico y educado, de la "vieja escuela", quizás ya en sus sesenta años, extraordinariamente inteligente y más bien consciente de sus propias fobias: un hombre con un sumamente desarrollado, aunque ya pasado de moda, sentido del humor. Cuando Seth tocó una begonia (planta que es una de mis favoritas) y dijo: "Me gusta esta planta de Jane. Las cosas verdes son una piedra de toque de la existencia. Observarás que antes usé el término de 'plano' en vez de 'planeta', debido a que tú no tienes toda la olla para ti mismo. . .

"Temo que, con la voz de un hombre, Jane parecerá hasta cierto punto, muy poco melodiosa. Yo de ningún modo tengo la voz de un ángel, pero tampoco doy la impresión de un eunuco asexual, que es todo lo que he sido capaz de hacer que ella parezca esta noche. . . y,

Ruburt, si quieres fumar un cigarrillo, hazlo. Ella ha estado caminando de un lado a otro con un fósforo en la mano, durante los últimos diez minutos."

Yo no recuerdo nada de esto; pero, según Rob, yo efectivamente tenía un cigarrillo y daba frecuentes tragos a un vaso de vino. "Si yo pudiera tomar un vaso de vino contigo y disfrutarlo, lo haría. Si quieres hablar por algunos momentos sin necesidad de tomar notas, por favor hazlo así. Ciertamente duraré tanto tiempo como Ruburt lo haga y un poco más. Y si las facciones de tu esposa llegan a cambiar alguna noche, mientras hablamos, te sugiero que no lo menciones a ella, sino hasta que la sesión termine."

Seth prosiguió así hasta ya pasada la media noche. El comentario respecto al cambio en mis facciones se incluyó en las notas, claro está; pero, por lo demás, se olvidó hasta un año después, cuando se trajo a colación en nuestra mente de una manera forzada. Una vez que terminó la sesión, mi propia voz de nuevo se presentó clara y fresca, sin traza alguna de las dificultades anteriores. Ni siquiera me sentía un poco cansada.

Al leer las notas, de nuevo nos sentimos fascinados por el material, particularmente desde que Seth nos dijo que iba a explicarnos lo concerniente a estos Sentidos Internos, de una manera más detallada y a enseñarnos cómo usarlos. El fue tan bueno como sus palabras pues, como verán en breve, nos dio instrucciones precisas y nosotros íbamos a tener todo tipo de nuevas experiencias mientras nos ajustáramos a ellas. No sabíamos que esta información se hallaba eslabonada a nuestro propio nivel de entendimiento y de una manera sencilla, en comparación con las elucubraciones que seguirían.

Tampoco comprendimos que el surgimiento de la voz de Seth completaba la estructura psíquica a través de la cual recibiríamos al Material de Seth y a través de la cual la personalidad de Seth se expresaría. A partir de esta sesión, siempre hubo algunos cambios de voz durante las sesiones; pero los fuertes tonos profundos, fueron la excepción, más que la regla, durante algún tiempo después. En ocasiones existe el sentido de un poder verdaderamente tremendo tras la voz; y mi propia voz nunca es forzada. Mucho más tarde, Seth nos dijo que esta energía psíquica puede traducirse en un sonido como éste o bien, puede usarse para otros propósitos. Ahora, cuando Seth proporciona material de clarividencia, por ejemplo, la voz raras veces se oye demasiado fuerte. En vez de ello, la energía se usa para recopilar los datos. (Como el lector verá posteriormente en este libro, esa energía también puede ser un trampolín hacia otras dimensiones.)

Cuando la voz es profunda y sonora, me siento muy pequeña y circundada por una energía terrible. De lo que hemos aprendido, la voz era una suerte de indicación de la cantidad de energía disponible; servía para muchos propósitos, además de ayudar a expresar la personalidad de Seth.

Viendo las cosas en retrospectiva, no obstante, parece ser que con el surgimiento inicial de la voz de Seth, se completaba la estructura de las sesiones. Incluso los propósitos básicos del material habían sido impartidos en una forma sumamente simplificada: los bloques sobre los cuales se sentarían los cimientos.

¡Hablemos respecto a explosiones psíquicas! Nuestras primeras sesiones con la tabla ouija tuvieron lugar el 2 de diciembre de 1963. Para fines de enero habíamos celebrado veinte sesiones y llenado unas 230 páginas de material escrito a máquina. Claro está que sabíamos que el cambio de voz era significativo, mas no comprendíamos que el poder tras la voz era el asunto más importante. Veíamos que las sesiones seguían una especie de orden; pero su significado se nos escapaba. En realidad, la estructura proporcionaba continuidad y estabilidad; mas también era lo bastante flexible para nutrir sucesos latentes de los que no nos dábamos cuenta por completo. Dentro de ella, mi propio adiestramiento como médium tendría lugar con toda seguridad.

En este punto existían varios caminos que podríamos haber tomado. Podríamos haber no dicho a nadie lo que estaba ocurriendo; podríamos habernos puesto en contacto con algún espiritista o podríamos haber informado a los parapsicólogos. Mas decidimos no decir nada a ninguno de nuestros amigos o parientes, por lo menos por el momento. Los grupos espiritistas hubieran quedado fuera en cualquier caso, debido a mis puntos de vista por aquel entonces sobre religión en general. Pero los libros sobre PES que habíamos leído, todos aconsejaban que, cualquier persona que tuviera tales experiencias, debería acudir a un psicólogo o parapsicólogo calificado.

Como resultado de las instrucciones de Seth, ambos empezamos a tener algunas experiencias clarividentes por nosotros mismos y pensamos que deberíamos escribir a alguien que supiera más sobre estas cuestiones, de lo que nosotros sabíamos. Además, estaba aquella cuestión más apremiante: ¿Era Seth parte de mi subconsciente? ¿Podrían decírnoslo los psicólogos? Así pues, decidimos ponernos en contacto con un parapsicólogo que tuviera conocimientos sobre PES y psicología.

Pienso que haría la misma cosa, si tuviera que hacerlo de nuevo, pero no estoy segura.

Los siguientes capítulos se referirán a nuestros esfuerzos por ser "científicamente responsables" y "poner a prueba" a Seth en cuanto a PES. En realidad no llegamos a ninguna decisión general; pero creo que me sentía impulsada por la necesidad de hacer todo esto de una manera legítima, intelectual y académicamente. Claro está que lo era. . . mas todavía tenía yo mucho que aprender.

61

CAPÍTULO CINCO:

La carta de un psicólogo me pone nerviosa; palabras tranquilizadoras de Seth

A principios de febrero, Rob escribió al Dr. Ian Stevenson, quien estaba conectado con el Departamento de Neurología y Psicología de la Universidad de Virginia. Al Dr. Stevenson le interesaba el tema de la reencarnación y nosotros acabábamos de leer su obra. Rob asimismo le envió transcripciones de varias sesiones, incluyendo parte de la información que se nos había dado respecto a nuestras vidas pasadas. Según ésta, Rob y yo vivimos varias existencias en el distante pasado, incluyendo una en Dinamarca, hace tres siglos, cuando Rob y yo éramos padre e hijo y Seth un amigo mutuo. Nuestras últimas vidas fueron en Boston, en el siglo diecinueve.

Yo no me sentía muy feliz con este material de reencarnación, simplemente porque todavía no quería aceptar la idea: parecía algo muy lejano. Así pues, no estimulé exactamente a Rob para que pidiera a Seth que se extendiera más sobre esta información o que llenara los detalles que había dado. Pero era parte del material y difícilmente podía yo negar eso.

El Dr. Stevenson nos escribió una carta muy semejante a la que probablemente yo escribiría ahora a alguna otra persona, bajo las mismas circunstancias. Él pensaba que la fluidez del material sugería un origen subconsciente, pero enfatizaba que en esta etapa era imposible decirlo. Asimismo, nos informaba que el médium aficionado podía producir patrones mentales bajo ciertas condiciones.

—¡Oh, magnífico! —dije a Rob—. ¿Qué, actúo como si estuviera más loca de lo habitual?

Rob me aseguró solemnemente que no había habido cambio alguno en mi conducta. La verdad es que había venido vigilando con toda atención si se presentaban tales signos y también yo lo había hecho. Pero la bien intencionada advertencia del Dr. Stevenson me arrojó a una especie de trampa, aun cuando habíamos leído las mismas precauciones nosotros mismos en alguno de nuestros libros psíquicos. En cierto modo, la carta del Dr. Stevenson llegó en un momento desafortunado. Había sido imposible mantener nuestras sesiones en un secreto absoluto, y, eventualmente, algunos de nuestros amigos solían presentarse en la casa alguna noche de lunes o de miércoles y escuchar la rara voz desde el otro lado de la puerta, como lo hizo Phillip un poco antes de que escribiéramos al Dr. Stevenson. Como resultado, Phil comenzó a concurrir a sesiones ocasionales. Estoy usando el nombre de entidad que Seth le atribuyó, puesto que su familia no comprende su interés en fenómenos psíquicos, situación que hemos encontrado más de una vez. Phil vive fuera de este estado, pero ocasionalmente pasa por Elmira cada seis semanas, más o menos, en sus viajes de negocios.

Apenas algunos días antes de que recibiéramos la carta del Dr. Stevenson, celebramos una sesión no programada, en la que estuvo presente Phil. Le entregamos papel y pluma para que escribiera cualesquiera preguntas que pudiera querer hacer; pero Phil nunca tuvo ocasión de escribir nada. De acuerdo con él, Seth contestó cada una de sus interrogantes en turno, conforme Phil las formulara en su mente. Phil preparó y firmó una declaración a este respecto.

Esta fue la primera señal de cualquier tipo de telepatía y clarividencia en las sesiones. Phil estaba verdaderamente asombrado y también yo.

Yo acepté la palabra de Phil, pero también pensé que una coincidencia podría haber explicado el episodio. De cualquier manera, me levantó el ánimo. Luego, varios días después, arribó la carta del Dr. Stevenson y yo entré en una especie de flojera o depresión.

—Veamos si Seth tiene algo que decir sobre la carta —sugirió Rob, y yo estuve de acuerdo; pero, cuando me invadía esa especie de tensión, resultaba difícil relajarme lo suficiente para celebrar una sesión. Como consecuencia, nos saltamos la siguiente reunión que teníamos programada; pero recuperé el equilibrio cuando llegó el siguiente lunes.

¡Seth tenía mucho que decir!

"Reciban un cariñoso y exasperado saludo de buenas noches —comenzó—. La exasperación se debe a que su buen psicólogo casi minó la confianza que yo había logrado infundir a Ruburt en nuestra sesión con su amigo Phillip. Procuré despertar la confianza de Ruburt y algún extraño vino a echarla para abajo. Sus intenciones eran de las mejores; pero supongo que ahora debo sentirme obligado, y así lo hago, para entrar en la cuestión de la estabilidad mental y emocional y cualesquier peligros a tal estabilidad que podrían estar involucrados aquí.

"En lo que a Ruburt concierne, no existe peligro. Por una cosa: soy un caballero sensitivo, disciplinado y sensible, si bien un tanto irritable. Ninguna de las comunicaciones de mi parte son, en ninguna forma, conducentes a la inestabilidad. Puedo ser bastante franco para comentar que soy mucho más estable que tú, Ruburt o el excelente psicólogo.

"Siento una enorme responsabilidad por ustedes y por cualesquier resultados que se obtengan de nuestras comunicaciones. De hecho, el consejo personal que les he dado a ambos, debería aumentar su equilibrio mental y emocional y resultar en una relación más firme con el mundo externo. . . Dependo de la voluntad de Ruburt para disociarse. No hay duda que en ocasiones él no se da cuenta de lo que le rodea durante las sesiones. Este es un fenómeno al que da su consentimiento y podría, en cualquier momento, retornar su atención consciente a su ambiente físico.

"No existe peligro de que la disociación se apodere de él como una especie de monstruo vago, negro y peludo, que lo lleve hasta el borde de la histeria, la esquizofrenia o la locura. Consistentemente he aconsejado a mis contactos con el mundo en general y les he dicho a ustedes, que utilicen sus aptitudes para enfrentarse a desafíos externos. El retirarse en la disociación, como lugar para ocultarse del mundo, podría resultar peligroso y muchos han caído víctimas de ello. Con Ruburt no es ese el caso.

"Por una cosa, el ego de Ruburt es fuerte en extremo. Su intuición es la vía de entrada que relaja a un ego, por lo demás terco y dominante." Al llegar a esto, Rob levantó la vista y sonrió. "Las cualidades intuitivas, sin embargo, no son frívolas y la personalidad se halla bien integrada." Seth continuó describiendo la disociación, diciendo que yo siempre me daba cuenta de lo que me rodeaba, hasta *cierto grado*, durante las sesiones.

"Es verdad —dijo—, que es necesario un estado de disociación; pero, debido a que tú abres una puerta, esto no quiere decir que no puedas cerrarla, ni tampoco quiere decir que no puedas hacer que se abran dos puertas simultáneamente y esta es mi idea. Tú *puedes* hacer que dos puertas se abran al mismo tiempo y puedes escuchar dos canales a la vez. Mientras tanto, debes bajar el volumen del primer canal, mientras aprendes a concentrar tu atención al segundo. A este proceso lo llamas disociación."

Cuando Seth hizo una pausa, Rob inquirió.

—¿Qué tienes que decir respecto a la idea del Dr. Stevenson, que todo esto puede ser obra del subconsciente de Jane?

"Ya hemos pasado por esto antes —dijo Seth—; y no tengo duda que volveremos a hacerlo en incontables ocasiones; y, si tengo éxito en convencerte de mi realidad como personalidad separada, lo habré hecho extremadamente bien. Debería ser claro que mis comunicaciones llegan a través del subconsciente de Ruburt; pero, así como el pez nada en el agua pero el pez no es el agua, yo no soy el subconsciente de Ruburt.

"La leve evidencia de telepatía que te di, tenía un propósito: quería mostrarle que la telepatía sí existía y quería demostrar a Ruburt que, más de su propio subconsciente de lo que sabe, se hallaba involucrado. . . Ahora Ruburt me arma o permite que me arme de una manera que será reconocible para ti; pero, sin tomar esto en cuenta, yo existo de una manera independiente."

Posteriores reflexiones sobre la declaración anterior, nos dieron una idea bastante clara de cómo tienen lugar los procesos a fin de que Seth

65

y yo podamos tener contacto. Esto implica la construcción de un "puente psicológico", que posteriormente discutiremos en este libro. Al llegar a este punto, yo había venido hablando como Seth durante alrededor de cuarenta minutos, por lo que él recomendó un periodo de descanso, diciendo: "Alguna vez entre ahora y los próximos veinticinco años de estar aplacando sus dudas, me gustaría pasar a otras cuestiones que he estado intentando atacar desde hace varias sesiones. Mas tomen su descanso, gatitos."

Yo solía envidiar a Rob por su punto de vista de las sesiones. Él podía verme y escucharme como Seth y yo no podía hacerlo. Ahora, durante el descanso, le pregunté otra vez. Odiaba depender de alguna otra persona para que me dijera lo que estaba ocurriendo, pero había aprendido una cosa: no podía ser Jane y Seth al mismo tiempo y para que Seth pudiera entrar, yo tenía que detener tal equívoco mental. . . por lo menos temporalmente.

Después del descanso, Seth dijo:

"Repito, yo no soy el subconsciente de Ruburt, aun cuando hablo a través de él. Es la atmósfera mediante la cual puedo llegar a ti, como el aire es la atmósfera a través de la cual vuela el ave. . . Cierta semblanza de mí mismo es necesaria. Esta la haré parcialmente yo y, parcialmente, los esfuerzos subconscientes combinados de ti y de Ruburt. ¿Te satisface esto por ahora?"

—Desde luego, Seth —contestó Rob.

—Por favor, se franco, puesto que no me agrada quedarme colgando en sus cabezas —dijo Seth. Luego, prosiguió a darnos información concerniente a las entidades y las diversas personalidades que las componen. Rob se sentía particularmente curioso respecto a las diferencias entre entidades y personalidades.

"La vida individual o, más bien, la vida de cualquier individuo actual, no podría compararse legítimamente con el sueño de una entidad. Mientras el individuo disfruta el número de años que se le ha concedido, éstos no son sino simples destellos para la entidad. La entidad se ve relacionada con estos años de una manera muy parecida a como tú te ves relacionado con tus sueños. Cuando das un propósito interno y organización a tus sueños y obtienes una introspección y satisfacción de ellos, aun cuando involucran sólo una parte de tu vida, así la entidad hasta cierto grado dirige y da propósito y organización a sus personalidades.

"La entidad concede a las personalidades una infinita variedad de oportunidades. . . Tus propios sueños son fragmentos, del mismo modo que, en un sentido más amplio, ustedes son fragmentos de su entidad."

Seth dijo asimismo que una parte interna de cada personalidad se daba cuenta de su relación con su entidad; y que esta porción constituía la respiración del hombre y controlaba aquellos procesos corporales que consideramos involuntarios.

Esta sesión duró hasta las 11:30 p.m. Rob se sintió tranquilizado por las declaraciones de Seth respecto a mi aptitud para manejar la disociación y por su actitud responsable. Yo también lo estaba; pero seguía pensando en el comentario que hacía el Dr. Stevenson en su carta.

—Por supuesto, Seth nos dijo que todo estaba bien —exclamé—. ¿Qué más podíamos esperar que dijera? Durante un rato creo que pasé la mitad del tiempo tratando de psicoanalizar a Seth y la otra mitad tratando de analizarme a mí misma. La precaución es una cosa, pero en ocasiones me pasaba de la raya.

Aun así, Seth dijo que mi poderoso ego constituía un verdadero activo en nuestro trabajo, cuando no lo excedía, puesto que mantenía toda mi personalidad en un plano igual y me permitía la fortaleza psicológica para manejar y desarrollar mis facultades.

Tuvo lugar un pequeño y divertido incidente, que ilustra mi actitud durante todos estos primeros meses. Tenemos un departamento encantador y muy grande que, por desgracia, tiene una cocinita tan pequeña como un armario. Cuando nos mudamos a nuestro actual departamento, la cocina tenía una estufa y un pequeño refrigerador, que pronto empezó a no poder recibir todas nuestras provisiones. Entonces adquirimos uno más grande para aquellos alimentos que no usábamos todos los días, y coloqué este segundo refrigerador en nuestro enorme cuarto de baño, cuarto que estaba recubierto con antiguos mosaicos y que fácilmente era cinco veces tan grande como la cocina. Me daba yo perfecta cuenta que era un lugar absurdo para un refrigerador pero, después de un tiempo, llegué a acostumbrarme.

Al principio de la primavera Rob empezó a padecer de varios molestos flemones y, una noche, preguntó a Seth cómo podría deshacerse de ellos. Seth de inmediato emprendió una discusión, hasta cierto punto burlona, de los aspectos muy poco sanitarios de un refrigerador en el cuarto de baño. Hizo algunas aseveraciones bondadosas, aunque enfáticas, con respecto a que nosotros deberíamos saberlo y sugirió que el aparato se trasladara a la cocina, donde contendría toda nuestra comida refrigerada. De ser así, aseguró a Rob, desaparecerían sus flemones.

—Ninguna personalidad de control o cualquier cosa que fuera, va a decirme cómo manejar mi casa —exclamé—. Esta es una de esas señales sospechosas respecto a las cuales hemos leído. La personalidad de control comienza arrojando su peso por todos lados y trata de dominar la personalidad normal de la médium. ¿Recuerdas lo que dijo el Dr. Stevenson? Además, no hay lugar en la cocina para un refrigerador tan grande.

—Haz lo que quieras —dijo Rob—. Tengo los flemones; pero ¿y qué? Bien puedo vivir con ellos.

—Bueno. . .

—Además —prosiguió Rob—, Seth no te ordenó que hicieras nada. Yo le hice una pregunta y él simplemente la contestó.

Cuando estoy reaccionando emocionalmente y Rob me ofrece una respuesta razonable, ello siempre tiende a ponerme a la defensiva. Así pues, estuve de acuerdo.

El día siguiente mudamos el enorme refrigerador. Para tranquilizar mi orgullo o cualquier otra cosa, coloqué el refrigerador pequeño en el cuarto de baño y lo convertí en una cómoda para toallas. El refrigerador grande todavía está en la cocina y ya hace tiempo que me deshice del pequeño. Por cierto: los flemones de Rob desaparecieron en dos días y nunca le han vuelto a dar.

En otras palabras, yo solía vigilar a Seth como un halcón, particularmente durante casi todo el primer año; mas él se comportó inteligentemente, con dignidad y buen humor. Tan pronto como yo empecé a juzgarlo por sus acciones y su efecto sobre nosotros, di de baja este hábito. Él se ganó mi confianza y me ha dado consejos excelentes y psicológicamente cuerdos, mas nunca ha tratado de darnos órdenes.

En ocasiones seguimos sus sugerencias, con gran ventaja para nosotros. Otras veces no las aceptamos, por razones propias. En 1964 nos pusimos a buscar casa, por ejemplo. Seth sugirió que compráramos determinada casa. A nosotros nos gustaba mucho, pero se encontraba en pésimas condiciones. Seth tal vez tuviera razón, pensamos, y podríamos estar más contentos si adquiriéramos esa residencia; sin embargo no nos sentíamos dispuestos a aceptar el riesgo.

Hace aproximadamente año y medio, Seth sugirió que yo dejara el trabajo en la galería de arte y me dedicara a dar clases psíquicas. Incluso me dijo qué tantos estudiantes podría tener al cabo de un lapso de tres meses. Seguí su consejo, aun cuando no pensaba realmente que encontraría mucha respuesta en esta área. Seth tuvo razón; he disfrutado las clases, de ellas he aprendido muchísimo y, como resultado, se han incrementado mis propias habilidades, en formas que ni siquiera pensaba que fueran posibles.

Durante los primeros seis meses, más o menos, de sesiones, nuestro gato Willie empezó a comportarse de una manera sumamente agresiva. Algunas veces empezaba a ronronear y rociar saliva de una manera desesperada, precisamente antes de las sesiones. Una noche realmente nos produjo muchísimo asombro. Estábamos preparándonos para dar principio y Willie dormía en el armario de la recámara. De pronto, salió corriendo del armario, con los pelos erizados, se lanzó como catapulta por toda la sala y se escondió tras las cortinas. Una vez me mordió los tobillos, mientras yo hablaba por Seth y, en trance, lo arrastré por medio cuarto, mientras él se aferraba al extremo de mis pantalones cortos. Rob tuvo que encerrarlo en el estudio.

Por último, Rob preguntó a Seth si sabía qué era lo que andaba mal. La respuesta fue que los muy agudos sentidos de Willie se dieron cuenta de la presencia de Seth un poco antes de que empezara la sesión. Nos dijo que la conducta del gato cambiaría cuando Willie se acostumbrara a la situación. Más o menos un mes después, Willie volvió a ser el mismo. Ahora no presta atención alguna a las sesiones y, ocasionalmente, hasta salta a mi regazo cuando me encuentro en trance.

Durante este tiempo Rob sufrió una recaída del malestar en la espalda, aun cuando mucho menos severo que anteriormente. Seth dedicó varias largas sesiones a un análisis de la condición de Rob y explicó las razones para los síntomas. Poco tiempo después, éstos desaparecieron, sin necesidad de ningún medicamento y pensamos que el conocimiento que Rob adquirió en el curso de las sesiones, fue el responsable. Poco tiempo antes habíamos comprado una mecedora, debido a la espalda de Rob. La usaba para sentarse en ella mientras tomaba nota de las sesiones y, durante algún tiempo, ésta era la silla en la que se sentía cómodo. Dejó de necesitarla más tarde, cuando se recuperó y entonces yo adquirí el hábito de usarla. Mucho tiempo después, cuando finalmente consentí en permanecer sentada durante las sesiones, ésta sería mi silla "de Seth" favorita.

Muy pronto aprendimos que Seth consideraba los síntomas físicos como la materialización externa de un malestar interno, y enfatizó la importancia de la sugestión y los peligros de la autocompasión. Nos dijo entonces que, cuando uno de nosotros estaba enfermo, el otro no debería ofrecer un consuelo excesivo y, por ende, dar mayor fuerza a la idea de enfermedad. En sesiones ulteriores nos proporcionaría excelente material para el mantenimiento de una buena salud. Esto lo cubriremos en el capítulo 13.

He dedicado algún tiempo y espacio a las primeras sesiones de Seth, con objeto de que el lector pudiera familiarizarse con parte del material, tal como nos fue entregado. Parte de él nos parece tan rudimentaria ahora, que nos resulta difícil recordar el asombro que nos embargó entonces. Fue el continuo sentido de descubrimiento y curiosidad intelectual, lo que nos indujo a seguir adelante y lo que finalmente resolvió mis propias dudas.

En los meses subsecuentes ocurrieron tantas cosas, que es difícil cubrirlas todas. Ambos íbamos a tener nuestras primeras experiencias fuera del cuerpo o "proyecciones astrales". Nuestros experimentos en lo que Seth llama "tiempo psicológico", nos ayudaron a desarrollar nuestras facultades psíquicas. La calidad y alcance del Material de Seth crecía constantemente y nosotros íbamos a tener algunos contactos con otras personas en el campo de la parapsicología. Pronto íbamos a descubrir que Seth era en verdad clarividente y que mi propio adiestramiento como médium apenas había comenzado.

CAPÍTULO SEIS:

Seth conoce a un psicólogo

Decir que mi editor estuvo sorprendido por los primeros ocho capítulos de mi libro sobre PES, es expresar las cosas de una manera muy suave. Había tenido tratos conmigo antes y me conocía lo suficientemente bien para estar personalmente interesado. Me escribía cartas muy entusiastas, pero también estaba preocupado por el libro tal como estaba presentado. Mis experiencias probaron que yo había sido médium durante muchísimo tiempo, sin darme cuenta, dijo y esto podría invalidar la premisa del libro: que los experimentos funcionaran para cualquiera, hasta cierto punto, fueran cuales fuesen sus antecedentes psíquicos.

—Pero los experimentos *despertaron* mis aptitudes —protesté a Rob—. Eso prueba el punto, ¿no es así? Yo nunca había tenido experiencias psíquicas anteriormente.

—No me lo digas a mí; dícelo al editor —me contestó Rob—. Por ningún motivo puedo entender por qué el surgimiento de Seth no hace que sea un mejor libro de lo que de otro modo sería.

Como resultaron las cosas, *era* la parte de Seth en el libro la que molestaba al editor. Si yo redujera la importancia de Seth y me concentrara en los otros experimentos que también estaban resultando con éxito, entonces el libro tendría una magnífica oportunidad, me advirtió el editor. Los otros experimentos incluían predicciones diarias y el recuerdo de sueños; y nuestro trabajo sobre los sueños y su recuerdo, ya habían demostrado para nosotros la validez de los sueños premonitorios.

Rob y yo estábamos practicando con predicciones; éstas nos tomaban unos cuantos momentos diariamente. Aclarábamos nuestra mente de todo pensamiento objetivo y asentábamos cualquier cosa que nos llegara a la cabeza, tratando de predecir los acontecimientos del día.

71

El truco estaba en dar al yo intuitivo completa libertad y no pretender racionalizar. Los resultados nos sorprendieron y nos convencieron de que la mayoría de las personas tienen más conocimientos del futuro, de lo que comprenden. Entre otras cosas, descubrimos que a menudo podríamos preveer fragmentos de un acontecimiento.

Estoy segura que la mayoría de nosotros reacciona antes de tiempo a ciertos sucesos y, más adelante en este libro, tendré más que decir respecto a esto. Puesto que en todos estos experimentos Seth nos estaba ayudando mediante auténticas sugerencias y explicaciones respecto a cómo percibimos tal información, simplemente no podría minimizar su importancia, por la sola razón de lograr que se publicara el libro sobre PES. Para nosotros, Seth y el Material de Seth, estaban haciendo posible todo lo demás.

Finalmente, aun cuando el editor estaba en pro del libro, su publicista lo desechó. Yo realmente me sentí desilusionada por perder la venta. Como resultado, me puse a jugar sobre la idea de publicar algunas de las ideas de Seth como si fueran mías, ocultando su origen. No obstante, esto me pareció deshonesto y me decidí por no hacerlo. Además, pensé que el mismo hecho de las sesiones era psicológicamente fascinante y suscitaba preguntas que eran contestadas en el material mismo. Así pues, envié mis primeros ocho capítulos a otra firma, detuve el trabajo sobre el libro durante alrededor de un año y dediqué todo mi tiempo de trabajo a cuentos cortos, que se publicaron en varias revistas nacionales.

Mientras tanto, decidimos escribir a alguna otra persona que estuviera en este campo. Así pues, nos dirigimos al Dr. Karlis Osis, de la Sociedad Psíquica Norteamericana, quien seguramente tenía experiencia con casos semejantes a los nuestros. En tal virtud, en marzo de 1964 le escribimos una carta. Pronto nos contestó, solicitando el envío de la transcripción de algunas sesiones como muestra y sugiriendo que Seth describiera clarividentemente su oficina en Nueva York. En realidad no sabía yo qué esperar del Dr. Osis; pero estoy totalmente segura que no estaba lista para ver lo que Seth podría o no hacer. Seth se ofreció a llevar a cabo el experimento, pero yo me eché para atrás. No sé si tenía más temor de que Seth pudiera o no seguir hasta el fin.

—Es el momento de hacerlo o de terminar. A eso equivale esta prueba —dije con lágrimas a Rob—. ¡Si todo esto no es sino un montón de basura, entonces tratemos de ver a ti o a Seth atravesar las paredes!

—Pero Seth dijo que lo haría —hizo ver Rob bastante razonablemente.

No obstante, ni siquiera a Rob podía yo expresar mis temores. ¿Supongamos que Seth no pudiera? ¿No significaría eso que todo lo demás era una especie de fraude subconsciente? ¿Por qué había convenido Seth, cuando lo supo, quienquiera que él fuera, que yo estaba sumamente atemorizada?

—Tienes miedo de poner a prueba todo esto —dijo Rob—. Pero eso está perfectamente en esta etapa del juego. Yo preferiría que no hicieras mucha presión.

—Yo puedo cometer errores y eso está bien —dije, tratando de explicarme—. Pero supongamos que Seth los comete también. Supongamos que trata de hacer lo que se le pide y fracasa.
—¿Se supone que es omnipotente? —preguntó Rob con una mueca.
—No, claro está que no —repuse—. Pero seguramente sería de gran ayuda si lo fuera.
De cualquier manera, entré en otra etapa de incapacidad. Todavía no estaba yo en lo absoluto segura de creer en la supervivencia de la personalidad después de la muerte y, si no sobreviviéramos, entonces ¿de quién estaba yo recibiendo estos mensajes? ¿De mi subconsciente? Si bien usaba esta explicación como un chivo expiatorio en ocasiones, realmente yo tampoco lo creía: mi subconsciente se estaba expresando lo suficiente en mis cuentos cortos y poesías, sin adoptar las características de otra personalidad. ¿Una personalidad secundaria? Quizás; pero Seth no encajaba en el cuadro de ninguna de las historias de casos que habíamos leído, ni yo tampoco.

Si bien yo titubeaba en intentar el experimento, Rob remitió al Dr. Osis más material. El Dr. Osis contestó que no estaba interesado en el material en sí, puesto que no se encontraba dentro de su campo de psicología empírica y pedía que no se le enviara más, a menos que contuviera informes sobre demostraciones claras de PES. Aun cuando expresaba interés en "poner a prueba" a Seth en lo tocante a PES y nuevamente sugería que intentáramos el experimento de clarividencia, yo me sentí desquiciada por la carta. Así pues, me sentí muy disgustada: si no expresaba interés por el material, que yo consideraba magnífico, ¡entonces deberíamos simplemente buscar a alguna otra persona que viera a través de las paredes!

Recuérdese que esto tenía lugar el mes de marzo de 1964. Las sesiones apenas comenzaron en el mes de diciembre anterior y habíamos tenido muy pocos casos de PES en las sesiones, a excepción de los efectos físicos que alternadamente me intrigaban y me atemorizaban.

Aparentemente no estaba aún lista para someter a Seth o a mí misma a cualquier tipo de prueba. Temía yo que la reclamación de Seth a la clarividencia, podría ser un alarde inconsciente, bien fuera suyo o mío, y no sabía si yo contaba con el coraje suficiente para aceptar o no dicho alarde. Y ¿supongamos que no era nada más un alarde? No estaba yo lista para enfrentarme a esto tampoco. No me había puesto todavía de acuerdo con mis experimentos. Pensaba en "probar" a Seth de una manera sumamente rígida y no comprometedora. Seth tenía que tener razón o estar equivocado. La idea de errar o acertar en investigaciones de PES, me era desconocida. Poca noción tenía yo de la mecánica interna que involucraba ser médium y, con toda probabilidad, mi actitud bloqueaba efectivamente cualesquier demostraciones convincentes en aquel entonces.

Me disgustaba muchísimo que el Dr. Osis buscara señales o maravillas (así interpretaba entonces su carta). No obstante, sabía que yo iba a demandar lo mismo cuando tuviera la suficiente decisión para exponer a Seth o a mí misma al ridículo.

Mientras tanto, estaban ocurriendo cambios en mis estados de trance. Durante el primer año yo me paseaba por el cuarto continuamente, mientras hablaba por Seth. Mis ojos se mantenían abiertos, las pupilas dilatadas y mucho más oscuras de lo usual. Pero en la 116º sesión, en diciembre de 1964, me senté y cerré los ojos por vez primera. Con toda prudencia Rob nada dijo, sino hasta que terminó la sesión. Seth nos hizo ver que éste era un procedimiento experimental y no continuaría a menos que yo diera mi pleno consentimiento.

Ahora me parece ridículo que se requirieran 116 sesiones antes de que yo cerrara los ojos y dejara de pasearme por el piso. Para el momento que tuvo lugar este primer cambio en mis estados de trance, yo ya había tenido mis primeras experiencias fuera del cuerpo y, siguiendo las instrucciones de Seth, estaba teniendo experiencias clarividentes durante mis periodos de ejercicio cotidiano. Sin embargo me sentía en control de ellas, mientras que Seth mantenía el control de las sesiones y, para mí, esto hacía la diferencia. Yo estuve de acuerdo con el nuevo procedimiento de trance; pero todavía transcurrió algún tiempo antes de que se convirtiera en la regla, más que en la excepción. No obstante, el trance fue más profundo y el material se embarcó en tópicos más complicados. Fue también durante esta época que Seth empezó a quitarse mis anteojos antes de empezar a hablar.

(Sería en enero de 1966 que tuviera lugar el siguiente cambio en mi conducta de trance. Después de celebrar sesiones durante un año con mis ojos cerrados, de pronto comencé a abrirlos otra vez, aún cuando el trance era mucho más profundo que antes. Había una alteración sumamente notable en el patrón muscular y gestos faciales: un cambio total de personalidad. La expresión en los ojos no solamente no era la normal de Jane. Definidamente pertenecía a Seth. Para todos los fines y propósitos, Seth se hallaba cómodamente embargado dentro de mi cuerpo físico. Este también es nuestro procedimiento corriente y aparentemente permite a Seth cierta libertad de expresión. A menudo ve directamente a los ojos de Rob, por ejemplo, o de cualquier otra persona con quien esté hablando.)

No obstante, en 1964, cuando escribimos al Dr. Osis, el trance no había alcanzado esta profundidad y yo solamente estaba acostumbrándome a la idea de permanecer sentada durante las sesiones. Para 1965 el Material de Seth se acumulaba constantemente en nuestras sesiones bisemanales. A principios de año, Frederick Fell me dio un contrato por el libro sobre PES y yo tenía ya una fecha límite para la entrega.

La idea de pruebas sobre PES todavía me atemorizaba, mas pensaba que eran inevitables y necesarias.

En la primavera de 1965, aproximadamente un año después de que escribiéramos al Dr. Osis, Rob se dirigió al Dr. Instream (no es su verdadero nombre), que estaba conectado con una universidad estatal en el norte de Nueva York. El Dr. Instream había sido uno de los más prominentes psicólogos de la nación en sus primeros años y había investigado a muchas médiums en el pasado. Si Seth era una personalidad secundaria, él lo sabría, pensé. Nuevamente incluimos la transcripción de varias sesiones con una carta. El Dr. Instream contestó expresando interés e invitándonos a concurrir al Simposio Nacional sobre hipnosis, que se celebraría en julio de 1965.

Para ahora habíamos experimentado con la hipnosis en algunos casos de regresión de la edad y trabajo sobre reencarnación. En estas ocasiones yo actué como hipnotizador, mientras Rob era el sujeto. Sin embargo, nunca habíamos usado la hipnosis para inducir un trance en sesiones con Seth y, cuando empezaron las sesiones, carecíamos de experiencia con la hipnosis. ¿Quería el Dr. Instream que yo me sometiera a la hipnosis? No me sentía de ningún modo segura de que accediera a dar mi consentimiento. Ahora, después de leer respecto al ensayo hipnótico a que se sometiera la señora Eileen Garrett, la famosa médium, sé que nunca lo soportaría yo misma. (La autohipnosis es algo muy diferente: en la actualidad la uso para darme sugerencias generales sobre la buena salud.)

Estábamos encantados ante la perspectiva de conocer al Dr. Instream pero, con objeto de sufragar el viaje, incluyendo el costo de concurrir al simposio, tendríamos que utilizar nuestro dinero ahorrado para vacaciones. Además de esto, Rob estaba entonces trabajando por las mañanas en el departamento artístico de una compañía local, dedicada a tarjetas de felicitación y pintando por las tardes. Así pues, teníamos que aprovechar nuestro tiempo de vacaciones para hacer el viaje.

Estas fueron las vacaciones más locas y angustiosas que hayamos pasado nunca. En la primera conferencia a la que asistimos, el orador dio una demostración en hipnosis. A excepción de nosotros y unos cuantos estudiantes, al simposio concurrieron psicólogos, médicos y dentistas. El orador era un psicólogo bien conocido por su trabajo en hipnosis. Con una voz baja dijo que, puesto que la mayoría de los que se encontraban entre el auditorio usaban profesionalmente la hipnosis, deberían saber lo que se sentía al ser hipnotizados ellos mismos. Así pues, empezó.

Rob se hallaba sentado a un lado de mí y el Dr. Instream en el otro. Decidí que no iba a ser hipnotizada, pero bajé los ojos a fin de no ser conspicua. Cuando se hizo claro que la mayoría del auditorio se hallaba sometida, todos sentados allí y recordándome de alguna manera a pichones con las alas dobladas, continuamente levantaba la vista para ver lo que el Dr. Instream estaba haciendo. Él me devolvía la mirada, mientras Rob sonreía plácidamente y nos vigilaba a ambos.

El Dr. Instream estaba encantado. Más tarde nos hallábamos en un restaurante de la cadena Howard Johnson en Oswego, conversando con el buen doctor, cuando abruptamente sentí por allí a Seth. Nunca habíamos celebrado una sesión lejos de casa. Nerviosamente me puse a hacer señales con los ojos a Rob y en una ocasión le di un golpecito en la pierna, confiando en no habérselo dado por error al doctor. Finalmente capté el ojo de Rob. Éste recibió el mensaje y se encogió de hombros cómicamente.

—Bueno, no sé cómo decirlo —exclamé—; pero si usted quiere conocer a Seth, puede hacerlo en este instante. Está cerca de aquí.

De ningún modo tenía intenciones de celebrar una sesión en un restaurante Howard Johnson; y tampoco el Dr. Instream. Así pues, nos llevó a su oficina y cerró la puerta.

Celebramos una sesión con Seth, la primera en la que entré y salí de trance con tanta rapidez, que tanto Seth como yo pudimos tomar parte en una conversación normal.

Después de dar la bienvenida al Dr. Instream, Seth dijo:

"Mi ramo es la educación y mi interés particular es que estas aptitudes (aparentemente paranormales), de la personalidad humana, sean entendidas e investigadas, puesto que no sólo son naturales, sino inherentes. . . Ciertamente me doy cuenta de las dificultades que se encontrarán.

"He expresado esto muy a menudo: no soy un espíritu fantasmal, con ojos torcidos, que se materializa a la mitad de la noche. Soy simplemente una personalidad inteligente, no sujeta ya a vuestras leyes físicas. . ." y Seth prosiguió hablando respecto a las pruebas de PES que el Dr. Instream había sugerido en una conversación anterior. "Tengo ciertas dificultades con la individual y terca actitud de Ruburt en ocasiones; pero también debemos tomar esto en consideración y así lo haremos. . . Con toda seriedad, me esforzaré por hacer lo que pueda, dentro de nuestras circunstancias. Puede contarse con mi cooperación. Es innecesario decir que todo esto no podría ocurrir de la noche a la mañana; pero daremos principio. En una sesión regular discutiré lo que puede hacerse. Podemos hacer mucho, pero tampoco es posible demasiado. Sin embargo puesto que entendemos tanto las potencialidades como las limitaciones, entonces podemos aprovechar al máximo lo que tenemos."

Pienso que podríamos haber establecido algún tipo de meta. Primero, yo diría algo, luego el Dr. Instream, luego Seth y luego Rob, como una ronda de turnos. Seth llamó al Dr. Instream por su primer nombre y los dos dieron la impresión de que se trataba de viejos compañeros. Yo estaba un poco intrigada. Después de todo, el Dr. Instream era un caballero distinguido de mayor edad. Rob tomó todas las notas que pudo, garrapateando furiosamente.

Seth manifestó:

"Debe darse cabida a la espontaneidad. Luego puede lograrse el tipo de evidencia que les preocupa. Si nos preocupan exageradamente los efectos, entonces desaparece la espontaneidad. Entra el ego y estamos perdidos."

—Exactamente —expresó el Dr. Instream—. Debemos proceder con todo cuidado, sin hacer presión. Yo estoy fuera de mi campo aquí, Seth. La espontaneidad es importante, pero. . .

"Es nuestra puerta de entrada —dijo Seth—. Si mi evidencia es entrar, ello llegará a través de esa puerta. . ."

—Sí —convino el Dr. Instream—; pero nuestras limitaciones humanas. . . nuestra metodología es importante para nosotros aquí, si queremos que otros escuchen.

"En una sesión regular tomaremos esto en consideración —expresó Seth—. Trabajaremos dentro de ellas (las limitaciones) y veremos lo que podemos hacer. Sería de gran beneficio si tú y otros entendieran que estas limitaciones existen únicamente porque las aceptas."

—Sí, es cierto.

"La personalidad humana no está limitada innatamente. El estado de vigilia, como a menudo he manifestado, es tanto un estado de trance como cualquier otro. Aquí (en las sesiones), meramente variamos el foco de atención a otros canales. Veamos todos los tipos de conciencia como estados de trance. La conciencia es la dirección en la que el yo mira. . .

"Tú y yo tenemos muchos campos de interés común. La personalidad debe siempre considerarse de una manera elemental, como patrones de acción. Cuando intentas alternar entre varios niveles, los cambias. Cuando rompes un hueco para descubrir lo que hay dentro, lo arruinas. Existen otras formas de dar la vuelta a esto. No necesitamos un martillo para quebrar el cascarón de un huevo. . . Yo soy lo que se llama un "empollón" mas no necesito un martillo para que me rompan" y aquí Seth mostraba una abierta sonrisa.

—Necesitaremos tener algo de introspección sobre esto —dijo el Dr. Instream—. Yo soy humano y necesito aprender. Necesito pruebas.

"Tu actitud tal vez te permita lograr alguna; pero aquellos que poseen una mente cerrada, no recibirán ninguna evidencia que les satisfaga."

—Si tenemos alguna (evidencia), es difícil negarla; pero debemos llevar acabo una investigación metódica de estas cosas —manifestó el Dr. Instream.

"Ésta es una de las razones por las que no hemos tendido hacia una atmósfera de sesión espiritista. . . y asimismo, porque en gran parte he evitado despliegues. . ."

—Nuevamente yo estoy fuera de mi campo. Necesito tiempo para reflexionar en lo que podemos hacer, cuáles son tus ideas.

"Existe una laguna de tiempo cuando preparo la aceptabilidad de Ruburt en estas direcciones —aclaró Seth—; mas no creo que haya dificultades."

El Dr. Instream trató a Seth con deferencia, muchísima deferencia, y admito que encontré esto un poco sospechoso en ese momento. No estaba segura yo misma respecto a quién o qué era Seth y la idea cruzó por mi mente más de una vez, que la actitud del doctor era simplemente un artificio para ganar mi confianza: la pretención del psicólogo de que creía en la existencia de la ilusión de su paciente tan incuestionablemente como lo hacía el mismo paciente.

Antes de que concluyéramos con esa visita, el Dr. Instream nos dijo extraoficialmente que Seth poseía un "intelecto masivo" y ciertamente no parecía ser una personalidad secundaria. Me animé considerablemente al declarar que yo parecía gozar de una excelente salud emocional y psicológica.

Por desgracia, también hablamos con otro psicólogo en el simposio, el cual estaba más cerca de mi edad. Nos conocimos durante una de las reuniones informales. Cuando este señor descubrió que no estábamos conectados con la profesión médica de ninguna manera, nos preguntó cuál era nuestro interés en el seminario. En tal virtud, se lo dijimos. Una cosa condujo a otra y a ello siguió una discusión respecto a Seth y posteriormente, ya en nuestra habitación, Rob le mostró algunas de nuestras notas.

Después de hablar con nosotros por menos de una hora, el psicólogo me aseguró que yo era una esquizofrénica, que usaba las sesiones para dominar a Rob. En algún momento se apoderó de las notas que se encontraban en el buró y se aproximó a mí como un dios justiciero, blandiéndolas furiosamente ante mi cara.

—¿Usted cree que es necesario llevar estos registros, ¿no es así? —demandó.

—Las necesitamos y Rob las toma —me las arreglé para balbucir.

—¡Ah! —gritó. . . y de veras *gritó*—. ¡Ése es uno de los principales síntomas!

—Pero Rob es quien toma las notas. . .

No sirvió de nada. En el momento en que yo trataba de decir algo en mi propia defensa, clamaba triunfalmente:

—¿Ve usted? ¿Ve usted? Siente la necesidad de defenderse ¿no es así?

Esto ocurrió entre nuestra primera y segunda entrevistas con el Dr. Instream. Mientras tanto, paseamos alrededor de la desierta población junto a la universidad y nos detuvimos una vez para tomar un refresco en un bar, pequeño y caliente. Nunca me había sentido tan embargada por las dudas. El psicólogo había hablado en voz alta y ello vino a exacerbar mis propios temores internos.

—Únicamente habló con nosotros durante treinta minutos, más o menos, querida —me hizo ver Rob.

—Pero supongamos que tiene razón. Yo no lo sabría. . .esa es la parte más horrible. Ninguno de nosotros lo sabría o querría admitirlo.

—Pero cualquiera que estuviera dañado emocionalmente mostraría síntomas en su vida normal cotidiana.

—Pero las sesiones —exclamé—. Las sesiones que yo creo ofrecen tal aportación. . . el material que estoy segura que permite introspecciones en la naturaleza de la realidad. Supongamos, en vez de ello, que todo esto es nada más un síntoma de desorden mental.

Pasábamos por los edificios de la universidad estatal. ¡Qué ordenados se veían! Si sólo la vida fuera tan nítida pensé. Rob todavía trataba de confortarme, cuando llegamos a la oficina del Dr. Instream. ¿Era yo en realidad una de aquellas mujeres dominantes y hablanti-

78

nas, que usaba toda clase de trucos para dominar a su marido? Dirigí la vista a Rob. Allí estaba él, tranquilo pero perfectamente seguro, "frío" frente a mi "ardor", mi idea de un hombre. Por lo regular soy afecta a hablar; pero ahora cerré la boca y dejé que fuera Rob el que se encargara de llevar la conversación. . . o traté de dejarlo. El Dr. Instream nos dijo que la conducta del psicólogo era un ejemplo de la clase de actitud que tanto afecta a los parapsicólogos. Pero, lo que es más, me aseguró una vez más que no había descubierto tales tendencias de mi parte.

—Ese hombre no tenía experiencia en la práctica de la psicología —aseguró—. Únicamente ha leído en libros de texto casos de esto y aquello.

Luego nos aseguró que, si bien la experiencia fue desafortunada, quizás había sido mejor que la encontráramos al principio del juego. Los psicólogos académicos eran afectos a asumir un punto de vista nebuloso respecto al médium —dijo—. Yo debería dejar que tales comentarios se me resbalaran por la espalda. Debí haberme reído del joven psicólogo y haberle dicho: "bueno, eso lo lleva a uno a conocerse mejor" o algo semejante.

Pero el asunto me molestó. Pasó algún tiempo antes de que yo volviera a confiar por completo en mí misma y en mis reacciones. También sentía que no podría ya arrastrar los pies. Tenía que descubrir qué era lo que Seth podía o no hacer.

El Dr. Instream explicó la actitud de los parapsicólogos hacia la prueba de PES y sugirió que Seth tratara de percibir clarividentemente objetos sobre los cuales se estuviera concentrando el doctor. Haríamos esto en cada sesión. A las diez de la noche los lunes y miércoles, el Dr. Instream se concentraría en un objeto en su estudio en la ciudad en que vivía. Al mismo tiempo, Seth daría sus impresiones y cada semana enviaríamos por correo las sesiones al Dr. Instream. Esta vez yo estuve de acuerdo y también lo estuvo Seth.

Luego, a nuestro regreso a casa, Rob tuvo otra idea. Supongamos que intentáramos algo siguiendo la misma línea por nuestra parte. Así pues, al mismo tiempo iniciamos nuestras pruebas con sobres cerrados, en las que pedimos a Seth que nos diera sus impresiones sobre el contenido de los sobres, debidamente sellados.

Yo quería descubrir si Seth podía hacer lo que dijo que podía. El Dr. Instream quería tener evidencia científica de la existencia de la clarividencia y todos esperábamos poder proporcionarla. ¡Nosotros fijamos algunas metas propias! Los meses entre agosto de 1965 y octubre de 1966 tuvieron suficientes triunfos y desilusiones para mantener mi cabeza girando. En el siguiente capítulo trataré sobre ese año tan excitante y lleno de incógnitas.

CAPÍTULO SIETE:

Episodios fuera del cuerpo: Abordo un taxi, mientras mi cuerpo permanece en casa

Iniciamos las pruebas sugeridas por el Dr. Instream y nuestros propios ensayos con sobres cerrados, en agosto de 1965. En octubre iba a aparecer mi primer libro y Peg Gallagher, reportera de la *Star Gazette* de Elmira, me entrevistó. Ya en el pasado la había conocido ligeramente, pero ahora ella y su marido, y Rob y yo, nos hicimos amigos. Bill es ayudante del director de publicidad de la *Star Gazette* y él y Peg pronto partirían para unas vacaciones en Puerto Rico. Así pues, decidimos montar un experimento. No nos comunicaríamos en lo absoluto a través de los medios usuales. En vez de ello, preguntaríamos a Seth si podía "sintonizarnos" con los Gallagher durante sus vacaciones. Durante su viaje substituiríamos con este experimento nuestros ensayos con sobres. Sabíamos que Peg y Bill se dirigían a San Juan, pero eso era todo lo que sabíamos. Por lo demás, ni Rob ni yo hemos estado nunca en Puerto Rico.

Nos hallábamos a la mitad de una sesión con Seth y éste nos estaba dando sus impresiones sobre el viaje de los Gallagher. Mientras yo me hallaba sentada en mi mecedora favorita hablando como Seth, de pronto me encontré en el asiento trasero de un auto de alquiler. Al instante siguiente el auto dio una tan violenta vuelta a la derecha, que me vi empujada hasta el extremo del asiento. Durante un minuto me sentí realmente atemorizada. No estaba acostumbrada a encontrarme cómodamente sentada en mi sala un minuto y en el asiento trasero de un auto que se movía con gran rapidez en el siguiente.

Apenas tuve tiempo suficiente para ver el cuello del conductor desde atrás: era grueso y corto. No pude ver su cara. Mientras esto ocurría, perdí todo contacto con mi cuerpo en la sala. Mis sensaciones subjetivas eran las de alguien que súbitamente es lanzado fuera de equilibrio

81

por el giro tan brusco que daba el auto, lo que hacía que uno se sintiera enfermo. No obstante, mientras ocurría esto, mi cuerpo físico se puso erguido en la mecedora, hablando sin ninguna pausa, como Seth. "Un paseo en auto de alquiler. Nuestra amante de los gatos ríe. (El apodo que Seth solía dar a Peg, a quien no le agradan los gatos), una tarifa de tres dólares que parece excesiva, un conductor de taxi más viejo que joven, con un cuello grueso; un destino que se halla principalmente a la derecha, después de una vuelta."

Cuando Peg y Bill regresaron, encontramos que estas impresiones eran completamente legítimas. Habían pagado una tarifa de tres dólares a un taxi para ir al hotel desde el aeropuerto. Peg estaba sumamente disgustada por esto, puesto que el mismo recorrido dos años antes les había costado menos de dos dólares. Su auto dio una vuelta muy forzada a la derecha. Peg y Bill recordaban vívidamente el incidente, no sólo debido al giro tan abrupto, sino también porque esto ocurrió inmediatamente después que el conductor se había pasado una luz de tráfico. La vuelta había sido tan forzada, que los desquició considerablemente; pero el chofer del auto no era "viejo más que joven". Cosa bastante interesante. Peg dijo que se veía maduro desde atrás, no obstante, debido a que su cuello tenía un aspecto peculiar y manchado. Asimismo, era grueso y corto.

Me sentí verdaderamente encantada cuando todo esto coincidió. Vi exactamente lo que podía esperarse que viera, si hubiera estado físicamente en el auto. Peg y Bill nunca se percataron de mi presencia.

El incidente tuvo varias implicaciones intrigantes. Yo definitivamente era la que estuvo "afuera", no obstante Seth describió lo que vi. Su voz y personalidad estaban en control de mi sistema físico, mientras que mi conciencia se hallaba en algún otro lado y a una buena cantidad de kilómetros de distancia. No tuve necesidad de decir a Seth lo que había ocurrido: él lo describió inmediatamente.

No obstante, no mencionó mis sensaciones cuando me vi arrojada contra un extremo en el auto. ¿Se debió ello a que él no las sintió? ¿O fue porque yo estaba segura de recordarlas por mí misma? Y veamos este acertijo: aceptamos que mi conciencia pasó de Elmira a San Juan en el espacio, pero ¿qué hay respecto al tiempo? La sesión se celebró el lunes 25 de octubre de 1965; pero el incidente ocurrió a los Gallagher *una semana antes* o sea el lunes 17 de octubre. Sí, yo viví esa experiencia tan vívidamente como si me encontrara en ese momento en Puerto Rico. (Seth también proporcionó otras impresiones correctas de este viaje.)

El siguiente episodio no involucró a Seth directamente, excepto que yo estaba siguiendo sus instrucciones en el uso de los Sentidos Internos. Decidí ver qué impresiones del viaje de los Gallagher podía lograr por mí misma. Así pues, cierta mañana de la misma semana, me recosté, cerré los ojos y me sugestioné para encontrar a Peg y Bill.

De pronto, sin transición alguna, me descubrí descendiendo por el aire hasta aterrizar en un largo y estrecho vestíbulo, que estaba rodeado por una barandilla baja. Sabía que mi cuerpo se hallaba en mi cama; pero perdí todo contacto con él. Fuera donde fuese que me encontrara, me hallaba en algún lugar completamente diferente. Mirando a mi alrededor, vi que estaba de pie en el corredor de un motel de extraña construcción, con dos pisos. El edificio se levantaba del suelo de una manera diferente a lo usual. Sobre la barandilla era visible un pequeño cuerpo de agua y, más allá, estaba un cuerpo de agua mucho mayor, un océano, pensé. ¿Era éste Puerto Rico? No tenía idea. Del corredor se abrían puertas, que se extendían a todo lo largo del motel. Me pregunté si éste sería el lugar donde estaban hospedados los Gallagher. Instantáneamente supe que lo era y que la puerta central conducía a su habitación, aunque Peg y Bill no se hallaban a la vista.

Antes de iniciar el experimento a las 11 de la mañana, había puesto la alarma del reloj para las 11:30. En ese momento sonó. Mi conciencia regresó con tanta rapidez a mi cuerpo, que mi cabeza física se sentía nadando. Me senté con cierto desmayo. ¿No podría yo descubrir algo más? ¿Podría yo ver algún signo o tener una idea más definida del lugar?

Ignoraba si funcionaría o no; pero volví a fijar la alarma para treinta minutos más tarde; luego, volví a reclinarme y me dije que regresaría al mismo lugar. Sensaciones de viaje, breves y más definidas, me embargaron. Montañas y cielos se deslizaron ante mis ojos y entonces me encontré revoloteando en el aire, arriba del mismo motel.

Me encontraba muy alto para definir los detalles; así pues, me propuse descender un poco más. Sin ninguna dificultad cambié mi posición y bajé, aun cuando todavía no hasta el suelo. Directamente abajo de mí y ligeramente adelante, se encontraba un hombre. Llevaba un traje de negocios y sombrero y cargaba un portafolios. Mientras lo veía, cruzaba una extensión pavimentada hasta la acera y penetraba a un edificio grande, al otro lado del motel. Recuerdo que pensé que era raro que portara un traje tan serio en lo que yo tomé como un área de descanso. Pareció que apenas habían transcurrido algunos momentos, pero la alarma sonó de nuevo y yo me introduje de nuevo en mi cuerpo.

¿Debo decir que estaba excitada? Inmediatamente tracé un diagrama del motel y el área circundante. No podía esperar hasta que regresaran los Gallagher, a fin de cotejar esto y las impresiones de Seth. Pedí a Peg que me hiciera un diagrama de su motel y su vecindario próximo. El diagrama de Peg se acoplaba perfectamente con el mío. Mi descripción del motel era correcta, incluyendo la puerta central que conducía a su cuarto. El motel se hallaba en St. Thomas, una isla cerca de Puerto Rico. Peg y Bill se encontraban allí el día de mi experimento y el día siguiente.

No sólo eso, sino que el hombre a quien vi fue uno a quien Bill observó en ambas mañanas, especialmente porque portaba traje de negocios. El hombre era un nativo, otra razón para que lo notara Bill. Yo no sabía esto, puesto que lo había visto desde atrás. El edificio al que entrara había sido la oficina de correos.

Yo estaba fascinada; ¡había tanto que aprender! En el episodio durante la sesión de Seth, éste había descrito todo mientras yo lo veía. Esta vez tuve que aguardar hasta estar de regreso a mi cuerpo para escribir lo que había pasado y trazar el diagrama.

En lo que a mí concierne, tenía suficiente evidencia para convencerme que ambos episodios eran legítimos. Me sirvieron de punto de partida en mi propio trabajo en experimentos fuera del cuerpo, en los que todavía estoy tratando de encontrar respuesta a muchas interrogantes que suscita el fenómeno. Posteriormente Seth iba a darnos instrucciones. De hecho, mientras escribo este libro, Rob y yo estamos empezando a realizar series de experimentos de proyección que Seth inició. Estos primeros casos incrementaron considerablemente mi confianza en las aptitudes de Seth y en las mías propias.

¡Cuánto más divertida era esta clase de cosas en comparación con los ensayos de Instream que también estábamos llevando a cabo! Incluso nuestras series de sobres resultaban insípidas en comparación. Enviamos copias del material Gallagher al Dr. Instream. Yo realmente estaba muy excitada respecto a toda la cuestión y aguardaba con ansia sus comentarios. Di por sentado que no consideraría que tuviéramos ninguna evidencia *científica*; pero teníamos los esbozos casi idénticos y las impresiones eran correctas.

—Tal vez no considere esto bastante científico —dije a Rob—; pero tiene que admitir, por lo menos, que tuvo lugar clarividencia.

Entre agosto de 1965 y septiembre de 1966, efectuamos setenta y cinco pruebas de Instream y ochenta y tres con sobres. Al igual que la mayoría de las personas sin antecedente alguno en trabajos psíquicos, yo esperaba que las cosas fueran puras y simples. Si Seth era lo que decía ser, entonces debería ser capaz de ver en el tiempo y el espacio y a través de sobres cerrados, con tanta facilidad como usted y yo podemos ver los objetos que se hallan en el salón. No me daba yo cuenta cabal de lo mucho que dependía la profundidad de mi trance y mi disposición para darle libertad: tenía que aprender a no "bloquear" información que entrara. No comprendía tampoco lo poco que se sabe respecto a percepción normal y, mucho menos, percepción extrasensorial, o que no se debe esperar que ningún médium sea 100 por ciento correcto. Las impresiones tenían que llegar a través de mí y, como lo dice un viejo adagio: errar es humano.

No obstante, Seth se las había arreglado para usar los ensayos con objeto de demostrar su propia habilidad clarividente, mejorar mi educación e instruirnos sobre los procesos involucrados. Variaba la profundidad de mis trances durante las pruebas, a fin de que yo pudiera sentir las diversas etapas de conciencia y también me mostró cómo permitirle usar mis asociaciones personales con objeto de obtener ciertos datos. Utilizaba las pruebas para demostrar PES pero, lo que es más importante me hacía practicar constantemente el cambio de mi foco subjetivo, explicando todo mientras ocurría.

Por lo regular nadie se hallaba presente en estas sesiones, a excepción de Rob y yo, lo que difícilmente podía considerarse un estado científico de cosas. Pero, con las pruebas de sobres, no estábamos tratando de convencer a científicos o psicólogos de nada. Estábamos tratando de ver lo que podíamos y no podíamos esperar de las sesiones. Queríamos algo que pudiéramos verificar por nosotros mismos de inmediato y yo quería saber lo que estábamos haciendo.

En ocasiones Rob preparaba los sobres un poco antes de la sesión y, en otras ocasiones, con mucha mayor antelación. Usaba todo tipo de cosas como sujetos de prueba, algunas que yo había visto, recientemente o en el pasado y otras que nunca antes había llegado a ver. Podría usar una carta, por ejemplo, que había llegado el día anterior y que yo hubiera leído o una factura con varios años de antigüedad; o bien, alguna cosa que él escogiera al azar y que yo nunca había visto o un sobre preparado por un amigo, en cuyo caso el contenido era desconocido hasta para Rob. Trozos de papel que Rob recogiera en las calles, hojas, latas de cerveza, rizos de cabello, fotografías, dibujos, facturas, todo ello se usaba en algún momento u otro. En ocasiones Rob escogía cosas específicamente porque había fuertes cargas emocionales conectadas con ellas. Otras veces, con todo propósito, utilizaba objetos neutros. Queríamos ver si Seth lo hacía mejor con cierto tipo de blancos que con otros.

Los artículos se encerraban en un sobre sellado, entre dos capas de cartón bristol a prueba de luz y luego todo el paquete se colocaba en otro sobre, que también estaba sellado. Yo nunca sabía cuándo tendríamos tal prueba y nunca vi el sobre antes de una sesión. Rob me entregaba un sobre a mí a la mitad de la sesión. Siempre estaba yo en trance y, por lo regular, tenía los ojos cerrados. (En un caso, el objeto de prueba estaba metido dentro de dos trozos de cartón y dos sobres y era completamente opaco.) En ocasiones yo me colocaba el sobre contra la frente, mientras pasaba las impresiones. Después de la sesión cotejábamos los resultdos. (En el siguiente capítulo aparecerán ejemplos específicos.)

¡Y hablamos de sube y baja! Cuando Seth lo hacía bien en las pruebas, yo me sentía tan ligera como una pluma durante varios días. Cuando algo no resultaba a mi entera satisfacción, me sentía como si pesara doscientos kilos y estuviera subiendo medio kilo cada hora. Pensaba que cualquier cosa menos que una actuación perfecta, arrojaba dudas respecto a la índole independiente de Seth.

En términos generales, nuestras propias pruebas resultaron sumamente valiosas, no sólo como parte de mi adiestramiento y como medio para incrementar mi autoconfianza, sino también para prepararme para algunas otras experiencias fuera del cuerpo que tuvieran lugar durante posteriores sesiones con Seth. Las pruebas y los comentarios de Seth, también nos proporcionaron introspectivas dentro de la naturaleza de la percepción interna, que literalmente no podrían haberse logrado de ninguna otra manera.

Cuando Seth variaba la profundidad de trance, yo siempre me daba cuenta de dos diferentes líneas de conciencia: la suya y la mía propia y podía comprender, cuando menos hasta cierto grado, cuándo mis propias asociaciones personales eran de ayuda y cuándo eran un obstáculo. En un trance muy profundo, los procesos internos se hallan ocultos hasta para la médium. Con la mayoría de los médiums la mecánica es tan automática que poco puede aprenderse respecto a las acciones psicológicas internas involucradas en tal trabajo. Seth sostenía que nuestra situación funcionaría en ventaja nuestra a este respecto.

En los datos a menudo diferenciaba entre sus impresiones y cualquiera de las mías que habían pasado desapercibidas, conectaba las mías a su fuente en asociaciones personales y nos decía si eran o no legítimas. Raras veces estoy tan "bloqueada" como para sentir como si estuviera durmiendo. Por lo regular, sé lo que está ocurriendo, aun cuando casi instantáneamente me olvido de lo que pasó. En ocasiones Seth y yo tomamos turno para hablar, de manera que yo pueda entrar y salir en trance en cuestión de segundos. En otras ocasiones parece como si me fundiera con Seth, sintiendo sus emociones y reacciones por completo, más que las mías. En este caso, el yo de Jane se encuentra lejos en el fondo, dormitando pero vagamente consciente. Otras veces, aunque menos esporádicas, estoy en el fondo y Seth me aconseja lo que debo decir.

Nuestros propios ensayos me proporcionaron un patrón contra el cual medir mi actuación y la de Seth, proporcionando una verificación inmediata de exactitud y enseñándome a afinar mi foco subjetivo para pasar de lo general a lo específico. Todo este entrenamiento era importante en lo tocante a mi recepción del Material de Seth. Seth a menudo ha hablado respecto a las distorsiones necesarias que deben ocurrir en cualquiera de tales comunicaciones y le preocupa muchísimo evitar que el material se halle sumamente contaminado por distorsiones, tanto como sea posible. En sesiones posteriores discuto esto detalladamente.

Así pues, inicié el otoño de 1965 con grandes esperanzas, particularmente debido a los dos episodios fuera del cuerpo que mencioné antes de este capítulo. Esperaba tener noticias sobre lo que el Dr. Instream tenía que decir respecto a ellos. Estaba segura que tendría que admitir que eran estimulantes, incluso si no involucraran sus propios experimentos con nosotros. Ya habíamos empezado su serie de pruebas y le remitíamos los resultados cada semana. Hasta entonces no habíamos recibido noticias suyas respecto a ellas y también me mantenía a la expectativa para saber cómo nos estaba yendo aquí. Si resultaban la mitad de buenas que los datos concernientes a experiencias fuera del cuerpo, todavía estaríamos teniendo un buen comienzo.

Mientras tanto, renuncié a mi trabajo en la galería y me dediqué a escribir el tiempo completo. Asimismo, empecé a tener tratos con una de las revistas de mejor paga y más populares del país. El editor me rechazaba cuento tras cuento, asegurándome en cada ocasión que yo debía estar segura de que le vendería el próximo. Yo vivía pendiente del correo, en espera de una aceptación por parte de este editor o de algún reporte del Dr. Instream.

El tratar de probar la existencia de telepatía y clarividencia a un autodeclarado "psicólogo de gran rigidez", vender ficción a una de las mejores revistas de la nación y llevar a cabo nuestros propios ensayos en las sesiones con Seth, era todo un bocado para un solo año, según descubrí.

CAPÍTULO OCHO:

Un año de ensayos.
Seth "ve dentro" de los sobres
e imparte a Rob
algunas lecciones de arte

Durante los siguientes once meses, las sesiones con Seth tuvieron que ver principalmente con datos de prueba de uno u otro tipo. A las 9 p.m., como era lo usual, Seth empezaba con el material teórico en el que estábamos cada vez más interesados. A las 10 p.m., daba impresiones para el Dr. Instream y, después de ello, Rob me entregaba un sobre, si es que esa noche iba a tener lugar tal tipo de prueba. Si ocurría que teníamos que hacer uno de nuestros propios ensayos, entonces nos sentábamos, después de la sesión y tratábamos de evaluar los resultados. Para entonces por lo regular ya era más de la media noche y estábamos verdaderamente exhaustos.

Aun cuando mi confianza había crecido con los dos episodios fuera del cuerpo, sentía que estaba poniendo a Seth y a mí misma en línea con cada sesión de prueba. Nunca sabía si tendríamos o no un ensayo con sobres. A menudo abrigaba temores, antes de celebrar una sesión, por miedo de que tuviéramos una prueba con sobres y los resultados simplemente no resultaran buenos. (Incidentalmente, esto nunca ocurrió, aun cuando las impresiones dadas no siempre resultaban tan específicas como nos hubiera gustado.) La verdad es que no me importaba lo que se hallara en los sobres: nada más quería saber si Seth podía decírnoslo y yo de todo corazón anhelaba que él estuviera correcto en cada ocasión. Mi actitud por fuerza iba a tener un efecto. Ahora me pregunto y me admiro de que Seth fuera capaz de hacer cualquier cosa en aquellos días; pero la mayoría de las veces se las arreglaba para hacer bien todo en verdad.

Aquí tenemos un caso donde Rob estaba tratando de poner a prueba la clarividencia, más que la telepatía. Como muchas otras, esta prueba tuvo sorprendentes resultados. Las notas de Rob muestran claramente el procedimiento que siguió para escoger el sujeto del ensayo:

En mi estudio se hallaba una pila de periódicos viejos. La mayoría de ellos eran de *The New York Times*, ejemplares tanto diarios como dominicales. Un poco antes de la sesión, retiré algunos periódicos locales del montón. Luego, dando la espalda a la pila, saqué una sección, sin verla en lo absoluto y arranqué un pedazo de la página. Doble éste contra mí, hasta estar seguro que cabría dentro del papel bristol doble regular y dentro de los sobres dobles.

Todavía sin mirar el periódico que yo había escogido como objeto, lo guardé en los sobres sellados. Luego, con los ojos cerrados, tomé la sección de la que se había sacado el objeto, la coloqué a tientas en un librero que abarcaba desde el piso hasta el techo y la coloqué en un anaquel elevado, donde yo no la viera.

Este procedimiento me dejó sabiendo únicamente una cosa sobre el objeto: que procedía de alguna sección de *The New York Times* de fecha desconocida. Una vez que terminó el experimento, Jane abrió los sobres que contenían el objeto de ensayo; luego, yo me dirigí al estudio y, de la sección oculta tomé la página de la que se había arrancado el objeto. Resultaron ser las páginas 11-12 de la Sección Uno del *Times*, correspondiente al domingo 6 de noviembre de 1966.

Seth dio treinta y nueve impresiones. Casi todas ellas tenían aplicación directa. He aquí varias de ellas, pertenecientes al objeto de prueba, agrupadas para fines de conveniencia:

"Una cosa de papel, más bien corriente y no de fondo liso". (El objeto era un trozo de periódico, impresión burda en vez de, digamos, papel lustroso y fino de revista.)

"Vista gris". (Porciones de las ilustraciones eran visibles en ambos lados del objeto, todas en tonos grises.)

"Entregas liberales". (En el objeto aparecen las palabras "*descuentos liberales*".)

"Conexión con un teléfono o llamada telefónica". (En un lado del objeto encontramos "No ordene por correo o por teléfono" y, en el otro, "Se aceptan órdenes por correo o teléfono", más una larga serie de números telefónicos de intercambio.)

"Algo idéntico a alguna otra cosa. . .dos o dos de un tipo." (En el objeto aparece la palabra "gemelos", refiriéndose al tamaño de un cobertor en venta. Sin embargo, tuve la fuerte impresión subjetiva que ésta era una referencia al hecho que el objeto en el sobre era *parte* de un objeto similar.)

Las anteriores impresiones se referían al objeto de prueba mismo. Ahora aquí tenemos algo respecto a la página de la que se tomó el objeto. Seth dijo, en orden consecutivo: "un método de disposición. . . algo vernáculo. . . gubatoria". (Yo buscaba la palabra "gubernativa", aquí, pero, como es lo usual, Rob lo apuntó de acuerdo con la forma en que yo la pronunciaba cuando estaba en trance.)

Por un minuto estos datos nos dejaron perplejos, mientras repasábamos los resultados de la prueba. Luego, Rob miró la página entera. Ambos nos repusimos de inmediato: "¡Vamos!" —exclamé—: un método de disposición: eso deben ser ventas; pero qué manera tan tonta de expresarlo.

—Y mira esto —dijo Rob, sosteniendo el objeto en una mano y la página entera en la otra.

" 'Ventas de día de elecciones' o 'valores' está impreso en encabezados negros, al tope de ambos lados de la página. Y gubatoria o gubernativa, se aplica debido a las elecciones para gobernador del estado de Nueva York el 9 de noviembre. También diría que la frase 'Ventas del día de elecciones' se halla ciertamente en el terreno de lo vernáculo."

Refirámonos a la sección ilustrada para la reproducción del objeto de prueba y la página de la que se arrancó. Ambos lados del objeto de prueba contenían partes de anuncios que se hallaban ligados con el día de elecciones; no obstante, las palabras "día de elecciones" no parecían ser el objeto mismo; y sólo la página entera del periódico que había quedado en un elevado anaquel del librero que estaba en el estudio de Rob.

—Pero ¿por qué Seth no dijo sólo "ventas" —pregunté exasperada.

—Mira —repuso Rob sonriendo—, tenemos que ajustarnos a la forma en que se presentan los datos y tratar de aprender de ella. Lo hiciste bien. . .

Ahora pienso que éste es un excelente ejemplo de la forma en que las percepciones extrasensoriales se reciben algunas veces. Las ventas *son* un método de disposición aunque, verbalmente, la conexión final no es tan concisa como nos gustaría que fuera. Hay algo más que la sola idea de concisión involucrada: tales respuestas son asimismo un poco diferentes, inesperadas y nos hacen considerar viejos objetos o ideas en formas nuevas e igualmente válidas. Posteriormente en este capítulo tendré más que decir respecto a este tipo de cosas.

Existieron algunas otras sorpresas en esta prueba. No sólo Seth recogió excelente información para identificar el objeto, sino que proporcionó otras impresiones concernientes a la página de la que se había tomado. Además de todas las ventas, había cuatro artículos en la sección grande. El objeto en el sobre no los incluyó, no obstante Seth proporcionó impresiones referentes a tres de ellos.

"Una misión con consecuencias imprevistas. . . 1943. . . Illia y quizá un F y R. . . Algo ocurriendo todo de nuevo, como conmemoración. . . Una conexión con algo verde, como un prado. . . un niño. . . Januarious."

Todo esto se refería a un artículo que tenía que ver con un seminario dominico fundado en Aldeia Nova, Portugal, en 1943. Creemos que "Illia" era un intento de poner "Al deia". La fecha que se daba era correcta y el artículo continuaba hablando sobre un joven sacerdote, el padre Fernández (F y R: la abreviatura de "padre" en inglés, es Fr.), que se hallaba en una *misión* en este país para recabar fondos con qué modernizar el seminario.

También se le describía como organizando una peregrinación para *conmemorar* las celebraciones por el quincuagésimo aniversario de Fátima, que se halla a sólo quince kilómetros del seminario. El artículo dice que el seminario incluye, entre otras cosas, su propia granja, viñedos y jardines de legumbres y árboles frutales. Creemos que la impresión de "verde, como prado", se refería a ellos. La conexión "Januarious" parece no tener relación alguna; no obstante, es sumamente importante porque, para mí en lo personal, tenía una fuerte connotación religiosa: una de mis maestras favoritas en la escuela primaria, fue una monja, la hermana Januarious. El artículo habla de los tres niños que atestiguaron la aparición de Fátima y Seth mencionó a un niño.

Otras impresiones se referían a otro artículo cuyo encabezado rezaba: "Portugal muestra preocupación por los prisioneros". Éste se refería específicamente a la necesidad de modernizar las "grandes y anticuadas prisiones" que eran "de muy bajo nivel" y hacía varias observaciones concernientes a la proporción de crímenes en Portugal. El artículo también decía que Portugal tiene el más bajo ingreso per cápita en Europa. Las impresiones de Seth eran sumamente obvias aquí: "conexión con una monstruosidad, como de un edificio monstruoso. . . un disturbio. . . una determinación y una desventaja. . . un inadecuado desempeño."

Seth asimismo daba algunas otras impresiones de la página de la que se había tomado el objeto del sobre, además de aquellas a que se referían los artículos. "Una fecha arriba. . . botones. . . algunas figuras y una conexión distante con formas de cráneo. . . los colores azul, púrpura y verde. . . otras formas redondas."

La fecha del periódico estaba al tope de la página, claro está. Botones, muchos de ellos, aparecen con toda claridad en las fotografías de la ropa en venta. Estos mismos modelos son también las figuras que Seth menciona y, como se podrá ver por la fotografía de la página, los rostros de las mujeres dan una impresión de semejanzas con sus cráneos con el cabello echado para atrás. Los colores mencionados por Seth se ven en la lista del anuncio de la página. Púrpura, según creo, se refiere a "tono orquídea".

Esta prueba, no obstante, me trajo a la mente varias otras preguntas. ¿Cómo había sacado Seth la información respecto a la página entera, cuando sólo una pequeña sección de ella estaba en el sobre? ¿Había involucrada alguna especie de proyección de mi parte, allá en el librero del estudio? Seth nos había dado primero impresiones del objeto en el sobre en sí, y luego pasó nítidamente a tratar sobre la página entera; había pasado de un lado a otro entre las dos, como si estuviera viendo ambas a la vez. ¿Y por qué no confinó sus datos nada más al objeto en el sobre?

En una sesión ulterior preguntamos a Seth respecto a estos puntos y recibimos algunas respuestas sumamente interesantes: "Un fragmento siempre está conectado con el total del que forma parte —dijo—. Viendo la sección arrancada, entonces, para mí estaba presente la totalidad (de la página) y por el fragmento del total puede leerse todo. Con suficiente libertad, por una parte y el adiestramiento por la otra, Ruburt, hablando por mí, podía darte todo el número de *The New York Times* con sólo una esquina arrancada."

—Esto no involucra proyección.

"Hubo otros tópicos que tienen que ver con las características propias de Ruburt. Ahora bien, es verdad, hablando en términos generales, que el material de índole emocional en realidad posee una vitalidad más poderosa y es más fácil de percibir. Sin embargo, fuera de esto Ruburt *no* tiene amor por el detalle —Seth sonrió— y siempre lo usará como indicio para ver adónde lleva.

"No se contentará simplemente con dar los detalles sobre el trozo de papel. Esta es una tendencia bastante automática de su vida mental. La utilizamos, espero que con ventaja, en nuestras sesiones en otras formas. . . Sin embargo, en las pruebas tratamos de aprovechar esta característica, puesto que no podíamos negarla. Las aptitudes de Ruburt son con las que tengo que trabajar de modo completo, además, claro está, de las mías propias. Así pues, usamos esta tendencia aquí para agrandar el cuadro y aportar mayores detalles que te dieran datos más respetables. . . y en una forma que fuera bastante natural a Ruburt."

Respecto a las pruebas en general, Seth dijo: "Yo le estaba enseñando y procedí en concordancia con sus intereses e inclinaciones naturales. El antagonismo que tenía por las pruebas, no provenía de la idea en sí, tanto como de la idea de enfocarse en el detalle, por amor al detalle mismo. Únicamente cuando tenía ese tipo de prueba, él se tornó antagonista. En la percepción extrasensorial, como en la llamada percepción normal, las inclinaciones naturales de la personalidad dictan el tipo de información que se buscará de cualquier campo disponible de datos.

"Existen muchas áreas de conocimiento en las que cualquier individuo dado no se halla interesado. No se molestará al usar (incluso) la percepción normal, para obtenerlo. Yo doy a Ruburt acceso a grandes campos de enfoque. Le ayudo a virar la energía que usa en la percepción, hacia otras direcciones, a girarla hacia dentro. Hago accesible para él información. Luego, de acuerdo con sus características básicas, él usa la información."

La prueba solamente describía clarividencia reforzada. Una prueba anterior fue en extremo iluminadora desde un punto de vista diferente, convenciéndonos de que la percepción extrasensorial original es general, como la perspectiva general de un área grande. En algún lugar debe ocurrir un proceso que se estrecha para dar un enfoque más específico.

Esta prueba fue realmente divertida, porque Seth lo estaba haciendo magníficamente por sí solo. Luego me pasó la pelota y casi me fui de boca. El objeto en el sobre era una factura de Rob, fechada el 15 de julio de 1966. La sesión tuvo lugar el 1 de agosto. Yo había estado con Rob en la maderería cuando recibió la factura (véase la sección ilustrada).

Rob había comprado dos trozos de cuatro por ocho pies de masonite y un rodillo para pintar. El vendedor que nos atendió se hizo muy conversador, cuando supo que Rob iba a usar el masonite para sus pinturas y nos informó que un artista europeo había hecho un retrato de él cuando era soldado, durante la segunda Guerra Mundial. De una manera hasta cierto punto humorística, describió cómo el artista había dibujado su rostro como si fuera simétrico y sin defecto alguno, cuando en realidad era totalmente asimétrico y tenía un ojo dañado. El vendedor también usaba anteojos.

He aquí algunas de las impresiones de Seth: "cuatro cuadrados o cuatro y cuatro cuadrados". (Nosotros pensamos que esto era muy bueno. Rob hizo que los dos trozos de masonite se cortaran a la mitad, a fin de que cupieran en nuestro automóvil. Esto le dio cuatro trozos, cada uno de ellos un cuadrado de cuatro pies.)

"Escribir o pintar en la esquina inferior izquierda, muy pequeña, sosteniendo el objeto horizontalmente. Algo también en el dorso." (Ambas de estas cosas eran aplicables, excepto que la muy pequeña impresión se hallaba en el lado izquierdo, no precisamente en la esquina izquierda.)

"1966, viendo hacia 1967". (Escrito en la factura está la fecha y el año, 1966 y, abajo, "cuenta remitida".)

"Una conexión con una fotografía u otro objeto semejante". (Esto, según creemos, se refiere de una manera vívida al retrato.)

"Una figura oval o la forma de un ojo, es decir, este tipo de ojo, dentro de un rectángulo o triángulo, ¿ves?" (De acuerdo con las notas de Rob, yo señalé uno de mis propios ojos cerrados. El vendedor, como mencioné antes, específicamente mencionó su ojo malo en relación con su retrato, así como sus anteojos.)

"La conexión con transporte y agua" (una forma hasta cierto punto única, de referirse a un viaje de quince kilómetros en automóvil, a *Wellsburg*. El nombre de la población aparece en la factura. Así, incidentalmente, aparecen las palabras "carro entero", en el dorso).

"Una palabra que comienza con ma y otra M, esta vez la inicial de un nombre". (Rob había comprado masonite, por su nombre mercantil; pero el vendedor en la factura lo anotó como "madera comprimida". Una M mayúscula aparece en el membrete de la factura: Glenn M. Schuyler.)

"Un objeto rectangular con un colorido oscuro en él, quizás azul oscuro" (la factura es rectangular y el dorso de ella está impreso con negro fuerte).

En términos generales, Seth proporcionó veinticuatro impresiones. Cada una de ellas era aplicable, aunque no eran tan específicas como las otras. Por ejemplo Seth dijo: "La conexión con negro, simbólico de muerte; y con un torneo, a su vez simbólico, como de un cruce de espadas". Creemos que ésta era una referencia a la segunda Guerra

Mundial, cuando al vendedor que nos atendió se le había hecho un retrato como soldado. Otro ejemplo era éste: "Números... quizás 01913". La factura mostraba en ella varios números y en una serie que empezaba con 0 (esto nos pareció inusitado a nosotros), mas no en el orden dado por Seth. Una serie empieza con 09 (no 019); y los últimos dos dígitos, 1 y 3, aparecen al frente de la factura.

Hasta este punto, las impresiones habían llegado sin preocupación alguna por mi parte. Yo me hallaba en un trance profundo. Entonces Seth dijo: "La sensación de algo colgando, amenazante o voladizo en la parte superior del objeto, y negro." Cuando pronuncié estas palabras por Seth, pareció abrirse una duda en cuanto a la interpretación de la información. Yo sabía que Seth quería decir que solucionara esto yo misma y que ello formaba parte de mi adiestramiento.

Tuve la sensación de algo muy pesado que pendía sobre mí. ¿Iba esto a traducirse como si se tratara de un objeto, digamos, un techo pesado sobre mi cabeza o un sentimiento emocional que "colgaba sobre mí"? No lo sabía y en ese momento no pude imaginármelo. La conexión específica correcta no estaba hecha. Seth me lanzó otra: "Algo brillante y también pequeño, abajo de esta porción colgante o amenazadora." También aquí, dejada a mis propios medios, no pude encontrar el camino a los datos específicos que queríamos.

No obstante, Seth estaba tratando de llevarme a la palabra "techado". Esto se hallaba en el membrete de la factura, en la mitad superior. Véase cuán correcta pero a la vez ambigua, había sido esa impresión no terminada: "la sensación de algo colgado arriba, amenazador o voladizo" iba a llevarme a la palabra "rodillo" para pintar, que también aparecía en la factura, abajo de la palabra "techado". Un rodillo *es* pequeño, brillante y lustroso y el que Rob comprara ese día había sido de un color de aluminio lustroso.

Hasta aquí las impresiones de Seth habían sido sumamente literales, como si las palabras en la factura cobraran vida y estuvieran siendo descritas como objetos, en vez de como palabras que *describían* objetos. Posteriormente yo lo iba a hacer mucho mejor, cuando Seth dejó para mí algunas impresiones; pero este tipo de adiestramiento fue muy · valioso. Aun cuando no llevé a cabo un buen trabajo, algo aprendimos respecto a la índole de la percepción, que era precisamente la intención de Seth. Esta prueba nos hizo sospechar que todas las impresiones, extrasensoriales o de cualquiera otra especie, son inicialmente no verbales ni visuales, sino más como un sentimiento puro que sólo posteriormente es interpretado en términos de sentidos.

Intentamos toda suerte de cosas con los sobres. En la prueba con *The New York Times*, Rob mismo ignoraba qué había en el objeto de prueba. No siempre sabía qué *era* el objeto de prueba, en cualquier caso y, en ocasiones, ni siquiera sabía que se llevaría a cabo un ensayo. Por ejemplo, ocasionalmente llegaban amigos sin anunciarse, a una sesión y traían consigo su propio sobre de prueba. Éste simplemente se me entregaba a la mitad de la sesión, sin que yo supiera de antemano si se efectuaría o no una prueba. En ocasiones, Rob usaba tal sobre de inmediato y, en otras, lo guardaba para una sesión futura.

No parecía constituir ninguna diferencia en los resultados el que Rob supiera o no lo que contenía el sobre de prueba. Cierta noche, Nora Stevens (no es su nombre real), llegó sin anunciarse. Ella era amiga de una amiga y ya había asistido a dos sesiones con anterioridad. Durante este periodo solíamos alentar a personas para que se presentaran con sobres de prueba, aun cuando la verdad fueron pocas las que lo hicieron. (Antes y después de esto, preferíamos mantener privadas nuestras sesiones.)

Sabíamos que Nora era secretaria en una oficina de hospital y que tenía que ver con la compra de medicinas y enseres, pero que nada tenía que tratar con pacientes, sus registros o procedimientos médicos. Yo ignoraba que había traído un sobre. Se lo deslizó a Rob después de que había empezado la sesión.

Seth dijo: "Una conexión con un registro de familia, como una página, por ejemplo, de un libro. . . conectado también con un suceso turbulento o desagradable. . . cuatro números en fila y otros números, la inicial M, una conexión con otra ciudad."

Después de la sesión, abrimos el sobre. Contenía la hoja de registro de un paciente, la página de un cuaderno que Nora había recogido de un cesto de papeles en otra oficina. En la esquina inferior estaban cuatro números en fila, con otros números en la parte superior, donde aparecía el nombre del paciente, Margaret. El pueblo de donde ella venía también empezaba con M: venía de fuera de la ciudad. La estancia en un hospital ciertamente es desagradable y a veces turbulenta. Seth también dio otras impresiones concernientes a los antecedentes de la señora, más no pudimos verificarlas.

No obstante, en ocasiones yo me sentía desalentada hasta con los buenos resultados. Una prueba me había complacido por completo al principio. Fue la trigésima séptima y se llevó a cabo en la sesión 237, del 2 de marzo de 1966. El objeto que teníamos como blanco, era una impresión que Rob había tomado de su propia mano una semana antes, cuando estábamos leyendo algunos libros sobre quiromancia. Las impresiones de Seth no podían haber sido más concisas. Durante varios días caminé por la casa, con una amplia sonrisa en el rostro, pensando en esa prueba.

Estaba lavando los trastos, cuando de pronto me ocurrió una cosa desagradable. Rob se encontraba en la sala. Yo entré lentamente y dije: "Apuesto que el Dr. Instream habría deseado los resultados de esa prueba de impresión de la mano porque ambos estuvimos estudiando quiromancia la semana pasada."

—Tal vez —admitió Rob—; pero el hecho es que hemos recibido una gran cantidad de cartas que pude haber usado, desde entonces. También estudiamos algo de análisis de escritura; yo pude haber usado uno de esos ejemplos. Pude haber utilizado alguna cosa más vieja que tú, como lo he hecho antes. Pude haber usado *cualquier cosa*. Sin importar lo que usemos, Seth todavía tiene que describir un objeto determinado, las impresiones que recibió no eran generales; únicamente podían referirse a esa impresión específica de la mano. Estuve de acuerdo con él. Pero, después de eso, a menudo preparó varios sobres de prueba al mismo tiempo, los barajó y luego escogió uno al azar, antes de la sesión.

¿Y qué hay sobre las pruebas de Instream? Antes que nada, yo me mantuve esperando tener noticias sobre lo que el Dr. Instream pensaba respecto a mis dos episodios fuera del cuerpo y *él simplemente nunca los mencionó*. Para mí esto resultaba sumamente decepcionante. Los resultados habían sido verificados, tanto si podían considerarse científicos como si no. Si ellos no le convencieron de que algo estaba ocurriendo, entonces no sabía yo qué podía hacerlo.

En general, los resultados de nuestras pruebas con sobres nos alentaron a abrigar la confianza de que Seth lo estuviera haciendo bastante bien en los datos regulares de Instream también. Empezamos éstos con verdadero celo y energía.

Durante un año, dos veces a la semana, Seth dio a conocer sus impresiones de las actividades del Dr. Instream. Entre ellas estaban referencias sobre nombres, iniciales, fechas y lugares. Algunos de estos datos podían verificarse fácilmente. No obstante, el Dr. Instream quería que Seth se concentrara a nombrar un objeto en particular sobre el que se estaría concentrando en la distante población en que vivía. Resultó obvio que los elementos emocionales eran más importantes; que las actividades de una naturaleza emocional "entraban" con más claridad que las impresiones de un objeto más neutro. Seth proporcionó material perteneciente a objetos también; pero era más apto para dar información específica sobre la vida cotidiana del Dr. Instream.

Uno de nuestros tópicos favoritos de conversación ese año, fue sobre cuándo tendríamos noticias del Dr. Instream. Durante meses interminables nada supimos de él. Quizá, pensamos, quería no darnos informes sino hasta que se terminaran los experimentos. De ser así, ¿por qué no simplemente nos lo decía? Cuando finalmente el suspenso fue demasiado para mí, le escribí: ¿íbamos a recibir algunos indicios o no? El Dr. Instream siempre nos aseguró sobre su continuo interés; nos indicó que continuáramos con las pruebas y dijo que no tenía aún evidencia lo bastante fuerte para "convencer a un psicólogo muy exigente". Pero eso era todo. Nada decía respecto a los numerosos nombres y fechas, los visitantes o cartas que se mencionaron en las sesiones. ¿Estaba esta información equivocada? ¿Parcialmente correcta? Nunca lo llegamos a saber. *Nunca nos lo dijo.*

El saber que el Dr. Instream se estaría concentrando, me puso bajo tensión quizás debido a mi propia actitud. Ahora yo sentía que realmente teníamos que celebrar una sesión cada lunes y miércoles por la noche, tronara o lloviera. Y aun cuando estuviéramos solos, como por lo regular estábamos, sentía que las sesiones ya no eran privadas, que un invisible Dr. Instream era el auditorio. Raras veces perdimos una sesión antes de las pruebas del Dr. Instream; pero ahora mi idea de gran desafío era perder una sesión, salir y tomar una cerveza y dejar que el psicólogo se pusiera a contemplar su vieja vasija, tintero o cualquier cosa que eligiera para la prueba de esa noche.

No me sentía yo de este modo al principio; pero estaba realmente furiosa por el hecho de que no nos diera a conocer los resultados de las pruebas; todas esas horas parecían haberse ido por el caño. Cierta noche, verdaderamente disgustada por no haber sabido de él, fui con Rob a un bar cercano. . . sólo para correr a casa en el último minuto a fin de no perder la sesión.

Sin tener alguna idea de cómo lo estábamos haciendo, no me hubiera importado menos, finalmente, saber *en qué* se estaba concentrando el Dr. Instream. Las pruebas se convirtieron en nada más que una pérdida de tiempo, recortando la cantidad de material teórico que pudiéramos recibir. Una vez más escribí al buen doctor, sugiriendo que no lastimaría mis sentimientos saber que los datos nada más estuvieran equivocados. De ser así, estábamos perdiendo su tiempo y también el nuestro. De nuevo nos escribió dándonos a conocer su continuo interés y sugiriendo que continuáramos; mas no decía si lo estabamos haciendo bien, regular o mal y no nos daba informes sobre los muchos detalles específicos que le habíamos proporcionado.

Estaba obsesionado con la prueba estadística de la existencia de la telepatía y la clarividencia y esperaba que pudiéramos lograrla. Al principio me parecía a mí tremendamente excitante ser parte de tal trabajo; pero cuando continuamos leyendo todo aquello que nos caía en las manos sobre el tema, la excitación se convirtió en asombro. Hasta donde podíamos decir, la existencia de la telepatía y la clarividencia ya había sido científicamente probada, una y otra vez, por el Dr. J. B. Rhine, en la Universidad de Duke y demostrada por otros, como Croisset, un psíquico que trabajaba con el profesor Wilem Tenhaeff en la universidad de Utrecht, de los Países Bajos. El trabajo de Harold Sherman y otros psíquicos ciertamente sumaba al menos más evidencia circunstancial. ¿Estaba Instream haciendo a un lado todos estos resultados e incontables otras evidencias obtenidas en laboratorios de parapsicología de todo el mundo?

Aparentemente así era; y nuestros propios resultados estaban presentando dificultades. El Dr. Instream admitía que no sabía cómo evaluarlos estadísticamente. Un buen golpe seguramente debía tener una gran probabilidad negativa en su contra antes de que se le diera crédito y era casi imposible fijar las probabilidades sobre cualquier declaración particular hecha por Seth.

Por ejemplo, Seth aseguró al Dr. Instream que en breve se mudaría a una universidad del medio oeste, a fines del año. No tengo idea de si el Dr. Instream ya tenía algún indicio de esto con antelación; pero sí se mudó cuando Seth dijo que lo haría y a una universidad en el medio oeste. Nunca supimos qué tantas impresiones correctas, incluso de este tipo pudieron comprobarse. Suficientes de ellas se hubieran sumado para constituir algo; y lo mismo ocurría con un porcentaje bastante elevado de aciertos sobre nombres específicos, fechas y otras cosas, trátese o no de estadísticas.

Comenzamos todas las pruebas sobre PES precisamente antes de que nuestros amigos los Gallagher tomaran sus vacaciones en 1965. Mientras tanto, hicieron otro viaje y decidimos tratar de efectuar el mismo tipo de experimento con ellos como lo habíamos hecho antes.

Esta ocasión Peg y Bill fueron a Nassau. También esta vez ni Rob ni yo habíamos estado allí. De nuevo no intercambiamos tarjetas, cartas o comunicaciones de ninguna especie; pero, para mi gran deleite, Seth ciertamente sabía dónde se hospedaban los Gallagher. En una serie de impresiones, cierta noche (17 de octubre de 1966), describió con toda exactitud su hotel.

"Un edificio con una sección larga y estrecha; un techo soportado por postes. El techo también es largo y estrecho. Con un piso de piedra y cemento, color de arena. Un corredor fuera de su puerta y un cubo grande lleno de arena. Abajo del corredor hay piedras y, más allá, el océano o la bahía. Allí en la playa, abajo y adelante, hay una hendidura circular excavada donde hay una leve corriente debido a las rocas; y en este punto particular donde está esta hendidura, no hay playa, aun cuando sí las hay a la izquierda y a la derecha, que son bastante grandes."

Cada una de estas cosas era correcta. A su regreso, repasamos el material con los Gallagher; pero había mucho más. Seth había descrito correctamente un club nocturno que habían visitado y después prosiguió mencionando que se había presentado una "molestia allí". Bill y Peg convinieron de todo corazón. Habían sido molestados por un turista inglés que hablaba con voz muy fuerte. Obviamente también lo habían sufrido otros. El inglés insistía en silbar con la banda de música. Seth también dijo que había dieciocho arbustos frente al club nocturno; pero Bill tuvo que admitir que, aunque había visto arbustos allí enfrente, no se le había ocurrido contarlos.

Seth parecía escoger cosas que tuvieran un significado emocional particular para Peg y Bill. Por ejemplo, entre otras impresiones incluyó: "una conmemoración de un asesinato. . . una estatua. . ." Ocurrió que los Gallagher habían pasado frente a una estatua conmemorativa a Sir Harry Oakes, quien había sido asesinado en 1943, en un caso que recibió gran publicidad. Peg tuvo tanta curiosidad por esto que llegó a preguntar al conductor de un taxi lo que sabía respecto a los sucesos concernientes al asesinato.

Luego, de manera extraña, Seth proporcionó una descripción muy específica de cierto lugar que Peg y Bill visitaron, pero con una distorsión, aparentemente cuestión de palabras: "Una fuente con escalones que llevaban a ella; una formación circular rodeada por flores, con estructuras sumamente abigarradas, ya antiguas y de dos pisos a la izquierda de la calle y, muy cerca de ella, en filas." Todo estaba correcto, excepto que había una torre con un tanque de agua, en vez de fuente.

Todas juntas, un total de cuarenta impresiones correctas fueron dadas en las tres sesiones que celebramos mientras Peg y Bill se encontraban en Nassau; en realidad más, puesto que muchas impresiones consistían en varios puntos. ¡Pero es tanto el trabajo que se halla involucrado en tal experimento! La memoria es falible, por lo que siempre procuramos hacer que la persona involucrada escriba sus informes de inmediato, para una verificación más fácil y confiable.

En cualquier caso, siempre pienso que ese "año de prueba" tuvo sus inicios con el viaje de los Gallagher a Puerto Rico y terminó con el viaje a Nassau. En lo que a nosotros concernía, Seth se había probado a sí mismo. Tras un año de trabajo, escribimos al Dr. Instream poniendo fin a los ensayos y dando nuestras razones. Después de algunas pruebas más con sobres, también pusimos fin a éstas.

En verdad no lamento de ningún modo que dedicáramos tanto tiempo para las pruebas; pero me da gusto haberlas terminado cuando lo hicimos. Ya no me siento emocionalmente preparada para someterme a fuego dos veces por semana, que es lo que estaba haciendo con la actitud que ofrecía por entonces. Emocionalmente me desagradaban estos ensayos; intelectualmente los consideraba necesarios. A Seth parecía que no le importaban en lo absoluto; pero me obligué a proseguir debido a que pensaba que debería hacerlo. Subsiste el hecho que en nuestras sesiones los mejores casos de PES han ocurrido espontáneamente o en respuesta a la necesidad de alguien y no cuando nosotros estábamos tratando de probar algo. Sabía que no estaba desilusionada por no tener alguna especie de "certificado de legitimidad" por parte del Dr. Instream. Por otro lado, no solicitamos ninguno; estábamos demasiado dolidos por no tener reportes sobre los resultados.

Ahora podíamos concentrarnos en el Material de Seth. Libres de la estructura de prueba, las sesiones estaban listas para alcanzar objetivos concretos. Estábamos allí en busca de muchas sorpresas. Si yo hubiera tenido más fe en las facultades de Seth y las mías propias, podría haberme ahorrado multitud de dificultades. En realidad, incluso mientras llevábamos a cabo pruebas sobre PES, otras cosas estaban ocurriendo y no sólo en sesiones.

Muy poco tiempo después de que empezaron las sesiones, Rob empezó a ver visiones o imágenes. Algunas de ellas eran subjetivas, mas otras fueron objetivas, tridimensionales o casi. Algunas fueron de personas y Rob empezó a usarlas como modelos para sus pinturas. En la actualidad nuestra sala está llena de retratos de personas a quienes no "conocemos". Seth ha dicho que algunas de ellas son retratos nuestros en vidas pasadas. Una de ellas, usada en este libro, es un retrato de Seth, en la forma en que él prefirió aparecérsele a Rob. (Desde entonces, un estudiante y un amigo nuestro han visto ambos a Seth, como aparece en este retrato.)

Rob posee una magnífica memoria visual. Una vez que ve una imagen, la retiene y puede volver a verla a voluntad. En contraste, mi memoria visual es mala y también lo es mi vista (no poseo una percepción profunda). Rob es un artista profesional, un excelente dibujante y técnico. No obstante, en las sesiones Seth ha dado a Rob excelentes consejos e información sobre la técnica y filosofía del arte. Esto nos parece a nosotros sumamente divertido, puesto que yo pinto como afición, con una terca carencia de perspectiva. Rob solía tratar de enseñarme perspectiva, pero las lecciones simplemente no se me quedaban. Nunca he estudiado arte y mis pinturas son más bien infantiles, en cuanto a ejecución y hechas con un colorido burdo. No obstante, Seth dijo a Rob cómo mezclar y usar ciertos pigmentos y Rob ha añadido esta información a su repertorio. Seth dice que tampoco posee habilidad artística, pero preguntó a artistas que han estado dentro de su propio campo de realidad.

En cierta sesión, Seth me dio algunas indicaciones que Rob usó de inmediato. El cuadro es uno de mis favoritos y pertenece a la "serie de gente" de Rob, retratos de personas que nunca hemos conocido. La inspiración para esta pintura en particular, llegó a Rob de súbito algunos días después de la sesión en cuestión y usó las técnicas que Seth le diera para su ejecución.

He aquí algunos extractos de esa sesión:

"En un cuadro —dijo Seth—, haz el mismo ejercicio que te di antes (es decir), imagínate al individuo como centro de toda vida, de modo que, cuando el cuadro quede terminado, automáticamente sugiera todo el universo del que el individuo es parte. Nada existe aisladamente y éste es el secreto que los viejos maestros conocían perfectamente.

"En el detalle más pequeño se las ingeniaron para sugerir la realidad del universo espiritual del que ese detalle formaba parte y a través del cual hablaba la energía del universo. Usa tus talentos, que son considerables, para este fin. No puedes hacer menos. . .

"Ahora bien, los aceites sugieren la tierra. Deja que ese medio represente la apariencia física de la permanencia del objeto, la continuidad física de cualquier forma humana dada en una pintura. Deja que los colores del aceite transparente representen la constante renovación de energía que siempre escapa a la forma.

"Uno de los atractivos del retrato que hiciste de mí, es que automáticamente sugiere una audiencia invisible a quien parece que estoy hablando. No un auditorio formal, sino escuchas invisibles que representan a la humanidad en general. Lo invisible está allí. La figura se las arregla para sugerir el universo de hombres y el mundo que los contiene, no obstante en ninguna parte aparecen éstos.

"Ahora bien, esta información es la de un artista que siempre usaba el color siena para los tonos iniciales de carne, con un toque, sumamente leve, de violeta. Ambos eran después muy ingeniosamente resaltados con un ocre transparente que él tenía y un verde en particular, velado. El tono principal se apoya levemente sobre éstos, como si un viento fuerte pudiera llevárselo."

Después de la sesión, Rob me dijo que estaba completamente seguro que, conscientemente, yo no poseía tal conocimiento y que mi mente "no funcionaba de ese modo". Rob nunca había intentado este método particular de preparar tonos de color en el trabajo de retratos y es esta técnica la que usó en la idea de pintar la que "le llegó a él" varios días después de esta sesión. Más tarde Seth agregó algo a esta información. Todavía estamos acumulando material sobre arte, filosofía del arte y técnicas de pintura.

Seth ha dejado caer algunas insinuaciones respecto a la identidad del artista que está transmitiendo estos datos. De acuerdo con lo que ha dicho hasta ahora, el artista fue un danés o noruego del siglo XIV y que fue reconocido por sus escenas domésticas y naturalezas muertas. Se nos ha dicho que su nombre nos llegará en futuras sesiones, junto con más información sobre arte.

Sin embargo, Seth dijo que el cuadro de Rob utilizando la técnica de preparación de color, es un retrato del artista en cuestión. (Véase sección ilustrada.) También dijo que Rob haría otras pinturas, tanto del artista como de su ambiente, incluyendo posiblemente el estudio de aquel pintor.

En el pasado, los retratos de Rob eran representaciones de personalidades involucradas con nosotros personalmente, a través de la asociación o relaciones de una vida pasada, hasta donde sabemos. Algunas de ellas todavía tienen que ser identificadas. Sin embargo, posteriormente la gama de retratos se ha extendido. Por ejemplo, Rob hizo recientemente uno de un hombre joven (véase sección ilustrada). No tenía idea de quién fuera. Más tarde uno de mis estudiantes, George, recogió la pintura y manifestó que era retrato de una personalidad llamada Bega, que suele comunicarse con él mediante escritura automática. Seth corroboró esto y dijo que Bega es una de sus estudiantes en otro nivel de realidad.

Aún cuando las sesiones continuaron como de costumbre, nos encontramos entonces teniendo otras experiencias, como visiones de Rob, que también nacieron del Material de Seth, de una u otra manera. Como para reforzar nuestro sentido de libertad e incrementar mi confianza y adiestramiento, Seth iba a enviarme a California durante una sesión, mientras él y Rob conversaban en la sala de nuestro departamento en Elmira, Nueva York. De este modo habría más diversión que tratar de adivinar el contenido de los sobres sellados. Esta vez se vieron involucradas personas por completo extrañas en una experiencia que realmente satisfaría mi aparentemente interminable búsqueda de prueba tras prueba.

CAPÍTULO NUEVE:

Un psicólogo y Seth conversan sobre la existencia. Otro episodio fuera del cuerpo

Cierto día, mientras todavía nos encontrábamos metidos hasta el cuello en las pruebas, vi un artículo de la Prensa Asociada, que realmente me sorprendió. El Dr. Eugene Barnard, por aquel entonces un psicólogo de la Universidad Estatal de Carolina del Norte, presentó públicamente una declaración que se mostraba en favor de la proyección astral y decía que él había proyectado su conciencia fuera del cuerpo y que ninguna alucinación estaba involucrada. El artículo también proporcionaba detalles concernientes a su investigación académica en el campo de la parapsicología.

Realmente me sentí excitada al pensar que un psicólogo llevara a cabo sus propios experimentos con la proyección y, en tal virtud, le escribí. Me envió cartas durante algún tiempo y luego, en noviembre de 1966, Gene y su esposa nos visitaron. Nos llevamos espléndidamente. Él nunca me hacía sentir que yo tuviera que probar nada, lo que en realidad era un truco por su parte, puesto que quería satisfacerse a sí mismo respecto a la autenticidad de las sesiones con Seth.

Cierta noche celebramos una sesión fascinante que duró varias horas. No fue sino hasta que ésta terminó, que comprendí lo que él buscaba: ahora bien ¡ese es un buen psicólogo! Gene había interrogado a Seth, en lo que yo creo que se podría denominar "jerga filosófica profesional", haciendo frecuentes referencias a teorías esotéricas orientales, con las que yo de ninguna manera estaba familiarizada. Gene posee su título de Doctor en Filosofía de la Universidad de Leeds, Inglaterra, en psicología experimental y daba clases en Cambridge. Asimismo, poseía un excelente conocimiento de la filosofía y religión oriental. No obstante, Seth no sólo lo aceptó, sino que en alguna forma que todavía no entiendo, usó la propia terminología y jerga de Gene para batirlo en su mismo juego. . . con humor y gracia.

Esta sesión abarcó catorce páginas escritas a máquina y es, por tanto, una pieza de la que resulta difícil dar extractos, sin incluir un buen trozo de información de fondo. A continuación se presentan porciones de la última mitad de la sesión. Con anterioridad, Seth y Gene habían estado discutiendo la realidad y Gene había comentado que la existencia era "una especie de broma encantadoramente colosal". Seth contestó que "no es broma, sino un medio para que el todo se conociera a sí mismo".

Ahora Seth dijo: "La 'broma' es sumamente importante. Si tú comprendieras perfectamente que tu cuerpo físico es una ilusión, no estarías experimentando datos sensoriales."

—¿No puedo experimentar una ilusión que he creado para mí mismo?

"Puedes experimentar la ilusión; pero cuando experimentas la ilusión como ilusión, ya no la *estás experimentando*. Estás corriendo adelante de ti mismo."

—Pero no hay ningún lugar adonde ir —dijo Gene.

"No tienes que *saberlo*. Lo piensas. No estarás donde estás."

—¿Hay alguna otra parte dónde estar?

"No y sí" —contestó Seth.

—¿Hay algún otro lugar dónde estar que no sea una ilusión?

"Te digo esto: sí."

—¿Cómo conoceré la diferencia? ¿Existe alguna manera de distinguir entre la realidad y la ilusión, aparte de una creación de mi propia mente?

"Tú no lo sabes ahora. Cuando se llega a ese punto, estarás en posibilidad, si lo prefieres, de experimentar 'cualquier realidad. . . ilusión' a voluntad; pero el yo que experimenta estas 'realidades. . . ilusiones', se conocerá a sí mismo como realidad. No hay lugar para él adonde ir, porque él es la única realidad y creará su propio ambiente."

—Pero esa es una discusión del mí aquí y ahora.

"Según tus términos" —dijo Seth.

—También los tuyos.

—Según tus términos —repitió Seth.

—En los tuyos también.

"Examina la última declaración, entonces, cuidadosamente."

—Hemos llegado a un círculo completo. Yo soy uno con la realidad que creo. No hay lugar adónde ir —afirmó Gene.

"Todavía debes ser capaz de experimentar cualquiera de estas ilusiones, sabiendo que son ilusorias, con pleno conocimiento de su naturaleza y aún así saber que la realidad básica eres tú mismo. No hay lugar adónde ir, porque tú eres el lugar. . . y todos los lugares. . . en esos términos. Pero la 'broma' es pertinente. Debes estar lo bastante libre para explorar la naturaleza y experimentar cada cosa viviente dentro de tu propio sistema, sabiendo que eres tú mismo, y luego abandonar tu sistema. Éstas deben ser experiencias directas."

—Pero yo no puedo abandonar el sistema, porque estoy en todos los sistemas simultáneamente.

"Estoy hablando en tus términos físicos. . . pero incluso en esos términos, todavía estás tratando con otros sistemas."

—No tengo elección.

"Estoy usando términos de continuidad ahora, simplemente a modo de explicación. Primero debe haber un periodo y luego éste ha pasado, cuando estás completamente inmerso en determinado sistema, como si no existiera otro; valoras el logro como una regla que se está alcanzando de esta manera. Esto no significa que no estés habitando en otros sistemas simultáneamente. La ilusión debe sondearse en toda su profundidad."

—De la cual carece —apuntó Gene.

"Tú creas la profundidad."

—Correcto y, al hacerlo, se ha hecho el sondeo. Nada hay que sondear.

"El sondeo es necesario. Algunos juegos son necesarios y siempre pertinentes."

—¿No es el objetivo jugar el juego. . . en vez de crearlo o sondearlo?

"Tú mismo eres el juego, en esos términos."

—En todos los demás términos, también.

"Tú estás creando tus propias limitaciones" —dijo Seth.

—¿Realmente existe más de un punto de vista?

"Sí. Tú no estás aceptando la diversidad que existe."

—Yo estaría dispuesto a conceder una multiplicidad de formas ilusorias de la misma cosa. . . es decir, tú y yo. Todo uno. . .

"No puede haber autotraición" —afirmó Seth.

—Correcto, ni ninguna traición de otros.

"Pero la idea de autotraicionarse puede conducir a distorsiones."

—Mas estas distorsiones son parte del juego que Shiva juega.

"Preferiría llamarlo un esfuerzo amoroso."

—Por supuesto —aceptó Gene—. Piensa en la estatua clásica de Shiva que se encuentra sobre el bebé despedazado: —una amorosa participación de la ilusión de tragedia—. Hasta en la ilusión de la autodesilusión.

"Estás tratando de recortar muchos pasos para ti mismo."

—Pero no hay ningún paso ¿o los hay?

"Para ti, ahora, hay pasos."

—¿No son ilusorios?

"Ciertamente lo son" —dijo Seth.

—Si son barreras artificiales que yo creo en mi propia senda, seguramente que puedo quitarlas.

"Teóricamente así es, ciertamente. En la práctica hace que te corresponda cuidar tus pasos."

—Sí. Ése fue el comentario de Siddhartha.

"Hay niños tiernos que dejamos reposar. Debemos llorar por ellos, aunque sean (fragmento perdido). . . Debemos sentir por ellos, aun cuando sean de nuestra propia hechura" —replicó Seth.

—Debemos amarlos, puesto que ellos son nosotros mismos.

"No puedes hacer menos —dijo Seth—. Difícilmente puedes hacer más."

—Hacer eso es abrir un ojo y ver que no hay sino un corto paso que dar.

"Tú estás jugando un juego" —advirtió Seth.

—Por supuesto; y también tú. Decimos que Shiva está jugando un juego y ¿quién es Shiva, además de ti mismo?

"Ciertamente estás jugando un juego contigo mismo; pero eso no importa y puede ser improcedente. Sin embargo es mejor que lo juegues reverentemente."

—¿Con reverencia a quién?

"Con reverencia hacia el yo."

—Está bien. No estamos hablando de propósitos contrarios.

"Existe una irreverencia santa y una irreverencia fugaz. Estás jugando un juego. Ambos son uno. Pero es mejor que te asegures que sabes esto perfectamente."

El Dr. Barnard fue lo bastante bondadoso para escribir una carta a los editores del presente libro, dando sus opiniones y mencionando esa sesión (la número 303). (Más que esto, me permitió usar su nombre verdadero, en lugar de ocultarse tras un seudónimo.) En esta carta decía: "En esa sesión yo escogí los temas de conversación, que eran claramente de interés tolerable para Seth y de considerable interés para mí y que, por esa época, yo tenía toda clase de razones para creer que eran en gran medida un territorio extraño para Jane. Asimismo. . . prefería proseguir con estos temas a un nivel de sofisticación que pensé, por lo menos, hacían totalmente improbable que Jane pudiera engañarme; substituyendo su propio conocimiento y marco mental por los de Seth, incluso en el caso de que yo lo estuviera haciendo inconscientemente. . .

"La mejor descripción en síntesis que puedo dar de esa noche, es que fue para mí una deliciosa conversación con una personalidad o inteligencia o lo que sea, cuya sapiencia, intelecto y acervo de conocimiento, excedía en mucho el mío propio. . . En cualquier sentido en que un psicólogo de la tradición científica occidental entendería la frase. No creo que Jane Roberts y Seth sean la misma persona o la misma personalidad o facetas diferentes de la misma personalidad. . ."

Además de la sesión, Rob, los Barnard y yo disfrutamos de un gran momento, discutiendo experiencias fuera del cuerpo.

Poco tiempo después de su visita, apareció finalmente en las librerías mi libro *How to Develop Your ESP Power* (Cómo desarrollar tu poder de PES). Empecé a recibir algo de correspondencia, aun cuando difícilmente puedo decir que estaba inundada. Una de estas primeras misivas fue la responsable de mi siguiente viaje fuera del cuerpo durante una sesión de Seth.

El 3 de mayo de 1967, Peg y Bill Gallagher llegaron de repente a nuestra sesión regular de lunes por la noche y, mientras nos hallábamos sentados charlando, les informé sobre una carta que acababa de recibir y que me había resultado divertida y un poco molesta al mismo tiempo.

—Venía certificada y tuve que firmar por ella —les dije—. ¿Qué les parece? Proviene de dos hermanos que se encuentran en algún lugar de California y que quieren saber qué puede decirles Seth respecto a ellos mismos.

—¿Vas a contestarles? —preguntó Peg.

—Les enviaré una breve nota, dándoles las gracias por su interés o algo así. Seth puede hacer lo que quiera. Dudo que desee hacer algo.

Pero, como a menudo ocurre cuando trato de adivinar sobre Seth, estaba totalmente equivocada. Nuestra sesión, la 339, comenzó poco después y casi de inmediato abandoné mi cuerpo, aun cuando tuve sólo una pequeña sensación de hacerlo. De pronto me encontré revoloteando en el aire, viendo hacia abajo sobre un vecindario determinado, que obviamente era algún lugar en el sur de California. De regreso en la sala, Seth se puso a describir lo que yo veía; pero me daba cuenta de su voz sólo de una manera distante. Para mí sonaba mucho más distante que una muy mala comunicación telefónica de larga distancia.

No tenía idea de cómo decir a Rob que me encontraba fuera del cuerpo, puesto que Seth se estaba encargando de todo en la forma usual. Yo sabía que mi cuerpo se vería animado mientras Seth hablaba. Una vez me reí de mí misma y pensé: "Tengo que enviarle un telegrama". Mientras tanto, yo flotaba en el aire, muy alto, mirando hacia abajo en el lugar que Seth estaba describiendo. Era capaz de moverme, de cambiar mi posición para tener una mejor vista; pero no tenía conexión en lo absoluto con el cuerpo que se hallaba sentado en la sala. Seth estaba diciendo:

"Ahora bien, hay una pequeña huerta con limones para los hermanos; una casa de estuco rosa, dos habitaciones en la parte de atrás; no es una casa nueva. Ellos solían usar la tabla ouija en la cocina. Están cerca de la esquina derecha de la manzana, mas no precisamente en la esquina. No están lejos del agua. Hay un pasto muy alto por un trecho y algunos postes de madera y alambrado."

Aquí, debido a lo específico del material, Rob empezó a preguntar si la proyección estaba involucrada.

—¿Te encuentras en el lugar ahora? —inquirió.

—Hasta cierto punto. Existen dunas de arena de alguna especie. Allí, he cambiado de posición. Ahora estoy frente a la casa. Las direcciones han variado un poco, debido a mi posición. Una estructura, que parece un garage a mi derecha y, detrás, otras estructuras que conducen al agua. Más allá, un área de dunas y una playa. Ha entrado la marea.

Ahora aquí, yo estaba cambiando mi posición en el aire. Hasta donde puedo discernir, yo era la que se hallaba en el lugar, no Seth.

—¿Qué hora del día es? —preguntó Rob. (Eran más de las 9 p.m. en Elmira.)

—Temprano en la noche. Se ven dos postes de madera bastante delgados, no redondos, rectangulares en la parte superior, verás, quizás al nivel de la cadera—. Seth hizo un gesto a Rob para mostrar la foma y tamaño de los postes. Al mismo tiempo, yo flotaba sobre ellos, intrigada porque no podía ver para qué se estaban usando; asimismo, me intrigaban los topes rectangulares.

"Enseguida, a la izquierda, la forma de una bahía. La tierra es como esto, ¿ves? Aquí Seth hizo otro gesto amplio para indicar la configuración de la costa. También dijo que la familia tenía una fuerte relación extranjera, aun cuando el nombre no era particularmente extranjero e hizo otras observaciones respecto a la historia y miembros de la familia."

Rob envió una copia de la sesión a los dos hermanos. Ellos remitieron de regreso una cinta en la que evaluaban la información. Posteriormente firmaron una declaración que se encuentra en nuestros archivos. La información de Seth respecto a su casa estaba correcta en cada uno de sus aspectos, incluyendo los datos sobre el área y la configuración de la costa allí.

Los hermanos vivían en Chula Vista, lugar que yo nunca he visitado. Habitaban una casa de estuco rosa, con dos habitaciones en la parte de atrás. La esquina estaba a dos casas de distancia, a la derecha. La casa misma se hallaba a una milla de la bahía de San Diego. Numerosas dunas de arena estaban cerca y los postes de madera, exactamente como fueron descritos, se hallaban esparcidos en las dunas.

La familia había venido de Australia, adonde esperaban regresar algún día. Varias otras impresiones, que no se mencionan aquí, estuvieron correctas, otras equivocadas. Por ejemplo, Seth dijo que la madre estaba muerta, aunque en realidad estaba muy viva, si bien la familia la había cortado emocionalmente y no siempre vivía en casa.

Nuevamente, esta experiencia sugería todo tipo de preguntas concernientes a la relación de Seth y la mía en un episodio fuera del cuerpo. Presumiblemente él se queda en mi cuerpo, mientras yo salgo de él; pero ésta es una simplificación, estoy segura. Todavía estamos acumulando información sobre tales preguntas, tanto mediante sesiones como a través de nuestro propio trabajo.

Como siempre, cuando cosas como ésta encajan en la realidad, yo sonrío ampliamente. Nunca he sido una persona que acepte la palabra de otra respecto a la índole de las cosas, aún cuando en ocasiones he aceptado más de lo que debería hacer. Siempre he querido descubrirlo por mí misma. Nadie podría haberse mostrado más crítica respecto a sus propias experiencias, de lo que yo he sido, mientras que todavía mantengo suficiente libertad para experimentar. Así pues, después de este episodio yo empecé a relajarme. Había estado fuera de mi cuerpo otra vez y de nuevo las cosas se habían comprobado. ¿En qué forma me ayudaba Seth a hacer esto? ¿Cómo podía él registrar mis percepciones cuando mi conciencia estaba al otro lado del continente? Yo estaba más intrigada intelectualmente de lo que puedo decir. Una cosa sabía: él era muy tramposo al enviarme "fuera" sin mi conocimiento consciente previo de lo que estaba planeando. Lo hago mucho mejor de esa manera, porque no siento que se me esté ensayando y no tengo tiempo para preocuparme por los resultados. (¡*Él también es* un buen psicólogo!)

Esta experiencia y mi robustecida confianza obviamente hicieron posibles otros sucesos. Otros extraños escribieron, algunos de ellos expresando con urgencia su deseo de ayudar de una manera u otra. Mientras Seth insiste que la ayuda viene del interior. Ofreció excelentes consejos a algunos de ellos, junto con impresiones de clarividencia correctas respecto a su medio ambiente, —probablemente para hacerme saber que teníamos a la persona adecuada, más que nada.

Nuestras sesiones de lunes y miércoles, donde Seth presenta material teórico, son todavía privadas, aún cuando ocasionalmente se deja caer algún invitado. A veces Seth celebra una sesión para mis estudiantes de PES en noches de clases y durante la clase alude a la aplicación práctica del material.

En realidad, la única persona que ha asistido a nuestras sesiones privadas con cierta regularidad, es Phillip. Seth le ha dado información concerniente a sus transacciones comerciales, prediciendo correctamente la situación de ciertos valores, entre otras cosas; y Phil está llevando registros del porcentaje de "aciertos" de Seth. El tiempo se extiende, para algunas de las predicciones, hasta varios años; pero Seth ha estado correcto respecto a un gran número de cosas que Phil ha estado en aptitud de verificar. No obstante, Seth no tiene el hábito de dar consejos durante las sesiones: insiste en que la gente tome sus propias decisiones.

Realmente nunca sabemos qué va a ocurrir en una sesión y una noche Seth verdaderamente nos sorprendió. Esa noche Phil se presentó sin anunciarse, como siempre. Nos informó que acababa de recibir un aumento de sueldo. Con un cómico encogimiento de hombros, dejó en el aire el monto. Cuando la sesión comenzó, Seth con rapidez mencionó la cantidad en dólares, mientras sonreía ampliamente. Luego Phil preguntó a Seth si sabía algo respecto a una voz que había escuchado en un bar local.

—La voz era masculina, ¿no es así? —preguntó Seth.

—Sí —repuso Phil.

—¿Y tú no la reconociste? Entonces no te lo diré. Ciertamente no lo haré.

—¿Era tu voz? Ocurrió todo tan rápidamente, que no tuve tiempo para pensar —dijo Phil con una mueca, mientras Seth y yo afirmábamos con buen humor.

Durante nuestro primer descanso, Phil nos explicó: un mes antes él había estado hablando con una mujer joven en un bar local, cuando escuchó una voz masculina, clara y fuerte, que decía: "No, no", de modo muy enfático. Parecía provenir del interior de la cabeza de Phil. Nada como esto le había llegado a ocurrir a él antes y se sintió tan asombrado, que musitó una rápida excusa a la dama y se salió del bar.

Seth admitió haber sido él quien habló a Phil. Después de nuestro descanso, dijo:

"La mujer se aferra en una forma que resulta desastrosa para aquellos con quienes llega a tener contacto —y agregó que la mujer— te habría tomado como amortiguador entre sí misma y otro hombre y como un pretexto de regateo, exagerando tu ligero interés. De eso hubiera resultado una situación muy desagradable. Debido a que me escuchaste, cambió todo el probable futuro."

Luego, proporcionó considerable información de fondo, diciendo que la mujer tenía un niño y sostenía relaciones con otro hombre.

—El hombre involucrado con ella tenía algo que ver con la mecánica. Asimismo dijo que la señora era católica y que el problema estaba relacionado con un documento legal.

Después de esto, Seth procedió a decir a Phil dónde vivía ella, aunque no dio una dirección exacta específica.

"Vive en. . . la tercera o cuarta casa, a la mitad de un callejón sin salida, en el sector norte de la ciudad pero al poniente de donde tú la encontraste. . ."

Todo esto resultó sumamente interesante para Phil, que no tenía idea alguna de dónde vivía la mujer y nada sabía respecto a ella. . . excepto su nombre y probable edad. Él fue a la ciudad al día siguiente, se dirigió de nuevo al bar y comenzó a hacer preguntas. Descubrió la dirección de la señora por el cantinero y se dirigió a la calle para descubrir que Seth sabía bien de lo que hablaba. Vivía en la tercera casa antes del final del callejón. Era católica y tenía un niño y un amigo que era vendedor de automóviles, en lugar de mecánico.

Phil no ha regresado al bar desde entonces.

Rob y yo no sabíamos qué hacer sobre este asunto. Ciertamente parecía darnos alguna especie de evidencia para la naturaleza independiente de Seth, a menos que Phil hubiera tenido una alucinación de la voz de Seth y hubiera sacado ventaja del hecho reclamando que era la suya propia (y yo lo dudo); luego, Seth ciertamente poseía información respecto a la mujer y el asunto, que Phil no tenía.

Obviamente, de acuerdo con Seth, podemos cambiar el futuro. Como dijo a Phil:

"En ningún momento los sucesos son predestinados. A cada momento tú cambias y toda acción cambia toda otra acción. Yo estoy en aptitud de ver desde una perspectiva diferente, pero a pesar de ello, veo únicamente probabilidades. Respecto a esa noche en particular, probablemente vi una probabilidad que no era atractiva. Tú y yo la cambiamos."

En otro episodio, un amigo aseguró haber visto a Seth en circunstancias muy peculiares. Cierta noche, mientras me hallaba en cama, tuve una experiencia espontánea fuera del cuerpo, en la que me encontré en un salón atestado, hablándole con urgencia a Bill Macdonnel (nuestro amigo artista). Le sacudí el hombro con no mucha suavidad e instantáneamente regresé a mi cuerpo. No había permanecido en la cama ni diez minutos, cuando me puse de pie de inmediato y anoté lo que había ocurrido, mientras se lo decía a Rob.

Exactamente una semana después, nos llamó Bill y parecía estar muy nervioso. Me dijo que le había ocurrido algo sumamente extraño y, en virtud de que todavía estaba muy inquieto por ello, pensó que debería discutirlo conmigo. Instantáneamente recordé mi propia experiencia y dije a Bill que aguardara mientras Rob recogía mis notas, con objeto de que pudiera comprobarlas mientras Bill hablaba. Bill me dijo que exactamente una semana antes había despertado de súbito. Seth se hallaba de pie junto a su cama, totalmente tridimensional, viéndose como aparecía en el cuadro que Rob había hecho de él. Sacudió el hombro de Bill y desapareció. Bill contó esto a su madre durante el desayuno el día siguiente y escribió un reporte para nosotros.

El incidente inquietó a su madre, quien hizo algún comentario en broma respecto a que deseaba que Seth y yo permaneciéramos en casa. Sólo que yo no creo que estuviera bromeando. Fue la intranquilidad de Bill la que le impidió llamarme antes y yo no quise llamarlo y apresurarlo.

Antes que nada, pensé que había estado en un salón atestado de gente en mi experiencia fuera del cuerpo; pero Bill obviamente se encontraba en su habitación, solo. Otra cosa, vio a Seth fumando un cigarrillo; yo fumo. ¿Tuvo Bill una alucinación sobre la imagen tridimensional de Seth? De ser así, lo hizo al mismo tiempo que yo sentía que estaba con él; y sintió a Seth sacudir su hombro mientras que, en mi experiencia, yo se lo sacudía.

Varias personas me han dicho que Seth se comunicó con ellas a través de la escritura automática; pero Seth niega haber tenido tales contactos, aduciendo que estas comunicaciones se limitarán a su trabajo conmigo, con el fin de que se preserve la integridad del Material de Seth. Sin embargo, de acuerdo con sus aseveraciones, ocasionalmente ha estado "en busca" de amigos.

Cierto día me encontré con la señora Brian, una antigua estudiante mía que, debido a enfermedad, abandonó las clases y quien me dijo que había leído un artículo de periódico respecto a este libro, que apareció en un periódico local. Contenía algunos extractos del Material de Seth y una reproducción del retrato de Seth que Rob pintara. La señora Brian sufría un terrible dolor de cabeza mientras leía el artículo y, de pronto, pensó que sentía la presencia de Seth. Una voz interna, presumiblemente de Seth, le dijo que ella había venido sintiendo lástima de sí misma y que debería dejar de afligirse por su salud de inmediato, ponerse de pie y salir a dar un paseo. De este modo, mejoraría rápidamente.

Sumamente asombrada, hizo lo que se le había indicado y en ese instante, desapareció la jaqueca. Ya al día siguiente se sentía mejor de lo que había estado en los últimos seis meses. Empezó a dar paseos de nuevo y se sintió rejuvenecida. Cuando me hizo el relato, yo simplemente asentí y sonreí. Con toda franqueza, no supe qué otra cosa hacer. Interrogué a Seth respecto al incidente. En este caso, me dijo, la señora Brian lo había usado como símbolo de su yo interno o supraconciencia, para dar ayuda o influencias curativas, así como consejo. La experiencia ayudó a la señora a usar sus propias facultades y la idea de Seth le permitió activar sus propias fuerzas curativas. Seth me dijo que no me preocupara por eso. Aparentemente está encantado por inspirar a otros de esta manera y servir como punto focal para sus propias energías creativas.

Se rehusa absolutamente a permitir que la gente lo utilice como muleta y esto va para mí también; y sostiene que el Material de Seth por sí mismo ofrece los medios por los cuales la gente pueda entenderse mejor, revalorizar su realidad y modificarla. A pesar de las sesiones celebradas de vez en cuando para ayudar a determinada persona y a pesar de sus incidentes de percepción extrasensorial, las sesiones continúan enfocadas primordialmente en el material. Es aquí donde pensamos que descansa el significado real de las sesiones.

Estamos mucho más interesados en el Material de Seth que en demostraciones de PES y siempre lo estuvimos. Creemos que ofrece excelentes explicaciones respecto a cómo funciona la PES o cualquier tipo de percepción y, para nosotros, esto es mucho más importante. Asimismo, aceptamos las declaraciones de Seth como explicaciones con sentido y muy significativas respecto a la naturaleza de la realidad y la posición de la humanidad dentro de ella. Sus teorías respecto a la personalidad multidimensional, no son intelectualmente provocativas, sino emocionalmente desafiantes. Ofrecen a cada individuo la oportunidad de incrementar su propio sentido de identidad y propósito en la vida.

Las demostraciones de PES en las sesiones, siempre han tenido un propósito: tanto ayudar a aumentar mi confianza como adiestrar mis aptitudes e ilustrar un punto presentado en el material u ofrecer información para alguien que la necesite. Resulta fácil para mí olvidar que yo también insistí en mis "maravillas" y, en varias ocasiones, incluso negué la evidencia de mis propios sentidos, debido a la creencia equivocada de que de ese modo estaba siendo más científica al proceder así. Diré que siempre sentí un gran respeto por el Material de Seth y reconocí el alcance y lo novedoso de algunos de los conceptos que contiene.

Puesto que habíamos leído poca literatura psíquica cuando las sesiones empezaron, todo resultaba nuevo para nosotros. No fue sino hasta mucho tiempo después, que descubrimos que algunos de los conceptos de Seth habían aparecido en manuscritos esotéricos que se remontaban a miles de años. Sin embargo, cuando aumentó nuestro conocimiento, descubrimos que en ciertas áreas críticas, las ideas de Seth se desviaban de las generalmente aceptadas en gran parte de la literatura espiritualista y metafísica.

Por una cosa: Seth no está, por ejemplo, de acuerdo con la existencia de un Cristo histórico, aunque concede la legitimidad del espíritu de Cristo, como el lector podrá ver más adelante en esta obra. Si bien ve la reencarnación como un hecho, la coloca en un contexto de tiempo enteramente diferente y reconcilia la teoría con la idea de tiempo "simultáneo". Quizá lo más importante, describe la reencarnación como sólo una pequeña parte de nuestro desarrollo total. Otras existencias igualmente importantes tienen lugar en otras dimensiones no físicas.

Todo esto se halla entretejido con la idea de que la personalidad se compone esencialmente de acción. La descripción que Seth hace de los tres dilemas creativos sobre los cuales descansa la identidad, nos mueve a la reflexión y es original. Sus ideas sobre Dios son una extensión natural y fascinante de estas teorías.

Por lo menos para nuestro conocimiento, la teoría de tiempo invertido y el sistema de probabilidades, son enteramente originales en el Material de Seth. La idea de éste sobre la naturaleza del dolor, también se halla divorciada, según creo, del pensamiento metafísico corriente. Él ve el sufrimiento simplemente como un atributo de la conciencia y una indicación de vitalidad, considerado alarmante únicamente por aquellas áreas de identidad que todavía temen la muerte como un fin.

Pero de ahora en adelante, dejaré que Seth hable por sí mismo. He escogido extractos que tienen que ver con los tópicos a mano. En algunos casos, Seth proporcionó demostraciones para afirmar su argumento. En el capítulo sobre la salud, por ejemplo, he incluido extractos de algunas lecturas específicas y he seguido el mismo procedimiento con los datos referentes a la reencarnación. Para explicar sus teorías sobre la naturaleza de la realidad física, estoy usando extractos de una sesión en la que él realmente demostró que sabía de lo que estaba hablando —si una aparición en la sala puede pasar como aproximación legítima.

Me gustaría cerrar este capítulo con extractos de la sesión 329, registrada en marzo de 1967, celebrada para un grupo de secundaria de un maestro amigo nuestro. Aun cuando Seth está hablando a adolescentes aquí, el mensaje tiene mucho significado para cada uno de nosotros.

"Tú creas tu realidad, de conformidad con tus creencias y expectativas; por lo tanto, es tu responsabilidad examinarla con todo cuidado. Si no te agrada tu mundo, entonces examina tus propias expectativas. Todo pensamiento, de una u otra manera, es construido por ti en términos físicos.

"Tu mundo está formado como una réplica fiel de tus propios pensamientos. . . Existen ciertas condiciones telepáticas que llamamos suposiciones de raíz, de las cuales cada individuo se percata subconscientemente. Usando éstas, tú formas un ambiente físico lo bastante coherente, a fin de que se halle en concordancia general, en cuanto a los objetos y su colocación y dimensión. Todo es alucinante en cierto modo y, no obstante, es tu realidad y tú debes moverte dentro de ella. El mundo en el que viven tus padres, existió primero en el pensamiento. Existió una vez en la composición de sus sueños y éstos hicieron brotar su universo de ellos y así hicieron su mundo.

"Si no se valoran ustedes mismos, dirán: 'Soy un organismo físico y vivo dentro de los límites marcados para mí por el espacio y el tiempo. Estoy a merced de mi ambiente.' Si se valoran, dirán: 'Soy un individuo. Formo mi ambiente físico. Modifico y creo a mi mundo. Soy libre del espacio y el tiempo. Soy parte de todo lo que es. *No hay lugar dentro de mí donde la creatividad no exista*".

CAPÍTULO
DIEZ:

Naturaleza de la realidad física

¿Qué crees que es este universo físico? Tal vez no hayas pensado sobre esta cuestión conscientemente; pero cada uno de nosotros tiene una opinión y guiamos nuestras acciones cotidianas por ella, tanto si nos damos cuenta como si no. Por universo físico quiero decir todo aquello con lo que estamos en contacto en cualquier forma que sea: estrellas, sillas, sucesos, rocas, flores... nuestra experiencia física toda. Lo que realmente crees respecto a estas cosas, es la causa de gran parte de tu conducta. Te sentirás seguro o embargado por el pánico, feliz o lleno de penas, seguro o inseguro, de acuerdo con tu punto de vista privado de la realidad.

Algunas personas piensan que estamos pegados a la realidad como moscas en el papel matamoscas o que somos víctimas de arenas movedizas, por lo que cada movimiento que hacemos únicamente empeora nuestro problema y acelera nuesta extinción. Otras perciben el universo como una especie de teatro, al que somos empujados en el nacimiento y del cual partimos para siempre con la muerte. En la parte más interna de sus mentes la gente con cualquiera de estas actitudes verá una amenaza incorporada en cada nuevo día; y hasta el gozo les parecerá sospechoso, debido a que también éste debe tener fin con la muerte eventual del cuerpo.

Yo solía sentir de este modo. Cuando me enamoré de Rob, mi gozo sirvió para duplicar el sentimiento oculto de tragedia que me embargaba, como si la muerte se mofara de mí mucho más, al hacer la vida doblemente preciosa. Veía que cada día me acercaba un poco más a una extinción total que yo difícilmente podía imaginar, pero que resentía con creciente vehemencia.

Por supuesto, muchas personas opinan que la muerte es un nuevo principio; pero la mayoría de nosotros pensamos que estamos formados y limitados por nuestro cuerpo físico y el ambiente. Muchos de los que creen en una vida posterior, piensan que los sucesos cotidianos les son impuestos indiscriminadamente. Otros más creen que los acontecimientos, buenos o malos, les son enviados como recompensas o castigos; pero la mayoría de la gente da por supuesto que nos encontramos bastante a merced de cosas sobre las que tenemos poco control. Estoy tratando este tema, la naturaleza de la materia física, primero porque es básico para mi comprensión de las teorías de Seth. Seth dice que nosotros formamos el universo físico de una manera tan inconsciente como respiramos. No debemos pensar en él como una prisión de la que algún día escaparemos o como una cámara de ejecución de la que todo escape es imposible. En vez de ello, debemos comprender que *nosotros formamos a la materia* con objeto de funcionar en una realidad tridimensional, desarrollar nuestras facultades y ayudar a otros. La materia física es como algo plástico que usamos y moldeamos según nuestro propio deseo, no como concreto macizo en el que se ha vaciado nuestra conciencia. Sin darnos cuenta de ello, proyectamos nuestras ideas hacia fuera, para dar forma a la realidad física. Nuestros cuerpos son la materialización de lo que pensamos que somos. Somos toda creación, pues, y este mundo es nuestra creación conjunta.

Estas son ideas de Seth expuestas con tanta simplicidad como yo puedo expresarlas. No estamos a merced de los acontecimientos. Nosotros formamos los sucesos a los que luego reaccionamos. Veámoslo personalmente: tú no estás a merced de tu ambiente infantil o tus antecedentes, a menos que creas estarlo. Meramente cooperaste con tus padres para formarlo.

Esta sencilla declaración por sí sola nos liberó a Rob y a mí de todo tipo de ideas preconcebidas que antes habían inhibido nuestras vidas cotidianas.

Seth dice que no sólo nosotros formamos nuestra propia realidad ahora, sino que continuaremos haciéndolo después de nuestra muerte física, por lo que es de máxima importancia que entendamos la conexión que existe entre pensamiento y realidad. Seth explica exactamente cómo traducimos los pensamientos en realidad física. Hasta donde sabemos esta explicación se presenta por primera vez con el Material de Seth. Para resumir, la suposición de que en realidad creamos la materia, da lugar a toda clase de preguntas y Rob y yo hemos considerado muchas de ellas en un momento u otro. ¿Estaba diciendo Seth que nosotros creamos mesas y sillas, así como sucesos? Y cuando estuvimos enfermos, ¿estábamos creando nuestra propia enfermedad? ¿Si, para empezar, creamos realidad, podemos cambiarla por algo mejor?

Seth contesta estas interrogantes y muchas que ni siquiera he formulado. Yo pensé que toda la cuestión era fascinante cuando comenzamos, pero no esperaba recibir una demostración enmedio de nuestra sala de estar, que es exactamente lo que ocurrió en la 68° sesión (el 6 de julio de 1964). Cuando tuvo lugar el incidente, Seth estaba describiendo la íntima conexión entre la expectación y la percepción —lo que podemos ver y observar— a Bill Macdonnel. Fue una sesión que ninguno de nosotros olvidaría nunca. Antes de conocer las cosas resaltantes de ese episodio, sin embargo, aquí tenemos algunos extractos del material inmediatamente anterior:

"Porque digo que ustedes crean materia física mediante el uso de la vitalidad interna del universo, de la misma manera como se forma un patrón al exhalar el aliento en una lámina de vidrio, no quiero decir que ustedes sean los creadores del universo. Digo que ustedes son los creadores del mundo físico como lo conocen.

"Las sustancias químicas mismas no harán surgir la conciencia o la vida. Sus científicos tendrán que encarar el hecho que la conciencia viene primero y desarrolla su propia forma. . . Todas las células en el cuerpo tienen una conciencia separada. Existe una cooperación consciente entre las células en todos los órganos y entre los órganos mismos. . .

"Las moléculas y átomos y hasta partículas más pequeñas, poseen una conciencia condensada. Forman células y constituyen una conciencia celular individual. Esta combinación resulta en una conciencia que es capaz de muchas más experiencias y realizaciones de la que sería posible por el átomo aislado o la molécula por sí sola. Esto prosigue *ad infinitum*, para formar el mecanismo del cuerpo físico. Hasta la partícula más ínfima retiene su individualidad y sus aptitudes (mediante esta cooperación), se multiplican un millón de veces.

"La materia es un medio para la manipulación y transformación de la energía psíquica en aspectos que después pueden usarse como bloques de construcción. . . La materia sólo tiene suficiente cohesión para dar la apariencia de relativa permanencia a los sentidos que la perciben.

"La materia se está creando continuamente, mas ningún objeto en particular es por sí mismo continuo. No hay, por ejemplo, un objeto físico que se deteriore con la edad. En vez de ello, hay continuas creaciones de energía psíquica en un patrón físico que parece tener una apariencia más o menos rígida.

"Ningún objeto determinado "existe bastante tiempo" como una cosa indivisible, rígida o idéntica, que cambie con la edad. La energía tras él se debilita. El patrón físico, por lo tanto, se empaña. Después de cierto punto, cada nueva creación se torna menos perfecta, desde tu punto de vista. Tras muchas de tales nuevas creaciones, que han pasado desapercibidas por ti, entonces tú notas una diferencia y supones que un cambio. . . ha ocurrido. El material actual que parece constituir el objeto, ha desaparecido por completo muchas veces y tal vez el patrón se ha llenado completamente con nueva materia. . .

"La materia física hace que la conciencia sea efectiva dentro de una realidad tridimensional. Cuando la energía individualizada se aproxima a tu campo particular, se expresa hasta el máximo de su habilidad, dentro de él. Cuando la energía se aproxima, crea materia, sobre todo de una manera casi plástica; pero la creación es continua, como un rayo o una serie interminable de rayos, al principio débiles, cuando se hallan demasiado lejos, luego más potentes y luego débiles de nuevo, cuando pasan y se alejan.

"Sin embargo, la materia en sí misma, no es más continua, no más dada a crecer o alejarse de lo que es, digamos, el color amarillo."

La sesión 68 tuvo lugar durante una noche muy cálida. Todas las ventanas estaban abiertas. Nosotros bebíamos café helado y, cuando la sesión dio principio, mis anteojos se encontraban sobre la mesa de madera. En esa época yo todavía solía pasearme por el salón, conforme hablaba por Seth, con los ojos abiertos y las pupilas oscuras y dilatadas. Como era usual, Seth se dirigía a nosotros por nuestros nombres de entidad y se refería a mí como Ruburt y a Rob como Joseph. A Bill Macdonnel lo llamaba Mark. (Como ya mencioné antes, estos nombres se refieren a las personalidades totales de las que nuestros yos actuales son sólo parte.)

Poco tiempo después de que se iniciara la sesión, tomé los anteojos abandonados y los mantuve en alto para mostrarlos a Rob y a Bill. Al mismo tiempo, la voz de Seth empezó a hacerse más profunda y más fuerte, con los tonos masculinos comenzando a temblar. Luego Seth empezó a usar los anteojos como ejemplo alrededor del cual armar su discusión.

"Ninguno de vosotros ve los cristales que los otros ven. . . Cada uno de vosotros tres crea sus propios anteojos en su propia perspectiva personal. Por lo tanto, tienen aquí tres diferentes anteojos físicos; pero cada uno existe en una continuidad de espacio enteramente diferente."

Al llegar aquí la voz de Seth se volvió realmente potente. Bill se hallaba sentado en la mecedora, a la mitad del salón. Acercó la silla un poco más, a fin de ver mejor. Rob estaba tomando notas textuales, como era usual y levantando la vista para ver, siempre que le era posible.

"Ahora, Mark, tú no puedes ver los anteojos de Jospeh ni él puede ver los tuyos —prosiguió Seth—. Esto puede probarse matemáticamente y los científicos ya están trabajando con este problema, aunque no comprenden los principios que se hallan detrás. Ahora bien, existe un punto infinitesimal donde la perspectiva de Mark y la de Ruburt se traslapan. Otra vez teóricamente, si pudieran percibir el punto, podrían en verdad cada uno de ustedes ver los anteojos físicos de los otros dos.

"Los objetos físicos no pueden existir, a menos que existan en una perspectiva definida y una continuidad espacial. Pero cada individuo crea su propia continuidad espacial. . . Quiero enlazar esto con las diferencias que ustedes parecen ver en un objeto determinado. Cada individuo en realidad crea un objeto enteramente diferente, que sus propios sentidos físicos perciben después. Puesto que esta noche tenemos aquí a un huésped tan elegante y bienvenido —y Seth sonrió—, percibámoslo entonces en términos de una simple discusión sobre la materia en la que él sería el conejillo de indias."

En ese momento, nadie pensaba en nada en particular respecto a la última frase de Seth. Por una razón. Rob estaba tan ocupado tomando notas, que en realidad no prestaba mucha atención a lo que se decía, tratando de estar seguro de que asentaba con toda exactitud las palabras de Seth. Hasta donde yo recuerdo, ni siquiera me daba cuenta de estarlas pronunciando.

Aquí voy a citar las notas adicionales, que Rob escribió inmediatamente después de la sesión:

La entrega de material de Jane no se vio interrumpida mientras se paseaba por el cuarto, con un paso más bien rápido. Su voz era potente y profunda, mucho más profunda de lo usual; no obstante, ella hablaba sin esfuerzo aparente.

Desde mi mesa de escribir, a la derecha de la entrada a nuestro cuarto de baño, yo podía fácilmente ver a Bill, que se encontraba sentado en nuestra mecedora, dando la cara a la misma entrada al cuarto de baño. . . Conforme Jane continuaba con su entrega, observé que Bill miraba constantemente la puerta abierta al baño, no obstante, no presté demasiada atención a esto, pues simplemente di por sentado que la observación de Seth respecto a usar a Bill como conejillo de indias, significaba que él iba a ser un tópico de conversación.

Mientras tanto, la sesión continuaba:

"Tú, Joseph, percibes a Mark sentado en la silla —prosiguió Seth—. Está sentado en su propia silla que ha construido en su propia continuidad de espacio y perspectiva personal.

"Tú y Ruburt perciben a Mark y, no obstante, ninguno de los dos ve al *Mark de Mark*. Mientras está sentado, en su asiento, está constantemente creando su propia imagen física, usando su propia energía psíquica y usando átomos particulares y moléculas para la construcción de su cuerpo. Hasta este momento tenemos aquí, entonces, un Mark construido por sí mismo y, antes de que termine la noche, estarán sorprendidos de saber con cuántos Marks terminamos.

"Sugiero que descansen. Y, apunta mis palabras, Mark: tú eres más de lo que sabes. Incidentalmente, me gustaría que se prestara particular atención a esta sesión, puesto que el material será de gran valor."

Tan pronto como llegó el descanso, Bill anunció que había visto una imagen en la entrada del baño. Esto es lo que estaba mirando todo ese tiempo. Pidió una hoja de papel y de inmediato se puso a trabajar en un esbozo de lo que había visto. Es un verdadero artista y maestro de escuela.

Para alguien que se sentía muy mal al inicio de la sesión, Jane ahora dijo que se sentía perfectamente. Seth la había "puesto fuera rápidamente", dijo. Nuestro gato, Willie, entró en actividad ahora. Comenzó a pasearse cautelosamente por todo el departamento, maullando. Se comportaba de una manera sumamente medrosa, lanzando su mirada a alrededor, aunque no había bichos allí o ruidos inusitados que le inquietaran.

Tan pronto como Bill nos informó que había visto una imagen, Jane y yo dirigimos ambos la vista a la puerta, claro está. Pero nada pudimos ver. A ese respecto, nos dijo Bill, la imagen se había desvanecido durante el descanso. Ahora Jane empezó a dictar de nuevo, con la misma voz poderosa y muy profunda. Bill continuó trabajando en su dibujo, diciendo que no se sentía satisfecho con él y que intentaría otro.

La sesión se reanudó.

"En breve tendré algo qué decir respecto a la aparición. Antes que nada, me gustaría que observaras que la voz de Ruburt es un poco más baja y luego, con tu permiso, continuaré.

"Mientras Mark crea su propia imagen física, tú no la ves. En este momento hay tres Marks enteramente diferentes en este salón."

Aquí Jane, como Seth, apuntó a Bill, que se hallaba sentado en la mecedora, trabajando en su segundo esbozo. Luego, me señaló a mí. Mientras tanto, Bill continuaba mirando a la puerta abierta. Como antes, yo nada podía ver desde mi lugar en la mesa. La puerta abierta bloqueaba completamente mi visión. No quería arriesgarme a moverme hacia un lado, puesto que tenía que continuar tomando notas, para estar seguro de que nuestro registro estaba completo.

"Allí está el Mark que Mark ha creado, una construcción física real. Está otro, creado por ti, Joseph. Hay dos Marks más físicos, uno creado por Ruburt y uno por tu gato. Si otra persona penetrara a la habitación, todavía habría otro Mark físico más.

"Así pues, en este salón hay cuatro Ruburts físicos, cuatro Josephs físicos y cuatro gatos físicos. Ciertamente, hay dos cuartos."

De mi estudio, que se halla en la parte de atrás del departamento, vino el maullido de Willie. Continuaba avanzando con lentitud.

"Tu amigo Mark, a modo de digresión, es un excelente testigo en cierta forma, porque es sensitivo a las construcciones que aparecen dentro del reino físico de otros lugares. Su alcance de atención es corto. Ciertamente yo me encontré por un momento de pie en la entrada del baño aunque si lo digo así. . ."

Aquí Jane hizo una pausa al lado de Bill y tomó el primer dibujo a pluma que había hecho de su visión de la aparición.

". . . yo soy un tipo que se ve mucho más jovial del que está retratado aquí. Pasaste desapercibidos ciertos rasgos alrededor de los pómulos; y, si examinas más a fondo la imagen ahora, tal vez puedas hacer que sea más claro."

Jane devolvió a Bill el dibujo, mientras éste continuaba mirando hacia la puerta.

"Esta es la primera vez que he intentado acercarme de esta manera durante una sesión. Me complace ver que se me ha percibido y he estado vigilándote desde mi punto de perspectiva. La imagen de la puerta es ciertamente la mía, aun cuando está sujeta a ser distorsionada en la percepción que Mark tiene de mí. Es a través de los Sentidos Internos que él me percibe y luego intenta transformar estos datos en información que pueda percibirse físicamente."

Ahora Jane se hallaba de pie atrás de Bill, mirando por sobre el hombro de éste, mientras dibujaba.

"Existe cierta limpieza en lo tocante a los labios, muy buena, tanto que me siento más bien complacido. La construcción está siendo creada por mí mismo. Solamente para aparecer en tu plano, cualquier construcción, bien sea percibida por ti o no, debe estar compuesta de átomos y moléculas.

"El movimiento y velocidad son diferentes de los que hay en las construcciones regulares. En este caso particular estoy hablando a través de Ruburt, mientras también estoy en la construcción y la oigo hablar. En una fecha posterior tal vez sea capaz de hablar desde mi propia construcción."

Jane cogió el segundo dibujo de la mano de Bill y paseó por el cuarto, hablando mientras lo examinaba. Yo vi por un instante el dibujo, mientras ella lo agitaba brevemente en mi dirección. Todo el tiempo Bill continuó mirando hacia la puerta.

"Es cierto que, en algunas formas, no soy una belleza, de acuerdo con tus términos; no obstante, debes atestiguar que no soy sumamente feo. Te permitiré tomar tu descanso; y quiero dar las gracias a Mark. Cuando dije que se uniría a mí en una demostración, quise decir que se uniría a mí en una demostración."

Seth-Jane culminó el monólogo con una sonrisa hacia Bill. Ahora yo pregunté a éste qué era lo que había visto exactamente; y él me contestó que la oscura puerta abierta del baño había adquirido un tono blanco nebuloso. Luego, vio la forma de la aparición de Seth de pie contra este fondo más claro. La forma era principalmente una silueta, dijo Bill, sin detalles importantes y, no obstante, durante el primer monólogo, logró darle una buena mirada al rostro. El efecto era más bien como el de un negativo fotográfico. Bill añadió que el rostro de la aparición se encontraba alrededor de 1.80 metros arriba del nivel del suelo. En las notas se incluye una copia de su esbozo (véase la sección ilustrada). Las manos de Rob estaban ya cansadas de tomar notas, por lo que nos tomamos un descanso. Yo estaba un tanto confundida. Bill juraba y perjuraba que había visto la aparición durante cerca de una hora. No era tan sólida como un cuerpo ordinario, mas estaba lejos de ser transparente. Seth había hecho numerosos comentarios respecto a eso. No obstante, yo nada había visto, Rob no había sido capaz de retirarse de su silla, por lo que no había visto nada. Las luces habían permanecido todas encendidas; pero yo simplemente no podía aceptar la idea de una aparición.

—Bill, no pudiste ver algo —dije—. Sólo quieres que convengamos contigo en que vimos algo y entonces lanzarás una carcajada y nos confesarás que todo lo imaginaste. . .

—Es una gran cosa que lo digas así —exclamó muy disgustado Bill. Yo sentí mucho haber hecho el comentario.

—¿Tu imaginación? —pregunté débilmente.

—Tengo tan buena imaginación como cualquier otro; pero normalmente no voy por allí viendo cosas como esa. . .

—Querida, ¿por qué no simplemente aceptas la palabra de Bill? —sugirió Rob.

—Oh, está bien. —De pronto me sentí muy tonta. Ejecuté una especie de danza ante la puerta, reí y dije:

—¿Está bien, Bill; ahora dime exactamente dónde viste a tu hombre en la puerta? —Hice una payasada moviéndome alrededor de la puerta abierta—. ¿Aquí? ¿O fue aquí?

De súbito vi cambiar las expresiones de Bill y de Rob. Ellos estaban de pie a la mitad del salón y sonreían conmigo. Ahora Rob se puso blanco y la boca de Bill se dejó caer abierta.

—¿Qué hay de malo? —inquirí.

—Nada más no te muevas —Rob dijo muy quietamente.

Tuve una sensación de comezón, pero no vi nada. Sabía que había algo raro, a juzgar por las reacciones de Rob y de Bill, por lo que me detuve y me mantuve quieta. Dejé de reír.

Citaré nuevamente las notas de Rob:

Bill y yo observamos al mismo tiempo que las facciones animadas de Jane estaban cambiando. Mientras nos hablaba, su quijada se tornó más cuadrada y se destacaba fuertemente contra su negra y larga cabellera. Su nariz se afiló y su boca adquirió unos labios más gruesos, más pesados y más amplios mientras se movían con su perorata, y su cuello engruesó. Ni Bill ni yo observamos cambio alguno en sus ojos o en su frente.

A petición nuestra, Jane permaneció de pie donde estaba. No había duda respecto a lo que vimos. El efecto duró, quizá, uno o dos minutos. El salón estaba perfectamente iluminado. El cambio en las facciones de Jane parecía tener lugar en un plano a una pulgada más o menos frente a las facciones físicas reales de Jane. El nuevo conjunto de facciones podría haber quedado suspendido en algún tipo de pantalla clara. Mientras las miraba vi, o sentí atrás de ellas o a través de ellas, las facciones reales de Jane, como yo las conocía.

Después de esto, Rob me pidió que avanzara algunos centímetros. Así lo hice y el efecto disminuyó entonces y finalmente desapareció.

Reanudamos la sesión, con toda clase de interrogantes en nuestra mente. Bill nos dijo que él todavía sentía la primera aparición, en momentos sumamente fuerte. Había hecho dos esbozos y todavía estaba haciendo correcciones. Puesto que la sesión principió a las nueve y duró hasta media noche, no pretenderé incluirla en su totalidad. La profunda voz masculina iba a durar toda la sesión, tornándose más y más semejante a Seth, conforme avanzaba la noche.

Cuando se reanudó la sesión, actuando como Seth, tomé el segundo esbozo de Bill y exclamé:

"Este retrato representa una transformación externa, que Mark intentó hacer que fuera una réplica exacta, del material que había percibido con los Sentidos Internos y, como tal, es una reconstrucción de lo que yo soy.

"Representa la apariencia que estas habilidades mías adquieren cuando se hallan íntimamente conectadas con el plano físico. Esto no necesariamente significa que en todos los planos yo tengo la misma imagen. Es la primera de tales representaciones de mí y me siento muy contento con ella.

"No me sorprendería si se preguntan respecto a la parte que la sugestión podría haber desempeñado en tal demostración. . . Sin embargo, hablando en términos generales, ningún objeto físico puede construirse, ni ocurrir ninguna acción, sin lo que a ustedes les agrada llamar sugestión. Ninguna acción ni ningún objeto material puede percibirse sin una aprobación y un deseo internos. Tras toda acción y toda construcción, se halla ciertamente la sugestión.

"La sugestión es, ni más ni menos, un deseo y una aprobación internos para permitir que ocurra determinada acción; y este consentimiento es el gatillo que dispara los mecanismos subconscientes que les permiten construir datos internos en realidad física.

"No hay más verdad ni más falsedad al decir que mi apariencia en la puerta fue causada por sugestión, que decir que este salón y todo lo que en él se encuentra, es causado por sugestión. Comprenderán que es erróneo pensar en términos de un universo físico. Ustedes existen en cuatro personalidades diferentes en este momento."

Seth explicó, no obstante, que el aspecto de la aparición se vio distorsionado por las propias ideas de Bill. La gran frente representaba la interpretación de Bill de gran inteligencia, por ejemplo. Bill interpretó los datos disponibles a su propia manera: éste era el Seth que Bill vio, fuera cual fuese la verdadera apariencia de Seth.

Seth luego continuó, de una manera hasta cierto punto divertida, proporcionando a Bill "avances informativos" concernientes a un viaje de vacaciones que iba a hacer la siguiente semana. Describió gente y sucesos que, al regreso de Bill, cotejaron perfectamente.

En ese momento Rob y yo estábamos pensando en comprar la casa que ya mencioné antes. Ese mismo día habíamos ido a verla de nuevo y nos sorprendió muchísimo encontrar la puerta trasera completamente abierta. Seth nos dijo que nosotros mismos habíamos abierto la puerta, usando para hacerlo energía psíquica y que éste era sólo otro ejemplo de la mente influenciando a la materia.

Yo no sabía qué pensar. Cuando terminó la discusión, Seth empezó a bromear con Rob y Bill, desplegando tanto buen humor y vitalidad, que Rob tuvo grandes dificultades para tomar notas, pues reía con gran jovialidad.

La sesión simplemente me asombró. Teníamos tantas preguntas que hacer, que no sabíamos donde empeza. ¿Exactamente *como* formamos sucesos con energía mental? ¿Cómo formamos objetos? ¿Cómo aceptamos lo que vemos?

He aquí algunos extractos ulteriores, que explican cómo proyectamos nuestras ideas en acontecimientos y objetos. En este punto será mejor que mencione que Seth dice que la telepatía opera constantemente, proporcionando comunicaciones internas para respaldar todos los datos de los sentidos.

De la sesión 302, el 21 de noviembre de 1966:
"El mundo objetivo es el resultado final de la acción interna. Tú puedes ciertamente manipular el mundo objetivo desde el interior, pues éste es el medio y la definición de la verdadera manipulación. . .

"Los pensamientos e imágenes se forman en la realidad física y se convierten en hechos físicos. Son impulsados químicamente. Un pensamiento *es* energía. Comienza a producirse físicamente en el momento de su concepción.

"Enzimas cerebrales están conectadas con la glándula pineal. Tal y como las conoces, las substancias químicas del cuerpo son físicas, pero son las impulsoras de este pensamiento-energía y contienen todos los datos codificados necesarios para traducir cualquier pensamiento o imagen en realidad física. Hacen que el cuerpo reproduzca la imagen interna. Son chispas, por decirlo así, que inician la transformación.

"Las sustancias químicas son liberadas a través de la piel y los poros, en una formación pseudofísica invisible, pero definida. La intensidad de un pensamiento o imagen determina en gran medida lo inmediato de su materialización física. No hay objeto a tu derredor que no hayas creado tú. Nada existe alrededor de tu imagen física, que no hayas hecho tú.

"El pensamiento o imagen inicial existe dentro de la envoltura mental (como ya se explicó en sesiones anteriores). Todavía no es físico. Luego, brota como una chispa hasta la materialización física, por las enzimas mentales.

"Tal es el procedimiento general. Sin embargo, todas esas imágenes o pensamientos no se materializan por completo, según tus términos. La intensidad tal vez sea demasiado débil. La reacción química estimula, como chispa, ciertas cargas eléctricas, algo dentro de las capas de la piel. Existen radiaciones entonces a través de la piel al mundo exterior, que contienen instrucciones e información altamente codificadas.

"Así pues, el ambiente físico es tanto parte de ti como lo es tu cuerpo. Tu control sobre él es sumamente efectivo, pues tú lo creas, como creas las puntas de tus dedos. . . Los objetos están compuestos por el mismo pseudomaterial que irradia hacia fuera de tu propia imagen física, únicamente la masa de más elevada intensidad es diferente. Cuando se concentra lo suficiente, la reconoces como un objeto. En baja intensidad la masa no es aparente para ti.

"Todo nervio y fibra dentro del cuerpo, tienen un propósito interno que no se ve y que sirve para concentrar el yo interior con la realidad física, permite al yo interno crear la realidad física. En cierta forma, el cuerpo y los objetos físicos van volando en todas direcciones, desde el centro mismo del ser."

Este material nos fue entregado mientras todavía estábamos efectuando las pruebas de Instream. Más tarde, cuando habíamos ya terminado con éstas, Seth tuvo más tiempo para dar respuesta a nuestras preguntas. Rob quería saber qué otras partes del cuerpo eran responsables de la creación de material, si es que lo había. He aquí parte de la respuesta que recibimos:

"Los impulsos nerviosos viajan hacia fuera del cuerpo, invisiblemente, a lo largo de las sendas de estos nervios, de una manera muy semejante a como viajan dentro del cuerpo. Las sendas son conductoras de pensamientos telepáticos, impulsos y deseos que viajan hacia afuera de cualquier yo dado, alterando sucesos aparentemente objetivos."

Lo siguiente según pienso, es sumamente importante:

"De una manera muy real, los sucesos u objetos son en realidad puntos focales donde impulsos psíquicos altamente cargados, se transforman en algo que puede percibirse físicamente: una penetración en la materia. Cuando tales impulsos altamente cargados se intersectan o coinciden, se forma la materia. La realidad tras de esa formación explosiva de la materia, es independiente de la materia misma. Un patrón idéntico o casi idéntico, puede resurgir 'en cualquier momento', una y otra vez, si existen las coordenadas apropiadas para la activación."

A través de los siglos muchas personas han reconocido que la mente y la materia estaban relacionadas, pero el Material de Seth da específicamente las formas y medios por los cuales la mente se traduce en la realidad que conocemos. ¿Exactamente qué fuerza se halla tras de las unidades más pequeñas de la materia, por ejemplo? ¿En qué forma ocurre el cambio a materia? Con objeto de hacer justicia a estas preguntas, las trataré separadamente en el Apéndice.

¿Y cuál es el objetivo de todo esto? Seth dice:

"En tu sistema de realidad, estás aprendiendo lo que es la energía mental y cómo usarla. Haces esto transformando constantemente tus pensamientos y emociones en formas físicas. Se supone que tienes un cuadro claro de tu desarrollo interno al percibir el ambiente exterior. Lo que parece ser percepción, un evento concreto y objetivo de tu parte, es, en realidad, la materialización de tus propias emociones internas, energía y ambiente mental."

Pero, como pueden ver, formamos nuestra realidad física no sólo ahora y después de la muerte, sino a través de, por lo menos, varias vidas, conforme aprendemos a traducir energías e ideas en experiencia no sólo damos forma a nuestro ambiente ahora, sino también en el futuro, en el momento que escogemos a nuestros padres y circunstancias. Quizás, después de leer los siguientes dos capítulos verán por qué, finalmente, acepté la idea de la reencarnación, después de haber estado "mortalmente opuesta" en contra de ella.

CAPÍTULO ONCE:

Reencarnación

¿Ha vivido desde antes y vivirá después? De acuerdo con Seth, todos nosotros hemos reencarnado y, cuando terminamos de vivir nuestra serie de vidas terrestres, continuamos existiendo en otros sistemas de realidad. En cada vida experimentamos condiciones que hemos elegido de antemano, circunstancias y desafíos diseñados para que encajen dentro de nuestras propias necesidades y así podamos desarrollar nuestras propias facultades.

Piense en esto: algunos de nosotros nacemos brillantes y algunos locos, algunos con cuerpos ligeros y elegantes, otros carentes de órganos vitales o miembros completos. Algunos de nosotros nacemos para vernos tan colmados con riquezas, que vivimos en un mundo difícilmente imaginable para la mayoría de los mortales, mientras que otros envejecen y mueren dentro de oscuros rincones de pobreza, igualmente incomprensible. ¿Por qué? Únicamente la reencarnación teje estas condiciones aparentemente dispares y dentro de un marco que tiene sentido. De acuerdo con Seth, estas situaciones no son impuestas en nosotros, sino escogidas por propia voluntad.

¿Por qué escogería cualquiera una vida de males o de pobreza? ¿Y qué hay de los niños que mueren jóvenes o como soldados en servicio en la guerra? Todas estas preguntas se agolparon en nuestras mentes, cuando Seth empezó a hablar respecto a la reencarnación. Como ya mencioné antes, cuando empezaron las sesiones yo no creía que sobreviviéramos a la muerte, ni siquiera una vez y, mucho menos, muchas veces. Si vivimos antes, pensaba y no nos es posible recordarlo, entonces ¿qué bien nos hace eso?

—Además —decía a Rob—, Seth dice que vivimos en el "Espacioso presente" y que realmente no existe ningún pasado, presente y futuro. ¿Así pues, cómo podemos vivir una vida "antes" de otra?

Algunas de las respuestas se cosecharon en conferencias impartidas a otros, donde Seth estaba refiriéndose a casos específicos. Yo no suelo dar conferencias, o sesiones para el público (ni tampoco cobro o acepto contribuciones), por lo que las conferencias sobre la reencarnación eran aquellas que teníamos preparadas para estudiantes, amigos o para aquellos que habían solicitado ayuda en algún problema trágico particular. En ese sentido, Seth no da tales conferencias, a menos que tengan relación con el tema que estamos tratando.

¿Por qué algunos niños mueren tan jóvenes, concretamente niños favorecidos, con padres devotos? No creo que pueda haber una respuesta sencilla o explicación completa; pero hemos sostenido dos conferencias involucradas con tales niños y puedo dar ahora las explicaciones que se ofrecieron en estos casos específicos.

El primer episodio involucró a una pareja, a quienes llamaré Jim y Ann Linden. Ann, una completa extraña para mí, me llamó por teléfono cierta mañana. Puesto que marcó mi número directamente, no había indicación alguna de que se tratara de una llamada de larga distancia y yo pensé que me estaba llamando desde mi localidad, particularmente porque mencionaba tener parientes en Elmira. Me informó que su hijo, Peter, había muerto apenas hacía unos meses, a la edad de tres años. Ella y su marido se sentían enloquecidos y me dijo que un amigo suyo, Ray Van Over, un parapsicólogo de la ciudad de Nueva York, le había sugerido que me llamara.

—Sólo he tratado con Ray una vez —le informé—. Debe haberle dicho a usted que yo no suelo dar sesiones particulares, sino que me concreto a nuestro trabajo privado y a las sesiones con Seth.

—Sí, me lo dijo —contestó Ann—; pero pensó que usted podría hacer una excepción. Me informó que algunas veces usted lo hace, en casos como éstos —e hizo una pausa.

Guardé silencio por un largo rato, pensando.

—Bueno, hoy es una noche de sesión regular. Si usted quiere asistir. . .

—Allí estaremos —contestó con rapidez—. Mi esposo se encuentra en Nueva York, donde pasó el día; pero estará de regreso esta tarde, antes de la noche.

—Bueno, tal vez estará demasiado cansado.

Ella insistió que una buena ducha y una rápida y frugal cena lo pondría como nuevo. Así pues, convenimos en que ella y Jim estuvieran en nuestro departamento alrededor de las ocho.

Informé a Rob y, si bien me contestó que era yo la que tenía que decidir, no estaba muy feliz con la idea.

—Recuerda lo que ocurrió la última vez que trataste de ponerte en contacto con el pariente fallecido de alguien —me recordó—. De cualquier modo, deja que sea Seth quien se encargue.

Asentí, mientras recordaba demasiado nítidamente el incidente a que se refería Rob. Había permanecido en el fondo de mi mente en todo momento, mientras hablaba con Ann Linden por teléfono.

—No querrías que nada semejante ocurriera de nuevo ¿o sí? —preguntó Rob.

—En verdad —asentí— y los detalles del episodio anterior acudieron a mi recuerdo una vez más. Había sido una tarde dominical, soleada y brillante, varios meses antes. Yo me encontraba en pantalones cortos aseando la casa, cuando llamó una estudiante. Tenía un problema particularmente complicado y quería que yo tratara de ponerme en contacto con su suegra, ya fallecida. La estudiante había asistido sólo a unas cuantas clases y su suegra vivía y murió en Florida. Yo no conocía a su familia en lo absoluto.

Le pedí que viniera a mi casa y Rob salió de su estudio para tomar notas. Durante el curso de la sesión, sentí que *yo* era la mujer fallecida, reviviendo una discusión que había tenido alguna vez con su marido. Como esa mujer, agité el puño hacia arriba y hacia abajo, con tanta fuerza sobre nuestra mesa, que Rob tuvo miedo que me rompiera la mano. La discusión fue bastante violenta. La otra personalidad se apoderó casi por completo de mí y Rob en realidad se preocupó muchísimo por mi seguridad física. Sin embargo, fui capaz de "salir avante" sin ningún músculo dañado o huesos rotos. Obviamente, ella estaba acostumbrada a un cuerpo mucho más grande y fuerte que el mío; pero desde entonces Rob y yo hemos sido sumamente cautos.

No obstante, empecé a sonreír, recordando el incidente: de acuerdo con Rob, la lata de polvo limpiador en verdad había saltado cuando mi puño golpeó la mesa por primera vez y los enseres de limpieza próximos a mi codo habían salido volando. Difícilmente había habido algo oculto esa vez, mientras el sol brillaba con todo su esplendor a través de las ventanas que daban a la bahía. Mi estudiante estaba convencida que su suegra se había expresado perfectamente a través de mí, porque yo usé sus gestos y su lenguaje, incluyendo ciertas frases favoritas que eran sumamente pintorescas.

Rob estaba pendiente de mi rostro.

—Sin embargo, entonces no creíste que fuera tan divertido ¿o sí?

Tuve que admitir que no. No obstante, la mayoría de los nombres y fechas que yo había mencionado ese día, habían sido exactos y cierto punto en particular, desconocido por mi estudiante, posteriormente lo corroboró un pariente.

—Seth simplemente no estaba por allí —recordé—. De haber estado, probablemente me hubiera dado la información y yo no hubiera tenido que pasar por todo eso.

—O nada más querías intentarlo por ti misma —dijo Rob.

Hice una mueca, sintiéndome un poco culpable. Varias veces había pensado respecto a ese episodio. ¿Había yo decidido probar mis propias alas para ver qué evidencia para la vida después de la muerte podría lograr por mí misma?

Si se trataba de asumir un papel subconsciente por mi parte, entonces fue un trabajo bastante bueno y, si se hallaba involucrada la telepatía, entonces también era un trabajo bastante bueno, porque mi estudiante tuvo que verificar algunos de los hechos con otras personas. Pero a mí no me gustó y no quería que nada como eso volviera a suceder. Generalmente me muestro bastante selectiva respecto a quién permito que entre en mi casa y, viva o muerta, gente como esa no iba a recibir un tapete de bienvenida aquí.

—No obstante, no quiero exagerar mis reacciones —dije—. Los Linden únicamente quieren tener noticias sobre su niño. Además, dejaré que Seth maneje esto. Después de todo, es noche de sesión.

A pesar de todo, sabía que Rob tenía razón. Es necesaria cierta autoprotección por mi parte. Además del episodio con la suegra, habían habido otros muy desquiciantes que involucraban situaciones emocionales que yo "había recogido" de personas vivas. En cualquier caso, cuando puedo obtener el excelente material de Seth, parece que mi responsabilidad principal está en esa dirección. Todos estos sentimientos estaban escondidos en mi mente esa noche, cuando llegaron Jim y Ann.

Me estaba reservada otra sorpresa. Alrededor de las 6 p.m. Ann llamó diciendo que se encontraba en Binghamton, N.Y., una ciudad a más de una hora en automóvil de distancia. ¡No sabía que Elmira se encontrara tan lejos de Brooklyn!

—¿*Brooklyn?* —y dejé caer el teléfono—. Pensé que quisiste decir que tu marido se encontraba en Nueva York por un día, pero que tú vivías aquí. . .

—Oh, no —repuso Ann—; pero Jim llegó a casa temprano esta tarde y pensamos que nos tomaría sólo algunas horas llegar a Elmira.

—¡Caray! —exclamé y Rob hizo a un lado el periódico vespertino—. ¿Quieres decir que vendrán manejando para acá, nada más por una sesión? Nueva York está plagado de excelentes médiums.

—Pero a usted me la recomendaron muchísimo. Llegaremos tarde y es por eso que la llamo. Me da mucha pena pedirle esto, pero ¿no podía usted aguardar hasta que lleguemos allí?

Le contesté que sí, con una especie de mareo y colgué. Rob tenía temor de que yo me sintiera bajo una fuerte presión, sabiendo que ellos venían manejando desde tan lejos y que regresarían esa misma noche, nada más por una sesión. Ya había explicado a Ann que no podía darle ninguna garantía en lo absoluto de lo que pudiera ocurrir. A propósito había sacado de mi mente todo el asunto y ya al atardecer, me puse a ver televisión. Luego, como broche de oro, alrededor de las ocho se presentó Phil, explicando que se encontraba en el pueblo para pasar la noche y le gustaría asistir a una sesión.

Jim y Ann arribaron alrededor de las 10 p.m. A Rob y a mí nos simpatizaron de inmediato. Ambos se hallaban ya cerca de los treinta años, eran inteligentes y, al igual que nosotros, informales. Saboreando una copa de vino nos informaron respecto a su hijo:

—Era excepcionalmente brillante —dijo Jim—. Era fantástico y no lo digo nada más porque era nuestro hijo. Desde el principio siempre estuvo muy por arriba del promedio, era rápido en sus reacciones, tanto que, en cierta forma, casi nos atemorizaba. Y luego, una noche, murió de anemia aplástica. Nadie sabe siquiera qué es lo que la causa. ¿Qué se puede decir en una situación como esa? Yo quería ayudar. Me daba cuenta de su terrible necesidad, pero también comprendía que era casi imposible *probar* la vida después de la muerte. Supongamos que yo pudiera establecer contacto con el niño o pensara que lo hubiera logrado. ¿En qué forma ayudaría esto? En vez de hacer que ellos se enfrentaran al hecho irreversible de su separación ¿no podría tal incidente simplemente hacer las cosas peores? Y surgieron mis propias dudas: si estuviera involucrado sólo un juego subconsciente. . .

Rob debe haber leído mis pensamientos.

—Relájate, querida —me dijo. Di a conocer a los Linden mi actitud y Ann sonrió:

—Ray dijo que usted era una de las médiums más objetivas que conocía.

—Demasiado objetiva, me temo. En ocasiones eso me contiene para usar mis facultades plenamente.

Esa es la última cosa que recuerdo haber dicho yo misma. Al momento siguiente la fuerte voz de Seth se presentó apresuradamente a través de mí:

"El niño estuvo brevemente con ustedes por sus propias razones. Su objetivo era iluminarlos a ustedes y lo logró. Ustedes ya lo conocían en vidas anteriores y, en una ocasión, el fue el tío de su actual padre.

"No pretendía permanecer dentro de la realidad física. Únicamente vino para mostrar a ustedes lo que era posible y traer a ambos cierta comprensión de la realidad interna. Él escogió su enfermedad, no se le impuso. No fabricaba suficiente sangre, pues no quería continuar siendo un ser físico, más allá del tiempo que se había fijado.

"Quería dar a ustedes ímpetu y su efecto fue mucho más poderoso que si hubiera seguido viviendo y él sabía esto. Sentía horror a vivir hasta llegar a ser un joven adulto, pues no cuería conocer a una joven, sentir atracción por ella y continuar con otra vida física.

"Fue una luz para ustedes y la luz no se ha extinguido. Los conducirá a ustedes al conocimiento que de otro modo nunca hubieran conocido, puesto que no lo hubieran buscado con intensidad. Se percataba perfectamente de esto y quería que ustedes iniciaran el peregrinaje, pero este peregrinaje es dentro de ustedes mismos."

Ahora Seth miraba fijamente a través de mis ojos abiertos. Mis gestos eran suyos. Miraba a Jim directamente a la cara mientras hablaba. Ann y Rob tomaban notas. Phil tan sólo se mantuvo sentado, escuchando.

"Él se hallaba involucrado en trabajos científicos en la Atlántida y en Egipto, mas no tenía ya deseo de continuar con estos trabajos ahora. Ya había llegado mucho más lejos. Tú (Jim), también estuviste involucrado con él en dos vidas anteriores, en la misma relación, y como sacerdotes ambos estaban interesados en las obras internas del universo."

Seth prosiguió diciendo que Jim se había salido del camino en ciertos aspectos, olvidando lo que había aprendido en el pasado. "Él (Peter) no podía forzarte a recordar, pero podía darte un suave codazo y un empujoncito, y en esta existencia así lo hizo.

"No es tiempo para que te pongas a hacer tonterías buscando la verdad en la rama de un árbol. La verdad está dentro de ti mismo. Tu hijo ya no tiene tres años de edad. Ahora es más viejo que tú y ha tratado de indicarte el camino. . . No fue un niño eliminado antes de que lograra su objetivo, sino una personalidad que te dejó cuando terminaron sus propias reencarnaciones. Ya no regresará, sino que proseguirá en otra realidad en la que puedan utilizarse sus facultades con mayor ventaja."

Según Seth, las reencarnaciones de Peter en realidad se habían completado antes de que naciera esta vez. Había retornado para morir joven, a fin de que Jim y Ann se vieran forzados a formular las preguntas que ahora estaban haciendo.

En ese momento Seth sonrió ampliamente y agregó:

"Ahora bien, yo he vivido y muerto muchas veces y pueden palpar mi vitalidad. Y te aseguro que la vitalidad de ese niño existe en términos vitales. Hubiera sido casi una penitencia para él haber permanecido más tiempo. Tú le ayudaste a 'salvar su alma' en cierta ocasión (en una vida anterior) y ahora estaba pagando el favor. En una ocasión él estuvo tentado a utilizar sus facultades para obtener poder y usar el sacerdocio para su propia ganancia. En esa ocasión tú lo detuviste."

Seth prosiguió para dar un análisis de la personalidad presente de Jim, en relación con sucesos de vidas anteriores y para ofrecerle algún consejo respecto al futuro. Jim nos había dicho antes que él había sido un animador de discotecas. Ahora Seth dijo: "Nadie puede decirte qué camino seguir. Tú tienes las respuestas dentro de ti. Ten cuidado con aquellos que te ofrecen soluciones rápidas. Estoy hablando en términos de probabilidades, pues el futuro es moldeable."

Sugirió que Jim se mantuviera fuera del campo de la actuación porque, en su caso, ello llevaba a una confusión en cuanto a la índole de su propia identidad. Seth le aconsejó que se mantuviera dentro del ramo de comunicaciones, diciendo que si continuaba en la radio habría otro trabajo en ese ramo y luego se le presentaría otra línea de trabajo.

Seth proporcionó más información concerniente a las vidas pasadas de todos los involucrados y luego añadió: "Te estoy dando lo que creo que es la información más importante, tanto si puedes verificarla como si no. . . sus yos internos digieren lo que he dicho y eso es mucho más importante que diez cuartillas de notas y fechas que no puedas confrontar, puesto que estas vidas tuvieron lugar hace muchísimo tiempo."

Habló más sobre el simbolismo de la enfermedad de Peter y asimismo, sobre las relaciones anteriores de Jim con Ann y dijo que Jim poseía habilidades matemáticas que no estaba usando: "Éstas son resultado de tus dos existencias sacerdotales, cuando ambos estaban involucrados con cálculos que tenían que ver con el movimiento de los planetas."

Y terminó de esta manera:

"Es natural que te acerques a otros por ayuda en tu situación y, en mi propia forma, espero haberte ayudado. Sin embargo, existe una diferencia entre que se te digan cosas y el saberlas. Y el conocimiento proviene de tu interior. Cuando sabes, no necesitas que se te diga y tú puedes tener ese tipo de conocimiento. Me daría mucho gusto ayudarte a encontrarlo, pero nadie puede hacerlo, sino tú mismo."

Durante un descanso, nos quedamos sentados saboreando galletas y tomando unos tragos de vino. De pronto, ciertas impresiones se agolparon en mi propia mente. Muchas de ellas se comprobaron de inmediato allí mismo. Dije a Ann, por ejemplo, que su hermano utilizaba varios nombres y usaba bisoñé, cosa que era correcta, junto con otras muchas aseveraciones. Al mismo tiempo, continué recibiendo impresiones respecto a los síntomas del niño.

Cuanto esta clase de cosas ocurre, yo simplemente me relajo y digo cualquier cosa que me viene a la mente. "Hubo un episodio con las uñas de los pies y con zapatos demasiado pequeños" —dije—. "Esto ejercía presión sobre la uña grande del pie derecho, que afectaba una arteria de la pierna. Un raspón que daña la función, siempre ocurre en tal caso, aunque la herida sea pequeña."

Y hubo algo más, mucho de lo cual se verificó allí mismo. Aun cuando nada tenía que ver con la reencarnación, estas impresiones tenían mucho en relación con demostrar a Jim y a Ann que poseíamos la capacidad de recibir conocimientos, aparte de los que teníamos a través de los sentimientos físicos. Los eventos que "escogí" fueron a veces emocionalmente significativos para los Linden aunque triviales en otros aspectos.

Estas impresiones incluían asimismo algunas aseveraciones concernientes al origen de la enfermedad que mató a Peter. Su causa es desconocida y no hay razón para entrar en una explicación aquí; pero los síntomas característicos del mal que yo di también describieron con exactitud la condición de Peter. Los Linden no habían discutido estas cosas con nosotros, pues quizás encontraban el tema demasiado penoso. En virtud de que esta información era correcta, no hay razón para suponer que las impresiones concernientes a las causas del mal estuvieran equivocadas, aunque son desconocidas.

En este mismo sentido, no hay razón para suponer que el material sobre la reencarnación fuera menos correcto, aun cuando no podemos comprobarlo debido al largo tiempo que representan los periodos. (Algunos datos sobre la reencarnación son mucho más recientes y pueden comprobarse, hasta cierto punto, si la gente involucrada tiene tiempo y deseo de hacer el esfuerzo. Hasta el momento hemos llegado a conocer a varios sacerdotes pero ninguno que viviera en la Atlántida.)

Seth dedicó la última parte de la sesión a Phil y ya había pasado la una de la mañana, antes de que termináramos. Jim y Ann se retiraron convencidos de que la vida y muerte de su hijo tenía mucho significado y que había sentido y propósito en sus vidas, y que hasta esta tragedia aparente indicaba hacia un bien mayor.

Cuando todo esto terminó yo me sentía muy humilde. Jim y Ann estaban casi transformados y, antes de la sesión, yo había abrigado tantas dudas, que titubeaba. (La cuestión es saber si cuando conscientemente pienso en esa forma limitada, mi yo intuitivo interno se eleva y me muestra que hay algo mucho más involucrado que el ego. Actualmente pienso que estas habilidades fluyen a través de nosotros como el viento fluye a través de las ramas.) Poco tiempo después Ann me escribió una carta diciéndome que ella y Jim ya no sentían la tremenda pena que los embargara antes.

Más y más he visto cómo la reencarnación tiene sentido en base a tales tragedias aparentemente inexplicables y proporciona una estructura interna a situaciones que, de otro modo, parecerían caóticas e injustas. Me sentí sumamente complacida de haber podido ayudar a Ann y Jim, y esa sesión y otras semejantes, me han ayudado también a mostrarme el valor de ideas que originalmente no podía yo aceptar. Lo mismo se aplica a Seth: estoy literalmente asombrada de su capacidad para ayudar a otros, de su entendimiento psicológico y todas las facultades que aporta y enfoca en nuestras sesiones.

Otro caso similar, que involucraba el fallecimiento de un niño, se refería a una mujer que asistió a varias de mis clases. Su hijo adoptivo, de quince años de edad, se había ahogado meses antes. En una sesión Seth dijo que el joven había sido marino en varias de sus vidas anteriores y todavía consideraba la muerte por agua como preferible a morir en tierra. En otra vida, el muchacho había estado relacionado con su madre adoptiva y también regresó para ayudarla a ganar desarrollo interno. Murió pronto a fin de que su fallecimiento la hiciera preguntarse y buscar respuestas. Esta señora había venido consultando a médium tras médium, tratando de ponerse en contacto con su hijo. Con términos claros, Seth le dijo que abandonara esta práctica y que, en vez de ello, se dedicara a buscar su desarrollo interno.

De acuerdo con Seth, nosotros elegimos nuestras enfermedades y las circunstancias de nuestro nacimiento y muerte. Esto se aplica a todo mal, bien sea una pierna rota sufrida en un accidente o una úlcera. Esto no quiere decir que *conscientemente* tomemos la elección de la manera en que solemos hacerlo con otras cosas; no simplemente nos sentamos y decimos: "Bueno, creo que tendré una pierna rota esta tarde, a las tres, frente a la farmacia de Rand." Alguna parte de nosotros está desquiciada y prefiere una enfermedad o accidente, como forma de expresar esta situación interna. Explicaremos esto en el capítulo sobre la salud, junto con instrucciones de Seth sobre el mantenimiento de la buena salud y vitalidad.

Pero ¿qué hay respecto a enfermedades graves y dónde encaja la reencarnación en el cuadro? Para empezar, Seth no utiliza la palabra "castigo". No somos "castigados" en una vida por las "transgresiones" en otra anterior. Tampoco elegimos la enfermedad *per se* como situación de una vida dada, aun cuando tal vez utilicemos tal enfermedad como parte de un plan mayor, como método de enseñarnos a nosotros mismos alguna verdad importante o como medio de desarrollar ciertas habilidades.

He aquí cómo funciona este proceso en un caso específico. También aquí estuvo involucrada una llamada telefónica, mas esta vez de un hombre a quien llamaré Jon, que me llamó desde otra parte del país, poco tiempo después de que se publicara mi primer libro, hace dos años. Jon y su esposa se hallaban en sus años veintes. Llamaré a su esposa Sally. Después de que se le presentó una esclerosis múltiple a Sally se le había pronosticado sólo un año de vida y Jon quería preguntar a Seth si habría algo que pudiera hacer por ella.

De nuevo sentí ese fuerte deseo de ayudar y aquí también estaba llena de dudas. Supongamos, nada más supongamos, que Seth celebrara una sesión y sugiriera tratamientos o medicina que hicieran que Sally mejorara; ¡yo era Jane Roberts, no Edgar Cayce! y ¿cómo podría una persona extraña tener tal fe en Seth y sus facultades, cuando yo misma me hallaba embargada por dudas?

—Estoy seguro de que Seth podría ayudar —declaró Jon—. Lo supe tan pronto como leí el libro de usted. Incluso en el caso de que Sally no pudiera ser curada, quizás podría explicar las cosas de tal manera que su enfermedad tuviera alguna especie de sentido. ¿Por qué Sally? Ella nunca hizo daño a nadie en su vida.

Me sentí verdaderamente acorralada, principalmente porque quería de todo corazón ayudar. Luego, otra vez me las arreglé para recordar que el *yo* interno era mucho más fuerte que el yo-Jane y que Seth sabía mucho más que ninguno de nosotros. Así pues, acepté.

En el curso de un periodo de dos años hemos celebrado varias sesiones para Jon y Sally. No obstante, en esa primera sesión, Seth nos ofreció algunos consejos excelentes que son de gran ayuda para cualquiera, cuando lo azota la enfermedad. Antes de entrar en los antecedentes de la reencarnación, que eran muy importante en este caso, enfatizó la importancia que jugaban la sugestión y la telepatía en las enfermedades. Debido a que esto tiene tan grande aplicación general, incluyo aquí porciones de este pasaje:

"La actitud mental de todos los involucrados debe cambiar por otra que ofrezca más esperanzas. La mujer está recogiendo y reaccionando a los pensamientos negativos de quienes creen que su recuperación es imposible.

"El mal no puede revertirse físicamente. La mejoría física será resultado de un cambio espiritual. Todos aquellos que la rodean deben abstenerse de mostrar actitudes de desesperanza y sugestiones negativas, bien sea implícitas o habladas. . . Esto por sí mismo le permitirá mejorarse, hasta cierto grado.

"El marido debe seguir este ejercicio tres veces al día: debe imaginar que la energía y vitalidad del universo llenan la figura de su esposa con salud. Este no debe ser un mero pensamiento de deseo o algo así, sino un esfuerzo definido por entender que la figura de ella está compuesta por esta energía y de este modo él puede ayudarla a usarla con ventaja.

De ser posible, debe tocarla durante este ejercicio y debe hacerlo por la mañana, por la tarde y por la noche.

"No fabriques falsas seguridades huecas, sino que honesta y persistentemente recuerda que la materia física de tu esposa está llena y formada por energía universal. Un bloqueo le ha estado impidiendo a ella usar esta energía con efectividad normal. Tú puedes compensar parcialmente esto mediante tu propia actitud y los ejercicios que te he dado. Esto por sí solo le dará a ella un respiro, cuando la enfermedad detenga su avance. Si mis instrucciones se siguen al pie de la letra, entonces dentro de muy poco tiempo tendrá lugar alguna mejoría.

"Si no se siguen las instrucciones concernientes a un cambio benéfico en su ambiente mental, entonces ningún consejo o medicina será de ayuda..."

Seth también dijo que el esposo debería preparar un programa con el designio de modificar las expectativas de Sally y, asimismo, sugirió tratamiento por parte de un hipnotizador acreditado, quien podría instilar sugestiones positivas para elevar su volutad de vivir.

Recomendó que los miembros de Sally se frotaran con aceite de cacahuate y que se agregara hierro a su dieta. Enfatizó que se sentiría más feliz en otro cuarto y dijo: "Creo que tienes una sala de estar pequeña y soleada. Esta pieza posee connotaciones benéficas para ella. Procura que se mude allí." De paso habló de varios episodios en la vida presente de Sally, algunos que Jon corroboró en su siguiente carta y uno en particular, que ignoraba, hasta que Seth lo mencionó. Seth dijo, por ejemplo, que ella había trabajado en una tienda de cinco y diez centavos con una amiga suya y que una visita por parte de esta amiga sería de mucha ayuda. Jon no sabía que Sally hubiera trabajado en tal lugar, pero la madre de ella lo recordaba.

Hay que observar que Seth no mencionó otros asuntos, sino hasta que dio el consejo anterior; y que éste estaba dirigido para el marido y aquellos que cuidaban de la paciente, más que para ésta misma. Al final de la primera sesión, Seth dijo: "Están actuando algunas conexiones de una vida pasada. Por ahora no es tan importante que las conozcas, como dar los pasos que estoy esbozando."

En el intervalo entre las dos sesiones, Jon escribió diciéndonos que había notado cierta mejoría y que estaba siguiendo las instrucciones de Seth. Asimismo nos decía que, en efecto, tenía un saloncito como el que mencionaba Seth y que Sally se había mudado allí.

La segunda sesión para Jon se dedicó enteramente a influencias reencarnacionales y es un excelente ejemplo de la forma en que éstas pueden afectar los patrones básicos. La sesión contiene asimismo algunos consejos de tipo general y de respuesta a varias preguntas específicas que se referían a la relación entre vidas pasadas y la salud presente.

Seth empezó por decir que el karma no implica castigo. "El karma presenta la oportunidad de desarrollo y capacita al individuo a aumentar su comprensión, a través de la experiencia; a llenar los vacíos de la ignorancia, a hacer lo que se debe hacer. Siempre se halla involucrado el libre albedrío."

El relato de la vida pasada de Sally es fascinante. Obsérvese que ésta no fue la vida *inmediatamente anterior*, sino otra más anterior, en la que los problemas se "almacenaron" hasta esta existencia: "La mujer fue un hombre italiano, en una aldea de las montañas. Él perdió a su esposa y quedó con una hija inválida, sumamente neurótica, a quien cuidó durante muchos años. Como hombre, Sally se llamaba Nicolo Vanguardi (interpretación fonética de Rob) y la hija se llamaba Rosalina. Él estaba muy resentido con su hija y aun cuando la cuidaba con todo esmero, no lo hacía con bondad. "Quería volver a casarse, pero nadie lo aceptaba debido a su hija. Siempre que le era posible, ella lo desafiaba. Era una mujer joven, de agradable apariencia, inválida mas no deforme. Cuando llegó a sus años treinta, su apariencia era más juvenil que la de muchas mujeres más jóvenes que estaban obligadas a laborar en los campos. Poseía una pequeña granja y contaban con ayuda temporal. Un hombre viudo, sin hijos, llegó a una aldea vecina para ayudar en las labores de la granja. Se enamoró de la muchacha y, a pesar de su condición, la llevó consigo a su aldea nativa.

"El padre (Sally en la vida anterior), se sintió completamente amargado. La hija lo había abandonado demasiado tarde; ya era demasiado viejo y nadie lo aceptaría y ahora no tenía absolutamente a nadie con quien hablar. Odiaba más intensamente a su hija y se quejaba constantemente de que ella lo hubiera olvidado ya a su edad, después de que la cuidara tanto."

Seth prosiguió diciendo que en su exitencia siguiente, Sally volvió a nacer como una mujer de cierto mérito artístico, en una existencia de éxitos, también en Italia. Era madre de dos hijos. "Aquí la personalidad nació a sólo setenta y cinco kilómetros de distancia del sitio anterior y, como esposa de un rico terrateniente, a menudo paseaba por la misma tierra donde todavía se encontraba la pequeña casa (de su vida anterior), con su granja. Esta es una población que se vio fuertemente bombardeada durante la segunda Guerra Mundial.

Sin embargo, después de esa vida, la personalidad de Sally decidió asumir los problemas no terminados de su desarrollo. "Esta vez la personalidad está siendo cuidada, en vez de ser ella la que cuide —está siendo físicamente dependiente—. La personalidad en la existencia anterior no intentó ni pudo tratar de comprender las circunstancias y la posición de la hija inválida. Ni por un momento entonces pudo la personalidad luchar por contemplar la realidad interna en términos personales.

"Esta vez Sally desempeña esa parte y se siente sumergida por completo en ella. Jon fue el hombre a quien la hija abandonó en la vida anterior. Ahora Sally lo ama y ha aprendido a ver los puntos humanos de la personalidad de él.

"Mediante el cambio de papeles, Sally ahora gana conocimiento interno de sus fracasos pasados y también ayuda a su actual marido a ser más contemplativo y buscar respuestas a preguntas que de otro modo nunca hubiera hecho. Ella está coadyuvando al desarrollo de él y, asimismo, trabajando en serios defectos que existieron en su propia personalidad."

Siguió adelante para decir que el nombre de la población italiana era algo así como Ventura y estaba situada al sureste del país y que en esa área ocurrió un trágico descarrilamiento de trenes un poco después de 1930.

"Si bien tales situaciones en la enfermedad de Sally son escogidas por la personalidad, el individuo siempre tiene a su cargo trabajar en su propia solución. La recuperación completa, la enfermedad o la muerte prematura, no están predeterminadas por parte de la entidad (o el yo total). La situación general es establecida en respuesta a profundos compromisos internos.

"El problema es un desafío impuesto por la entidad para una de sus propias personalidades; pero el resultado es responsabilidad de la misma personalidad involucrada. Este fue el último bloque principal de tropiezo para esta personalidad. . . Uno no escoge la enfermedad *per se* para una situación de vida. En este caso, con el fin de que la personalidad vea sus propias actividades pasadas con claridad, consideró que debía crear una posición de completa dependencia."

Seth prosiguió diciendo que, incluso en tales condiciones aparentemente trágicas, no se abandona la personalidad. "El yo interior, en distinción subconsciente más accesible, se da cuenta de la situación y encuentra la liberación a través de frecuentes comunicaciones internas, donde se recuerdan y reexperimentan los éxitos. El estado de sueño se torna un momento en extremo vívido, pues tales experiencias aseguran la personalidad de su naturaleza más grande. Sabe que es más que el yo que por un tiempo ha escogido ser."

Sin embargo Sally se encontraba en una situación terrible, se estaba quedando ciega y era incapaz de hablar o moverse voluntariamente. ¿Por qué, escribió Jon, no podía ella haber escogido algo menos nocivo? ¿Por qué no podía ella haber estado simplemente enferma durante tres vidas, digamos, en vez de verse atacada por un mal tan mortal en ésta?

Seth respondió: "Esto es característico de esa entidad, su impaciencia y, no obstante su osadía, porque la situación representaba tal desafío. Todos los puntos débiles se intensifican, en vez de tener una serie de dificultades menores. En esto, Jon estuvo de acuerdo subconscientemente, para aprender paciencia y tolerancia, aceptar lo que consideraba su medicina, como si dijéramos toda en una dosis."

Seth enfatizó que en la vida inmediatamente anterior, Sally había tomado un descanso de los problemas, había gozado de excelentes circunstancias y satisfecho sus aptitudes creativas.

"Tal situación permite a la personalidad aplicar la experiencia necesaria en una situación de vida, excavar profundamente y enfrentarse de una vez a problemas que de otro modo hubieran requerido varias vidas. Únicamente una personalidad osada y valerosa intentaría esto."

En la actualidad, más de dos años después, Sally todavía vive pero en pésimas condiciones. Seth dijo que había logrado resolver los desafíos que ella misma se había fijado pero, al hacerlo, había dañado su cuerpo físico a tal grado que había decidido descartarlo. En el momento de escribir este libro, ella se encuentra en coma. Jon quería saber qué le estaba ocurriendo en este estado. "Se halla ella consciente en algún otro lugar? ¿O nada más sueña? ¿Y qué ocurre después de la muerte?"

En una reciente sesión Seth dio respuesta a estas interrogantes, muchas de las contestaciones se aplican a la muerte en general, por lo que en el siguiente capítulo incluiré algunos extractos de esta sesión y, asimismo, entraré en las ideas de Seth sobre la reencarnación, con mayor profundidad.

CAPÍTULO
DOCE:

Más sobre la reencarnación: después de la muerte y vidas intermedias

Hace apenas una semana que Jon llamó de nuevo. Sally se encontraba en el hospital, después de un muy serio ataque durante el cual su corazón se detuvo por un corto tiempo. Jon estaba perplejo e indeciso entre orar por su recuperación o por su liberación a través de la muerte y preguntó si podríamos celebrar una sesión sobre este asunto.

Seth a menudo nos había dicho que, cuando terminamos con nuestras vidas aquí, estamos verdaderamente ansiosos por abandonar esta existencia. Cuando el cuerpo está agotado, realmente queremos deshacernos de él. El instinto de supervivencia se satisface perfectamente, porque el yo interior sabe a ciencia cierta que vivirá después de la muerte. No obstante, yo odiaba decir esto a Jon por teléfono. En teoría sonaba bien; pero, naturalmente, yo sabía que quería que Sally viviera. Sabía que él abrigaba esperanzas de que ocurriera un milagro, por lo menos una recuperación parcial, un alivio temporal.

Le prometí celebrar una sesión con Seth por él y más tarde me sentí contenta por haberlo hecho. No sólo esta sesión fue de gran ayuda para Jon, sino que contiene excelente información sobre lo que puede pasar mientras una persona se encuentra supuestamente inconsciente, en coma y lo que experimentamos antes y después de la muerte.

También ahora, al momento de la sesión, Sally de nuevo se encontraba en un profundo estado de coma. No había podido hablar por más de un año. Primero Seth proporcionó más o menos una página de impresiones, nombres, iniciales, sucesos, etcétera, que dijo que había "derivado de cierta porción de la conciencia de la joven: recuerdos dispersos, pensamientos e ideas.

"Toda la realidad de ella es mucho más grande y se está esforzando por poner estos recuerdos en su lugar, como si estuviera acomodando muebles en una casa nueva. El tiempo, como se piensa de él, tiene poco significado para ella. Tú podrías comparar las dos experiencias de tiempo diferentes de esta manera:

"En tu dimensión es como si los acontecimientos recordados fueran como piezas de muebles, todas arregladas en un salón en determinado orden. Al vivir en el cuarto, puedes encontrar tu camino entre los diversos muebles, con toda facilidad.

"Entonces te mudas a una habitación más grande y de tipo diferente y aquí los muebles quizá estén distribuidos de cierta manera, retirados y vueltos a colocar, para satisfacción de tu corazón. Puedes formar diferentes combinaciones en él y usarlo para diferentes propósitos. Así es como Sally está reacomodando los muebles de su mente. Y así como tú podrías visitar una nueva residencia y mudar algunas de tus pertenencias allí, antes de que oficialmente la hagas tuya, así ella ha estado examinando el nuevo ambiente. Se encuentra en el proceso de trasladarse a la nueva ubicación.

"Ha habido guías para ayudarla. Difícilmente notará que se ha mudado enteramente, pues se sentirá como en casa. En su caso ha venido formando cuadros de memorias de su infancia, de días antes de su enfermedad física y entrando en ellos. Está aprendiendo qué sucesos que parecen estar en el pasado, pueden volver a crearse.

"Esto no significa que piense que es una niña. Está disfrutando la libertad de preexperimentar eventos. Esta es una forma de terapia espiritual en su caso, por lo que pierde la identificación con la enfermedad y no la carga consigo.

"Dentro de poco tiempo, empezarán los periodos de adiestramiento. Será su turno ahora ayudar a otros y ser su fuente de resistencia. Por lo tanto, ya ha iniciado una nueva vida (Seth no quiere decir otra vida física aquí, claro está), aunque en el momento presente su experiencia está siendo monitoreada por guías hasta cierto grado.

"Se ve sostenida, en un sentido religioso, por figuras convencionales sacadas de la Biblia. Estas personalidades le explicarán la índole de la realidad en un vocabulario que tendrá sentido para ella. De nuevo ha resuelto los problemas que ella misma se creó y expuso a la compasión y comprensión de su marido, cualidades que le son de gran ayuda en su propio desarrollo.

"Yo me le he aparecido como un muy gentil Juan el Apóstol y he hablado con ella. Ésta no es una cuestión de truco, sino un método de ayuda que ella puede aceptar. No es inusitado para aquellos que tratan de ayudar, asumir tales formas e imágenes reconfortantes."

(Posteriormente pensamos que esta última declaración poseía implicaciones en extremo provocativas para casos en los que se dan a conocer visiones de figuras religiosas. Abrigamos la esperanza de que Seth discutirá esto de manera más detallada en el futuro.)

Durante nuestro descanso, Rob mencionó varias interrogantes que pensaba que a Jon le gustaría que se contestaran, o que podrían llegarle a la mente cuando leyera la transcripción de la sesión. Una de ellas tenía que ver con el tipo de cuerpo que Sally tenía a su disposición. Seth dijo: "Ahora bien, el nuevo cuerpo, claro está, no es en verdad uno nuevo en lo absoluto, sino simplemente un cuerpo no físico, de acuerdo con tus términos, uno que tú usas en proyecciones astrales, uno que da la vitalidad y fuerza al cuerpo físico que conoces.

"Tu carne está incrustada en él ahora. Cuando abandonas el cuerpo físico, el otro cuerpo es completamente real para ti y parece igualmente físico, aun cuando goza de muchas más libertades. . . Sally está encantada con este cuerpo, comparándolo con el físico (y enfermo). Está tratando de cortar toda identificación con su organismo físico, bien sea que esté vivo o muerto, según tus términos.

"Jon debe decirle que se halla en libertad de irse y que él gozosamente le concede su libertad, de tal modo que incluso después de la muerte, ella no sienta que debe permanecer cerca de él. Sabe bien que volverán a unirse. . . y comprende que él no se da cuenta de esto como ella."

Varios días después de esta sesión, nos visitó un ministro retirado y su esposa. El Rev. Lowe, como lo llamaré, publica un boletín nacional que discute los elementos psíquicos del cristianismo. Durante varios años hemos mantenido correspondencia con él, mas no nos conocíamos personalmente. Le platiqué respecto a la sesión de Jon y se mostró muy interesado en lo que Seth tenía que decir respecto a las experiencias de Sally en estado de coma.

El Rev. Lowe y su esposa se presentaron una noche de clases y, por supuesto, yo los invité a asistir. Yo procuro siempre mantener las clases tan informales como sea posible. Todo el mundo se trata sobre una base de nombres propios, es decir se tutea, y cada uno de nosotros viene vestido con la ropa que le es más cómoda y natural. Los hombres con traje de negocios, se mezclan con gente vestida como hippies y siempre tenemos vino para aquellos a quienes les gusta. Admito que me pregunté lo que pensaría el Rev. Lowe y tenía esperanzas que no esperara algo como una reunión de oración. A nuestra propia manera usamos la oración, pero de un modo sumamente creativo, no estructurado y no convencional. En ocasiones tocamos música de rock 'n' roll, por ejemplo, mientras yo leo algún poema. . . y esto era lo que yo consideraba oración.

No tenía yo idea si Seth se presentaría esa noche. Al principio, en broma, presenté al ministro como un baterista de rock, a fin de que él y toda la clase se sintieran cómodos y tranquilos. Alguien comentó que la presencia de un ministro debe haber inhibido a todos, puesto que nadie hablaba mucho.

De pronto entró Seth, diciendo: "¡Y yo pensé que te estabas portando bien, debido a que yo estaba aquí! Tendré que aprender a ser un reverendo baterista y así me pondré a tono contigo." Después de esto, se dirigió a varios de los componentes de la clase y luego invitó al Rev. Lowe a preguntar cualquier cosa que le viniera a la mente.

—Cuando abandonamos el cuerpo físico, ¿adónde vamos? inquirió el ministro. Todos los demás se mantuvieron silenciosos, bebiendo vino y escuchando.

"Vas adonde quieres ir —contestó Seth—. Ahora bien, cuando tu mente consciente ordinaria y en vigilia se adormece en el estado de sueño, viajas en otras dimensiones. Estás preparando tu propio camino. Cuando mueres, vas por esos caminos que has preparado ya. Existen varios periodos de adiestramiento que varían, de acuerdo con el individuo.

"Debes entender la naturaleza de la realidad, antes de que puedas moverte bien dentro de ella. En la realidad física estás aprendiendo que tus pensamientos poseen realidad y que tú creas la realidad que conoces. Cuando abandonas esta dimensión, entonces te concentras en el conocimiento que has ganado. Si todavía no comprendes que puedes crear tu propia realidad, entonces regresas y de nuevo aprendes a manipular una y otra vez los resultados de tu propia realidad interna, cuando la encuentras objetivizada. Te enseñas a ti mismo la lección, hasta que por fin la has aprendido; luego empiezas a aprender cómo manejar la conciencia que es tuya, correcta e inteligentemente. Luego puedes formar imágenes para beneficio de otros y conducirlos y guiarlos. Luego agrandas constantemente el alcance de tu entendimiento.".

—¿Qué determina el tiempo entre reencarnaciones? —preguntó el ministro.

"Tú. Si estás muy cansado, entonces te tomas un descanso. Si eres sabio, tomas tiempo para digerir tu conocimiento y planear tu siguiente vida, de la misma manera que un escritor planea su próximo libro. Si tienes demasiadas ligas con esta realidad o si eres demasiado impaciente o si no has aprendido lo suficiente, entonces puedes regresar con demasiada rapidez. Siempre queda esto como decisión del individuo. No existe la predestinación. Las respuestas se encuentran detrás de ti mismo, entonces, como están dentro de ti ahora."

El Rev. Lowe formuló otras preguntas, pero ya no en relación con el tema que estábamos tratando. Él y Seth parecían llevarse muy bien. Posteriormente, en un descanso, recibí varias impresiones de una vida anterior de la señora Lowe. Mientras tenía lugar una discusión general, la "vi" cerca de una academia de equitación en Francia, en el siglo catorce; y luego la vi a ella y al Rev. Lowe como gemelos en Grecia, cuando él era orador y ella un soldado. Hubo otros detalles; pero lo interesante fue que la señora Lowe me dijo después, que ella realmente estaba loca por los caballos y que Grecia y Francia eran los únicos países en los que tenía gran interés.

Seth raras veces ofrece datos sobre reencarnación, a menos que estén directamente ligados con el desarrollo general de la vida presente de un individuo; y se rehusa a proporcionar historias de vidas pasadas, por ejemplo, a aquellos que piensa que nunca aplicarán las lecciones involucradas. Y, cosa sumamente extraña, ofreció tal información una vez en una clase a tres jóvenes colegialas que claramente no creían en la reencarnación al principio. Acababan de empezar las clases y, si bien se sentían curiosas respecto a la PES, poseían poca paciencia con la teoría de la reencarnación antes de la sesión.

Estas muchachas eran muy inteligentes, brillantes, alertas y cautas. No eran nada propensas a verse embarcadas en fetichismos absurdos. Al mismo tiempo, estaban intensamente interesadas en las ideas de Seth de que la conciencia puede expandirse con toda seguridad y sin necesidad de drogas, mediante el uso de sus métodos. Una de estas muchachas, Lydia, era la más expresiva del grupo en sus argumentos en contra de la reencarnación.

"Tú reencarnarás, creas o no creas que lo harás —y Seth empezó diciendo esto, con una sonrisa—. Es mucho más fácil si tus teorías encajan en la realidad, mas si no es así, entonces no cambias la índole de la reencarnación ni una pizca." Y prosiguió para dar a Lydia una descripción bastante detallada de una vida anterior, alrededor de la zona de Bangor, Maine, en 1832, cuando era varón. Esta fue la primera sesión que tuvo Seth dedicada a Lydia y ésta se movía nerviosamente en su asiento, mientras Seth citaba nombres, fechas y determinados episodios de su vida pasada.

Cuando terminó, Lydia dijo:

—Bueno, no sé que pensar, pero te diré esto. Lo más increíble es que yo pasé mi infancia en Bangor, Maine, y, cuando nos mudamos al Estado de Nueva York, no mencionaba a Nueva York como mi hogar, pues siempre sentía que yo pertenecía a Maine.

—Y Seth dijo que. . . —Ella se interrumpió y leyó las notas que había tomado. Luego exclamó muy excitada:

—Seth dijo que una Miranda Charbeau, del lado francés de mi familia en esa vida pasada, casó e ingresó a la familia de Franklin Bacon en Boston. Otra vez, esto es algo loco, y realmente lo es, porque mi familia esta ocasión *está* conectada con la familia de Roger Bacon, de Boston.

No obstante, no hubo mucho tiempo para más discusión, debido a que Seth ahora empezó a hablar con Jeane, la más psíquicamente dotada del grupo.

"Ella vivía en Mesopotamia, antes de que a este lugar se le conociera por ese nombre. Aquí encontramos aptitudes mostradas, ignoradas y mal usadas, a través de una sucesión de vidas: un ejemplo bastante clásico del 'progreso', seguido por muchos psíquicamente dotados, pero con muy pobre control de sus personalidades y facultades.

"China y Egipto. Vidas relacionadas de distintas maneras con la religión, pero sin el necesario sentido de responsabilidad; por desgracia, se limitó a sacar ventaja de las fortunas de que disponían las clases gobernantes, a través de las eras. Por esta razón, las aptitudes no han llegado a fructificar. Únicamente en esta presente existencia se encuentra finalmente cierta comprensión y sentido de responsabilidad. En el pasado, sus facultades psíquicas se utilizaron para propósitos equivocados; por lo tanto, no se desarrollaron cabalmente y la personalidad permaneció en un decidido estancamiento.

"En dos ocasiones la muerte ocurrió por fuego." Subsecuentemente a esta aseveración, Seth proporcionó detalles de una vida irlandesa de Jean en 1524. Luego continuó para proporcionar los siguientes datos, que encontramos sumamente interesantes. Los mencionaré exactamente como los recibí, aun cuando al principio resultaban un poco confusos, puesto que Seth simplemente saltó a ellos.

"Una pequeña población a veinticinco metros de Charterous (esta es la mejor aproximación del nombre: Charterous o Charteris ¿Chartres?). El apellido entonces era Manupelt o Man Aupault. A. Curia. Hay aquí una conexión con la primera personalidad histórica con que nos hemos encontrado: una relación muy distante con Juana de Arco, por parte del padre de la mística, removida dos veces. Y ese nombre aproximadamente como está escrito, en algunos registros. . . de una vieja catedral. El nombre de la familia, la población y el nombre de la catedral son iguales."

Cuando Seth guardó silencio, durante un minuto, Jean no pronunció palabra. Luego realmente se ruborizó y nos confesó que siempre se había sentido aterrorizada por el fuego y que su apodo en la escuela secundaria había sido Juana de Arco o La Bruja.

Pero Seth no había terminado. Proporcionó material sobre reencarnación para otra estudiante, Connie, y mencionó en particular una vida en Dinamarca, cuando ella había muerto, siendo un niño pequeño, de difteria. ¡Y eso realmente causó una impresión! Connie sorprendió a todo el mundo, particularmente a las otras muchachas colegialas, al decir que, desde que era muy niña, siempre había tenido miedo a llegar a padecer difteria y que nunca pudo entender por qué.

—Porque en la actualidad ¿a quién le preocupa la difteria? —exclamó.

—Si tenías miedo de llegar a padecer cáncer, por ejemplo, yo podría entenderlo —contestó Lydia.

—Eso es lo que quiero decir —afirmó Connie—. Simplemente no podía tener sentido para mí antes. Que yo sepa nadie en mi familia murió a consecuencia de difteria.

De este modo, con historias de reencarnación, Seth dio a cada joven un fragmento de información, sumamente significativo y desconocido para cualquiera de los que se encontraban en la habitación, excepto para la persona para la que estaba destinado. Y este trozo de información encajaba perfectamente con algunas pequeñas e inexplicables actitudes que anteriormente les habían intrigado. De pronto se mostraron sumamente interesadas en la reencarnación y, como ya es usual, sus mentes se estimularon. Ahora querían saber todo de inmediato.

—Seth dijo antes que todo el tiempo existía en una sola vez —exclamó Jean. ¿Entonces cómo es que habla respecto a vidas reencarnadas o una serie de vidas, una antes que otra? Las dos cosas no parecen encajar juntas.

Casi de inmediato, entró Seth y dio respuesta a esta pregunta.

"Tu idea del tiempo es falsa. El tiempo, como lo experimentas, es una ilusión causada por tus propios sentidos físicos. Ellos te obligan a percibir la acción en ciertos términos; mas ésta no es la naturaleza de la acción. Los sentidos físicos únicamente pueden percibir un poco de la realidad a la vez y así te parece a ti que un momento existe y se va para siempre y el siguiente momento llega y, como el anterior, también desaparece.

"Pero todo el universo existe a un tiempo simultáneamente. Las primeras palabras que se hayan llegado a pronunciar, todavía resonarán en todo el universo y, en tus términos, las últimas palabras que se han llegado a pronunciar, ya han sido dichas, pues no existe principio. Es únicamente tu percepción la que es limitada.

"No hay pasado, presente y futuro. Éstos únicamente parecen existir para quienes viven dentro de una realidad de tres dimensiones. Puesto que yo ya no estoy en ella, puedo percibir lo que tú no puedes. También hay una parte de ti que no se halla aprisionada dentro de la realidad física y esa parte de ti sabe que sólo existe un Ahora Eterno. La parte de ti que sabe esto, es el yo total.

"Cuándo te digo que viviste, por ejemplo, en 1836, digo esto porque para ti eso tiene sentido ahora. Vives todas tus reencarnaciones a la vez, pero encuentras difícil entender esto dentro del contexto de tu realidad tridimensional.

"Imaginas que tienes varios sueños y que sabes que estás soñando. Dentro de cada sueño, pueden transcurrir cien años terrestres; pero para ti, el soñador, no ha pasado tiempo, pues te hallas libre de la dimensión en que el tiempo existe. El tiempo que pareces pasar dentro del sueño o dentro de cada vida, es únicamente una ilusión y, para el yo interno, no ha pasado el tiempo, porque no hay tiempo."

La verdad es que Seth ha usado varias analogías para explicar las experiencias de la reencarnación. En la página 3 600 de nuestras propias sesiones, encuentro esto: "Los diversos yos reencarnacionales pueden, *superficialmente*, considerarse como porciones de un rompecabezas de palabras cruzadas, porque todas son porciones del total y, no obstante, pueden existir separadamente."

En la 256º sesión dijo: "Debido a que estás obsesionado con la idea del pasado, presente y futuro, te ves obligado a pensar en las reencarnaciones como eslabonadas, una antes de otra. Ciertamente hablamos de vidas pasadas porque estás acostumbrado al concepto de secuencia de tiempo. Lo que tienes, en vez de eso, es algo así como los sucesos que se narran en *The Three Faces of Eve* (Las tres caras de Eva). Todos tienen egos dominantes, todos ellos parte de una identidad interior, dominante en varias existencias. Pero las existencias separadas existen simultáneamente. Únicamente los egos involucrados hacen la distinción de tiempo: 145 a. de J.C., 145 d. de J.C., mil años en tu pasado y mil años en tu futuro. . . todos existen ahora."

De hecho, Seth impartió tres o cuatro sesiones en las que comparó casos de personalidades "divididas" para nuestro yo reencarnado. Terminó diciendo: "Resulta interesante que las personalidades (en Las tres caras de Eva), se alternan y todas existían al mismo tiempo, por decirlo así, aun cuando sólo una era la dominante en un momento dado. De la misma manera, las llamadas personalidades pasadas están presentes en ti ahora, mas no son dominantes."

Hasta donde sabemos, esta reconciliación de reencarnación y tiempo simultáneo, es original de Seth. La mayoría de las otras teorías sobre la reencarnación toman la secuencia de tiempo como un hecho concreto. Pero entonces ¿qué hay de la causa y el efecto? Cuando Seth introdujo esta idea, ésta es una de las primeras interrogantes en que pensamos Rob y yo. La actitud de Seth hacia la causa y el efecto se hará lo suficientemente clara en sus explicaciones ulteriores de la verdadera naturaleza del "tiempo"; pero cuando Rob formuló primero la pregunta, Seth contestó:

"Puesto que todos los sucesos ocurren simultáneamente en realidad, poco hay que se pueda ganar diciendo que un acontecimiento pasado es causa de uno presente. La experiencia pasada *no* causa la experiencia presente. Estás formando el pasado, presente y futuro. . . simultáneamente. Puesto que los sucesos te parecen a ti en secuencia, esto resulta difícil de explicar.

"Cuando se dice que ciertas características de una vida pasada influyen o causan patrones presentes de conducta, tales aseveraciones (y yo he hecho algunas de ellas), están sumamente simplificadas, a fin de hacer claros ciertos puntos.

"El yo total se da cuenta de *todas* las experiencias de *todos* sus egos y, puesto que una identidad las forma, son susceptibles a que haya similitudes y características compartidas entre ellas. El material que les he dado sobre la reencarnación, es perfectamente válido, particularmente para propósitos de trabajo; pero es una versión simplificada de lo que en realidad ocurre."

Así pues, aunque Seth a menudo explica problemas de vida presente como resultado de dificultades en vidas pasadas, deja ver claramente a aquellos que pueden entenderlo, que las vidas en realidad existen simultáneamente, exactamente igual que tres personalidades pueden existir en un cuerpo en algún momento. Pero no todos los problemas son resultado de tales influencias provenientes de una "vida pasada". En un caso, los golpes que recibió una amiga en el presente tuvieron su origen precisamente en esta vida, aun cuando los de su novio fueron restos del pasado.

Doris estaba sufriendo toda clase de dificultades. Por una cosa: continuamente perdía la cabeza y se enamoraba de hombres que no querían casarse, bajo ninguna circunstancia. En tales relaciones ella era la agresora. Los hombres en cada caso eran personas que no querían comprometerse, estaban exageradamente sujetos a sus padres, o eran personas que por una razón u otra no solían tener relaciones regulares con mujeres. Doris fue lo bastante lista para ver esto, pero cada vez estaba segura que había algo respecto al nuevo hombre, que lo hacía más elegible o, por lo menos, más propenso a aceptar los avances de ella. Mientras tanto, se encontraba mortalmente sola, pues se rehusaba a tener citas con hombres "ordinarios", pues le parecían inferiores, comparados con su nuevo ídolo.

Finalmente, después del rompimiento de uno de tales episodios, solicitó una sesión con Seth. Nos conoce a ambos perfectamente, por lo que me asombró muchísimo su comportamiento antes de la sesión. Estaba tan tensa, que yo encontré muy difícil entrar en trance. Ella nada más se quedó allí sentada, en realidad con el rostro pálido, sin una mínima sonrisa y dando la impresión de estar aterrorizada.

Seth comenzó diciendo con gran gentileza: "Tus sentimientos hacia mí están relacionados con otras actitudes profundamente arraigadas dentro de ti. Desde la infancia has tenido miedo de tu padre y ahora piensas en mí como si yo fuera un anciano, aunque sabio, un macho adulto en extremo poderoso, tal como pensabas de tu padre cuando eras niña. Esta actitud ensombrece tus relaciones con los varones con quienes has estado en contacto.

"Ves al macho en términos inspirados en ti durante la infancia. Pensabas que tu padre poseía cualidades similares a las de un dios y pretendes proyectar estas cualidades en los hombres que conoces. Por lo tanto, ellos te defraudan; mas esto también satisface tus necesidades, porque mientras ves al macho como un dios, también lo ves como alguien que imparte castigo y es irrazonable y cruel. Así pues, tienes miedo de quedar 'bajo el pulgar de un hombre' o su dominio. Debido a que fuiste un varón en vidas pasadas, resientes esto mucho más.

"Por lo tanto, consistentemente escoges hombres en quienes pretendes ver características femeninas, con la esperanza de que estas cualidades más gentiles, te protejan contra los otros tan temidos rasgos masculinos que, en tu mente, has exagerado."

Por lo que Rob dijo más tarde, Doris permaneció sentada allí con la cara roja y un poco embarazada. Nuestra grabadora de cinta estaba encendida. Seth prosiguió citando ejemplos de una vida anterior de Doris, de los cuales ni Rob ni yo sabíamos nada. Toda la sesión se llevó nueve páginas escritas a máquina a renglón seguido, en las cuales Seth analizó las actitudes y rasgos de Doris, ilustrándolos como episodios específicos conocidos anteriormente sólo por ella y terminando con un excelente consejo.

Le dijo que estaba proyectando una imagen en cada varón que conocía y luego reaccionando a *ella*, en vez de al individuo. Le sugirió ciertos ejercicios mentales calculados para ayudarle a disolver esta falsa imagen. Aquí Doris empezó a sollozar un poco. Seth sonrió y dijo: "Ahora bien, no llores. Yo no soy tu padre imponiéndote una lección de aritmética. Me encuentro aquí para ayudarte y, a cambio, recibo lágrimas. Por lo regular no ejerzo tal efecto en la gente."

En respuesta, Doris se las arregló para hacer un leve gesto.

—Puedes hacer preguntas —le sugirió Rob.

—Bueno, ¿entonces por qué Frank (no su nombre real) tiene citas y mantiene relaciones ordinarias con las mujeres? ¡Es lo bastante hombre! —dijo. Luego, casi con un toque de desafío, agregó—: No es afeminado. En este caso, el problema principal está en dificultades de "una vida pasada".

"Él antes fue mujer. Sus actuales padres eran sus hermanos, en el periodo de la Revolución Americana y en la misma zona geográfica que ahora. Sus hermanos se hallaban involucrados como espías. Tu Frank, como hermana suya, reveló el lugar en que se ocultaban, que era un sótano, abajo de una vieja posada. Ella fue capturada cuando salió en busca de provisiones, dio a conocer su escondite y no pudo advertir a sus hermanos. Así pues, sentía que los había abandonado y traicionado."

Seth siguió diciendo que, en esta vida, Frank prefirió regresar como hijo de los dos hermanos que, en la actualidad, son marido y mujer. "Ahora racionaliza su deseo de no abandonar la casa. Los hermanos nunca la hicieron responsable. . . sabían que la muchacha se había aterrorizado y que, por miedo, había hablado, sin intención alguna de traicionarlos. No hay castigo involucrado. Él ha escogido en esta vida ser de alguna utilidad para ellos y ayudar a otros. Su peculiar reserva (era muy callado), es resultado de estas experiencias pasadas. Piensa que alguna vez ha hablado demasiado y traicionado mucho. Por ello ahora es muy reservado y sigiloso respecto a cuestiones que considera importantes."

Seth enfatizó que por razones propias, Frank no quería tener una relación de matrimonio y terminó por decir a Doris que ella lo había escogido precisamente por esta razón: que nunca vio al hombre como era, sino sólo por la imagen que ella había proyectado de él. Incidentalmente mencionó el nombre de Frank, en una vida pasada, como Achman y, mucho tiempo después, Doris supo que la familia actual de él tiene una rama de apellido Achman.

Le ofreció muchos más consejos psicológicos. Toda la sesión fue de gran ayuda para Doris, quien, a propósito, desde entonces no ha tenido miedo a Seth. Pero resulta una sobresimplificación decir que *todos* los problemas actuales *son resultado* de dificultades en vidas pasadas. No nos "aferramos" a nuestros problemas, sea que provengan de esta vida o de otra. No tenemos que arrastrarlos con nosotros. Por lo regular pueden resolverse y, si bien las influencias reencarnacionales ciertamente operan, no lo hacen en un vacío. El siguiente capítulo sobre la salud, contendrá algunos de los métodos de Seth para mentener la vitalidad mental, psíquica y física. . . así como la perspectiva.

Algunas personas están mejor capacitadas para utilizar la experiencia de una vida pasada, según creo, mientras que otras se aíslan casi de manera hermética en cada vida, cerrándose tanto como les es posible, a tales influencias. Las vidas de algunas personas parecen no tener sentido, por ejemplo, a menos que se conozcan sus vidas "previas". La duración de nuestra vida, de cincuenta, sesenta o setenta años, es algo así como novelas completas, bien tramadas y ejecutadas.

No obstante, no hay duda que un conocimiento de las influencias reencarnacionales arroja valiosa luz sobre la índole de la personalidad y nos ayuda a ver nuestros yos presentes con alguna perspectiva. Los siguientes extractos de una conferencia sobre reencarnación, nos demuestran la continuidad e interrelaciones que pueden estar involucradas en el tapiz del yo que ahora llamamos nosotros.

Cierto editor, a quien llamaré Matt, vino a visitarnos de Nueva York. Ya antes habíamos intercambiado correspondencia. Él había leído un manuscrito mío y ya sabía lo referente a Seth. Nos simpatizamos mutuamente de inmediato, pero se trataba primordialmente de una junta de negocios. Y luego me di cuenta de que Matt quería "probar mis facultades", de una u otra manera y yo no quería sentirme bajo presión.

Algunas personas, según lo he descubierto, tienen las ideas más extrañas respecto a médiums o psíquicos. Cuando por primera vez descubrí esto, yo solía esforzarme hasta el máximo para probar lo normal que era. La gente por lo regular encuentra esto muy desilusionador y, según descubrí, muy inhibidor. Ahora, todo esto ya ha dejado de ser importante. La verdad es que soy tan normal o anormal como cualquier otra persona.

En realidad esto es una especie de diversión; Matt se esforzó muchísimo para demostrarme que yo no tenía que probar nada. Así pues, durante un rato nuestra conversación fue más bien brillante y hasta frenética.

Seth nos había dado a conocer previamente información respecto a Matt, su compañía editora y sus asociados. A la siguiente noche, cuando nos encontrábamos todos más cómodos unos con otros, Seth se presentó y celebró una excelente sesión.

Por cierto que desde entonces Matt ha llegado a ser un buen amigo nuestro, pero entonces era un perfecto desconocido. Las introspecciones psicológicas mostradas fueron en realidad asombrosas, y yo no creo que el psicólogo más completo y curtido podría haber subrayado las características, facultades y responsabilidades de este joven, tan bien como lo hizo Seth.

Mis ojos se mantuvieron abiertos durante gran parte de la sesión (es decir, mis ojos físicos, porque en tales ocasiones son definitivamente espejos de una personalidad diferente).

"Ha habido un sentimiento de vacío que tiene que llenarse —comenzó diciendo Seth—. El temor de una identidad que se escapa y corre hacia afuera. Mi copa se rebosó y nada de mí ha quedado, ¿comprendes? Por otra parte, siempre ha sido natural para la personalidad voltear hacia afuera de una manera fácil y con exhuberancia.

"Así pues encontramos dos vidas dedicadas a ayudar a otras; pero, en ambos casos, la personalidad se llenó con un tesoro interno resintiendo, hasta cierto punto, a aquellos a quienes ayudaba. Si se dedicara a ayudar a otros, entonces ¿quién atendería la tienda? Tendría miedo de que desaparecieran las existencias.

"En otras dos vidas, hubo en vez de eso el desarrollo de facultades internas, con exclusión de otras, un cerrar de ventanas y atrancar las puertas. Ya no veía hacia afuera y nadie se atrevía a mirar al interior. Solía hacer gestos horribles a la ventana de su alma para espantar y alejar a otros. No obstante, a través de todo esto, las aptitudes internas en realidad crecieron. Él 'incrementó sus existencias.'

"Ahora ha empezado a sintetizar estas condiciones internas y externas. Se da cuenta que el yo interno no necesita verse celosamente guardado, que su identidad no escapará de él como un perro que abandona la carrera... Ahora verás que, en vez de eso, soy un compañero amigable, como un perro viejo con una *larga* traílla..."

Al escuchar esto, Rob y Matt estallaron ambos en carcajadas. Luego, Seth empezó a dar información, relacionando algunos de los actuales intereses del joven con actividades pasadas. Mencionó varias vidas anteriores, pero enfatizó una como particularmente significativa: "Tú fuiste miembro de un grupo monástico que clasificaba y colectaba varios tipos de semillas. El grupo trabajaba oficialmente en manuscritos, pero nuestro amigo aquí presente, junto con varios otros, eran buscadores de semillas de contrabando, creyendo, contra teorías que corrientemente se tenían, que las preguntas concernientes a la naturaleza podían contestarse examinando la naturaleza.

"Investigaron las ideas, el folklore y conocimientos que oficialmente se tenían concernientes a la botánica y reproducción de semillas e iniciaron detrás del monasterio, su jardín prohibido. Estaban tratando de descubrir el secreto de la herencia dentro de la vida de las plantas.

"Esto ocurrió cerca de Burdeos. La orden tenía algo que ver con San Juan. Había allí una especie de escudo heráldico que pertenecía bien sea a la orden o a la familia de nuestro amigo; un escudo con un tenedor de cuatro dientes, con una serpiente en la porción superior del mango en el frente y, en el fondo, se veía un castillo o monasterio.

"Los monjes fueron expulsados... (de) la orden... en los años de 1 400 y tantos. El nombre del monje en la orden parece haber sido Aerofranz Marie." (Interpretación fonética de Rob.)

—¿Cómo morí entonces? —inquirió Matt.

"Tres aldeanos estaban cazando en terrenos del monasterio. Tú gritaste para decirles que habían invadido propiedad privada y caíste sobre una roca. Quedaste inconsciente y los pueblerinos huyeron. Recobraste el sentido por la noche y vagaste por los campos en el lado más lejano del monasterio y llegaste a una especie de lago. Te arrodillaste y empezaste a orar y perdiste el equilibrio. Entonces trataste de aferrarte a una delgada rama que estaba colgando, mas ésta cedió y entonces te ahogaste."

Al llegar a este punto, mientras Seth hablaba me pareció estar contemplando la escena que describía. Vi al monje desde algún lugar atrás y arriba, mientras vagaba alejándose del monasterio y por los campos. Seth prosiguió diciendo que los experimentos de ese monje contribuyeron a avances logrados más tarde en ese mismo campo, por otro monje.

Asimismo, ofreció excelentes consejos que estoy segura que muchas personas podrían utilizar: "No uses tu intelecto como un delgado estandarte que ondeará desde tus ventanas. Lo estás usando como un complicado juguete que te pertenece. Abanícalo como un juguete fino, pero ten mucho cuidado de las direcciones en las que lo dejas correr.

Tu intelecto es muy bueno pero te has permitido sentirte fascinado por su brillante calidad y lo has utilizado perfectamente como herramienta."

Estoy reproduciendo sólo extractos de lecturas personales, escogiendo pasajes que tienen relación con la reencarnación. Por lo regular las lecturas mismas incluyen algo más: sugerencias saludables, así como análisis de carácter y consejos sobre otras cuestiones. Y hasta ahora, cada sesión ha resultado altamente significativa para la persona en cuestión.

Matt, por ejemplo, se sorprendió por el análisis de carácter que, según dijo, lo identificaba con un T. More. El escudo mencionado por Seth era bastante similar, como nos dijo, a su propio esbozo que solía garrapatear impensadamente mientras se hallaba en el teléfono o en momentos difíciles. Otro punto interesante: algunos años antes, el editor había escrito dos dramas: uno que describía a un monje que vivía en alguna costa cercana a Burdeos y otro, que también se desarrollaba en Francia durante el siglo XIII. Estos hechos, claro está, nos eran desconocidos a nosotros.

Sin embargo, sabíamos bien que el editor se interesaba en la botánica y Seth eslabonó esto en su evocación del trabajo experimental hecho con semillas.

A través de varios extractos de conferencias, he tratado de mostrar las ideas de Seth sobre la reencarnación, hasta donde se aplican personalmente; pero existen varias cuestiones importantes que no hemos considerado todavía. Por ejemplo, ¿qué tantas vidas llegamos a vivir? ¿Existe algún límite para ellas? Dicho simplemente, vivimos tantas existencias físicas como pensamos que debemos hacerlo con objeto de desarrollar nuestras facultades y prepararnos a entrar en otras dimensiones de realidad. Esto se discutirá con mayor amplitud en el capítulo que se refiere a la índole de la personalidad.

Sin embargo, dentro de este marco de desarrollo, existe un requisito mínimo. Seth dice: "Como regla general, cada entidad suele nacer de tal modo que se tengan experiencias en tres papeles diferentes: el de madre, padre y niño. Dos vidas serían suficientes para proporcionarte los tres papeles; pero, en algunos casos, la personalidad no funciona en la edad adulta. Sin embargo, el tema más importante es el uso cabal del potencial."

Seth asimismo nos dijo que algunas personalidades no se desarrollan bien en el ambiente físico, pero se completan en otras realidades. En otras palabras, la "última" reencarnación no es el fin. Existen otras dimensiones de existencia en las que tenemos una parte todavía más importante que desempeñar en el mantenimiento de la vida y la conciencia. Estas dimensiones y nuestro papel en ellas, se explicarán junto con el concepto de Dios, las probabilidades y el tiempo. Pero medulares en las discusiones de Seth sobre la reencarnación, son los siguientes extractos de la sesión 233, que colocan a la reencarnación en perspectiva, individual e históricamente.

"En la materialización de la personalidad a través de varias reencarnaciones, únicamente el ego y las capas del subconsciente individual, adoptan nuevas características. Las demás capas del yo retienen sus experiencias pasadas, identidad y conocimientos.

"De hecho, el ego recibe mucha de su estabilidad (relativa), debido a esta retención inconsciente. Si no fuera por las experiencias pasadas en otras vidas en relación con las capas más profundas del yo, el ego encontraría casi imposible relacionarse con otros individuos y la cohesividad de la sociedad no existiría.

"El aprendizaje, hasta cierto grado, se transmite a través de los genes, bioquímicamente hablando; pero esta es una materialización física del conocimiento interno logrado y retenido en vidas anteriores. . . El ser humano no. . . brota a la existencia con el nacimiento y laboriosamente inicia entonces su primer intento de ganar experiencia. Si tal fuera el caso, todavía se encontraría en la edad de piedra.

"Estas son ondas de energía y ondas de patrones de reencarnación, pues *ha habido* muchas edades de piedra en tu planeta, donde nuevas identidades iniciaron su "primera" experiencia con la existencia física y modificaron la faz de la tierra conforme progresaban. . .

"Cambiaron a su propia manera, no en la manera de ustedes; pero esto lo discutiremos en una fecha muy posterior. No obstante, todo ello ocurre, básicamente, dentro del tiempo del parpadeo de una pestaña, todo con un propósito y significado y con base en el logro y responsabilidad. Cada parte del yo, si bien independiente hasta un grado considerable, es no obstante, responsable con todas las otras partes de ese yo; y cada yo total (entidad), es responsable ante todos los demás; si bien es en gran parte independiente en cuanto a actividad y decisión.

"Puesto que son muchas las capas del yo que componen el yo total (entidad), del mismo modo muchas entidades forman un *gestalt* del cual sabes relativamente poco y del cual no estoy todavía preparado para decirte." (Esta última observación iba a conducirnos, mucho más tarde, a bloques enteros de sesiones que tenían referencia con el concepto de Dios.)

Todavía estamos celebrando sesiones que tienen relación con la reencarnación y, cuando se presentan estas dudas, nosotros las preguntamos. Esto ayuda a agregar algo a nuestro material sobre el tema por supuesto; pero todavía en toda la trama de las sesiones, la reencarnación desempeña un papel comparativamente menor, únicamente como un aspecto de nuestra realidad.

Ya sea que entiendan y acepten o no sus antecedentes de otras reencarnaciones, es sumamente importante vivir una vida sana y balanceada en *esta* existencia. Nosotros conformamos nuestra realidad día a día. Damos forma a nuestras vidas pasadas y formamos la presente; y al solucionar los problemas ahora, podemos hacer que las cosas sean bastante más fáciles para nuestros yos "pasados" *y* futuros.

CAPÍTULO
TRECE:

Salud

¿Cómo puede uno mantenerse saludable? ¿Cómo puede deshacerse de cualesquiera enfermedades que pudieran presentarse? ¿Exactamente cuál es la conexión entre su estado mental y su salud? Las ideas de Seth sobre el particular han sido de gran valor para Rob y para mí, así como para todos los que han estado en contacto con ellas. Nosotros hemos puesto a funcionar estos conceptos en nuestras propias vidas y, algunas veces, ambos nos preguntamos cómo manejábamos la vida cotidiana antes de que entendiéramos la estrecha relación que hay entre pensamientos, emociones y salud.

Hace algunas semanas tuvimos noticias que una antigua vecina nuestra acababa de morir. Joanie había vivido en nuestro mismo edificio de departamentos más o menos durante un año, en el mismo corredor, frente a nosotros. Era delgada, pelirroja y con un temperamento terrible. Creo que era una de las personas más simpáticas que he conocido y una gran imitadora. Pero a menudo usaba su gracia como una espada. Era de un humor cruel, aun cuando lo dirigiera contra sí misma, como solía hacerlo.

Tenía un poco más de treinta años y un buen trabajo, pero solía mirar hacia abajo a todos los demás empleados. Su matrimonio había terminado en divorcio, antes de que se mudara aquí y, aun cuando siempre hablaba sobre la idea de volver a casarse, sentía una gran desconfianza hacia los hombres y yo pienso que realmente los odiaba. Tampoco pensaba mucho mejor de las mujeres, aunque en ocasiones podía mostrarse muy cordial. Llegó a sentir gran simpatía por Rob y por mí y a menudo solíamos sentarnos ella y yo ante la misma mesa en la que estoy escribiendo este libro, y charlábamos.

Siempre comenzaba con uno de sus fantásticos relatos, divertidamente sarcásticos, respecto a alguien a quien conocía. Poseía una gran

155

habilidad misteriosa para percibir los puntos débiles de las personas y divertirse a costa de ellos. Para eso, cuando no estaba enferma poseía una gran vitalidad y una agudeza natural y profunda. Jugábamos una especie de juego: a mí me agradaba, pero no iba a verme sitiada por una barrera de pensamientos negativos y pesimismo durante una hora, sin importar lo graciosamente que se presentaran... y ella lo sabía. La peor parte estaba en que realmente era divertida y resultaba terriblemente difícil no reír con ella, aun cuando yo sabía que no debería hacerlo. Y esto ella lo sabía también. Así pues trataba de averiguar qué tan lejos podía llegar antes de que yo la llamara al orden y empezara una "mini conferencia", haciéndole ver que su actitud hacia otra gente era en gran parte responsable de sus dificultades.

Y sus dificultades eran enfermedades de tal variedad y vigor que creo que era imposible, hasta para ella, llevar la cuenta de qué la había afectado en cualquier año dado. Algunas eran serias y sufrió varias operaciones. Recogía toda infección que estuviera de moda y muchas que no lo eran. Pasaba de un doctor a otro y siempre con síntomas físicos completamente definidos y a menudo asombrosos. Su dieta estaba sumamente restringida y sus males empezaron a hacerse más y más severos.

Emocionalmente, pasaba desde alturas exageradas hasta profundas depresiones. La edad le molestaba: estaba segura de que la "vida le llegaría a su término cuando llegara a los cuarenta años"... y para ella así fue, durante varios años. No obstante, a todos nos asombró saber de su fallecimiento. Aún cuando comprendíamos que ella se estaba literalmente haciendo enferma, no teníamos idea de que su "enfermedad fuera de muerte".

Recuérdese lo que dije antes, que nosotros formamos nuestra realidad física, como réplica de nuestras ideas internas. Esta es una premisa mayor del Material de Seth. A Joan literalmente le desagradaba todo el mundo, con pocas excepciones. Además, estaba convencida de que era desagradable y de que no nos agradaba. Se sentía perseguida, segura de que la gente siempre hablaba y chismeaba respecto a ella, apenas daba la espalda... porque estó era precisamente lo que *ella* hacía. La vida cotidiana tenía reservada toda clase de amenazas para ella y mantenía su sistema nervioso en un constante estado de tensión. Las defensas de su cuerpo eran sumamente bajas y estaba cansada de la constante batalla, nunca comprendiendo que mucha de la guerra era unilateral y sin garantía. Proyectaba sus ideas de realidad al exterior y éstas literalmente la llevaron a su destrucción.

No obstante, ya había sido advertida. Dos años antes de su fallecimiento, solicitó asistir a una sesión regular con Seth. Éste se mostró sumamente serio y nada jovial, como lo era usualmente y en ese entonces yo pensé que estaba siendo bastante duro con ella. Ahora comprendo que estaba tratando de impresionarla con la necesidad de modificar sus actitudes y reacciones. Dio a conocer sus ideas sobre la salud con tanta claridad y tan directamente como era posible, hablando de su aplicación práctica. Casi puedo ver a Joan sentada allí, con las piernas cruzadas, antes de la sesión. Si hubiera sido capaz de seguir el consejo de Seth, estoy convencida de que ahora todavía estaría viva y bien. También estoy segura de que aquellos lectores que entienden y siguen las ideas de Seth, encontrarán las suyas considerablemente mejoradas.

"Debes contemplar los cuadros que pintas con tu imaginación —le dijo—, pues ellos le dan a tu imaginación un reino completísimo. Si lees nuestro material anterior, verás que tu ambiente y las condiciones de tu vida, en cualquier momento dado, son el resultado directo de tus propias expectativas internas. Tú formas materializaciones físicas de estas realidades dentro de tu propia mente.

"Si imaginas circunstancias desagradables, mala salud o soledad desesperada, estas cosas se materializarán automáticamente, puesto que estos pensamientos por sí mismos crean las condiciones que les darán realidad en términos físicos. Si deseas buena salud, entonces debes imaginar esto tan vívidamente como el temor con que imaginas lo opuesto.

"Tú creas tus propias dificultades. Esto es cierto para cada individuo. El estado psicológico interno se proyecta al exterior, logrando realidad física, y esto sea cual fuere la índole del estado psicológico. . . las reglas se aplican a todo el mundo. Puedes usarlas para tu propio beneficio y modificar tus propias condiciones, una vez que comprendas qué son.

"No puedes esperar a tus propias actitudes, puesto que éstas formarán la naturaleza de lo que tú ves. De una manera por completo literal, ves lo que quieres ver y te das cuenta de tus propios pensamientos y actitudes emocionales materializadas en forma física. Si van a ocurrir cambios, éstos deben ser cambios mentales y psíquicos. Se reflejarán en tu ambiente. Las actitudes negativas, de desconfianza, de temor o desprecio hacia cualquiera, operarán contra el yo."

Joan se mantuvo sentada golpeando el piso nerviosamente con el pie. No hubo comentarios chistosos. Por ese entonces estaba saliendo con un hombre que bebía demasiado. "Su manera de beber hace que sea irritable y de mal carácter —nos informó—. *Él* es mi problema. Es él quien me hace sentir nerviosa."

Rob rió; ella sonaba tan afectada, tan determinada a arrojar la culpa a alguien más. . .

"Debes entender algo más —dijo Seth—. La telepatía funciona constantemente. Si continuamente esperas que un individuo se comporte de determinada manera, entonces siempre le estarás enviando sugerencias telepáticas para que proceda así. Cada individuo reacciona a estas sugerencias. De acuerdo con las condiciones específicas que existan en ese momento, tal individuo, en un grado u otro, actuará de acuerdo con las sugestiones masivas que recibe.

"Estas sugestiones masivas incluyen no sólo las hechas a él por otros, tanto verbal como telepáticamente, sino también aquellas que se ha impartido a sí mismo, tanto en estado de vigilia como en los estados de sueño. Si un individuo se halla en una condición de desaliento, esto se debe a que ya se ha convertido en presa de sugestiones negativas, tanto suyas como de otros. Ahora bien, si lo ves y piensas que su apariencia es miserable —y Seth miró a Joan de una manera aguda penetrante— o que es un borracho incurable, entonces estas sugestiones son recogidas por el subconsciente, aunque no hayas pronunciado una palabra. Y en su condición, ya sumamente debilitada, serán aceptadas y actuadas.

"Si, por otro lado y bajo las mismas circunstancias, te contienes y te dices a ti misma con gentileza: 'Él empezará a sentirse mejor ahora, o su forma de beber es sólo temporal y ciertamente hay esperanzas', entonces ya le has proporcionado ayuda, pues tus sugestiones por lo menos representarán cierta pequeña munición telepática para ayudarle a combatir la guerra contra el desaliento.

"Existen formas obvias en las que puedes moldear tus propias condiciones y protegerte de tus sugestiones negativas y las de otros. Debes aprender a borrar todo pensamiento o cuadro negativo, reemplazándolo por su opuesto.

"Si piensas: 'tengo jaqueca' y si no sustituyes esta sugestión por otra positiva, entonces automáticamente te estás sugestionando para que el cuerpo establezca las condiciones que resultarán en la continuación de la enfermedad. Te daré un anuncio comercial que como verás, es mejor que tu Excedrin, para curar la jaqueca. Te diré cómo no tener nada en lo absoluto." Éste fue el único toque de humorismo en toda la sesión. En una sesión dedicada a una persona en particular, Seth por lo regular se sale del camino para ofrecer algunos comentarios joviales a fin de hacer que la persona se tranquilice.

Tuvimos un breve descanso y Joan continuó quejándose de los hábitos de beber de su amigo y cómo contribuían éstos a su propio nerviosismo. Estaba segura que si no tuviera que luchar contra esto, recobraría la salud. De una manera vehemente, ella empezó a culpar a su amigo de casi todos sus problemas. Cuando Seth reanudó la sesión, se mostró todavía más severo que antes.

"Ahora no estás hablando de temas básicos —dijo—. Estás creando dragones de papel para atacarlos, pero éstos no son dragones reales. Debes aprender a escuchar la voz del yo interior. Difícilmente puede considerarse que eso sea algo de temer. Has permitido que el ego se convierta en un yo falso y aceptas su palabra, porque no escuchas la voz silenciosa que está dentro de ti.

"Has estado examinando a otros, más que a ti misma. Lo que ves en otros es la materialización, es decir, la proyección de lo que tú *crees* que eres; aunque no necesariamente, sin embargo, de lo que en verdad eres. Por ejemplo, si otros te parecen engañosos, esto se debe a que tú te engañas a ti misma y luego proyectas este pensamiento sobre los otros.

"Ahora bien, estos son sólo ejemplos. Si un individuo ve únicamente maldad y desolación en el mundo físico, la razón es porque está obsesionado con la maldad y la desolación, proyecta estas cosas al exterior y cierra los ojos a todo lo demás. Si quieres saber lo que piensas de ti misma, entonces pregúntate lo que piensas de otros y encontrarás la respuesta.

"Otro ejemplo: un individuo muy industrioso piensa que la mayoría de los hombres son flojos y buenos para nada. Nadie pensaría nunca en llamarlo a él flojo o bueno para nada; no obstante, tal vez esto sea precisamente el cuadro subconsciente que tenga de sí mismo, contra lo cual pugna constantemente. Y todo esto, sin comprender su concepto básico de sí mismo y sin reconocer que proyecta su temida debilidad en otros.

"El verdadero conocimiento de sí mismo es indispensable para la salud y la vitalidad. El reconocimiento de la verdad respecto al yo, simplemente significa que tú debes primero descubrir lo que subconscientemente piensas de ti mismo. Si es una buena imagen, construye sobre ella. Si no es tan buena, reconócela únicamente como la opinión que tienes de ti mismo y no como un estado absoluto."

Con todas sus demás dificultades, Joan frecuentemente se sentía perturbada por severas jaquecas. Antes de cerrar, Seth le dio un consejo que cualquiera puede usar:

"Debes repetirte frecuentemente: 'Únicamente reaccionaré a sugestiones constructivas', puesto que esto te imparte cierta protección contra tus propios pensamientos negativos y los de otros. Un pensamiento negativo, si no se borra, casi seguramente resultará en una condición negativa: una desolación momentánea, un dolor de cabeza, de acuerdo con la intensidad del pensamiento.

"Ahora bien, si te encuentras sufriendo jaqueca, di de inmediato: 'Esto está en el pasado. Ahora, en este nuevo momento, este nuevo presente, estoy empezando a sentirme mejor'. Luego, inmediatamente desvía tu atención lejos de la condición física. Concéntrate en algo agradable e inicia otra tarea.

"De esta manera ya no estás sugiriendo que el cuerpo reproduzca condiciones de jaqueca. Este ejercicio puede repetirse."

Esto no hace que se *repriman* pensamientos negativos, como temores, ira o resentimiento. En otras sesiones Seth hace ver claro que estas cosas deben reconocerse, encararse y *luego* sustituirse.

La represión ha sido uno de nuestros propios hábitos, particularmente después de que supimos en qué forma los pensamientos negativos pueden ser tan destructivos. Al principio me pasé de la raya o estuve a punto de ello, pues me encontré abrigando un pensamiento lleno de resentimiento, respecto a cierta persona o situación y casi me espanté: "Demonios, es terrible pensar una cosa así", me dije a mí misma.

"Si dirijo un pensamiento agresivo hacia alguien, entonces puedo herirlo —le dije a Bob—. Si lo entierro, puedo herirme a mí y hacer surgir síntomas físicos de algún tipo. Así pues, ¿me haces el favor de preguntar a Seth en nuestra próxima sesión, qué es lo que sugiere?"

Durante esta sesión Seth explicó la diferencia entre la represión y el enfoque correcto.

"Ruburt debe recordar reconocer el resentimiento cuando lo siente y luego comprender que ese resentimiento puede combatirse y desecharse. No obstante, debe hacerse el reconocimiento inicial. Enseguida, hacerle imaginar que arranca el resentimiento desde la raíz y lo reemplaza con un sentimiento positivo. Pero debe imaginar el proceso de desyerbar el mal sentimiento.

"Esta es la diferencia entre la represión y la acción positiva. En la represión el sentimiento se entierra, se esconde o se ignora. Con nuestro método se le reconoce, imaginativamente se le arranca como algo indeseable y se le reemplaza por el pensamiento de paz y energía constructiva." (Seth frecuentemente ha advertido contra el tratar de reprimir agresiones debido al temor a ellas. Rob dice que resulta sumamente chistoso, para él, cuando Seth, hablando a través de mí, me hace actuar de este modo. Sus sugerencias, sin embargo, siempre han sido excelentes.)

Posteriormente hizo ver un punto bueno: "Si el deseo de salud, en vez de ello, lleva a una preocupación sobre los síntomas que se deben vencer, lo mejor es que trates de evitar todos los pensamientos sobre la salud y te concentres en otras direcciones, como el trabajo. Tal énfasis puede conducir a enfocarse sobre los obstáculos que se interponen en el cam esto refuerza la condición negativa."

Seth iempre dice que la vida es abundante, vigorosa y fuerte. Cada uno de nosotros posee sus propias defensas contra sugestiones negativas y deberíamos confiar plenamente en nuestra propia inmunidad. La gente reacciona a sugestiones negativas únicamente cuando su propio marco mental es negativo. Entonces nos cerramos a nosotros mismos y a las energías constructivas que necesitamos.

También en este caso, Seth no está sugiriendo que *reprimamos* la emoción. Sobre todo, la espontaneidad es la regla. Si fuéramos verdaderamente espontáneos, dice Seth, no necesitaríamos preocuparnos respecto a sugestiones positivas, porque nuestra salud se mantendría normalmente.

Uno de mis estudiantes, un hombre de empresa, siempre se preocupa cuando Seth habla sobre espontaneidad, pues equipara esto con la falta de disciplina. Seth llama a este hombre: "el decano", con cierto humorismo afectuoso, porque es uno de mis mejores estudiantes y los demás escuchan sus aventuras psíquicas con una buena dosis de interés. Pero él es en gran parte un hombre tradicionalista y la palabra "espontaneidad" puede ser como un paño rojo a un toro, por lo menos en lo que a él concierne. Y yo tengo que admitir que muchos de nosotros abrigamos el sentimiento de que nuestras emociones internas son demasiado calientes para manejarse.

Cierta noche, estábamos hablando sobre esto a nuestra clase, cuando de pronto Seth entró: "Las emociones fluyen a través de ti como nubes de tormenta o como cielos azules y tú debes mostrarte abierto y reaccionar a ellos —dijo Seth—. Tú no eres tus emociones. Ellas fluyen a través de ti. Tú las sientes y entonces desaparecen. Cuando pretendes retenerlas atrás, las haces crecer hasta convertirse en montañas. He dicho a nuestro decano que la espontaneidad conoce su propia disciplina. Tu sistema nervioso sabe cómo actuar, si reacciona espontáneamente cuando se lo permites, Únicamente cuando tratas de negar tus emociones, éstas se tornan peligrosas.''

Esa noche teníamos un nuevo estudiante y alguien hizo la observación de que Seth podía ser sumamente severo. Ahora él dijo en broma: "He sido drásticamente maligno esta noche y, por lo tanto, he venido a demostrar a nuestro nuevo amigo aquí que soy un individuo jovial. Esa, por lo menos, será mi intención inicial. Ahora ya ha cambiado, pues debo decirte de nuevo que el yo interior, al actuar con espontaneidad, automáticamente muestra la disciplina que tú todavía no entiendes.''

Ahora Seth, a través de mis ojos, paseó la vista por todo el salón. Alguien recogió mis anteojos y los colocó en la mesa para café. (Como ya mencioné antes, cuando Seth se presenta, siempre me quita los anteojos y a menudo los arroja con fuerza sobre la alfombra.) Las luces estaban encendidas, como siempre. Él se enfrentó al grupo y dijo enfáticamente: "Ustedes no son sus cuerpos. Ustedes son sus emociones. Tienen emociones, tienen pensamientos, como tienen huevos para el desayuno; pero ustedes no son los huevos y tampoco son sus propias emociones. Ustedes son tan independientes de sus pensamientos y emociones, como lo son del tocino y los huevos. Ustedes usan el tocino y los huevos en su composición física y usan sus pensamientos y emociones en su composición mental. Seguramente no se identifican con un trozo de tocino; entonces no se identifiquen con sus pensamientos y emociones. Cuando establecen barreras y puertas, entonces encierran las emociones dentro de ustedes. . . como si almacenaran toneladas de tocino en sus refrigeradores y luego se preguntaran por qué no quedaba espacio para nada más.''

Luego se dirigió al "decano": ''¿Por qué resulta tan difícil para ti aprender lo que es la libertad?''

—La libertad, en el sentido total, parece como irresponsabilidad, casi.

"Tal es ciertamente tu interpretación —hizo ver Seth— y eso se debe a que tú estableces demandas. Ahora yo te pregunto, ¿qué tan lejos piensas que una flor llegará si en la mañana vuelve su cara hacia el cielo y dice: 'pido sol; y ahora necesito lluvia, así que, la pido. Y pido que las abejas vengan y tomen mi polen y pido, por tanto, que el sol brille durante cierto número de horas y que la lluvia se precipite durante otro cierto número de horas. . . y que las abejas vengan: abejas A, B, C, D y E, pues no aceptaré que vengan otras abejas. Demando que la disciplina funcione y que el suelo obedezca mi mandato; mas no permito al suelo ninguna espontaneidad por sí mismo; y no estoy de acuerdo en que el sol sepa lo que está haciendo. Demando que todas estas cosas obedezcan mis ideas de disciplina?'

"¿Y quién, te pregunto, escucharía? Pues en la milagrosa espontaneidad del sol hay una disciplina que se te escapa por completo y un conocimiento más allá de cualquiera que conozcamos. Y en el vuelo espontáneo de las abejas de flor en flor, existe una disciplina más allá de cualquier otra que tú conozcas, y leyes que siguen su propio conocimiento y el gozo que está más allá del mandato. Pues la verdadera disciplina, sabes, sólo se encuentra en la espontaneidad. La espontaneidad conoce su propio orden."

De nuevo Seth dirigió la vista al "decano", pero ahora se dirigió a los otros en el grupo. "En el trabajo espontáneo de sus sistemas nerviosos, ¿qué encontramos? Vemos aquí la cabeza del "decano" que descansa sobre sus hombros, y el intelecto que demanda disciplina. Y no obstante todo esto descansa en las obras espontáneas del yo interior y del sistema nervioso del cual el intelecto sabe muy poco. Y sin esa disciplina espontánea, no habría ego que se asentara sobre los hombres y demandara disciplina. . . Ahora que he probado cuan jovial soy, pueden tomarse un descanso."

Todo el mundo rió. Después de nuestro periodo de descanso, Seth reanudó su perorata para dar respuesta a algunas otras preguntas, pero puso fin a la última discusión con una sonrisa condescendiente al "decano". . . "Ahora bien, las estaciones vienen cada año igual a como se han presentado durante siglos en su planeta, y llegan con magnífica espontaneidad y con una creatividad que explota bañando al mundo. Y, no obstante, llegan de una manera altamente ritualizada y disciplinada, pues la primavera no se presenta en diciembre; y existe una fusión de la espontaneidad y la disciplina verdaderamente maravillosa para contemplarse. Y ustedes no temen la llegada de las estaciones.

"Cada uno de ustedes, a su manera, contribuye, pues pueden considerar el cuerpo de la tierra y todo lo que conocen. . . los árboles, las estaciones y los cielos, hasta cierto punto como si fuera la aportación de ustedes. . . la combinación de espontaneidad y disciplina que da fruto a la tierra."

Toda la naturaleza funciona espontáneamente. Nuestros cuerpos estarán saludables automáticamente, si no proyectamos falsas ideas en ellos.

Pero, claro está, no todo es tan sencillo como esto. Al hablar directamente a la gente en sesiones de clase, Seth trata de explicar las cosas con tanta claridad como le es posible y de una manera que puedan entenderse. En nuestras propias sesiones privadas llega mucho más profundamente en estos temas. En los siguientes extractos de una sesión privada, explica los elementos biológicos y psíquicos del dolor y la conciencia y, asimismo, asevera que la enfermedad misma es, en ocasiones, una actividad con propósito definido.

Conforme el lector lea esto, piense, recordando las varias enfermedades que ha tenido, y vea cómo se aplica esto. Aquí Seth discute la enfermedad en su relación no sólo con la personalidad superficial, sino con nuestros más hondos marcos biológicos. Seth había hablado anteriormente respecto a la necesidad de Sally (la esposa de Jon), de disociarse de su identidad "enferma". Ahora dijo:

"Toda enfermedad es momentáneamente aceptada por la personalidad como parte del yo y aquí es donde está el peligro. No es aceptada simbólicamente, y no estoy hablando en términos simbólicos. Una acción de impedimento, como una enfermedad, es literalmente aceptada por la estructura de la personalidad y, una vez que esto ocurre, se crea un conflicto. El yo no quiere entregar una porción de sí mismo, aun cuando esa porción sea dolorosa o desventajosa. Existen multitud de razones tras esto.

"Por una cosa, si bien el dolor es desagradable, también es un método de familiarizarse al yo contra los bordes de conciencia acelerados. Cualquier sensación elevada, placentera o no, ejerce un efecto estimulante sobre la conciencia, hasta cierto grado. Hasta cuando el estímulo sea tal vez humillante y desagradable, ciertas partes de la estructura psicológica lo aceptan indiscriminadamente, porque es una sensación, y muy vívida por cierto."

Ahora Seth llega a este punto, muy importante, en sus teorías. "Esta aquiescencia hasta a estímulos penosos, es una parte básica de la índole de la conciencia. La acción no diferencia entre estímulos agradables, dolorosos o gozosos. Estas distinciones vienen mucho más tarde y en otro nivel (aquí Seth está considerando la personalidad como compuesta por energía o acción).

"La acción acepta todo estímulo de una manera afirmativa. Sólo cuando se convierte en comportamientos, por decirlo así, en la conciencia altamente diferenciada, es cuando ocurren tales refinamientos. No quiero decir que los estímulos desagradables no se sentirán como desagradables y se reacciona contra ellos en los organismos conscientes. Lo que quiero decir es que se regocijarán, incluso en su reacción automática, pues cualesquiera estímulos y reacciones representan sensación y la sensación es un método por el cual la conciencia se conoce a sí misma.

"La complicada personalidad humana, con su estructura física, ha desarrollado, junto con algunas otras estructuras, la conciencia altamente diferenciada del "yo" (en otras palabras, el ego), cuya misma naturaleza es tal que intenta preservar las aparentes fronteras de identidad. Para hacerlo, elige entre varias acciones; pero, debajo de este sofisticado *gestalt*, se hallan los fundamentos más simples de su ser y, ciertamente, la misma aceptación de todos los estímulos, sin los cuales toda identidad sería imposible.

"Sin esta aquiescencia hasta para estímulos penosos, la estructura nunca se mantendría a sí misma, pues los átomos y moléculas dentro de ella constantemente aceptan tales estímulos y sufren gozosamente incluso su propia destrucción. De percatarse de su identidad dentro de toda acción, y no teniendo la complicada estructura del "yo", no existe razón para que ellas teman la destrucción. Se dan perfecta cuenta de sí mismas, como parte de la acción.

163

"Ahora bien, todo esto sería conocimiento básico si se entendiera por qué la personalidad acepta hasta una acción de impedimento, como la enfermedad, a pesar de la resistencia del ego al dolor."

Seth continúa diciendo que la enfermedad puede ser una reacción "saludable", aun cuando implica problemas de personalidad: "Debe ser entendido por la personalidad, que la enfermedad es una pena por parte de toda la estructura y... no una parte básica de la personalidad original.

"El foco total de la personalidad puede cambiar, de áreas constructivas a una concentración de sus energías principales en el área de la acción de impedimento o malestar. En tal caso, la enfermedad representa realmente un nuevo sistema unificador. Ahora bien, si el viejo sistema unificador de la personalidad está despedazado, la enfermedad, que sirve como una medida temporal de emergencia, puede mantener la integridad de la personalidad intacta hasta que un nuevo principio unificador constructivo reemplaza al original.

"Los principios unificadores son grupos de acciones alrededor de las cuales la personalidad se forma a sí misma en un tiempo dado. Estos por lo regular cambian de una manera relativamente tranquila, cuando se permite a la acción fluir sin ser impedida. (Véase cómo esto se eslabona con el consejo que Seth da a los estudiantes, sobre el valor de la espontaneidad y las dificultades de la represión.) Estos impedimentos (enfermedades), pueden entonces preservar en ocasiones la integridad de todo el sistema psicológico, y señalar la existencia de problemas psíquicos internos. La enfermedad es una parte de la acción de la que se compone la personalidad y, por tal razón, tiene un propósito y no puede considerarse como fuerza extraña que invada la personalidad desde fuera. . .

"La enfermedad no puede calificarse de acción impedidora, a menos que persista mucho tiempo después de que ha llenado su propósito. Incluso entonces, no se podría juzgar, sin conocer todos los hechos. ·. . pues la enfermedad podría todavía ser de utilidad al impartir a la personalidad un sentido de seguridad, estando a la mano como un dispositivo de emergencia omnipresente, en caso de que el nuevo sistema unificador fracase.

"En otras palabras, no puede juzgarse una acción como impedidora, sin un perfecto conocimiento de las acciones que resultan en la confección de cualquier personalidad dada. Esto es en extremo importante. Pasar desapercibido este punto, es arriesgarse a contraer una enfermedad más severa.

"Cuando a la acción se le permite fluir libremente, entonces no ocurrirán los rechazos neuróticos; y es este rechazo neurótico el que ocasiona enfermedades *innecesarias*.

"Toda enfermedad es casi siempre el resultado de otra acción que no puede seguirse por completo. Cuando las líneas de la acción original se liberan y se abren los canales, desaparece la enfermedad. Sin embargo, la acción frustrada puede llegar a ser de consecuencias desastrosas, que la enfermedad puede prevenir. La personalidad tiene su propia lógica."

Una y otra vez Seth nos dice que los síntomas físicos son comunicaciones provenientes del yo interior, indicaciones de que estamos cometiendo errores mentales de uno u otro tipo; y compara el cuerpo, en una sesión, con una escultura "nunca realmente acabada y en la que el yo interno está ensayando diversas técnicas en su ejemplar de prueba. Los resultados no siempre son los mejores; pero el escultor es independiente de su producto y sabe que habrá otros."

Asimismo, ofrece algunos fascinantes comentarios sobre la relación de varios tipos de síntomas con los problemas internos involucrados. "No hay que olvidar que se es una parte del yo interior. No lo está usando a uno, sino que uno es la parte de él que experimenta la realidad física. Ahora bien, las enfermedades físicas que no son críticas, sino observables y que no involucran, digamos, la pérdida de un miembro o de un órgano, *generalmente* representan problemas que se hallan en el proceso de ser resueltos, problemas que se hallan 'afuera, a la vista de todos'.

"Tales enfermedades son el producto final de un proceso de descubrimiento. Los problemas son literalmente llevados al exterior, donde puedan encararse, reconocerse y conquistarse, usando los síntomas como puntos de medición de progreso. Un sistema de prueba y error está involucrado; pero los procesos internos los reflejan con bastante rapidez por la condición física."

Como Seth lo aclara en otras sesiones, los síntomas en tales casos forman ellos mismos parte del proceso de curación. Lo que se supone que nosotros hagamos con ellos, entonces, es modificar nuestra actitud mental, buscar en nosotros mismos cuál es el problema interno que los síntomas representan y medir nuestro progreso cuando subsisten los síntomas.

"En casos donde el síntoma mismo es interior, como en las úlceras, esta es una señal de que la personalidad no se halla todavía dispuesta a enfrentarse al problema y el síntoma mismo está escudado contra la vista física. . . de manera muy adecuada, hablando simbólicamente. La relativa observabilidad de un síntoma es, por lo tanto, un indicio de la actitud de la personalidad hacia el problema.

"Muchos problemas nunca llegan a materializarse, sino que permanecen como puntos en blanco, áreas no cultivadas e improductivas dentro de la psique, áreas en las que no hay problemas porque no se permite la experiencia. . . Existe entonces una falta de visión mental, psíquica o emocional y un bloqueo completo. Tal negación de la experiencia es mucho más perjudicial que un problema específico, puesto que existe una total ineptitud por parte de la personalidad para expresarse a sí misma en esa área."

El padre de Rob ha desarrollado endurecimiento de las arterias y se encuentra en un hospital para ancianos. No reconoce a ninguno de nosotros. Cuando lo visitamos, nos vemos rodeados por personas ya viejas, que se encuentran más o menos en la misma condición. En tal virtud, nos preocupan muchísimo los problemas de la edad avanzada. De acuerdo con Seth, cada caso de senilidad es diferente; pero, hablando en términos generales, la personalidad transfiere las partes vitales de la conciencia a la siguiente área de existencia y a menudo se da perfecta cuenta de que está allí y está funcionando. Gradualmente, el foco mental de la personalidad abandona esta vida y empieza a funcionar enteramente en otro nivel. La enfermedad física, el endurecimiento de las arterias, es causado por el rechazo gradual de la personalidad a aceptar nuevos estímulos físicos, evitando de este modo la experiencia física (bien sea a propósito o por algún error). La gente que se siente aterrorizada por la muerte física, adopta esta senda, puesto que, cuando tiene lugar la muerte física, la conciencia ya está familiarizada con su nuevo ambiente y la muerte del organismo relativamente carece de sentido. En cualquier caso, la decisión interna del individuo ocasiona los síntomas físicos, no lo contrario.

Se puede incluso hacer continuar algunos síntomas después de la muerte. Por ejemplo, la señorita C, que vivía en nuestro mismo edificio de departamentos, murió finalmente debido al endurecimiento de las arterias. Cierta noche me encontré fuera de mi cuerpo en una casa extraña, digo extraña porque, si bien ya era en extremo vieja, de alguna manera daba la impresión de nuevecita. La señorita C apenas estaba saliendo a la puerta cuando yo llegué. Era sumamente distraída. De pronto "supe" que la casa era una alucinación que ella había creado, réplica del hogar de su infancia y yo me di cuenta que ella no comprendía que estaba muerta.

En el mismo momento comprendí que mi labor era explicar los hechos a ella. Muy suavemente la tomé del brazo y la conduje de nuevo al interior de la casa, mientras le decía: "señorita C, usted ya no tiene que preocuparse por morir. Eso ya ocurrió. Ahora su mente puede estar perfectamente clara. Todo está bien." Ella pareció entender y, cuando terminé de hablar con ella, llegó otra persona para tomar mi lugar.

Yo había leído sobre casos semejantes, pero tengo que admitir que pensaba que eran sólo relatos sumamente imaginativos, hasta que me encontré guiando a la señorita C. El punto está en que ella tenía tanto miedo a la muerte, que no se daba cuenta que ésta ya había tenido lugar. Puesto que su cuerpo físico estaba completamente yerto, ella se encontraba en su cuerpo astral; no obstante, estaba actuando sumamente confundida y su mente todavía no se aclaraba, como si todavía padeciera el endurecimiento de las arterias.

Según Seth, durante nuestras existencias reencarnacionales debemos comprender que proyectamos nuestros pensamientos y emociones hacia afuera, para formar la realidad. Cuando se comprende, por ejemplo, que la mala salud es la proyección de ideas distorsionadas en el cuerpo, entonces se trabaja para aclarar y solucionar los problemas internos. Esta comprensión puede curar enfermedades que están relacionadas con vidas pasadas. Puesto que Seth dice que estas existencias se viven en realidad espontáneamente, entonces estos yos "paralelos" existen en nosotros ahora y podemos alcanzarlos a través de terapia.

¿Se acuerda el lector de nuestra amiga que continuamente se enamoraba de hombres que no podía tener? Finalmente se tornó más y más malhumorada e intentó el suicidio varias veces. Cierta noche, en su ausencia, celebramos una sesión para ella y el consejo de Seth sobre esto posee importantes implicaciones generales.

"No has aceptado la vida en términos de vida —dijo—; estás demandando que se comporte en ciertas formas y siga cursos que tú misma decidiste conscientemente. Te estás rehusando a aceptar la vida con gusto y su propia razón y causa dentro de ti.

"La idea de que *debes* encontrar a un hombre que te ame, no es sino una cubierta para ocultar una renuencia más honda a aceptar la vida en sus propios términos. . . Te dices: 'a menos que la existencia satisfaga mis condiciones, no existiré' y nadie tiene el derecho de colocarse en contra de su propia vitalidad innata.

"Una vez que aceptas la vida de todo corazón, en los términos de la vida, entonces tal vez ciertamente obtegas lo que persigues; pero no mientras insistas en ello como condición para la existencia continuada. . . Tu propio propósito hará de la vida un gozo diario cuando dejes que tus condiciones desaparezcan. Olvidas lo que tienes: salud y vitalidad. Olvidas tu intelecto y tus intuiciones. Olvidas qué bendiciones son tuyas.

"No puedes pervertirlas tratando de obligarlas a servir propósitos que tú te has fijado como condición de existencia. Debes vivir con la fe de que tu propósito *está* y será satisfecho. Debes vivir con la fe de que tienes tal propósito y significado o no estarías aquí.

"La característica única que posee tu propia personalidad, debe cuidarse y respetarse. Los propósitos particulares de tu presente personalidad únicamente pueden alcanzarse, en las actuales circunstancias, en la forma que es generalmente mejor. Los desafíos pueden enfrentarse en otra ocasión y en otra vida, esto es cierto; pero la gente a quienes puedes ayudar en particular ahora, y el bien específico que puedes hacer, nunca pueden llevarse a cabo en la misma forma precisamente. . .

"Muchos hombres y mujeres han honrado gozosamente la noche y el amanecer, y escuchado el latir del corazón dentro de ellos como una bendición y un placer; sin embargo, no han tenido una centésima parte de tus bendiciones y ni una tercera parte de las razones para ver hacia adelante, en espera de otro día, pero se han satisfecho a sí mismos y dado felicidad a otros. Aceptaron la vida en sus términos y al aceptarla así, se llenaron de gracia. . . eso proviene de dar vida a todo lo que tienes."

—Pero ¿exactamente qué es una buena salud? —preguntó nuestro "decano" a Seth en una reciente sesión de clases.

"Debes desear una buena salud porque éste es el estado natural de tu ser. Debes confiar en la inteligencia innata de tu propio ser. La sa-

167

lud es su estado natural. A través de tu imagen física, la energía del universo se expresa a sí misma. Tú, como individuo, como conciencia individualizada, eras parte de esto y no puedes expresarte plenamente ni cumplir tu propósito como identidad, si no gozas de buena salud, pues los efectos del cuerpo se sienten en la mente y los efectos de la mente se sienten en el cuerpo."

El "decano" arrugó las cejas.

—¿Quieres decir que si yo tengo buena salud, espiritualmente me encuentro en buena forma?

"Si te encuentras en mala forma física, esto no quiere decir que seas una persona mala. Aclaremos este punto. Significa que tienes algún bloqueo en aquella área particular en la que estás incapacitado para utilizar energía constructivamente. . . Teóricamente, si estás usando energía en la forma en que deberías hacerlo, te encontrarías en perfectas condiciones de salud y lleno de abundancia. Sin embargo, varios tipos de carencia pueden mostrarse en muchas formas.

"No quiero que mantengas la actitud de que la salud o estado, por ejemplo, sea automáticamente un indicio de riqueza espiritual. . . Algunos de ustedes actúan bien en ciertas áreas y están bloqueados en otras. Lo ideal es usar todas sus aptitudes y, al hacer esto, ayudarán automáticamente a otros y a la raza misma de la que forman parte."

Seth sugiere que la autohipnosis y los estados de trance ligeros, se usen como formas para descubrir problemas internos que están ocasionándonos dificultades. Asimismo, sugiere que simplemente pidamos al yo interior que haga accesible la respuesta sobre una base consciente. Si no se descubren los problemas interiores, sencillamente intercambiaremos un conjunto de síntomas por otro. Diversas sesiones incluyen pasos específicos que deben emprenderse en estas y otras áreas. Los sueños son muy importantes, tanto para descubrir problemas como para proporcionar soluciones a ellos. De hecho, comenzaré el siguiente capítulo con las sugerencias que da Seth sobre el uso de los sueños como terapia. Las instrucciones son sencillas y puede usarlas cualquiera.

Jane Roberts *(Rich Conz)*

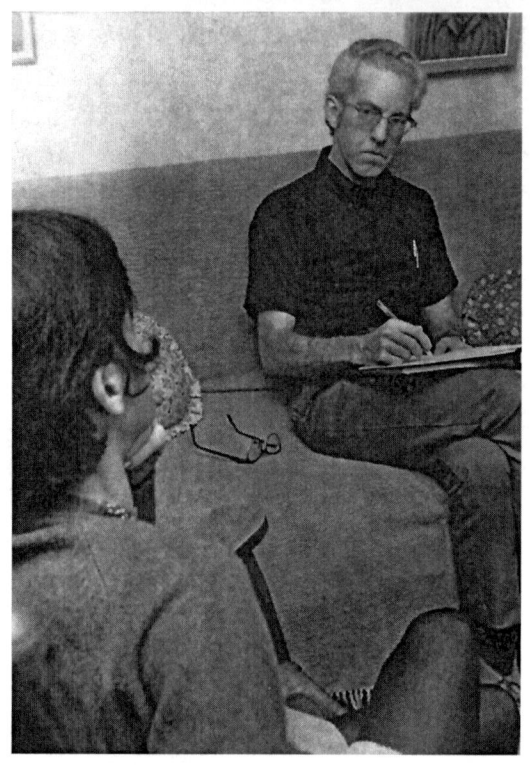

Las sesiones con Seth se celebran a plena luz en la sala de estar de Butts. El marido de Jane, usando su propio sistema taquigráfico, toma nota de las palabras de Seth al dictado. Arriba, cuando Jane entra en trance, ella, como Seth, se quita los anteojos y los arroja sobre el sofá. *(Rich Conz)*

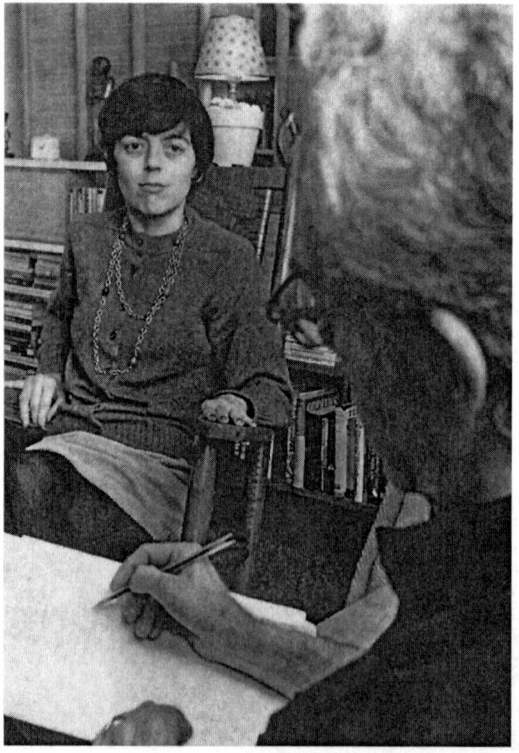

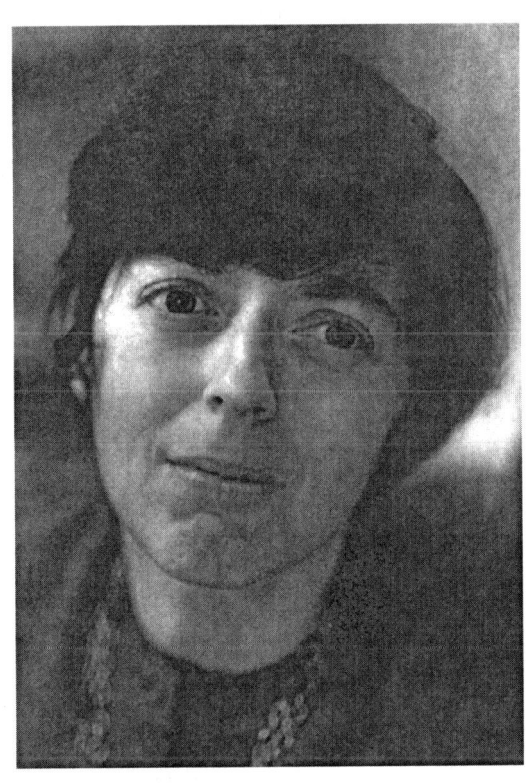

Aquí y en las páginas subsecuentes, las expresiones y gestos de Jane en trance cambian dramáticamente a las de Seth. *(Rich Conz)*

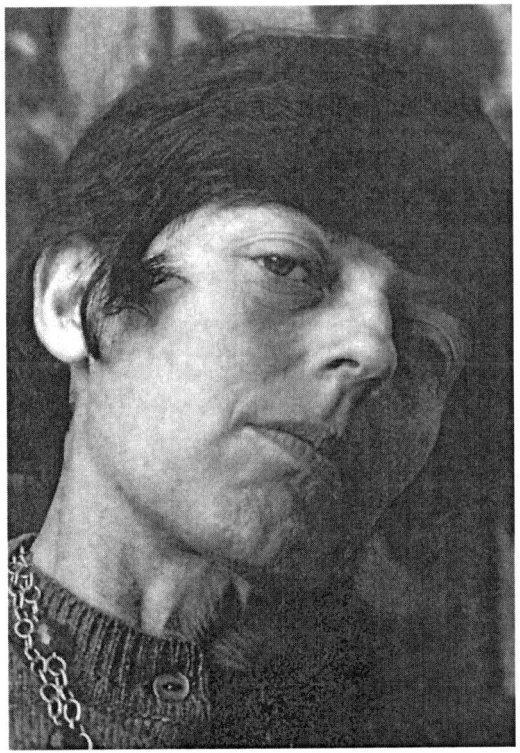

"Otra vez, no soy el subconsciente de Ruburt, aun cuando hablo a través de él. Es la atmósfera a través de la cual puedo llegar a ti, como el aire es la atmósfera a través de la cual vuela el ave."

"El ser humano no irrumpe en la existencia al nacer y comienza entonces laboriosamente sus primeros intentos por adquirir experiencia. Si este fuera el caso, todavía estarían en la edad de piedra."

"Jung amplió algunos de sus conceptos poco antes de morir. Ha cambiado muchos de ellos desde entonces."

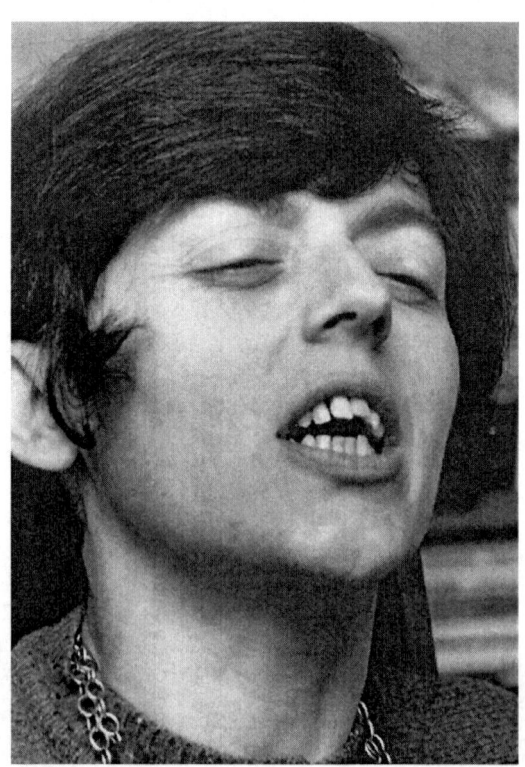

"Nunca hay justificación para la violencia, para el odio, para el asesinato. Aquellos que dan cabida a la violencia, por cualquier razón, son ellos mismos cambiados y adulterada la pureza de su propósito."

"Tú reencarnarás, tanto si crees que lo harás, como si no lo crees. Resulta mucho más fácil si tus teorías se ajustan a la realidad; pero si no es así, no por ello cambiarás un ápice la naturaleza de la reencarnación."

"El karma presenta la oportunidad para desarrollo. Permite al individuo incrementar su comprensión mediante la experiencia, llenar los huecos de la ignorancia y hacer lo que debe hacerse. Siempre se halla involucrado el libre albedrío."

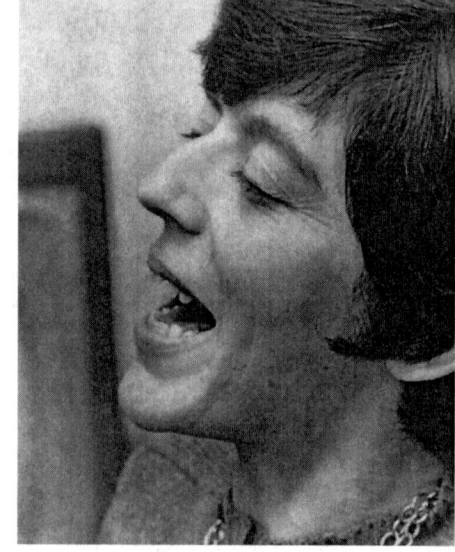

"Cuando te digo que viviste, por ejemplo, en 1836, lo digo porque para ti tiene sentido ahora. Tú vives todas tus reencarnaciones simultáneamente; pero esto te resulta difícil de entender."

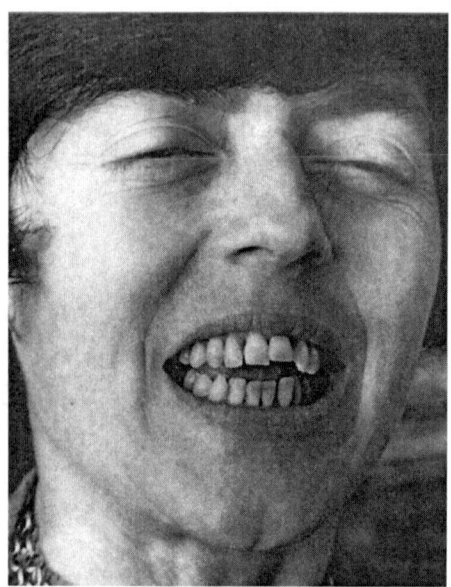

"Porque te digo que ustedes crean la materia física mediante el uso de los sentidos internos, no quiere decir que sean los creadores del universo. Lo que estoy diciendo es que son los creadores del mundo físico como lo conocen."

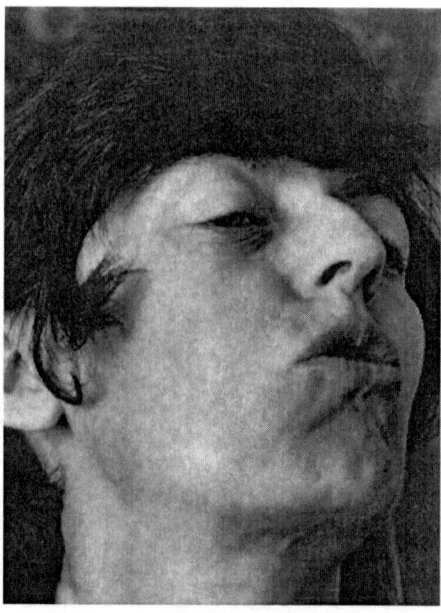

"Ahora bien, he hecho que mi amigo Ruburt se siente tranquilamente un rato, así pues, par la bondad de mi corazón, pondré fin a nuestro sesión, aunque bien puedo ciertamente dejar caer de vez en cuando una palabra."

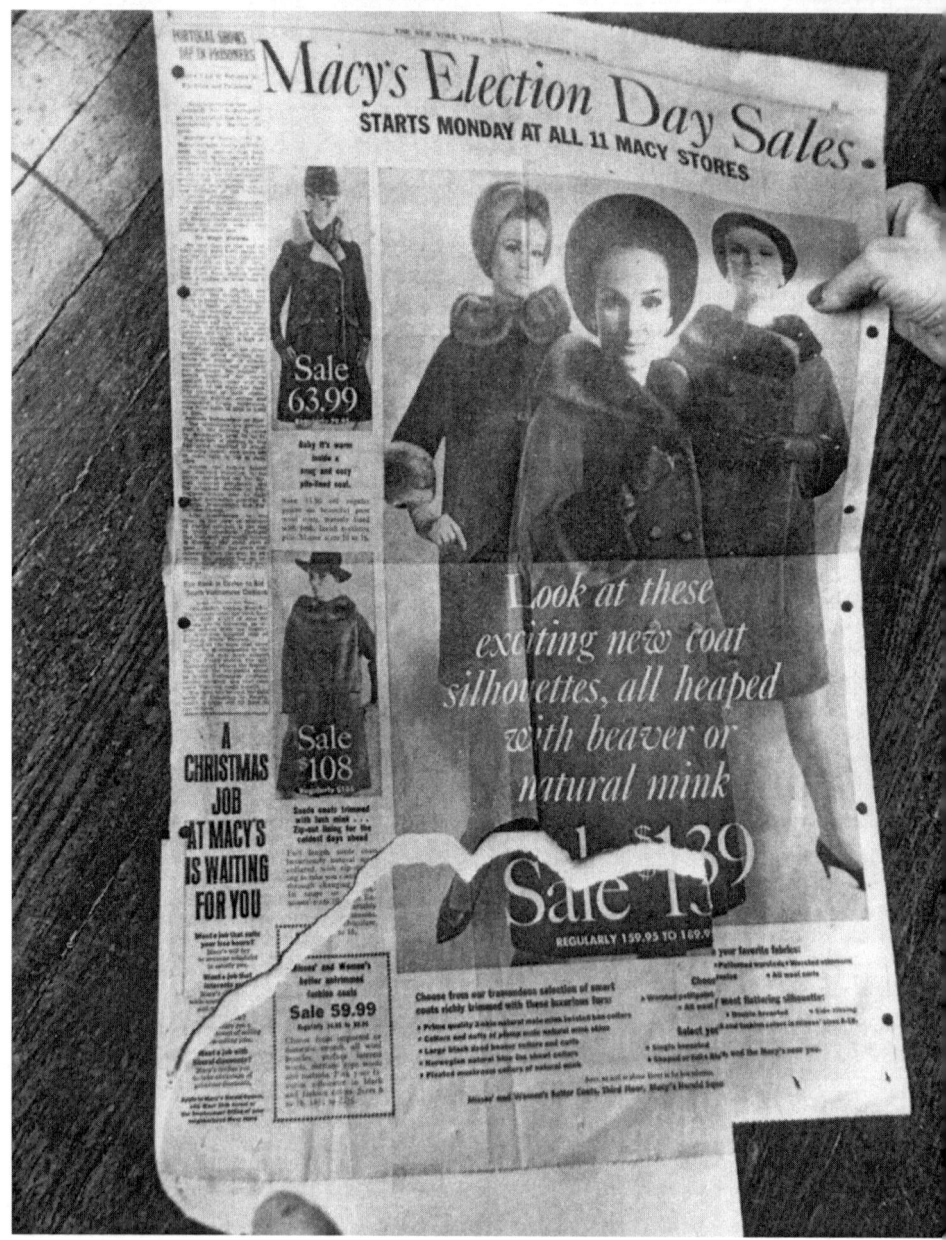

Para el sobre de prueba en la sesión 300 (que se describe en el Capítulo Ocho),el blanco fue un pedazo de papel arrancado de *The New York Times* del 7 de noviembre de 1966. Obsérvense las palabras "Día de elecciones" y los modelos en la porción principal del periódico, a los que Seth aludió al dar sus impresiones sobre el fragmento. *(Rich Conz)*

GLENN M. SCHUYLER

ROOFING, LIME, PLASTER, CEMENT, SHINGLES
WIRE FENCING, LUMBER, PLUMBING, HEATING
PHONE ELMIRA, REgent 4-6644

Wellsburg, N. Y. _July 15_ 19_66_

P84409

Sold To

INTEREST
CHARGED ON
ACCOUNTS OVER
30 DAYS

ACCOUNT
FORWARDED

	ECONOMY RATION	6 4/		
2	4 x 8 ½ _freedlev_	6	3	84
1	_Roofer Pan_		1	25
			5	09
	Tax			30
			5	29
	Paid by case		5	27
	13			

Your account stated to date. If error is found return at once.

Para la sesión 276 el sobre de prueba contenía esta factura. Obsérvese la línea que aparece sobre el nombre de "Glenn M. Schuyler." Para detalles, véase el Capítulo Ocho. *(Rich Conz)*

THANK YOU

We appreciate your patronage, and if there is anything about this bill, or the goods that is not correct, please report the same to us and we will gladly make it right. This is our way of doing business and we want to have you continue as one of our customers.

GLENN M. SCHUYLER

150 CARLOAD STORAGE AT YOUR
SERVICE. AND MODERN MACHINERY
TO MANUFACTURE AND MIX
FEEDS TO YOUR ORDER

MOORE BUSINESS FORMS INC E

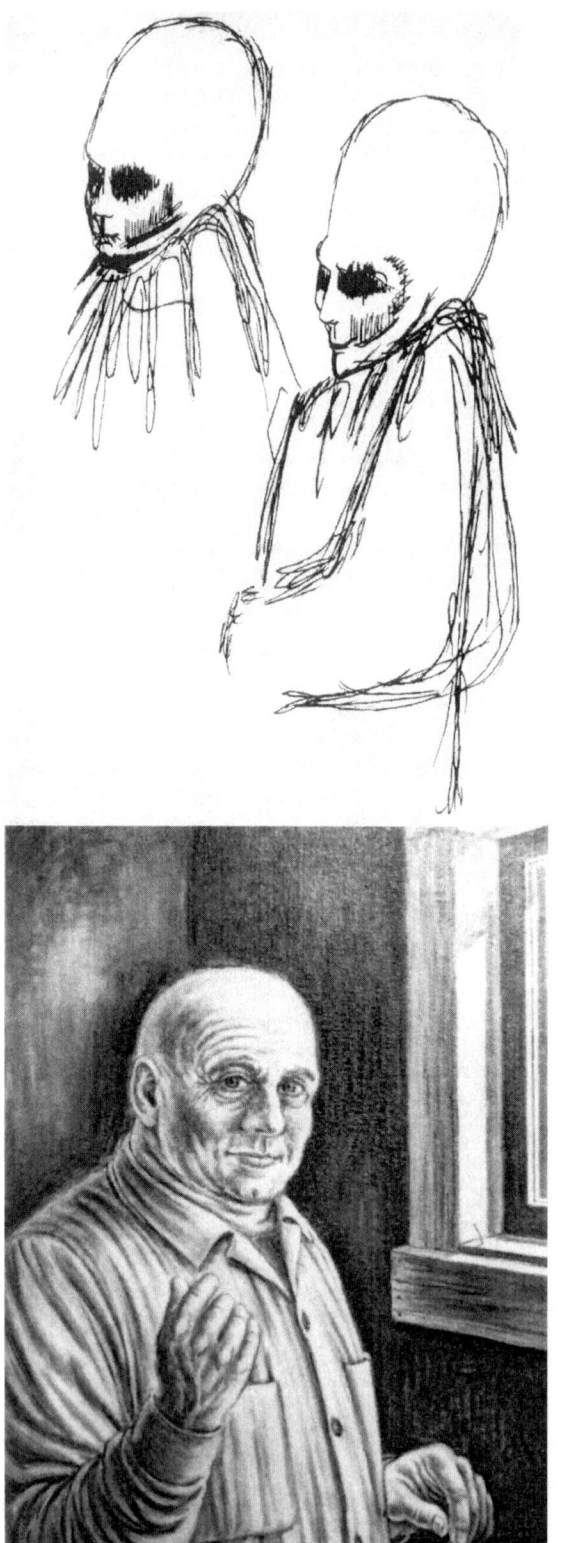

"Aparición" de Seth, como la vio y dibujó William Cameron Macdonnel. Los dibujos originales se hicieron con bolígrafo azul en hojas separadas de papel y aquí se sobrepusieron y trazaron en negro, para facilitar la reproducción. El primer dibujo se halla en la parte superior izquierda; nótese la obvia mejoría en el esbozo posterior.

Retrato de Seth realizado por Robert Butts. Dos estudiantes de Jane también han visualizado a Seth en esta forma. *(Robert Butts)*

Otro de los retratos de las "visiones" de Rob. Este es de Bega, personalidad que se comunica a través de una de las estudiantes de Jane por la vía de escritura automática. *(Robert Butts)*

En esta pintura, de acuerdo con Seth, Rob se pinta a sí mismo en una reencarnación anterior, cuando era mujer y madre de cinco hijos. *(Robert Butts)*

Pintura de Rob del artista del siglo XIV, de quien proviene el consejo de Seth sobre técnicas de pintura. *(Robert Butts)*

Arriba: doble retrato de Ruburt y Joseph. Este representa los yos totales de Jane y Rob, suma de sus personalidades que han reencarnado. *(Robert Butts)* Abajo, Jane y Rob en la misma pose, para comparación. *(Rich Conz)*

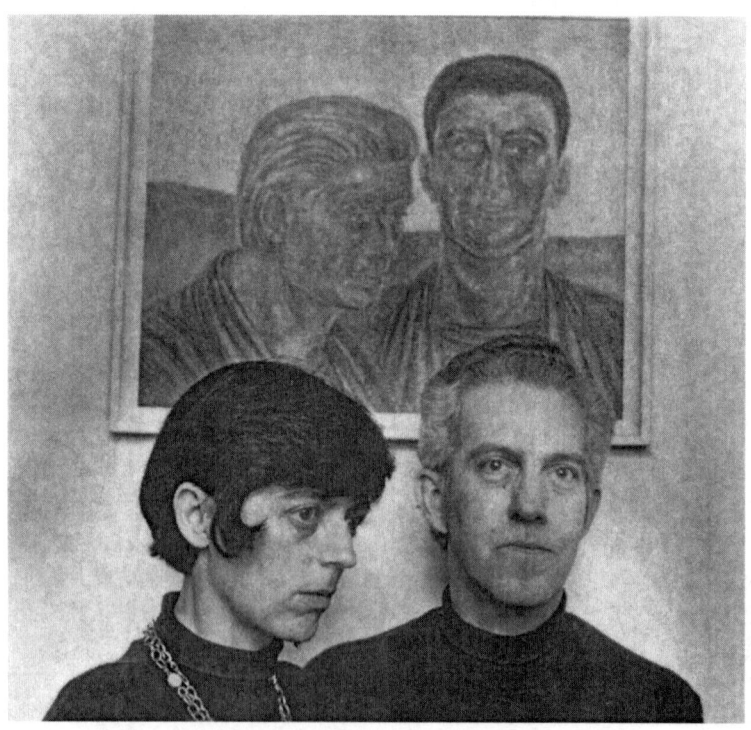

452nd Session December 2/68 9:17 PM Monday

GOOD EVENING.

Good evening, Seth.

NOW. CHILDREN BUILD HOUSES OF CARDS AND KNOCK THEM DOWN.
YOU DO NOT WORRY ABOUT THE CHILD'S DEVELOPMENT, FOR YOU REALIZE THX
THAT HE WILL LEARN BETTER.

YOU MAY EVEN SMILE AT THE CHILD'S UTTER SENSE OF DESOLATION
UNTIL HE FINALLY CONNECTS THE MOTION OF HIS OWN HAND WITH THE
DESTRUCTION OF THE PAPER, CARDBOARD HOUSE THAT IS NOW GONE, AND IN
HIS EYES GONE BEYOND REPAIR.

NOW, MANKIND BUILDS CIVILIZATIONS. HE HAS GONE BEYOND THE
CHILD'S GAME. THE TOYS ARE REAL, AND YET BASICALLY THE ANALOGY
HOLDS. I AM NOT CONDONING THOSE VIOLENCES THAT OCCUR. THE FACT IS
THAT THEY CAN NEVER BE CONDONED, AND YET THEY MUST BE UNDERSTOOD
FOR WHAT THEY ARE: MAN LEARNING THROUGH HIS OWN ERRORS. HE ALSO
LEARNS BY HIS SUCCESSES, AND THERE ARE TIMES WHEN HE HOLDS HIS
HAND, MOMENTS OF DELIBERATION, PERIODS OF CREATIVITY. (Pause.)
IDENTITIES X TAKE MANY ROLES IN MANY LIVES.

THERE ARE PERIODS, CYCLES IF YOU PREFER, THROUGH WHICH SUCH
IDENTITIES LIVE AND LEARN WITHIN YOUR SYSTEM. TO SOME EXTENT THEY
ARE TAUGHT BY OTHERS, PRACTICE TEACHERS IF YOU PREFER. (Amused.)

(Today the newspaper carried the story of the violence
attending the Democratic presidential convention in Chicago in
November/68, telling of the many clashes between police and various
groups of demonstrators; and a guilty verdict re police behavior
was rendered by an investigative commission. Jane and I had
discussed the report at the supper table.)

THE RACE OF MAN IS FAR MORE THAN THE PHYSICAL RACE HOWEVER.

La página 4646 de El Material de Seth, mostrando el principio de la
Sesión 452. El texto completo de esta sesión comienza en la primera
página del Apéndice.

Jane Roberts con algunos de los cincuenta cuadernos de hojas sueltas del Material de Seth, que se han recopilado hasta la fecha. *(Rich Conz)*

CAPÍTULO CATORCE:

Sueños; un pseudo demonio, sueño terapéutico

Cierta noche tuve un sueño aterrador, que me pareció muy real: me encontraba en mi propia recámara, fuera de mi cuerpo y, de pronto, comprendí que alguien o algo se hallaba directamente arriba de mí. Al siguiente minuto me vi empujada hacia abajo, hasta el pie de la cama, levantada en el aire y luego, hacia abajo, hasta el oscuro rincón del piso de la recámara. Arriba de mí se hallaba lo que únicamente puedo describir como una enorme cosa negra, como una forma humana, hinchada y nebulosa pero más grande y muy sólida.

Esto suena ridículo, pero yo sabía que esta cosa tenía como objetivo "agarrarme". Sabía que me encontraba fuera de mi cuerpo y estaba sobrecogida por el asombro, así como sumamente atemorizada. Aun cuando yo había leído de personas atacadas por demonios o cosas semejantes mientras se estaban "proyectando", simplemente no creía en demonios. Así pues ¿qué era eso? No tenía tiempo para preguntármelo, porque esa cosa me mordió varias veces en la mano. Era sorprendentemente opresivo y proseguía sus esfuerzos para arrastrarme lejos de mi cuerpo y encerrarme en el pequeño ropero empotrado en mi recámara.

Para mi gran consternación, oía a Rob roncar. En cualquier caso, no me encontraba en mi cuerpo físico y él probablemente no sabía que estuviera ocurriendo algo malo. ¿Y dónde estaba Seth? ¿Dónde se hallaban todos aquellos "guías" que se suponían que debían correr en tu ayuda cuando te vieras en predicamentos como éste? Todos estos pensamientos atravesaban mi mente, mientras procuraba luchar y deshacerme de esa cosa. Me hallaba muy consciente del peso de la criatura, que era realmente sorprendente, así como de su intención, que era aporrearme tanto como fuera posible, si no es que matarme definitivamente.

—Que no te embargue el pánico —me dije a mí misma, tratando desesperadamente de retener alguna apariencia de calma. Pero la cosa me oprimía y estaba a punto de morderme de nuevo. Esta vez pensé: ¡al diablo con que no me embargue el pánico! Y empecé a dar alaridos con todas mis fuerzas. Sabía que no era mi cabeza física pero esperaba que mi grito atemorizara a la criatura y se fuera, o que atrajera algún tipo de ayuda.

La cosa se echó para atrás por un instante, de modo muy semejante a como lo hace un enorme animal espantado y entonces me deslicé para salirme de debajo de ella y lanzarme como cohete hacia mi cuerpo, con esa cosa tras de mí. En otras palabras, recurrí a una rápida y cobarde retirada. Golpee mi cuerpo con tanta rapidez que mi cabeza física estaba a punto de estallar, mas no importaba. Mi cuerpo nunca se sintió tan bienvenido.

Durante un minuto tuve miedo de abrir mis ojos físicos. "Hombre, si todavía está aquí, yo me muero" pensé. Pero ya se había ido. Por lo menos me hallaba en otro nivel de existencia. Pensé despertar a Rob y contarle, mas decidí no interrumpir su plácido sueño.

Ahora que me creía segura, me sentí un poco avergonzada de mí misma por haber sido tan cobarde; pero tampoco estaba tan complaciente como para irme a dormir de nuevo. Así pues, me levanté, bebí un vaso de leche y reflexioné en todas las cosas que debería haber hecho, como decir con vehemencia: "Retírate de mí, Satanás" o algo semejante. Lo mínimo que pude haber hecho, pensé, es devolver la mordida.

La noche siguiente celebramos una sesión regular con Seth, como todos los miércoles. Antes de que cuente lo que Seth me declaró sobre el incidente, conviene retroceder un poco. Antes de que tuviera lugar esto, yo me había sentido deprimida durante varios días, rumiando (aunque debería saberlo mejor) sobre las actitudes negativas que en ocasiones parecen rodearnos. Lo que es peor, reconocía muchas de ellas en mí misma: resentimientos, temores e ira.

Ahora Seth dijo: "Nuestro amigo (aludiendo a mí), intentó escoger un campo de batalla diferente la noche pasada. Decidió pensar en todos los sentimientos negativos como enemigos y darles forma en otro plano de realidad, donde podría combatir con ellos. Éste no era un plano astral, sino uno inferior.

"La energía tras su 'cosa negra', era la energía de temores ocultos; pero esa cosa podía haber sido formada por cualquiera, puesto que en cualquier hombre existen temores. Ruburt trató de aislarlos, darles forma y combatirlos todos de una vez. La cosa era en realidad un animal torpe de una dimensión inferior, un perro estúpido de otras dimensiones que lo atacó, bastante simbólicamente, mordiéndolo. Cualquier 'cosa' así creada enteramente de temores, estaría atemorizada y particularmente enojada con su creador. Nada podía hacer sino atacar para proteger cualquier realidad que tuviera, pues sabía que Ruburt lo creó sólo para matarlo, de ser posible.

"Por lo tanto, sí *tenía* realidad. Ruburt saltó hacia atrás, a la seguridad y la conciencia normal. La cosa desapareció entonces (en cuanto concernía a Ruburt), pues cuando Ruburt 'corrió a casa', automáticamente retiró la energía (de su atención) de eso. Ruburt intentó separar de sí mismo todos aquellos elementos que considera negativos y luchar contra ellos de una vez, casi como si, al hacerlo, pudiera hacer desaparecer el mal del universo.

"Pretendió destruir al 'animal del mal' y éste le mordió en cambio. Ahora bien, el mal no existe en tales términos y hasta la enfermedad o el miedo no necesariamente son enemigos, sino auxiliares del entendimiento y medios hacia un fin más grande..."

Seth prosiguió para decir: "El mal que Ruburt imaginó que estaba proyectando hacia fuera, no existe; mas, debido a que él creyó que sí existía, dio forma a la materialización de sus temores. Era la representación de su reciente depresión. En términos generales, no existe el mal, sino únicamente una falta de percepción; pero sé que esto resulta difícil de aceptar.

"Mas este hecho es la salvaguarda de Ruburt en sus viajes fuera del cuerpo, en tanto él lo recuerde. Las palabras 'que la paz sea contigo' le llegarán sin dificultad en otras capas de realidad, puesto que, así como él formó esa imagen, otros también materializan imágenes y él podría encontrarlas. Al desearles paz les proporcionará algún confort, pues ellos tienen una especie de realidad. Temerles es colocarse dentro de su reino de realidad y luego se está forzado a combatirlos en sus términos. No hay necesidad de esto."

Como un cumplido de segunda mano, Seth pidió a Rob que me dijera que mis facultades estaban mejorando: eso *era* una forma de pensamiento bien hecho. Ahora bien, ni por un momento propongo que ninguno de mis lectores intente aventura tan temeraria; pero sí sugiero que quizás algunos de ellos ya lo han hecho, sin darse cuenta, despertando sólo con el recuerdo de una pesadilla particularmente fea.

No obstante, este episodio fue una experiencia fuera del cuerpo del estado de sueño y servirá para dejar claro un punto: la realidad del sueño es tan válida y real como la realidad en vigilia. Los sueños definitivamente afectan la vida cotidiana. Pueden mejorar nuestra salud o ayudar a ahondar un estado de depresión. Sin embargo, existen formas para usar los sueños con un propósito definido, para mejorar nuestra existencia, aún cuando admito que el último caso no fue un ejemplo muy bueno.

En el transcurso de las eras se ha sabido que los sueños pueden proporcionarnos indicios de todos tipos de conducta. Los psicoanalistas usan los sueños para ahondar en motivaciones subconscientes; pero pocas personas saben cómo utilizar los sueños creativamente: mejorar la salud, ganar inspiración, restaurar vitalidad, resolver problemas y enriquecer relaciones familiares.

Seth ofrece algunas sugerencias inspiradoras respecto a la forma en que los sueños pueden usarse como terapia directa, y varios de sus conceptos podrían ser un gran auxiliar en programas de autoayuda y en psicoterapia.

Comienza por decir: "La personalidad está compuesta por *gestalt* de energía. Así como la personalidad se ve modificada por cualquier experiencia, también cambia por los sueños; y así como un individuo es moldeado por su ambiente físico, hasta cierto grado, así es moldeado por los sueños que él mismo crea... El yo es ilimitado. Cuando tus percepciones fallan, a ti te parece que aparecen fronteras. Por ejemplo, te parece que los sueños cesan cuando ya no te percatas de ellos. Esto no es así.

"En un nivel de personalidad se intenta resolver problemas mediante la construcción de sueños... y a menudo se da libertad a acciones que no pueden expresarse adecuadamente dentro de los confines de la vida en vigilia. Si fracasa el intento, entonces el problema o acción (como ya hemos visto antes), puede materializarse como enfermedad.

"Analicemos, por ejemplo, una situación en la que la personalidad necesita expresar dependencia, pero considera tal expresión inapropiada. Si es capaz de formar un sueño en el que desempeña una parte dependiente, entonces el problema puede resolverse dentro del estado de sueño. En muchos casos, esto es precisamente lo que ocurre. El individuo tal vez nunca recuerde tal sueño; pero la experiencia sería válida y la dependencia expresada.

"Se ha llevado a cabo mucho trabajo para interpretar los sueños, pero poco para controlar la dirección de actividad dentro de ellos. Bajo una sugestión apropiada, éste puede ser un excelente método de terapia. Los sueños negativos tienden a reforzar los aspectos negativos de la personalidad, coadyuvando a formar varios círculos de complicaciones desafortunadas. Las acciones del sueño *pueden* orientarse para cumplir con expectativas constructivas que pueden por sí mismas efectuar un cambio para lo mejor.

"Muchas enfermedades podrían evitarse en gran medida mediante esa terapia de sueño. Tendencias agresivas, hasta cierto punto inofensivas, podrían liberarse dentro del estado de sueño. Se darían sugestiones para que el individuo involucrado experimentara, digamos, agresividad dentro de un sueño. También se le sugeriría que aprendiera a entender sus agresiones, vigilándose a sí mismo mientras estuviera soñando (contemplar el sueño como si fuera una representación teatral). Si yo puedo permitirme entrar en una fantasía, teóricamente tú puedes imaginar un experimento masivo en terapia de sueño, donde las naciones combatieran sus guerras en sueños, no en vigilia."

Cuando por primera vez leí esta sesión, pensé que ésta era una magnífica forma para deshacernos de nuestros sentimientos reprimidos: ¡soñarlos para alejarlos! Si en realidad te sientes furioso contra alguien y no te atreves a desquitarte, entonces puedes darte a ti mismo la sugestión, antes de dormir, que en el sueño te pondrás realmente a mano. Pero eso no es tan fácil.

Seth dice con gran firmeza: "Existen otras consideraciones que deben comprenderse... Cuando la agresividad es el problema, por ejemplo, la sugestión preliminar al sueño debería incluir una declaración de que la agresión no se dirigirá contra una persona determinada. En todos los casos, es el elemento intangible (la agresividad), lo que constituye el problema y no la persona contra la cual el individuo puede querer ventilarla.

"No queremos que un individuo sugiera que en sueños pretenda dañar a otro. Existen varias razones para esto, incluyendo realidades telepáticas que tú todavía no comprendes y patrones de culpa que serían inevitables. No estamos hablando de sustituir la acción del sueño por acción física. Estamos discutiendo problemas particulares que necesitan tratamiento."

Una y otra vez Seth dice que un sueño o experiencia imaginativa es tan real como un evento de vigilia. Si se tiene un periodo de depresión, se está propenso a tener sueños depresivos durante el mismo periodo. Pero Seth sugiere el siguiente ejercicio como terapia de sueño: antes de dormir, sugiérete a ti mismo que disfrutarás de un sueño placentero o gozoso que restaurará por completo tu buen ánimo y vitalidad. A menos que la depresión se halle profundamente arraigada, se verá rota o sumamente debilitada cuando despiertes.

Yo he usado este método a menudo, con excelentes resultados. En ocasiones he recordado los sueños, en otras no; pero siempre he despertado refrescada y renovada y los efectos perduran. Los sueños que he recordado durante tales casos, han sido de gran inspiración; poderosos no sólo para sobreponer un periodo de tristeza, sino para restaurarme a un estado de ánimo excepcionalmente bueno.

Si bien todo esto es de interés práctico, Rob y yo nos sentimos todavía más intrigados por la explicación que da Seth a la realidad del sueño. En virtud de que yo he tenido muchas experiencias fuera del cuerpo, a consecuencia de un estado de sueño, me sentí bastante preocupada respecto a la realidad de los ambientes en los que me he encontrado. Seth dio principio a sus discusiones sobre la índole de la realidad del sueño, poco tiempo después de que empezaran las sesiones y éstas todavía continúan. Hasta que aprendí por Seth la manera de "monitorear" mis propios sueños y despertar mis facultades críticas, simplemente me asombraban algunas de sus aseveraciones.

Estudiemos este primer pasaje de la sesión 92, que yo ahora acepto como básico: "Cada sueño empieza con energía psíquica que el individuo transforma no en materia física, sino en una realidad; cada trozo como funcional y real. El sujeto forma la idea en un objeto de sueño o un suceso, con sorprendente discriminación, por lo que el objeto del sueño mismo obtiene existencia en numerosas dimensiones. . .

"Aún cuando el soñador crea sus sueños para sus propios propósitos, seleccionando únicamente aquellos símbolos que para él tienen significado, y los proyecta al exterior para darles verdadero valor y expansión psíquica. La expansión ocurre cuando se actúa el sueño. Una contracción tiene lugar cuando el soñador ha terminado con los eventos del sueño; pero la energía no puede revertirse."

Seth llama a las personalidades creadas por el sueño (como mi "cosa negra"), construcciones híbridas duales. En mi caso, la "expansión" de la que él habla, ocurrió cuando la formé con mi propia energía psíquica. La "contracción" tuvo lugar cuando yo retiré la energía principal que le había dado y que produjo su existencia. La criatura continuó existiendo, mas no en mi dimensión; había quedado libre para sí misma.

Todavía hablando de sueños, Seth dijo: *"La energía proyectada en cualquier tipo de construcción*, psíquica o física, no puede recuperarse sino que debe seguir leyes de la forma particular en la que ha sido moldeada por el momento. Por lo tanto, cuando el soñador contrae sus objetos multirealistas de regreso, poniendo fin por sí mismo al sueño que ha construido, éste termina únicamente para su creador. La realidad del sueño continúa."

La energía, como Seth lo explica, puede transformarse, mas no aniquilarse.

Seth ha dado respuesta a muchas interrogantes que se hallaban en la mente de Rob y que probablemente estén en la tuya. ¿Cómo es que la vida cotidiana ordinaria nos parece mucho más real que cualquier existencia de sueño? Y si tal universo es válido, ¿por qué no se introduce todavía más en nuestra vida cotidiana? Por lo menos hasta cierto punto, todos convenimos en lo que ocurre físicamente; pero los sueños son altamente individuales. ¿Cómo puede existir alguna continuidad en un universo de sueño? Dentro de tal universo, ¿cómo podría cualquiera llegar a convenir con alguna otra persona sobre lo que está sucediendo?

"Antes que nada —dijo Seth—, el universo físico mismo es un conglomerado de diversos símbolos individualizados, ninguno de los cuales significa precisamente la misma cosa para dos individuos cualquiera y en los cuales hasta las cualidades llamadas básicas, como el color y la colocación en el espacio, no son confiables. Uno se enfoca meramente en las similitudes. La telepatía podría llamarse el pegamento que sostiene el universo físico en una posición precaria, por lo que se puede convenir en la existencia y propiedades de los objetos. . .

"Así pues, cuando se considera el mundo del sueño, se tiene la misma clase de universo, sólo que construido dentro de un campo que no se puede percibir físicamente. Pero posee más continuidad que el mundo que conocemos y existen similitudes dentro de él que resulta sorprendente contemplar. . .

"Por una razón. . . aquellos que conocen la existencia en el nivel físico ahora, debido a ciertos ciclos, han vivido antes en aproximadamente los mismos periodos históricos. Poseen una familiaridad interna, una cohesividad que pertenecía a un periodo más o menos específico y a periodos anteriores, donde habitaban la misma clase de realidad. Sus experiencias de sueños, entonces, no son tan diversas como se podría suponer. Ciertos símbolos están construidos en realidades dentro del sistema del sueño, de una manera muy semejante a como las ideas están constituidas en materia en el mundo físico.

"La misma clase de acuerdo psíquico mantiene el sistema del sueño junto, como mantiene el sistema físico. Si un hombre pudiera en verdad enfocar esos elementos irreconocibles en el universo físico sobre el cual no pueden alcanzarse acuerdos, si pudiera enfocarse en las disparidades más que en las similitudes, entonces se preguntaría qué dio a cualquiera la idea de que existía incluso *un* objeto físico sobre el cual el hombre pudiera convenir.

"Se preguntaría qué locura colectiva permitió al hombre seleccionar de entre una virtual infinidad de caos, un mero centenar de similitudes y hacer de ello un universo. Así tú, al contemplar el aparente caos de realidad de sueño, te preguntas cómo puedes decir que contiene coherencia, actualidad y comparativa permanencia."

Una razón, según creo, para que los sueños parezcan tan caóticos y sin sentido en ocasiones, es simplemente que sólo recordamos nebulosos fragmentos de ellos y olvidamos los factores de unificación. Otra razón es que los sueños poseen una "lógica" intuitiva y asociativa que tiene que interpretarse y en la cual el tiempo, como lo conocemos, tiene poco significado. De acuerdo con Seth, algunos sueños son lo bastante simples y se refieren a sucesos o problemas presentes no resueltos. Incluso en éstos, no obstante, el evento del sueño puede asimismo representar sucesos procedentes de vidas pasadas.

Cada objeto de sueño es en realidad de doble o triple fondo, un símbolo de datos diferentes y más profundos. Un sueño que involucra información reencarnacional, por ejemplo, también puede servir para ayudarnos a encarar un problema del momento presente, al recordarnos otras facultades no usadas inherentes a nuestras personalidades. Yo he tenido dos sueños reencarnacionales particularmente vívidos. Uno de ellos, que ocurrió poco tiempo después de que empezaran nuestras sesiones, me atemorizó en verdad porque yo temía que pudiera ser clarividente. Soñé que era una mujer anciana en una paupérrima sala de algún tipo de hospital. Estaba muriendo de cáncer y lo sabía, mas no estaba ni siquiera un poco asustada. Un hombre viejo junto a mí, estaba también a punto de morir. Le dije que no se preocupara, que yo estaría allí para ayudarle. Luego, morí; pero parecía no haber ruptura en la conciencia. Ayudé al anciano a salir de su cuerpo y me mantuve diciéndole que todo estaba bien.

Durante la siguiente sesión con Seth, preguntamos respecto al sueño. Seth me dijo que se refería a mi muerte cuando yo era médium en Boston, en el siglo pasado. Él nos había dado información en relación con esta vida en sesiones anteriores y ahora me dijo que yo no volvería a fallecer de cáncer (un error de táctica por su parte, puesto que desde hacía mucho tiempo me había dicho que dejara los cigarrillos y yo no he seguido su consejo. Nunca ha tratado de amonestarme para que abandone el hábito, indicándome meramente que no ayudaba a mi salud general o a mi desarrollo).

El otro sueño fue todavía más vívido y realmente placentero. No sé cuándo había tenido un momento de mayor placer, y ciertamente no en la vida de vigilia. A sugerencia de Seth me dije antes de dormir que tendría un sueño que me proporcionaría más información respecto a mi pasado reencarnacional. Entonces yo realmente no creía en la reencarnación, pero dije a Rob: "Bueno, ¿qué tengo que perder? Lo intentaré" y luego me di a mí misma la sugestión varias veces y quedé dormida.

En este sueño, Rob y yo éramos ambos hombres, ya a fines de nuestros años veinte y socios en este episodio. Sabía muy bien que "más tarde" terminaríamos como Rob y Jane en esta vida, aunque no había un parecido físico. Rob, por ejemplo, era moreno y de pelo oscuro, aun cuando ahora su piel y cabello son claros. Usábamos pantalones largos y abultados, ceñidos en los tobillos al estilo turco. No recuerdo nuestros nombres.

Cuando se inició el sueño entrábamos a un salón muy grande. Un grupo de hombres vestidos de la misma manera, se hallaban sentados en cojines de brillantes colores, en el suelo, más o menos en círculo, dejando libre el centro del piso. Yo conocía a todos estos hombres desde una vida anterior, en la que había sido su caudillo y había muerto muy joven. Estos hombres se habían hecho viejos en el intervalo que hubo antes de que yo volviera a nacer. Ahora había regresado para cumplir la promesa que había hecho de regresar. Me daba perfecta cuenta de que ellos no me reconocerían en este cuerpo en el que no me habían visto antes.

Expuse mi caso, mientras ellos escuchaban cortésmente. Su orador me dijo que su líder muerto les había prometido que a su retorno efectuaría una gran fiesta, la cual se suponía que probaría su identidad. Entonces pidió que por mis actos mostrara que yo era esta persona y estaba listo para asumir la posición correcta. Rob y yo sonreímos, pues habíamos previsto la prueba.

El centro del salón se hallaba vacante, excepto por unas cuantas mesas. El presente Rob pidió que, para la demostración, se quitaran éstas. Así se hizo y los hombres se acercaron más, acuclillados en los cojines. Mi compañero estaba de pie detrás de mí. Yo avancé varios pasos con saltitos que eran de algún modo ceremoniales y luego abandoné el cuerpo físico. Este cayó de golpe al suelo y mi compañero gentilmente lo hizo a un lado.

Luego, en mi cuerpo astral me fui volando por todo el salón, que tenía un techo en la forma de un alto domo. Riendo por lo que yo consideraba una gran broma, volé a baja altura, pero por arriba de cada hombre e hice girar su turbante cada vez. Mi compañero me entregó una pluma: aparentemente podía verme con claridad y yo pude manipular objetos físicos. Ondeando la pluma en el aire, volé de ida y vuelta varias veces por lo que, contemplando la pluma, los hombres podían seguir mi movimiento por sobre ellos.

Todo este tiempo mi compañero se mantuvo riendo con fuerza y yo estaba disfrutando un momento magnífico. Por último, regresé a mi cuerpo y quedé de pie, ante los gritos y alaridos de reconocimiento. Apenas recuerdo el resto del sueño. Sé que se trajeron unas mujeres para nosotros pero, sonriendo, movimos la mano para que se alejaran, pues preferimos hablar primero con nuestros viejos camaradas. Todos nosotros teníamos piel oscura.

Al principio de nuestras sesiones, Seth nos informó que en una ocasión había tenido una existencia turca, mas no tenemos información sobre alguno de nosotros. Sin embargo, existían toda clase de huecos que había que llenar en nuestras vidas pasadas porque, en tanto yo me rehusara a aceptar la reencarnación, pedí a Rob que no preguntara y solicitara material sobre la reencarnación. Asimismo, me inquietó tanto cuando Seth proporcionó aquella información, que probablemente pensó sería mejor descontinuarla por un tiempo. Cuando Seth se ve involucrado con un bloque de sesiones sobre determinado tema, odiamos romper la continuidad del material al pedirle que pase a algún otro y, además, hemos aprendido que Seth eventualmente responde tantas de nuestras preguntas como le es posible.

La vida turca fue la única vida pasada con gran colorido que yo he tenido, según mi conocimiento presente. La vida en Boston fue bastante ordinaria, de acuerdo con lo que Seth dijo. Yo no hacía gran alarde como médium y daba sesiones con objeto de ayudar a otros y recolectar un poco de dinero para pagar la renta. Sin embargo, era por completo indisciplinada y luchadora, defectos de personalidad que estoy procurando corregir en esta vida. Este sueño, según creo, tenía la intención de recordarme que alguna vez yo ocupé una posición de autoridad y no debería ahora tener miedo de la responsabilidad o de mis facultades. Seth insiste que muchas personas tienen sueños que les dan información respecto a vidas pasadas, pero a menudo no los recuerdan, simplemente porque no comprenden la importancia de los sueños en general.

Mas ¿qué hay respecto al lugar, el salón turco? ¿Qué tan real era? ¿Qué tan reales son los sitios que parecemos visitar mientras dormimos? He aquí lo que Seth tiene que decir: "Piensas que estás consciente únicamente cuanto te encuentras en vigilia. Te supones inconsciente cuando duermes. Los datos están en verdad cargados en el lado de la mente en vigilia; pero imagínate, por un momento, que estás viendo esta situación desde el otro lado.

"Pretende que te encuentras en el estado de sueño y preocupado con el problema de la existencia y de la conciencia despierta. Desde ese punto de vista, el cuadro es enteramente diferente, pues tú ciertamente estás consciente mientras duermes.

"Los lugares que visitas mientras sueñas, son tan reales para ti entonces, como lo son los sitios físicos para ti ahora. No hablemos más de un yo consciente o inconsciente. Existe un yo y éste enfoca su atención en varias dimensiones. En el estado de vigilia se enfoca en la realidad física. En el estado de sueño se enfoca dentro de una dimensión diferente.

"Si conservas pocos recuerdos de lugares de sueño cuando estás despierto, pocos recuerdos tienes de lugares 'físicos' cuando te encuentras en estado de sueño. Cuando el cuerpo físico yace en cama, está separado por una enorme distancia del lugar del sueño en el que el yo que sueña puede habitar. Pero esta distancia nada tiene que ver con el espacio, pues el lugar del sueño puede existir simultáneamente con el cuarto donde el cuerpo duerme.

"Los sitios del sueño no se hallan sobrepuestos, digamos, a la cama, a la cómoda y a la silla. Existen compuestos por los mismos átomos y moléculas que en el estado de vigilia percibes como cama, cómoda y silla. Recuerda que los objetos son resultado de tu percepción. De la energía formas patrones que luego reconoces como objetos y los usas; pero los objetos son inútiles, a menos que tú estés enfocado dentro de la dimensión para la que específicamente se formaron.

"En ciertos estados de sueño tú formas con estos mismos átomos y moléculas el ambiente en el que operarás. Mientras duermes no puedes encontrar la cama, cómoda o silla y, despierto, no puedes localizar el sitio del sueño que estaba allí apenas un momento antes."

Esto no quiere decir que, en ocasiones, no abandonemos nuestros cuerpos y viajemos en nuestro sueño o en nuestros cuerpos astrales a otros lugares físicos. De acuerdo con Seth, a menudo lo hacemos, bien sea que lo recordemos o no. Algunos de mis estudiantes, por ejemplo, tienen frecuentes experiencias fuera del cuerpo, en estados tanto de vigilia como de sueño y, en varias de tales ocasiones, parece que nos hemos encontrado en nuestra alcoba.

Seth nos dijo que esto era posible, mucho antes de que yo disfrutara de tales experiencias por mí misma y antes de que leyera respecto a ellas. Pero sus ideas de la interrelación entre la vigilia y la realidad del sueño, son fascinantes.

"Mencioné la crucifixión, diciendo alguna vez que era una realidad y una actualidad, aun cuando no tuvo lugar en tu tiempo (físico). Ocurrió en la misma clase de tiempo en el que transcurre un sueño y su realidad la sintieron generaciones. Por no ser una realidad física, influenció el mundo de la materia física de una manera que no podía hacerlo un suceso puramente físico.

"La crucifixión fue una de las realidades que enriquecieron tanto el universo de los sueños, como el universo de la materia y se originó en el universo de los sueños. Fue una importantísima contribución de ese sistema al tuyo propio y podría compararse físicamente al surgimiento de un nuevo planeta dentro del universo físico."

Seth *no* está diciendo aquí que la crucifixión fuera "nada más un sueño". Está diciendo que, aun cuando no ocurrió *históricamente*, sí sucedió dentro de otra realidad y surgió a la historia como una *idea*, más que como un acontecimiento físico: idea que cambió la civilización. (Por supuesto, de acuerdo con Seth, una idea *es* un acontecimiento, tanto físicamente materializado como no.)

Seth continúa diciendo: "La ascensión (de Cristo), no tuvo lugar en el tiempo como tú lo conoces. También es una contribución del universo de los sueños a tu sistema físico y representa el conocimiento de que el hombre es independiente de la materia física...

"Muchos conceptos e invenciones prácticas simplemente aguardan en el sistema del sueño, latentes y a la expectativa, hasta que algún hombre los acepte como posibilidades dentro del marco físico de realidad... La imaginación despierta la conexión del hombre con el sistema del sueño. La imaginación a menudo reacomoda información del sueño y la aplica a circunstancias o problemas particulares dentro de la vida cotidiana...

"El universo del sueño, entonces, posee conceptos que algún día transformarán por completo la historia del mundo físico; mas una negación de tales conceptos como posibilidades, demora su surgimiento."

Algunas de las sesiones con Seth nos explicaron precisamente cómo damos forma a los sueños, qué sustancias químicas se construyen durante la conciencia en vigilia, y luego se liberan en forma de sueño, y otras que tienen que ver con la composición electromagnética de la realidad del sueño. Pero en todo momento se observa la insistencia sobre lo que llamaríamos, según supongo, la "objetividad" de la vida de sueño.

Seth nos dio instrucciones primero sobre el recuerdo del sueño. Subsecuentemente a esto, nos dijo cómo despertar nuestras facultades críticas mientras estamos soñando y cómo proyectar nuestra conciencia fuera de nuestro cuerpo, usando el sueño como una especie de plataforma de lanzamiento. Yo siempre me sentía encantada de ensayar cualquiera de los experimentos que Seth sugiriera y sigo estándolo a la fecha. La experiencia personal resultante me proporcionó evidencia subjetiva de la validez de muchos de los conceptos de Seth; además, me agrada hacer las cosas por mí misma.

Examinemos esta proyección del estado de sueño, por ejemplo: cierta mañana, después del desayuno, me recosté para ensayar una proyección de sueño. Esto simplemente significa que algunas veces puedo darme cuenta que estoy durmiendo, que traigo mi "conciencia en vigilia" normal a la situación de sueño y luego la uso para proyectar mi conciencia a alguna otra parte. Cuando llegué a este punto esa mañana, sentí que abandonaba mi cuerpo, sabiendo en todo momento que me hallaba acostada y cómoda en cama, con la puerta cerrada con llave.

Viajé a través del aire con tanta rapidez, que todo parecía empañado. Luego me encontré en la calle de una ciudad extraña. Estaba decidida a descubrir dónde me encontraba, por lo que di vuelta a la manzana, tratando de ver los nombres de las calles. La zona estaba llena de hoteles y grandes tiendas. Vi los nombres de dos calles y, finalmente, decidí penetrar al vestíbulo de uno de los hoteles. Aquí encontré una librería y me puse a recorrer los anaqueles, para ver lo que me rodeaba. Descubrí tres libros de Jane Roberts sobre PES y, en el momento de esta experiencia (1967), yo había escrito sólo uno.

Muy asombrada, pasé la mirada por todo lo que me rodeaba. Todo parecía bastante normal. Dondequiera que estuviera, era un lugar físico. Algo me obligó a levantar la vista. Un joven me miraba con una mueca de complacencia como la de un gato que acechara un canario. Era uno de los dependientes y vi ahora que la mayoría de los empleados eran muy jóvenes y que todos me estaban viendo.

No sabía que decir o hacer: "¡Miren, realmente me encuentro en un estado fuera del cuerpo. Esta es una proyección astral!" Nunca me lo creerían; pero ¿qué había acerca de los tres libros con mi nombre en ellos y la sonrisa conocedora del empleado?

—¡Uh, no he visto estos libros antes! —exclamé.

—Debo creer que no. Donde tú vives, todavía no los has escrito —me dijo el joven. Con esto empezó a reír, pero de una manera abierta y amistosa, al igual que los otros que ahora nos rodearon.

—¿Donde estoy? —inquirí.

Me lo dijo y aclaró:

—Pero olvídalo. Es decir, de todos modos no lo recordarías.

—Oh, sí. Seguramente lo haré. Me he estado entrenando.

—Simplemente no eres tan buena todavía —dijo uno de ellos. Y yo realmente me disgusté. Aunque estuviera viajando en lo astral o cualquiera otra cosa que fuera, estas personas realmente estaban riéndose a mis costillas.

—Miren —exclamé—. Estoy en mi cuerpo astral. Mi cuerpo físico se halla en casa, en la cama.

—Lo sabemos —dijo el joven.

Los libros atrajeron mi vista de nuevo.

—Adelante —me dijo—. Memoriza los títulos. Lo siento mucho, pero ello no te hará ningún bien. De todos modos, no recordarás. —Ahora todos ellos sonrieron con simpatía.

—Ya memoricé los nombres de dos calles —contesté—. ¿Están seguros de que voy a escribir estos libros?

—Aquí ya lo has hecho.

Sin importar lo que cualquiera dijera, estaba determinada a recordar cualquier material específico que pudiera: nombres, señales de la calle o números de ruta de camiones. Por último, el empleado se ofreció a acompañarme en un recorrido, cuando le dije que iba a explorar el lugar yo sola si hacía falta. Fue muy amable. Conversamos y me señaló lugares de interés en la ciudad, mientras me advertía que no iba a ser capaz de recordarlos.

Luego, sin advertencia alguna, me sentí empujada lejos. Se oía un terrorífico sonido de silbido y me econtré de nuevo en mi cuerpo. Realmente me sentía burlada. Por lo regular resulta muy difícil ir de regreso al mismo lugar; mas yo estaba tan disgustada, que me esforcé por regresar. No es que eso me hiciera ningún bien. "Aterricé" en la misma esquina, pero no me fue posible localizar al joven. Entonces salí de allí para buscar el hotel y, mientras maldecía, recorrí la manzana tres veces y reconocí los otros edificios, pero no pude encontrar el hotel. Finalmente, regresé a mi cuerpo.

Naturalmente, preguntamos a Seth respecto a esta experiencia. Él estaba dándonos información general respecto a las condiciones que podíamos esperar al encontrarnos en proyecciones de un estado de sueño.

"Existe forma dentro de la realidad del sueño —nos dijo—; pero la forma es, antes que nada, un potencial que existe dentro de la energía psíquica. La forma potencial existe mucho antes que su materialización física. La casa en que tal vez vivirás dentro de cinco años, quizás todavía no exista, según tus términos. Es posible que todavía no se construya y, por lo tanto, físicamente no la percibirías. No obstante, tal casa tiene forma y verdaderamente existe dentro del Presente Espacioso.

"Ahora bien, en ciertos niveles de realidad de sueño, formas como ésta pueden percibirse. Dentro de la realidad del sueño puedes llegar a tener contacto con muchos otros tipos de fenómeno con los que usualmente no tienes que ver. Con los experimentos de proyección que tienes en mente, esta información se torna altamente práctica. Me gustaría darte alguna idea, ¿comprendes? De qué esperar.

"Cuando estás haciendo algo dentro de la realidad física, tienes un juego relativamente sencillo de reglas que te son de utilidad. Dentro de la realidad del sueño existen una mayor libertad. El ego no está presente. La conciencia de vigilia, los amigos queridos, no son el ego. El ego es únicamente aquella porción de la conciencia en vigilia que tiene que ver con lo que haces en el mundo físico.

"La conciencia en vigilia *puede* llevarse al estado de sueño, el ego no, puesto que flaquearía y ocasionaría el fracaso inmediato. En tus experimentos te encontrarás con varias condiciones y, hasta que aprendas a controlarlas, puede ser difícil distinguir entre ellas. Algunas de ellas puedes manipularlas, pero no otras. Algunos lugares del sueño serán de tu propia hechura y otros te serán extraños. Pertenecerán a otras dimensiones de realidad; pero puedes caer por error en ellas.

"Es completamente posible para un soñador visitar otros sistemas planetarios, actuales o del pasado, presente o futuro, según tus términos. Tales visitas por lo regular son fragmentarias y espontáneas. Es mejor que permanezcan así. Cuando ocurran, saca ventaja de ellas, mas no pretendas todavía, sin embargo, emprender tales esfuerzos, puesto que se hallan involucradas muchas dificultades."

Bloques completos de sesiones se refieren a los métodos usados y las condiciones que pueden encontrarse en proyecciones de conciencia, debido a un estado de sueño. Seth dice que él me ha ayudado personalmente en algunos de mis experimentos de proyección; pero que yo no me he percatado de su ayuda. Nunca he soñado con Seth y encuentro esto bastante extraño. A menudo he despertado y me encuentro perfectamente alerta a la mitad de la noche, consciente de pronto de que había estado celebrando una especie de sesión con Seth. Puedo escuchar palabras de Seth que atraviesan mi cabeza como señales. Es como si estuviera sintonizando una transmisión de radio que no se supone que esté oyendo porque, cuando comienzo a escuchar, en mi cabeza oigo un sonido de "click" y la "estación" desaparece. En dos ocasiones escuché lo suficiente para saber lo que se decía y a quién estaban dirigidas las sesiones. Posteriormente, las personas involucradas me dijeron que en las mismas noches de mis experiencias, habían soñado que Seth les hablaba a través de mí. Yo nada les había dicho a ellas, sino que me dieron la información voluntariamente.

De acuerdo con Seth, todos tenemos sueños compartidos o sueños masivos. Éstos en realidad actúan como fuerza estabilizadora en nuestras vidas cotidianas. ¿Son nuestros sueños privados? Aparentemente no son tan privados como suponemos. En la sesión 254 Seth tuvo esto que decir: "En ciertas áreas de sueños compartidos y masivos, la humanidad en forma colectiva tiene que ver con problemas de su estructura política y social. Las soluciones a las que llega dentro de la realidad del sueño, no siempre son iguales a las que se aceptan en el mundo físico.

"Sin embargo, las soluciones en el sueño se tienen como ideales. Sin sueños masivos, por ejemplo, no existirían sus Naciones Unidas. . . En esta etapa de su desarrollo, es necesario que se use la selectividad. Si tú te dieras cuenta de la constante multitud de comunicaciones telepáticas que llueven sobre ti, te resultaría sumamente difícil retener un sentido de identidad. Así pues, los sueños compartidos por lo regular se hallan abajo del nivel de conciencia. . . Debido a que la identidad se ve reforzada mediante la experiencia, automáticamente se expande para agregar más realidades dentro de las que pueda actuar.

"Cuando sueñas en otros, ellos lo saben. Cuando ellos sueñan contigo, tú lo sabes. Sin embargo, nada se ganaría con darse cuenta consciente de estas condiciones en ese momento."

Durante esta sesión Seth mencionó también a John F. Kennedy y se sintió obligado a hacer algunos comentarios que relacionaban los problemas raciales con los sueños: "Como sabes, mucha gente soñó con anticipación la muerte de Jack Kennedy. En cierto nivel el conocimiento fue accesible al hombre mismo. Esto no quiere decir que la muerte *tenía* que ocurrir. Era una vívida posibilidad. Era asimismo una de las muchas soluciones a varios problemas. Si bien no era la solución más apropiada, fue la más cercana a que el hombre podía llegar en ese momento particular de la realidad física. . ."

Seth continuó para decir que la intensidad emocional de un sueño muy raras veces se recuerda con toda su fuerza. Luego, brevemente, mencionó los sueños masivos como una forma de producir el cambio histórico.

Aquellos que se hallan preocupados por la solución del problema racial actual, "sueñan individual y colectivamente en modificarla. En sus sueños actúan en las diversas formas en que pueden ocurrir los cambios. *Estos sueños en realidad coadyuvan a producir el cambio resultante que luego ocurrirá.* La misma energía y dirección de los sueños ayudarán a cambiar la situación."

Yo podría escribir varios libros que sólo tengan que ver con los sueños, tal y como Seth los explica. Según el Material de Seth, nuestro desarrollo y crecimiento psíquico, los procesos de aprendizaje y la experiencia, todo ello se halla involucrado con nuestra vida de sueño. En ella visitamos otros niveles de experiencia y hasta se ganan las habilidades necesarias. Existen definidas conexiones electromagnéticas y químicas que unen nuestros estados de conciencia en tales ocasiones y Seth entra en detalles respecto a ellas.

A través de nuestros sueños modificamos la realidad física y nuestra experiencia física cotidiana altera nuestra experiencia del sueño. Existe una interacción constante. Nuestra conciencia simplemente se dirige en un tipo diferente de realidad cuando soñamos, realidad que es tan vívida como la vida en vigilia. Tal vez olvidemos nuestros sueños, pero estos siempre son parte de nosotros, aún cuando tal vez no nos percatemos de toda su realidad.

De acuerdo con Seth, existen muchos otros sistemas de realidad en los cuales funcionamos, todos ellos desconocidos para nuestro ego en vigilia. No sólo existen sistemas universales compuestos por materia y antimateria, sino que existe una infinita variedad de realidades intermedias. Aparentemente también hay "realidades probables", en las cuales seguimos sendas que podíamos haber tomado, pero que no lo hicimos, en la vida física.

Dice Seth: "La experiencia del sueño la siente directamente el yo interior. Los sueños tienen una realidad eléctrica, como ya te dije. En ésta (la realidad eléctrica), no sólo existen independientemente del soñador sino que tienen lo que podrías llamar forma tangible, aunque no en la forma de materia como aquella con la que estás familiarizado."

Muchas veces Seth nos dijo que toda experiencia está eléctricamente codificada dentro de nuestras células, mas no es dependiente de ellas. Y esto también se aplica a la experiencia del sueño; y va más allá para agregar: "Los pensamientos de un hombre y sus sueños, son de mucho mayor alcance de lo que él cree. Existen en más dimensiones y afectan más mundos de lo que él llega a percatarse. En efecto, son tan concretos como cualquier edificio. Aparecen en muchas formas dentro de muchos sistemas y, una vez creados, no pueden retirarse. . .

"La realidad eléctrica de un sueño es decodificada de tal modo que sus efectos los experimenten no solamente el cerebro, sino hasta los rincones más lejanos del organismo. Las experiencias del sueño hace mucho tiempo olvidadas conscientemente, se hallan por siempre contenidas como datos eléctricamente codificados dentro de las células del organismo físico. . . Existen dentro de las células (junto con toda la experiencia de un individuo). . . Las células se forman alrededor de ellas. Estas señales modificadas eléctricamente, forman contraparte de experiencia completa y el patrón es entonces independiente de la realidad física."

En otras palabras, nuestros sueños alcanzan cierta inmortalidad propia, junto con nuestras personalidades. Seth deja ver claro esto:

"Cada individuo forma, desde su nacimiento, su propia contraparte de señales eléctricas continuas, individuales e incorporadas, que incluyen sus sueños, pensamientos, deseos y experiencias. A la muerte física, su personalidad continúa existiendo, separada de su forma física."

CAPÍTULO QUINCE:

Yos probables y sistemas probables de realidad

En junio de 1969 quedamos realmente asombrados cuando Seth nos dijo que Rob quizás fuera visitado por uno de sus "probables yos". En la época de la sesión, no sabíamos qué fueran los probables yos, aun cuando Seth había usado este término una o dos veces en el pasado. ¿Qué *es* un probable yo? De acuerdo con Seth, cada uno de nosotros tiene contrapartes en otros sistemas de realidad; no se trata de yos idénticos o de gemelos, sino otros yos que forman parte de nuestra entidad y que desarrollan facultades de una manera diferente de lo que somos aquí.

Estas probables personalidades se hallan más alejadas de nosotros que nuestros yos reencarnacionales, pero son algo así como relaciones lejanas que tienen un parecido familiar. De acuerdo con la información que tenemos hasta el momento, algunos de ellos poseen métodos de percepción distintos a los nuestros.

En nuestro sistema, por ejemplo, Rob es un artista. Hace varios años ejecutó una obra de arte médica y se sintió sorprendido por la eficiencia que demostró en los procedimientos y tecnología médica, que le eran por completo desconocidos a él cuando principió. Cada uno de los esbozos y pinturas de Rob logró muchas alabanzas por parte de los médicos para quienes los hizo. En esta sesión, la 487, Seth informó a Rob que en otro sistema de realidad, Rob tiene un yo probable que es médico y que pinta como afición. Es por tal razón por la que Rob llegó a los dibujos médicos con tanta facilidad. (Para ese médico, claro está, Rob es un yo probable.)

Seth nos habló un gran rato respecto a este "hombre" esa noche y describió algunos de los métodos que estaba usando en un esfuerzo por ponerse en contacto con esta realidad. Seth dijo: "Existen, de hecho, infinitas variedades de materia que viven en lo que llamarías un marco espacial. Usando los sentidos físicos, claro está, nunca puedes percibir estos otros sistemas. El adiestramiento avanzado en el uso de los yos internos nos puede llevar, no obstante, a tales exploraciones. Tu amigo (probablemente se refería a mí), está más avanzado y su sistema ha alcanzado un progreso mayor en este respecto.

" De la misma manera en que los pensamientos pueden ser enviados a través del espacio, así también la conciencia individual puede ser enviada a través de sistemas de realidad (otras dimensiones). Del mismo modo que una semilla puede volar a través del aire, la conciencia individual puede viajar por estos sistemas, pero debe ser protegida. Ciertas drogas pueden protegerla (todo esto es el método empleado por el yo probable de Rob cuando se proyecta fuera de su sistema probable).

"Ahora bien, estas drogas son como cápsulas de tiempo y amortiguan los estímulos por ciertos intervalos y luego inyectan estimulantes cuando se alcanzan los puntos de destino. El proceso es sumamente complicado. Las inyecciones son hechas en el ser físico y afectan el cerebro. La conciencia se proyecta en una experiencia fuera del cuerpo. El cerebro físico está acojinado contra el choque, puesto que en este caso la conciencia viaja a tan rápida velocidad, que ordinariamente el contacto entre ella y el cuerpo sería cortado.

"Ciertas inyecciones dadas entonces al cerebro en realidad ayudan a la conciencia fuera del cerebro y actúan como nutriente. Sin embargo, este es simplemente un método que se está usando. . . La droga permite periodos regulados de conciencia altamente intensificada, operando a niveles pico, con todas las facultades mentales aceleradas. Entre estos periodos, sin embargo, hay periodos de inconsciencia, los cuales son de naturaleza protectora.

"Durante los lapsos inconscientes las drogas inyectadas en el cerebro físico proporcionan mayor alimentación a estas áreas del cerebro involucradas en estas eyecciones de conciencia. Por lo tanto, aún cuando tu yo probable se halla a una distancia dentro de tu alcance, por decirlo así, se encuentra a veces en estos periodos de oscurecimiento y nutrición.

"En tu tiempo, los periodos de elevada actividad consciente durarían aproximadamente tres días, seguidos por un día y medio a cuatro días de inactividad, según las circunstancias. Esto implica la transmisión de energía consciente de un sistema doméstico a otro extraño y ciertos cambios más o menos automáticos deben hacerse de sistema a sistema, lo que involucra el uso de ondas cerebrales y ciertos patrones que son normales en diferentes sistemas.

"Existen otros patrones cerebrales, por ejemplo, además de los descubiertos por tus científicos. Las drogas ayudan a cambiar estos patrones, cuando es necesario. Si estos patrones cerebrales no cambiaran al entrar y salir de un sistema, por lo menos teóricamente, la conciencia podría quedar atrapada dentro de determinado sistema: aceleración o desaceleración, ¿ves? pero mentalmente."

Después de la sesión, cuando Rob me dio a conocer lo que Seth había estado diciendo, tan sólo nos quedamos mirándonos uno al otro durante varios minutos. *"Probablemente tienes un yo probable"*, le dije finalmente, con una carcajada.

—No es realmente una idea nueva —aclaró Rob—. Los científicos han propuesto una teoría respecto a un universo probable.

—Pero, por lo que dices, Seth está hablando sobre infinidad de ellos. Y una cosa es teorizar respecto a probables yos y otra pensar que uno de ellos pudiera llegar a estar en contacto contigo.

—Estoy listo —exclamó Rob; y en verdad lo estaba. En el curso de las siguientes semanas llevó a cabo los ejercicios de tiempo psicológico sugeridos por Seth y trató de mantenerse intuitivamente alerta a cualquier cosa fuera de lo ordinario. Mientras tanto, celebramos otra sesión y Rob tenía un buen número de preguntas listas para presentar a Seth. De acuerdo con lo que Seth nos dijo, este probable yo es un Dr. Pietra. Se trata de un hombre de más edad en su sistema de realidad de lo que Rob es en el nuestro, y si bien ha logrado progresos en su pintura, este interés está subordinado a su trabajo en medicina.

"Ahora está estudiando el uso de la pintura en la terapia —dijo Seth—. No sólo trabaja con pacientes y usa el arte como terapia, sino que está ensayando con la idea que algunas pinturas por *sí solas* poseen un efecto curativo. —Y Seth prosiguió diciendo que "ciertas pinturas pueden captar y dirigir las habilidades curativas del que las ve. . . El intento curativo del pintor se manifiesta en su capacidad de médium y en su pintura."

—¿Sabe el Dr. Pietra que yo existo? —inquirió Rob.

—Sabe de tu existencia hipotética —contestó Seth—. Cree que tiene un yo probable y se está esforzando para visitar este universo probable. Sin embargo, no tiene idea de que tú podrías estar a la expectativa de tal visita o que podrías estar planeando conocerlo. . . También ha venido trabajando con la droga, junto con otros dos.

"Estará en posibilidad de actuar en su propio sistema, mientras se encuentra fuera. Tu estado mental y receptividad se le comunicarán a él y servirán como área de señales que reconocerá. Los aspectos simpáticos de sus personalidades servirán para establecer claros canales de comunicación entre ambos. Como verás, el camino de entrada no es físico, claro está y, no obstante, la estructura molecular se halla hasta cierto punto involucrada".

—Pero ¿lo veré físicamente? —preguntó Rob—. Concediendo que tengamos algún tipo de contacto, ¿lo sabré yo conscientemente?

"Lo deberías ver visualmente, bien sea enteramente objetivizado o en una imagen interna inusitadamente vívida. Pero, más que esto, debería haber una comunicación interior entre ambos, de naturaleza telepática. Él también está visualmente orientado ¿entiendes? Tal vez sea capaz de mostrarte imágenes de su propio sistema de realidad. Quizás pueda llevarte allí en una proyección y, desde ese punto, deberías ser capaz de contemplar tu propio sistema y, en una serie de destellos, ver tu vida y la de Ruburt con mucha mayor claridad."

—Pero ¿cuándo estará aquí. en nuestros términos? —preguntó Rob con rapidez, porque ya casi llegaba el momento de poner fin a la sesión.

"Calculo que dentro de siete horas se encontrará dentro de tu sistema, bien sea que lo percibas o no. La droga tal vez tenga el efecto de colorear su imagen, así pues que no te sorprenda un tinte amarillo o púrpura. Por diversas razones que no podemos discutir esta noche, los experimentos se han venido llevando a cabo por un periodo de varias semanas y no volverán a intentarse sino hasta otoño. Esto tiene que ver con la conductividad de las estructuras celulares y tu atmósfera particular durante estos periodos."

Esta sesión tuvo lugar el 9 de junio de 1969. Seth dijo a Rob otra vez que el contacto podría facilitarse mediante los ejercicios de Tiempo Psicológico. (Estos ejercicios se explicarán en el capítulo referente al desarrollo de facultades psíquicas.) Rob llevó a cabo estos ejercicios varias veces en esa semana, sin lograr el contacto con el Dr. Pietra, hasta donde llegó a saber. El 16 de junio Seth nos sorprendió diciendo que dos veces ya se había logrado un casi contacto.

"Lo que ocurrió fue una fusión muy breve de características de personalidad en niveles más profundos que los conscientes —dijo Seth—. Ninguno de los dos supo cómo manejarlo. Tenían miedo de empañar sus propias identidades y estaban más bien atemorizados por algunas de las similitudes entre ellas. Sin embargo fueron estas similitudes las que hicieron posible ese (pequeño) contacto."

—¿Cuándo ocurrió esto? —inquirió Rob.

—En un momento en que tus pensamientos se desviaron por una tangente. Creo que tenías una imagen mental de la porción interna de un cuerpo humano o un pensamiento que tenía que ver con órganos. internos. Esto ocurrió cuando lograste captar, a niveles más profundos, la presencia del Dr. Pietra.

Rob *había* estado trabajando en retratos y figuras humanas, por lo que estos datos tuvieron sentido para él. No obstante, no recordaba ninguna poderosa imagen interna del interior de un cuerpo. Sin embargo, dijo que había estado pensando mucho en interiores de cuerpos, cosa que yo no sabía. Seth siguió diciendo que todavía era posible un contacto más completo, "aun cuando el enfoque del Dr. Pietra no está seguro y la intensidad de su presencia varía".

Seth tenía algo más que decir respecto a las drogas que el Dr. Pietra usa en sus experimentos. Aparentemente éstas aseguran que la conciencia no regrese al cerebro físico con demasiada rapidez. Asimismo, aseguró que había métodos "por los cuales la conducta relativa y la condición de la conciencia viajera, se vigila en el otro extremo. En caso de cualesquier peligros severos, la conciencia es jalada de regreso, pero esto es sumamente peligroso."

En caso de que alguien se sienta inseguro, este probable sistema de realidad es tan "real" como el nuestro, según Seth. Para sus habitantes, está compuesto de materia física y es sólo uno de un infinito número de sistemas o universos entre la materia y la antimateria. La gente que habita en el sistema de Pietra ya ha formulado hipótesis de la existencia de otros probables universos y Pietra es uno de los primeros exploradores, principalmente debido a sus excelentes antecedentes como médico.

Tal viaje entre probables sistemas se hace mediante la proyección de la conciencia fuera del cuerpo, como se explicó en los extractos; pero esto parece involucrar una fusión de medicina, física y otras disciplinas. En otras aseveraciones anteriores, Seth nos dijo que cualquier viaje de gran alcance en el espacio, dentro de nuestro propio sistema, también implicaría viajes mentales, más que físicos.

Si, como lo sostiene Seth, tenemos probables yos y si, además de todo esto, vivimos varias existencias en este planeta ¿qué ocurre con el concepto de una sola alma?

Aquí quiero incluir extractos de tres sesiones en las que Seth explica la diferencia entre un suceso físico y otro probable, y la relación entre nosotros y sistemas probables de realidad. (Recuérdese que Rob y el Dr. Pietra son, cada uno, individuos. Seth explica esta relación diciendo que los dos se hallan relacionados, como primos lejanos.) Empieza con lo que creo es una excelente descripción del yo total o la personalidad interna, y cómo se relaciona con ésta y otras existencias.

De la sesión 231: el yo y probables realidades

"La acción es acción, bien sea que la percibas o no y los sucesos probables son sucesos, tanto si los percibes como si no. Los pensamientos son también eventos, como lo son los deseos y los anhelos. El sistema humano responde tan plenamente a éstos como lo hace a acontecimientos físicos. En los sueños, a menudo se experimentan porciones de sucesos probables de una manera semiconsciente. Esto equivale a un sangrado y uso el término a propósito, puesto que tu grabación en cinta puede usarse con analogía.

"Imaginemos que el yo total está compuesto por una cinta maestra. Tu grabadora tiene cuatro canales. Daremos a nuestra grabadora incontables canales. Cada uno de ellos representa una porción del yo total y cada uno existe en una dimensión diferente; no obstante, todos son parte del yo total (o cinta). Como verás, sería ridículo decir que Mono Uno en tu cinta es más o menos válido que Mono Dos. El canal Mono Uno podía compararse con tu presente ego.

"Imaginemos ahora que estos dos yos se multiplican, pues tú tienes yos: tres, cuatro, cinco y seis, etcétera. . . Ahora en tu grabadora tienes un aparato para estéreo. Esto te permite mezclar y combinar armónicamente los elementos de los varios canales, simultáneamente. Estoy extendiéndome en esto con objeto de que lo entiendas con claridad, porque no a menudo entro en la pura claridad de un estéreo.

"Tu aparato estereofónico puede compararse con lo que hemos denominado el ego interior. Cada uno de los yos experimenta el tiempo a su propia manera. De acuerdo con la índole de sus percepciones. Cuando se enciende el canal estereofónico, los yos conocen entonces su unidad. Sus diversas realidades se funden en las percepciones totales de todo el yo.

"Hasta que todo el yo sea así capaz de percibir sus propias partes simultáneamente, entonces estas porciones aparentemente separadas parecen a sí mismas aisladas y solas. Existe comunicación entre ellas, mas no se dan cuenta de eso. La cinta es el elemento común a todos los canales. Ahora bien, el ego interior es el director; pero el yo total (o alma), debe conocerse. No es suficiente que el ego interior sepa lo que está ocurriendo. A fin de cuentas, el ego interior debe lograr la comprensión sobre las partes de los yos simultáneos.

"Cada porción del yo total debe percatarse de las otras partes. No estamos tratando con algo tan sencillo como una grabadora, claro está, puesto que nuestras cintas (yos), están cambiando constantemente..."

Diferencia entre sucesos probables y sucesos físicos

"Tomemos, por ejemplo, el Suceso X. Este acontecimiento probable lo experimentarán varias porciones del yo a su propia manera. Cuando es experimentado por tu ego, es un evento físico. Cuando es percibido por otras porciones del yo, el ego no sabe de él.

"Es de todas maneras real y es experimentado de varias formas. El yo total percibe y es afectado por probabilidades, y percibe éstas como acciones, bien sea que el ego haya preferido aceptar cualquier suceso dado como físico o no. La secuencia de tiempo también varía. El pasado, presente y futuro son realidades únicamente para tu ego.

"Ahora bien, el ego interior, como sabes, existe en el Presente Espacioso. El Presente Espacioso es el "tiempo" básico en el que existe el yo total; pero *las diversas porciones del yo tienen sus experiencias en sus propios sistemas de tiempo.*

"Debe resultar obvio que los marcos psicológicos deben ser diferentes, cuando la experiencia del tiempo es distinta. Puedes ver por ti mismo las variaciones psicológicas que existen simplemente entre el consciente y el subconsciente, por ejemplo. . .

"El ego mantiene gran parte de su estabilidad mirando en retroceso un 'pasado' y encontrando algo de sí mismo allí. Las porciones del yo que tienen que ver con probabilidades, no tienen experiencia con un 'pasado' para impartirles un sentido de identidad o continuidad. La permanencia, como el ego piensa de ella, sería un concepto extraño a estas porciones del yo y sumamente desagradable, sumándose a la rigidez.

"Flexibilidad es la palabra clave aquí, un cambio voluntario del yo como se le permite para explorar cada probabilidad. La experiencia es de naturaleza plástica. El sentido básico de identidad aquí es conducido por lo que tú podrías comparar con el subconsciente que conoces. En otras palabras, es esta porción de la estructura psicológica, la que lleva la carga de la identidad y es el ego cuyas experiencias son de una naturaleza semejante al sueño."

De la sesión 232

"Este sistema de probabilidades es tan real como el sistema físico, y tú existes en él, tanto si lo comprendes como si no. Simplemente no estás enfocado dentro de él. Tal vez te des cuenta de ello (o de uno de tus probables yos), mientras estás en el estado de sueño ocasionalmente. Ya te he dicho que las imágenes del sueño tienen una realidad definida. También ocurre así con los sucesos probables. Sencillamente no te parecen concretos a ti.

"Tal vez sueñas que estás sosteniendo una manzana, por ejemplo y despiertas para descubrir que ha desaparecido. Esto no significa que no existiera, pero en el estado de vigilia no la percibes. De la misma manera, tú no percibes la realidad de sucesos probables sobre una base consciente. Sin embargo, una porción de tu yo total se halla completamente involucrada en estos probables acontecimientos. El 'yo' de tus sueños puede compararse legítimamente con el yo que experimenta sucesos probables. (Ese 'yo' se consideraría totalmente consciente y vería el 'yo' de vigilia como el yo probable.)

"Analicemos lo siguiente: un individuo se encuentra con una elección entre tres acciones. Elige una y la experimenta. Las otras dos acciones también se experimentan por el ego interior, mas no en la realidad física. . . Luego, el ego interior coteja los resultados *por el ego interior*, como auxiliar en otra toma de decisiones. Las acciones probables, sin embargo, se experimentan definitivamente y tal experiencia constituye la existencia de los 'yos probables', del mismo modo que las acciones del sueño forman la experiencia del yo que sueña. . . Existe un constante intercambio subconsciente de información entre todas las capas del yo total."

De la sesión 227

"El paquete de experiencias sobre el cual puedes enfocarte, está compuesto por muchos pequeños paquetes, pero todo el paquete de realidad es mucho más grande. Una porción del yo puede experimentar eventos de una manera enteramente diferente (a como lo hace el ego) y esta porción se desvía en una tangente diferente, pues cuando tu yo consciente percibe el Evento X, esta otra parte del yo se ramifica, por decirlo así, en todos los otros eventos probables que podrían haber sido experimentados por el ego.

"Debido a sus limitaciones el ego debe elegir un suceso, pero esta otra porción del yo escarba en lo que podrías llamar Evento X1, X2,

X3, etcétera. Puede perseguir y experimentar todos estos sucesos alternativos en la misma cantidad de tiempo físico que toma al ego experimentar el Evento X por sí solo.

"Esto no es tan descabellado como podría parecer. El sacudimiento de una mano puede ser percibido por ti como una acción simple. No te das cuenta del millón de actos pequeños que comprende esa acción aparentemente insignificante. No obstante, existen. No te toma tiempo percibirlos uno por uno. Los percibes en su forma completa. Ahora bien, esta porción del yo experimenta éstos probables eventos conscientemente, con tanta rapidez como subconscientemente percibes el millón de pequeñas acciones que constituyen el apretón de manos."

De la sesión 227: personalidad y probabilidades

"Estas porciones del yo simplemente operan en una dimensión diferente de realidad, con distintos campos de actividad. En este caso particular, puedes comparar las diversas porciones del yo total con los varios miembros de una familia: el hombre tal vez trabaje en la ciudad y la mujer quizás labore en su hogar en el campo. De tres niños, cada uno tal vez asista a una escuela diferente. Todos ellos son miembros de la misma unidad familiar y operan desde la misma casa. No hay razón básica del por qué cualquiera de los hijos no pudiera pasar sus días en la oficina de su padre, pero no sería capaz de entender los sucesos o actividades que allí tienen lugar.

"Estoy tratando de hacer que la analogía sea más clara. El hijo podría entrar físicamente en el edificio de la oficina, claro está. Hablando físicamente, no existiría una barrera que lo mantuviera fuera, mientras deja pasar al padre. El hombre asimismo podría entrar a la escuela, pero no tendría sentido tal arreglo.

"Dentro de la familia hay una comprensión general de las experiencias de sus distintos miembros, pero éstas son de segunda mano excepto por aquellos acontecimientos compartidos por la familia en total, como unidad. Existe asimismo un conocimiento intuitivo generalizado por parte de cualquier porción del yo respecto a las experiencias de las otras porciones.

"Algunos eventos, no obstante, serán percibidos por todas las capas del yo, aunque a su propia manera y experimentados como unidad. Hay pocos de éstos, pero son muy vívidos y sirven, al igual que las experiencias conjuntas de la familia, para reforzar la identidad de toda la estructura psicológica.

"También aquí, los sucesos probables son tan reales como un acontecimiento escogido de entre ellos para ser una experiencia física. Tomemos de nuevo el Evento X. Es únicamente uno de una innumerable serie de eventos probables. Sin embargo, para sus propósitos, el ego consciente elige el Evento X; pero hasta que este ego experimenta el suceso, es únicamente uno de todos los demás sucesos probables, no se diferencia en forma alguna. Se torna real en tu propia realidad únicamente cuando es experimentado por el yo físico. . .

"Estos otros eventos probables se vuelven exactamente tan 'reales' dentro de otras dimensiones. Como complemento, existen ciertos episodios interesantes cuando un severo choque psicológico, o una sensación profunda de fracaso causa un corto circuito, por lo que una porción del yo comienza a experimentar una de sus otras realidades probables. Estoy pensando en particular sobre algunos casos de amnesia, donde la víctima termina de pronto en una ciudad diferente, con otro nombre, ocupación y sin recuerdo alguno de su pasado. En algunos casos tal individuo está experimentando un evento probable, pero, como verás, debe experimentarlo dentro de su propio sistema de tiempo."

Seth nos ha dado más material, por supuesto, sobre universos y eventos probables. También discute probabilidades en relación con la precognición y el tiempo. No hemos sido capaces de hacer un contacto consciente con el Dr. Pietra y mientras escribo esto ahora, estamos entrando en los meses de otoño, cuando Seth anunció que otra vez dicho contacto sería posible.

El pensamiento de tal contacto es sumamente intrigante y no nos es posible evitar preguntarnos qué efecto tendría, no sólo en Rob y el Dr. Pietra, sino en sus sistemas separados de realidad. Únicamente las seguridades de Seth de que ese contacto es posible, bajo ciertas condiciones, nos lleva a pensar en él; las probabilidades contra tal contacto parecen ser elevadas. Ambos sentimos que necesitamos mucha más información y trabajo duro, y estamos en espera de experimentos adicionales, de acuerdo con estos lineamientos a través de los años.

Como se verá, muchos de los extractos que se dan en este capítulo también arrojan luz sobre la naturaleza de la personalidad. Puesto que la personalidad *es* multidimensional, no puede discutirse bajo un solo encabezado y, para explicarlo, Seth usa un método que es casi multidimensional en sí mismo. No es sólo lo que se dice, sino también lo que ocurre en las sesiones, que es importante en este contexto. Pronto describiré un avance bastante reciente y muy significativo, que demuestra, quizá mucho mejor que las palabras, los aspectos multidimensionales de la personalidad.

¿Quién o qué eres tú? ¿Te sientes perdido frente a todas estas ideas de entidades y probables yos? ¿Dónde encajas *tú*, cómo te conoces a ti mismo? En el siguiente capítulo, dedicado a las ideas de Seth sobre la personalidad, se permitirá al lector ver que su identidad, como la conoce, siempre se retiene.

CAPÍTULO DIECISÉIS:

La personalidad multidimensional

No hace mucho tiempo un joven profesor de psicología me llamó y me pidió hablar ante su clase en la universidad local. Se trataba de un pequeño grupo de alrededor de quince estudiantes, por lo que sugerí que mejor vinieran a mi departamento. La actitud del hombre se hizo muy clara en el mismo minuto en que llegó a la puerta. Por sí mismo no tocaría a una médium ni con un palo de tres metros; pero puesto que éstas existen y él conocía a una, se sintió obligado a "exponer" a sus estudiantes al fenómeno; e indudablemente se dio un golpecito de felicitación en la espalda por su amplitud de criterio.

Durante dos horas y media hablé de los potenciales de la personalidad humana y la necesidad de reconocerlos, desarrollarlos y usarlos. Lo mejor que pude, expliqué qué eran la telepatía, la clarividencia y la precognición, y qué experimentos podrían llevarse a cabo para mostrarlos en operación. Por último, sugerí que los estudiantes hicieran un ejercicio, semejante al que a veces uso en mis propias clases. Atrás de mi puerta se pegaría cada día un esbozo que sirviera como blanco. Las muchachas tratarían de "recoger" una impresión del dibujo que se tenía como blanco y reproducirlo. Yo remitiría mis dibujos al profesor, al terminar el tiempo marcado, y él podría juzgar los aciertos y los fracasos por sí mismo.

Con todo cuidado, según pensé, expliqué que la sugestión era muy importante y pedí al profesor que durante las pruebas mantuviera una actitud objetiva. Pero, como más tarde descubrí a través de una de sus estudiantes, su actitud fue cualquier cosa menos que objetiva y difícilmente científica. Dejó que la clase supiera, a través de sus declaraciones y conducta general, que él consideraba que tales ensayos se hallaban fuera de toda consideración seria. Y, cosa bastante rara, los resultados no fueron malos en lo absoluto, aunque su actitud fue tan pobre que sólo cinco jóvenes participaron en el experimento. Yo sugería que él también intentara participar, mas no quiso hacerlo; y su actitud descorazonó tanto a los estudiantes que más tarde pudo decir que el bajo número de participantes hacía que las pruebas resultaran imposibles de evaluar, y desechó todos los aciertos como mera coincidencia.

El profesor era ciertamente inteligente, atractivo y serio. Si nos hubiéramos conocido bajo circunstancias diferentes, probablemente me hubiera agradado; pero no quiso reconsiderar o evaluar sus ideas preconcebidas sobre la naturaleza de la personalidad. Perdió una oportunidad de ampliar su perspectiva y, quizá, encontrar el tipo de evidencia que lo convencería de que la personalidad humana era mucho menos limitada de lo que él suponía.

Este episodio y algunos otros similares, me habían hecho desconfiar de estos encuentros con los llamados académicos objetivos. Pero no todos los psicólogos son de mentalidad tan estrecha e intelectualmente rígidos. El año pasado, una de mis estudiantes estaba tomando un curso de psicología en las sesiones nocturnas de la universidad local y, con aliento por parte del profesor, frecuentemente discutía lo concerniente a Seth y nuestras clases de PES. Mi estudiante quería hacer uno de los trabajos que se le requerían, sobre la índole de la personalidad como la explicaba Seth; y preguntó a éste si estaba dispuesto a celebrar una sesión especial para este propósito. Su deseo era grabarla y reproducirla para la clase del colegio.

Seth estuvo de acuerdo y dedicó una clase entera a la sesión. Además, tenía algunas cosas interesantes que decir respecto a su propia realidad. En cierta forma, no es el tipo de discusión profunda que Seth solía dar en una de nuestras sesiones privadas, mas contiene una excelente descripción condensada de sus teorías sobre la personalidad, para aquellos que no poseen conocimiento previo sobre el Material de Seth. Por tal razón, usaré extractos de ella para abrir este capítulo.

En la sesión se encontraban alrededor de diez de mis estudiantes regulares. Seth estaba en su apogeo: sonriendo y a menudo intercalando en el material serio algunas bromas ligeras o comentarios. La mayor parte del tiempo hablaba directamente a la estudiante que solicitó la sesión, o se dirigía a los sesenta componentes de la clase de psicología, que no estaban presentes. Toda la sesión abarcó alrededor de seis páginas a renglón seguido.

Seth empezó diciendo: "La identidad no es lo mismo que la personalidad. La personalidad representa únicamente aquellos aspectos de identidad que tú eres capaz de actualizar dentro de la existencia tridimensional. . . La personalidad puede ser moldeada por las circunstancias, en tus términos; pero la identidad *usa* las experiencias y no se ve barrida a tontas y locas.

"Es cierto que no hay limitaciones para el yo y, en cierto modo, puedes decir que el yo se extiende para abarcar el ambiente. Las teorías corrientes respecto a la naturaleza de la personalidad no toman en consideración la existencia de la telepatía o la clarividencia o el hecho de la reencarnación. Lo que tienes, en efecto, es una psicología unidimensional. No obstante, la identidad funciona en muchas dimensiones..."

Posteriormente Seth se dirigió a los miembros de la clase universitaria, para los que se reproduciría la grabación. Más tarde, todos pensamos que esta sesión resultó festiva en cierto modo: ¡una personalidad invisible, en nuestros términos, dirigiéndose a una clase de psicología ausente, sobre la índole de la personalidad! No obstante, Seth ciertamente sabía lo que hacía, pues utilizó su propio método no ortodoxo de comunicación como ejemplo pertinente.

"Tienen aquí (en la sesión misma), una demostración provocativa de la naturaleza de la personalidad —dijo—, pues mi personalidad no es la de Ruburt ni es la mía. Yo no soy una personalidad secundaria, por ejemplo. No hago intento alguno por dominar la vida de Ruburt ni ciertamente esperaría que él lo permitiera. Yo no represento ninguna porción reprimida del propio ser de Ruburt. Como todos los que están aquí lo saben, él mismo dificilmente es del tipo reprimido.

"Le he ayudado a que su propia personalidad funcione más efectivamente. Él es capaz de usar sus propias facultades de una manera más plena; pero eso dificilmente puede considerarse un crimen psicológico. Los hechos son, querida clase de psicología y profesor, que todos ustedes son más de lo que saben. Cada uno de ustedes existe en otras realidades y otras dimensiones y el yo que llaman ustedes mismos, no es sino una pequeña porción de sus entidades totales.

"Ahora bien, en los sueños ustedes tienen contacto con otras partes de sí mismos. Esta comunicación prosigue constantemente; pero sus egos están tan enfocados en la realidad física y la supervivencia dentro de ella, que no escuchan la voz interior. Deben comprender que lo que son no puede verse en un espejo. Lo que ven en un espejo no es sino un reflejo opaco de su verdadera realidad.

"No ven a su ego en el espejo. No ven a su subconsciente. No ven el yo interior en un espejo. Éstos no son sino términos para expresar la parte de ustedes que no puede verse o tocarse. Pero dentro de los yos que ustedes conocen, se halla la identidad prima, el yo interior total. Este yo total ha vivido muchas vidas, ha adoptado muchas personalidades. Es una personalidad de esencia de energía, tal y como soy yo. La única diferencia es que no estoy materializado dentro de materia física. No se adquiere súbitamente un 'espíritu' al morir. Ustedes son uno, ahora."

Luego, con una sonrisa, Seth adelantó más en la cuestión de su propia existencia. . . y la mía. Empezó por decir que siempre se había cuidado de que yo mantuviera un buen equilibrio entre el reposo y la actividad. Luego, se dirigió al profesor de la clase de psicología.

"Usted puede, si así lo desea, llamarme una producción subconsciente. No disfruto particularmente con tal designación, puesto que no es cierta; pero si usted me llama una extensión subconsciente de la pro-

213

pia personalidad de Ruburt, entonces debe convenir que el subconsciente es telepático y clarividente, puesto que yo he demostrado facultades telepáticas y clarividentes. Así como, permítame recordarle, lo ha hecho Ruburt por sí mismo. . . Sin embargo, a menos que usted esté dispuesto a atribuir al subconsciente tales habilidades (y la mayoría de sus colegas no lo admiten), entonces no puedo considerarme como teniendo tal origen subconsciente.

"Si usted *está* dispuesto a conceder este punto, entonces tengo otros argumentos. Mis recuerdos no son los recuerdos de una mujer joven. Mi mente no es la de una joven. He estado acostumbrado a muchas ocupaciones y Ruburt no tiene recuerdo de ellas. No soy una imagen paternal de Ruburt ni soy la personalidad masculina que se esconde en el fondo de la mente femenina, ni nuestro amigo Ruburt tiene tendencias homosexuales. Soy simplemente una personalidad de esencia de energía, no materializada ya en forma física.

"La personalidad y la identidad no dependen de la forma física. Únicamente porque usted piensa así, es que encuentra esta forma de actuar tan extraña. . . Usted adopta un cuerpo como un viajero del espacio porta un traje espacial y, en gran parte, por la misma razón."

La clase de psicología estaba sumamente interesada en la realidad de Seth, tanto como en la índole de la personalidad y él lo sabía bien. Sonriendo, Seth agregó: "Otro punto más: estas sesiones son programadas y, por lo tanto, funcionan bajo ciertas condiciones controladas. La propia personalidad de Ruburt no se ve amenazada por ellas de ningún modo, y su ego se ha cuidado y protegido. No se le ha hecho a un lado. En vez de ello, se le han enseñado nuevas habilidades. . . Yo no fui artificialmente 'traído al nacimiento' mediante hipnosis. No hay manipulación indebida de características de personalidad aquí. No hay histeria. Ruburt me permite usar su sistema nerivoso bajo condiciones altamente controladas. No se me da un permiso en blanco para hacerme cargo de las cosas como me plazca, ni yo deseo tal arreglo. Tengo otras cosas que hacer."

Hasta donde puedo ver, la referencia de Seth a la hipnosis tenía que ver con el "adiestramiento" por el que pasan algunos médiums, en los que se usa la hipnosis para iniciar y estabilizar el estado de trance y, ocasionalmente, para producir las comunicaciones de personalidades de "control". Esto no ocurría en mi caso. Toda la cosa era espontánea. Aun cuando yo sé cómo usar la autohipnosis ahora, por haberla estudiado en años pasados, nunca la he utilizado para una sesión.

Seth puso fin a esta discusión esbozando varias formas para desarrollar la conciencia del yo interior. Este material se presentará en un capítulo posterior. Mi estudiante reprodujo la cinta durante su siguiente clase en el colegio y, en virtud de que tomó más tiempo del que se le había asignado, el profesor de psicología y algunos de los estudiantes se dirigieron a la casa de ella para escuchar toda la cinta y discutirla.

La personalidad de Seth, claro está, entra en la cinta mejor que en la página escrita, porque sus inflexiones y connotaciones son obvias. Asimismo, grabamos algunos momentos de nuestra conversación personal, por lo que mi voz normal podía compararse con la de Seth. Hasta la sesión privada que parece más una conferencia, siempre se aviva por los gestos de Seth y esto resulta más marcado cuando se está dirigiendo a un grupo.

Si se conoce que sobrevivimos a la muerte, ¿qué parte de nosotros sobrevive? Como Seth nos dio más material sobre la reencarnación y el yo interior, naturalmente nos hicimos esa pregunta. El tener un yo total puede ser magnífico; pero si mi yo, como Jane Roberts, queda engolfado por él después de la muerte, entonces para mí eso no es una verdadera supervivencia. Es como decir que el pez pequeño sobrevive cuando es comido por uno más grande, porque viene a formar parte de éste.

Pero, de acuerdo con Seth, ninguna individualidad se pierde nunca. Existe siempre. El truco aquí es que el yo no tiene fronteras, excepto aquellas que acepta debido a ignorancia. Nuestra conciencia individual crece, y con su experiencia forma difeıentes "personalidades" o fragmentos de sí misma. Estos fragmentos (y Jane Roberts es uno de ellos), son enteramente independientes respecto a acción y decisión; no obstante, los componentes psíquicos internos se hallan constantemente en comunicación con el yo total del que son parte. Estos "fragmentos" por sí mismos crecen, se desarrollan y pueden formar sus propias entidades de "*gestalts* de personalidad" o, si se prefiere, almas enteras.

Seth dice que, incluso en esta vida, cada uno de nosotros posee varios egos; únicamente aceptamos la idea de un ego como una especie de simbolismo taquigráfico. El ego en cualquier momento determinado en esta vida, es simplemente la parte de nosotros que "sale a la superficie", un grupo de características que el yo interior usa para resolver varios problemas. Hasta el ego, como pensamos de él, cambia constantemente. Por ejemplo, la Jane Roberts de ahora es diferente a la Jane Roberts de hace diez años, aunque "yo" no he estado consciente de mi cambio particular de identidad.

Mis propias experiencias me convencen que soy algo más que mi yo normal, el yo al que me refiero como "yo". Al obtener información clarividente, por ejemplo, alguna parte de mí sabe lo que la parte de Jane ordinariamente no sabe. Esta porción del yo comunica el conocimiento al ego de Jane. Creo que esto ocurre no sólo en el caso de PES, sino también en relación con la inspiración artística: sintonizamos con una porción más conocedora de nuestras propias identidades.

Por supuesto, estas aptitudes no singifican mucho, a menos que se aprenda a usarlas, y experimentarlas uno mismo. Al principio de nuestras sesiones, Seth describió lo que él llama Sentidos Internos: métodos internos de percepción que expanden la conciencia normal y nos permiten darnos cuenta de nuestra propia existencia multidimensional. Fue algún tiempo antes de que entendiéramos plenamente qué significaban estas cosas y cómo podríamos usarlas y todavía estamos aprendiendo a utilizarlas de modo más efectivo.

Como ya se mencionó antes, lo que Seth nos dijo en sesiones estaba también respaldado por lo que ocurría en ellas. Cuando nos habló sobre potenciales latentes, nos encontramos descubriendo el nuestro propio. En gran medida, entonces, nuestras experiencias personales corroboraron las teorías de Seth. Por ejemplo, la sesión 138, el 8 de marzo de 1965, es un caso concreto.

Esa noche Seth apenas estaba dando principio a su material sobre personalidad como acción. Las ideas que presentó son básicas para sus teorías generales de identidad y, puesto que trata con algunas de las características de la conciencia, son también una base para material posterior sobre el concepto de Dios.

Por esta época celebrábamos sesiones en la alcoba, que es muy pequeña y tiene una ventana que mira a un gran patio. Estábamos en verano y casi nadie estaba enterado todavía de las sesiones y la potente voz de Seth, que se elevaba en el aire nocturno, hubiera suscitado preguntas que todavía no estábamos listos para contestar. Como lo había hecho desde el principio, Rob se hallaba sentado con papel y pluma en ristre, tomando notas al dictado. Con frecuencia sentía mucho calor, puesto que solíamos cerrar la ventana para mantener las sesiones tan privadas como se pudiera, particularmente si se considera que algunos vecinos frecuentemente se sentaban a tomar el fresco en el patio. (El calor nunca me molesta cuando me encuentro en trance, aun cuando de otro modo soy muy susceptible a él.)

Al leer los extractos, se podrá ver que Seth daba indicios respecto a lo que iba a venir. Algunos de ustedes, leyendo entre líneas, tal vez incluso adivinen lo que se reservaba para nosotros.

"La identidad puede calificarse de acción que está consciente de sí misma. Para propósitos de nuestra discusión, los términos 'acción' e 'identidad' deben quedar separados; pero, básicamente, no existe tal separación. Una identidad es también una dimensión de existencia, acción dentro de acción, un desenvolvimiento de acción sobre sí misma y, mediante este entretejido de acción con sí misma, a través de esta reacción se forma una identidad.

"La energía de la acción, las obras de la acción dentro y sobre sí misma, forman identidad. No obstante, si bien la identidad está formada por acción, la acción y la identidad no pueden estar separadas. La identidad, entonces, *es* efecto de la acción sobre sí misma. Sin identidad, la acción carecería de sentido y significado, pues nada habría sobre lo que la acción pudiera actuar. La acción debe, por su misma índole, de sí misma y de sus obras, crear identidades. Esto se aplica desde lo más simple hasta lo más complejo.

"Una vez más, *la acción no es una fuerza externa que actúe sobre la materia. En vez de ello, la acción es la vitalidad interna del universo interior —es el dilema entre el deseo y el ímpetu de la vitalidad interna de materializarse por completo y su imposibilidad para hacerlo.*

"Este primer dilema resulta en acción, y de las propias obras de la acción sobre sí misma hemos visto que se forma la identidad, y que estas dos son inseparables. Por lo tanto, la acción es una parte de toda estructura. La acción, habiendo por sí misma y debido a su naturaleza, formado la identidad, ahora también debido a su naturaleza parecería destruir la identidad, puesto que la acción debe involucrar cambio y cualquier cambio parece amenazar la identidad.

"Sin embargo, es una noción equivocada el pensar que la identidad depende de la estabilidad. La identidad, debido a sus características, continuamente buscará estabilidad, mientras que la estabilidad es imposible. Este es nuestro segundo dilema.

"Es este dilema entre los constantes intentos de la identidad para mantener estabilidad y el impulso inherente de la acción por el cambio, lo que resulta en el desequilibrio, el exquisito subproducto creativo que es la *conciencia del yo.* Pues la conciencia y la existencia no resultan de delicados equilibrios tanto como son hechas posibles por la falta de equilibrio, tan ricamente creativa que no habría realidad si se mantuviera siempre el equilibrio.

"Tenemos una serie de tensiones creativas. La identidad debe buscar estabilidad, mientras que la acción debe buscar cambio; no obstante, la identidad no podría existir sin el cambio, puesto que es el resultado de la acción y es parte de ella. Las identidades nunca son constantes, como ustedes mismos no lo son, consciente o inconscientemente, de un momento al siguiente. Toda acción es una terminación, como ya se discutió antes. Y, no obstante, sin la terminación cesaría de existir la identidad, pues la conciencia sin acción cesaría de estar consciente.

"La conciencia, por lo tanto, no es una 'cosa' en sí misma. Es una dimensión de la acción, un estado casi milagroso, hecho posible por lo que yo prefiero llamar una serie de dilemas creativos.

"Debería resultar bastante fácil ver cómo el segundo dilema evolucionó del primero. He dicho que el segundo resultó —y constantemente resulta— en la conciencia del yo. Ésta no es la conciencia del ego. La conciencia del yo es todavía conciencia directamente conectada con la acción. La conciencia del ego es un estado resultante del tercer dilema creativo, que ocurre cuando la conciencia del yo pretende desligarse de la acción. Como esto es obviamente imposible, en virtud de que ninguna conciencia o identidad puede existir sin acción, tenemos el tercer dilema.

"Otra vez: la conciencia del yo implica una conciencia del yo interior dentro de —y como parte de— la acción. La conciencia del ego, por otro lado, implica un estado en el que la conciencia del yo intenta divorciarse de la acción —un intento por parte de la conciencia para percibir la acción como un objeto. . .— y para percibir la acción como iniciada por el ego como un resultado, más que como una causa, de la propia existencia del ego.

"Estos tres dilemas representan tres áreas de realidad dentro de las cuales la vitalidad interior puede experimentarse, y aquí también tenemos la razón del por qué la vitalidad interior nunca puede lograr la materialización completa. La misma acción involucrada en el intento de la vitalidad por materializarse a sí misma se suma a la dimensión interior de la vitalidad misma.

"La acción (vitalidad interior) nunca puede completarse a sí misma. La materialización en cualquier forma que sea, de inmediato multiplica las posibilidades de materialización adicional. Al mismo tiempo, debido a que la vitalidad interior es autogeneradora, sólo una fracción diminuta de ella se necesita para sembrar un universo.

"De conformidad con la aseveración hecha con anterioridad, de que la acción necesariamente modifica aquello sobre lo que actúa (que básicamente es ella misma), entonces se desprende que la acción involucrada en nuestras sesiones cambia la naturaleza de las sesiones. A menudo he hablado de la conciencia como la dirección en la cual se enfoca un yo. La acción implica infinitas posibilidades de enfoque."

Mientras Seth entregaba el material que se acababa de leer, yo tuve una serie de experiencias continuas que eran nuevas para mí. No pude hablar con Rob respecto a ellas hasta nuestro descanso, claro está y, ciertamente, son casi imposibles de describir. Lo más que puedo hacer, es decir que conforme esta información estaba siendo transmitida verbalmente a Rob, me fue dada a mí también en una forma diferente. Me pareció estar dentro de la "acción", vagando por varias dimensiones.

Sentí lo que Seth estaba diciendo, como si las palabras fueran traducidas en experiencia subjetiva. Fue más bien como si fuera barrida dentro de alguna otra cosa, que como si hubiera sido, digamos, negada. Mi ego no estaba perdido, sino que se convirtió en parte de los conceptos de los que Seth estaba hablando. Yo estaba dentro de ellos, viendo hacia fuera.

Hacia el final de la sesión, Rob preguntó a Seth si podía explicar lo que estaba ocurriendo. Seth repuso: "Ruburt está experimentando *gestalts* de acción. Al igual que toda otra conciencia, él *es* acció.1; pero esta noche está experimentando acción, en un pequeño grado, sin el intento usual del ego para separarse (de la acción).

"En nuestra última discusión mencioné que este material sería la base para sesiones futuras. Es cierto que a las sesiones se ha agregado otra dimensión y espero instruir a Ruburt siguiendo las líneas de la percepción directa cuando continuemos. Ya te dije que podrían esperarse tales cosas. Éstas son desenvolvimientos naturales y continuarán de acuerdo con su propia naturaleza en su propio tiempo. Espero que este último desarrollo involucrará otro más."

Esta clase de evento empezó a suceder con frecuencia en las sesiones. Posteriormente lo dimos por supuesto, según pienso, sin comprender qué impresión produjo en nosotros la primera vez. Mis experiencias por lo regular eran paralelas a cualquier información que Seth estuviera dando. De acuerdo con Seth, esto implica el uso de los Sentidos Internos y mis experiencias tienen la intención de señalar la existencia de estas aptitudes no sólo en mí, sino como capacidades latentes en cada personalidad.

Seth dice que el cuerpo físico y sus sentidos son equipo especializado que nos permite vivir en la realidad física. Para percibir otras realidades, tenemos que usar los Sentidos Internos: métodos de percepción que pertenecen al yo interior y operan tanto si tenemos una forma física, como si no. Seth califica el universo como lo conocemos, como un sistema de "camuflaje", puesto que la materia física es simplemente la forma que la vitalidad (la acción) asume dentro de ella. Otras realidades son asimismo sistemas de camuflaje y, dentro de ellas, la conciencia también posee equipo especializado, diseñado para sus características peculiares. Pero los Sentidos Internos nos permiten ver abajo del camuflaje.

Estos Sentidos Internos pertenecen a los yos totales de los que somos parte. Cada yo total ayuda e inspira sus personalidades. Comenzando con la personalidad como por lo regular pensamos de ella, "hay, después del ego funcional, una capa material subconsciente personal. Abajo de éste se halla el material racial que tiene que ver con la especie como un todo; y abajo de éste, sin distorsiones y tuyo con sólo pedirlo, está el conocimiento inherente al yo interior, perteneciente a la realidad como un todo, sus leyes, principios y composición.

"Aquí se encontrará el conocimiento innato concerniente a la creación del universo disfrazado, como lo conocemos, la mecánica involucrada y mucho del material que te he dado. Encontrarás las maneras y medios por los cuales el yo interior, que existe en el clima de la realidad psicológica, ayuda a crear los diversos planos de existencia, construye sentidos externos para proyectar y percibir éstos y las formas por las cuales las reencarnaciones tienen lugar dentro de los diversos sistemas. Aquí encontrarás tus propias respuestas respecto a cómo el yo interior transforma energía para sus propios propósitos, cambia su forma y adopta otras realidades."

¡Todo un bocado! Lo que Seth está diciendo, es que cada uno de nosotros puede llegar al yo interior, que los Sentidos Internos nos ayudan a percibir otra realidad que no es tridimensional y que podemos lograr este conocimiento mediante la determinación y el adiestramiento. Comenzamos con nosotros mismos y viajamos a través de nuestra propia experiencia subjetiva, trabajando desde el ego hacia dentro. Los sentidos físicos nos ayudan a percibir la realidad exterior que conocemos; y los Sentidos Internos nos permiten percibir a los interiores.

Hasta cierto punto, Rob y yo hemos experimentado la mayoría de estos Sentidos Internos, hasta cierto grado. Tomemos uno bastante sencillo: el Tiempo Psicológico. Seth dice: "Desde dentro de su marco, verás que el tiempo físico es tan semejante al sueño como tú alguna vez pensaste que era el tiempo interior. Descubrirás a tus yos totales atisbando hacia adentro y hacia afuera al mismo 'tiempo' y encontrarás que todo tiempo es un tiempo y, todas las divisiones, simples ilusiones."

Cuando hacemos "Tiempo Psi", como Rob y yo lo llamamos, nuestras experiencias parecen tener lugar fuera del marco de tiempo usual. Es algo así como cambiar velocidades, de tal modo que la percepción ocurre en un contexto diferente. El Tiempo Psi es el "tiempo" en que viajo cuando me estoy proyectando, por ejemplo. Cuando fui a California, en el episodio que se mencionó en el Capítulo 9, más de nueve mil kilómetros se recorrieron en media hora. Obviamente, en tiempo normal, esto sería imposible.

Sin embargo, una apreciación más a fondo de este tema requiere más información respecto a la naturaleza real del tiempo. De acuerdo con Seth, el yo interior no opera dentro del tiempo como lo conocemos, sino a través de la percepción que en gran parte ignora el tiempo como lo conocemos.

Se presenta entonces la cuestión: ¿Cómo podemos ignorar el tiempo? ¿Qué hay en nosotros mismos, o en el tiempo, que permite desconectar uno del otro? A algunos de ustedes tal vez no les interesen tales preguntas; pero otros sentirán que son engañados si no se las contestan. Seth no ignora estos temas y ahora cierro este capítulo con algunos extractos donde los analiza. Aquí Seth explica parcialmente la índole del tiempo y demuestra por qué nos hallamos básicamente libres de él.

De la sesión 224: la personalidad y el tiempo

"El pasado existe como una serie de conexiones electromagnéticas que se mantienen en el cerebro físico y en la mente no física. Estas conexiones electromagnéticas pueden cambiarse. . .

"El futuro consiste en una serie de conexiones electromagnéticas en la mente y el cerebro también, y ésta es la única realidad que tú estás justificado en dar al presente.

"En otras palabras, el pasado y el presente son reales hasta cierto grado. En ocasiones el pasado puede llegar a ser más 'real que el presente' y, en tales casos, a las acciones pasadas se reacciona en lo que llamas el presente. Das por hecho que la acción presente puede cambiar el futuro; pero las acciones presentes también modifican el pasado.

"El pasado no es más objetivo o independiente de quien lo percibe de lo que es el presente. Estas conexiones electromagnéticas que componen el pasado, fueron hechas en gran parte por quien lo percibe de manera individual, y éste siempre es un participante.

"Por lo tanto, las conexiones pueden modificarse y tales cambios están lejos de ser infrecuentes. Ocurren espontáneamente, sobre una base subconsciente. El pasado rara vez es como tú recuerdas que fue, pues ya lo has reacomodado desde el instante en que ocurre cualquier suceso dado. El pasado está siendo constantemente vuelto a crear por cada individuo, conforme cambian las actitudes y asociaciones. Esta es una nueva creación real, no simbólica. El niño todavía se encuentra dentro del hombre, mas ya no es el niño que 'fue', pues hasta el niño dentro del hombre cambia constantemente.

"De hecho, las dificultades surgen cuando tales alteraciones no ocurren automáticamente. Ciertas neurosis a menudo son causadas precisamente debido a que el individuo *no* ha cambiado su pasado. Una vez más, la única realidad que puede asignarse al pasado, es la concedida a los símbolos, asociaciones e imágenes que existen electromagnéticamente dentro del cerebro físico y la mente no física.

"Estoy hablando ahora según tus propios términos y esto debe entenderse, puesto que estoy simplificando las condiciones considerablemente. Un cambio en actitud, una nueva asociación o cualquiera de las innumerables otras acciones, automáticamente establecerán nuevas conexiones electromagnéticas y romperán otras.

"Toda acción cambia toda otra acción. . . retrocedemos a nuestros principios esenciales. Por lo tanto, toda acción en tu presente afecta estas acciones a las que llamas pasado. Las ondas procedentes de una piedra lanzada, van en *todas* direcciones, y aquí me estoy adentrando bastante lejos en el limbo. Recordando lo que ya sabes de la naturaleza del tiempo, comprenderás que las fronteras aparentes entre pasado, presente y futuro, son únicamente ilusiones causadas por la cantidad de acción que puedes percibir físicamente.

"Por lo tanto, es posible reaccionar en el pasado a un evento que todavía no ha ocurrido, y ser influenciado por tu propio futuro. También es posible que un individuo responda en el pasado a un suceso en el futuro, que tal vez nunca ocurra en tus términos.

"Estoy seguro que recuerdas a la pareja que viste en la Playa York (este episodio se describió en el Capítulo 2)."

—Sí —contestó Rob, levantando la vista.

"Ahora bien, esta pareja representó una especie de proyección del tiempo, pues literalmente ustedes podían haber sido lo que ellos eran. Esto existió en ese presente como probabilidad. Percibiste esa porción del probable futuro y respondiste a ella, y la posible transformación de ustedes mismos en esas imágenes no ocurrió. Porque el pasado, presente y futuro existen simultáneamente no hay razón del por qué no puedas reaccionar a un suceso, bien sea que ocurra o no, para caer dentro del pequeño campo de realidad en el que tú usualmente observas y participas.

"En un nivel subconsciente, reaccionas ante muchos eventos que todavía no han ocurrido, en lo que concierne a la conciencia de tu ego. Tales reacciones son tamizadas cuidadosamente y no admitidas a la conciencia. El ego encuentra esos casos como distracciones molestas y, cuando se ve forzado a admitir su validez, recurrirá a las racionalizaciones más absurdas para explicarlos.

"El yo interno puede de hecho percibir eventos que ocurrirán después de la muerte física. Nunca ha sido prisionero del tiempo del ego. Sus percepciones meramente son inhibidas por el ego. El yo interno puede percibir eventos que le ocurrirán después de la muerte y aquellos en los que no está involucrado.

"Sin embargo, en todos estos eventos, existen incertidumbres, pues los eventos probables pueden verse con tanta claridad como los eventos que tendrán lugar físicamente. Ningún evento está predestinado. Cualquier suceso dado puede cambiarse no sólo antes y durante, sino *después* de haber ocurrido. También aquí, no estoy hablando simbólicamente y comprendo que me estoy exponiendo a fuerte crítica que ciertamente no puede contestarse esta noche.

"Existen, por ejemplo, limitaciones establecidas aquí que deben asentarse con toda claridad; pero, dentro de estas limitaciones, encontrarás que los sucesos pueden cambiarse y de hecho, estás siendo cambiados constantemente, sin importar el hecho aparente de que en verdad ocurrieron.

"Todo esto se aplica a menos que, por supuesto, a un individuo se le lleve completamente fuera del sistema de tiempo físico. Un hombre asesinado no regresará entero e intacto a la vida física (aun cuando puede retornar como 'espíritu', creyendo que todavía está vivo).

"En resumen: el individuo difícilmente se halla a merced de acontecimientos pasados, puesto que los cambia constantemente. Difícilmente se encuentra a merced de sucesos futuros, pues cambia éstos no sólo antes, sino después de que tengan lugar.

"De nuevo: el pasado es tan real como el futuro, ni más ni menos, pues el pasado existe únicamente como un patrón de corrientes electromagnéticas dentro de la mente y el cerebro y éstas constantemente varían. . . Las acciones futuras de un individuo no dependen de un pasado concreto y terminado, pues tal pasado nunca existió."

Íbamos a descubrir que estas ideas no eran simplemente teóricas. En el siguiente capítulo hablaré de una de las extrañas experiencias de mi vida, misma en la que fui sacada del mundo del tiempo y espacio y luego, igualmente de súbito, arrojada en él otra vez.

CAPÍTULO DIECISIETE:

Un "futuro" Seth; origen de las sesiones

Para ahora ya estaba acostumbrada a Seth. Las sesiones, tan extrañas al principio, eran una parte familiar de nuestras vidas. Había muchísimo que no entendía, y todavía lo hay; por lo que tenía esperanzas de desarrollar mis aptitudes de manera más completa y aprender más. Pero pensaba que las sesiones con Seth en sí mismas permanecerían más o menos iguales. Viendo ahora en restrospectiva el material anterior, puedo ver que debería haberlo sabido mejor.

Cierta noche en abril de 1968, nos preparamos para nuestra sesión usual de lunes por la noche, sin darnos cuenta de que algo nuevo estaba a punto de ocurrir. Yo me encontraba sentada en mi mecedora; Rob, como de costumbre, en el sofá, tomando notas. De acuerdo con Rob, la voz de Seth era inusitadamente poderosa esa noche. Mis ojos abiertos estaban muy oscuros y Seth pareció estar vigilando a Rob bastante estrechamente.

Seth inició la sesión, nuestra 406ª, diciendo a Rob la dirección que el material tomaría en años subsecuentes: "Se te ha dado un ligero esbozo, pero tenemos tiempo para completarlo —dijo sonriendo—. Por esa razón, los mismos lineamientos apenas quedarán completos. . . Queremos tratar sobre la naturaleza de la realidad como existe dentro de tu sistema de disfrazarla, y dentro de otros sistemas, y estudiar las características generales que le pertenecen, sin tomar en cuenta ninguna materialización dada.

"Parte de este material automáticamente dará respuesta a muchas preguntas que te han venido preocupando, problemas que han venido inquietando a tus científicos. Discutiremos la interrelación que existe entre todos los sistemas de realidad, incluyendo ciertos puntos de contacto que los incluyen a todos. Estos puntos pueden deducirse matemáticamente y, en algún futuro tuyo, te servirán como puntos de con-

223

tacto, reemplazando a los viajes espaciales en algunos casos."
Este material ocupó varias páginas, ya que Seth discutió el contenido futuro de nuestras sesiones. Inmediatamente después de esto, tomamos nuestro primer descanso. Ninguno de nosotros nos dábamos cuenta, en ese momento, que la sesión sería diferente a lo usual. Sin embargo, tan pronto como la reanudamos, sentí de pronto un poderoso surgimiento de flujo de energía a través de mí, por lo que dentro de él mi "yo" pareció casi perdido y arrebatado.

Claro está que no podía decir a Rob lo que estaba experimentando; pero él empezó a sospechar que algo estaba ocurriendo. Seth se tornó muy enfático y vigilaba a Rob estrechamente por un lado, mientras que, por otro, Seth empezó a dar énfasis a cada palabra.

"Si mantienes estos canales libres y abiertos, obtendrás material que está tan poco distorsionado como es posible —dijo—. El alcance de Ruburt es excelente y el plano de realidad en el que tengo mi existencia está mucho más allá de aquellos a los que las personas dentro del sistema físico por lo regular tienen acceso. . . Tú y él deben ver que Ruburt no coloree sus experiencias mediante material de lectura que esté distorsionado. Éste (tipo de material) tiene sus propósitos y puede ayudar, explicando la realidad en términos que la gente pueda comprender, pues los propósitos y fantasías son familiares. No hay necesidad para ellos aquí, no obstante" —y continuó sugiriendo que me mantuviera alejada de libros que— "se refieren exclusivamente a temas religiosos convencionales, interpretando la realidad en esos limitados términos.".

En este punto, Rob se dio cuenta de la nueva y más bien rara energía en la voz de Seth, conforme su entrega se hacía más poderosa. Mis ojos abiertos se hallaban muy oscuros, Rob empezó a levantar la vista siempre que podía tomarse un momento al tomar notas.

Seth dijo: "Haremos un esfuerzo en el futuro para proporcionar a ambos alguna experiencia directa en los conceptos. Estos experimentos seguirán y se ajustarán estrechamente a la expresión verbal de los conceptos involucrados. Les darán algún pequeño destello de la infortunada aunque necesaria pérdida de significado que tiene lugar cuando cualquier concepto debe comunicarse en términos físicos. Este será un tipo de aprendizaje diferente y profundo, un acontecimiento hasta cierto punto único y original que se despojará, hasta donde sea posible, de símbolos estereotipados, que por lo regular casi automáticamente se sobreponen en tales experiencias. ¿Me entiendes?"

—Sí —contestó Rob, pero habló casi automáticamente—; la entrega se había acelerado y estaba teniendo dificultades para seguir tomando notas. Más tarde leeríamos el párrafo anterior muchas veces cuando, como se verá en breve, me encontré casi "de cabeza".

La voz de Seth continuó haciéndose más fuerte. "Soy el Seth que digo que soy; pero también soy algo más. La personalidad de Seth que es parte de mí, es la porción que con más claridad puede comunicarse contigo. ¿Me sigues?"

Rob asintió y nuevamente repitió: "Sí".

"Mi porción de Seth ha estado íntimamente conectada con ustedes dos y, en ese respecto, de la misma manera lo he estado yo. Esto se halla íntimamente relacionado con la definición de una esencia de energía de personalidad de la que, claro está, brotan todas las personalidades."

La voz se tornó más poderosa todavía. Rob pensó en pedir a Seth que hablara con más lentitud, mas no estaba seguro de lo que estaba ocurriendo y creyó que era mejor no interrumpir.

"Existe un rincón peculiar dentro de la personalidad de Ruburt, también desviado en el tuyo propio, que le permite tener un claro acceso a canales de información sumamente difíciles de alcanzar en tu sistema. Durante esta sesión y en este momento, el contacto es particularmente bueno. Asimismo, hay acceso a energía mucho más lejana de lo que usualmente se experimenta. Ruburt percibió esto en el pasado y temió abrir estos canales hasta que se sintiera apropiadamente listo.

"Existe lo que podría casi compararse con una torcedura psicológica y psíquica en las dimensiones, y ese rincón de la personalidad de Ruburt es un vértice en el que la comunicación y el contacto pueden tener lugar."

Enseguida, con gran sorpresa de Rob, Seth le dijo que pusiera fin a la sesión. Rob iba a seguir el procedimiento dado recientemente para terminar el trance. (Apenas recientemente yo había empezado a entrar a trances particularmente profundos, en comparación con los anteriores y Seth había sugerido que Rob pronunciara mi nombre tres veces.) Seth dijo: "Esta noche has llegado un poco más allá de la personalidad por la cual yo por lo regular me doy a conocer a ti. Incluso si continúo hablando, pon fin al trance."

Rob me llamó varias veces, sin obtener respuesta. Luego tocó mi hombro y yo salté de una manera más bien violenta. Esto interrumpió el estado de trance. Yo tampoco sabía qué estaba pasando. La poderosa energía continuó fluyendo a través de mí. Si me hubiera puesto de pie habría sentido como si estuviera flotando a través de las paredes, impulsada por esta fuerza. Mi cabeza estaba muy pesada, como si mis oídos se encontraran a varios metros de distancia. Esta última sensación no era nueva; la había tenido en varias experiencias de Tiempo Psi; pero el tratar de contener esa energía era otra cosa.

Sacudí la cabeza. "Caray, si alguna vez abrigué dudas. . . cualquier cosa que esté sucediendo, no proviene de mí ni de mi propia personalidad". Posteriormente, en mis propias notas, escribí: ". . .una tremenda energía parecía fluir a través de mí, con la certeza definida, gracias a Dios, de que esto provenía de más allá de mí y era automáticamente traducido a palabras en mi extremo. Creo que es un acontecimiento tan significativo, casi, como la sesión original de Seth. La sensación de contacto se hallaba innegablemente allí. El sentimiento que tenía era que yo realmente me hallaba en contacto con alguna otra realidad que todo lo comprendía."

El miércoles siguiente por la noche, me sentía un poco titubeante conforme se acercaba el momento de la sesión. Empezamos a las nueve en punto; pero instantáneamente Rob se dio cuenta de que no iba a ser una sesión "normal". Por una cosa, la voz era diferente. Se parecía mucho más a mi propia voz y, no obstante, no era mía. Los profundos tonos de Seth, sus gestos y forma característica de usar las palabras, todo esto se hallaba ausente.

La voz era mucho más suave de lo acostumbrado. Rob tenía que escuchar mucho más cerca para captar todas las palabras. "Lo acontecido en la última sesión estaba latente desde nuestra primera sesión pero era algo que podía o no haber ocurrido. De no ser así, entonces muchos de los importantes sucesos futuros se hubieran visto bloqueados. Aquellos momentos cuando la voz (de Seth) era más alta y más poderosa, a menudo representaban aberturas a través de las cuales podría tener lugar el suceso. Sin embargo, por varias razones no se usó ese método. La energía se hubiera desviado de la voz en la cual ya había sido convertida."

La voz se tornó más ligera, casi rítmica. "Las leyes del universo interior (que Seth nos había dado), no son leyes que se encuentren en algún libro. Son intentos por explicar en palabras la naturaleza de la realidad interna. Debo desenmarañar conceptos, desenvolverlos, con objeto de explicarlos y necesariamente se pierde mucho en el proceso.

"Mi intención es implementar este material hasta donde es posible, ayudando a ambos a lograr experiencias subjetivas que proporcionen para ustedes las palabras. Éstas variarán de acuerdo con las condiciones, pero ahora son mucho más posibles, después de lo acontecido en las últimas sesiones.

"Cada sencilla ley del universo interior que he dado es en realidad una pequeña e inadecuada declaración en términos de una sola dimensión; no obstante, es más de lo que se da la mayoría de las veces y la mejor aproximación que puede hacerse de los hechos básicos tras de cualquier existencia, la mejor aseveración que puede hacere bajo las circunstancias con que debemos operar. Como las palabras darían un pobre indicio de la realidad del color o el sonido a cualquiera que no las experimentara, también las palabras únicamente pueden dar una introspección en la índole de la realidad. Espero que mediante la adición de experiencias subjetivas de varios tipos pueda yo darte la sensación de conceptos, cuando ello es posible.

"Los Sentidos Internos, hasta cierto punto, te permiten percibir la realidad de la existencia interna y en este nuevo desarrollo Ruburt está usando éstos de una manera más efectiva que antes. Existen algunos cambios en la forma en que están hechas estas conexiones. Esto da a Ruburt un sentimiento de extrañeza."

Aquí estoy únicamente dando conceptos; pero, a través de estos pasajes, la voz se hizo todavía más rítmica y neutra. Finalmente se estabilizó: alta, clara, distante y no emocional.

"La personalidad de Seth ha sido un intermediario y puede decirse que legítimo. La información que ya di respecto a la naturaleza de los *gestalts* de la personalidad, deben hacer que este desarrollo parezca adecuado. Seth es lo que yo soy, no obstante, yo soy más de lo que Seth es. Sin embargo, Seth es independiente y continúa desarrollándose como lo hago yo. En el Presente Espacioso ambos existimos.

"Algún material él puede presentártelo con más claridad que yo." Esta vez Rob miró más fijamente. ¿Si no estaba hablando Seth, quién era?

"Si bien yo era la fuente del material (en las últimas sesiones), Seth, como tú piensas de él, era en ocasiones un socio silencioso y ayudó a Ruburt a hacer las traducciones apropiadas, mientras se hacía a un lado de una manera personal. Con anterioridad (en sesiones anteriores), Seth interpretó material de mí, de tal modo que Ruburt pudiera recibirlo.

"Puedes descansar. Seth siempre será un elemento en estas sesiones, en la forma en que lo conoces. Él es la conexión entre nosotros y ha sido una parte de mí que he enviado a ustedes. Ha participado con gran voluntad."

Aquí tuvimos un descanso y yo salí de mi trance con bastante facilidad. Esto también me dio la oportunidad de decir a Rob algo que había ocurrido un poco antes de que se iniciara la sesión. Tuve la sensación de que precisamente sobre mi cabeza bajaba una especie de cono. No pensaba que allí estuviera un cono físico real; pero la idea de la forma era definida. El extremo amplio era casi del tamaño de mi cabeza, mientras que la parte estrecha en el tope era como una pirámide.

A partir de entonces, he sentido este mismo efecto de cono a menudo, siempre en este tipo de sesión. Inmediatamente después de que se reanudó la sesión, comencé a sentir otra vez esa tremenda energía cuando la nueva voz hablaba. "Tú siempre has estado en contacto conmigo, pero eras capaz de 'ver' únicamente una porción de mí. Ten en mente que todos los nombres son arbitrarios y los usamos meramente para tu conveniencia. Básicamente, el nombre de Seth o el mío, carecen de importancia. La individualidad es importante y continúa en formas que ni siquiera sospechas.

"En la forma más importante y en la única básica, yo soy Seth, salvo ciertas características que son mías y que yo usé para ponerme en contacto contigo. La personalidad de Seth, repito, es legítima e independiente y es una parte de mi identidad. Seth es aprendizaje, como lo soy yo.

"Simplemente como analogía, tú podrías llamarme un futuro Seth, un Seth en una etapa 'más elevada' de desarrollo. Sin embargo, esto no debe tomarse literalmente, puesto que ambos de nosotros somos totalmente independientes y existimos simultáneamente.

"Existen razones por las que se han hecho estas conexiones en particular. Hay eventos que nos unen y que han servido como puntos de viraje en el desarrollo de nuestras varias personalidades. De alguna extraña manera, lo que yo soy ahora está eslabonado con lo que tú eres.

"Existen puntos de contacto que nada tienen que ver con el tiempo, como lo conoces y que son significativos a todas las personalidades; orígenes de nueva energía que en ocasiones se traen a la existencia, debido a las poderosas capacidades latentes dentro de los yos individuales. En estos puntos, conglomerados completos de nuevas unidades del yo llegan a tener existencia, con su origen brillando como chispas, como dije en la frase anterior. Luego se dispersan y siguen sus propios caminos; pero el origen mutuo y la potencia de ese nacimiento psíquico inicial, perdura."

(Aquí tuve imágenes visuales internas, como de estrellas naciendo. . . un esfuerzo, según pienso, de poner los datos en términos visuales reconocibles.)

"Éstas (personalidades) pueden desarrollarse en formas enteramente diferentes y en varias dimensiones; pero entre ellas existe una poderosa atracción de simpatía. Existe un punto de contacto donde el conocimiento puede comunicarse desde estas diversas dimensiones y por muchísimas razones que no puedo darte ahora, Ruburt se halla en las coordenadas adecuadas para que tal comunicación tenga lugar.

"Esta comunicación, si bien tiene lugar en tu tiempo es, no obstante, responsable en otras dimensiones de lo que llamarías acontecimientos futuros en tus propias personalidades con las que, en turno, puedes tener contacto. Yo te miro a ti como los yos de los que broté; no obstante, soy más que la suma de lo que tú serás cuando hayas terminado con las dimensiones y tiempos que yo he conocido.

"Pues he brotado enteramente lejos de ti y, en tus términos, sería un extraño. El que puedas estar en contacto conmigo, es un progreso sumamente notable y, no obstante, si no hubieras sido capaz de contactarme, yo no sería lo que soy."

Aquí la voz era muy distante, alta y clara, tan distinta a la voz usual de Seth, que Rob se sintió más bien echado hacia atrás. "Sin embargo, yo soy más que esta porción de mí con la que tú estás en contacto, pues es únicamente una porción con la que experimento la realidad. Es sumamente importante, entonces, que no se distorsione este material, pues la mayoría de las comunicaciones tienen lugar en niveles muy diferentes a éste, (niveles) tan estrechamente conectados con tu propio sistema, que hasta los datos menos 'distorsionados', se ven altamente distorsionados, debido a que los que se comunican no comprenden que son ellos los que crean las realidades que luego describen.

"He hecho lo mejor que he podido para impartirte una comprensión como base para sesiones futuras. Seth, como tú lo conociste, será también Seth como tú lo conoces, pues tanto si hablo como yo mismo como a través de él, él es todavía el intermediario y la conexión entre nosotros. Lo que es más, él todavía se te aparecerá como tú lo conoces. Existen elementos emocionales necesarios que son suyos de una manera única.

"Mi estructura de personalidad es por completo diferente, muy rica para mí, mas no familiar para ti. . . No quiero que sientas que te he quitado a un amigo. Yo también soy un amigo. En muchas formas soy el mismo amigo. Otras porciones de mí se hallan relacionadas en otras partes, pues me percato de mi propia existencia en otras dimensiones, sigo el curso de éstas, y dirijo mis muchos yos.''

Cuando terminó la sesión, Rob y yo nos sentamos a conversar.

—Es una locura —dije. Cuando tenemos una sesión usual con Seth, casi siento cuando Seth se hace cargo, aún cuando no me agrada ese término. No obstante, con esta personalidad me voy a algún lado fuera de mí misma y parece que tengo contacto con ella en ninguna parte, dejando mi cuerpo vacío. No sé cómo llego allí, donde quiera que sea o cómo regreso.

Rob asintió. Ambos nos sentíamos casi tristes en cierta forma. Creo que teníamos miedo de que nuestras sesiones regulares con Seth hubieran terminado y que tendrían lugar las nuevas.

—Además —dijo Rob—, ¿cómo debemos llamar a esta nueva personalidad?

Sabíamos que básicamente, esto no tenía sentido; pero sentíamos que necesitábamos un nombre, una etiqueta. Y, ¿qué exactamente era esta nueva personalidad diferente a Seth? ¿Qué podía hacer que Seth no pudiera?

—Desearía que fuera más masculina o femenina —exclamé—. Una personalidad neutra parece tan extraña.

Algunas de nuestras interrogantes quedaron contestadas en la siguiente sesión, nuestra 419º, el 8 de junio de 1968. Poco antes de que empezara la sesión, yo empecé a sentir de nuevo el efecto de pirámide. Hice una mueca, un tanto embarazada, moviéndome de tal modo que quedé sentada directamente abajo de donde sentí que la pirámide había descendido. Luego dio principio la sesión. A ella asistió un amigo, Pat Norelli.

"Te he dicho quiénes somos. Ambos somos Seth y dondequiera que hemos hablado se nos ha conocido como Seth. La entidad tuvo su principio antes de surgir en tu tiempo. Era un instrumento, con muchas otras entidades, en la primera formación de energía en forma física. No estamos solos en este esfuerzo, pues en el curso de tus siglos, otras entidades como nosotros también se han aparecido y hablado.

''Nuestra entidad está compuesta por multitud de yos con sus propias identidades, muchas de las cuales han trabajado en su representación. Sus mensajes siempre serán básicamente los mismos, aunque los tiempos y circunstancias de sus comunicaciones pueden diferir y ser coloreados de acuerdo a las circunstancias.

''Enseñamos al hombre a hablar, antes que la lengua conociera sílabas. Adoptamos cualesquiera características de personalidad que parezcan pertinentes, pues en nuestra propia realidad contamos con todo un banco de yos internos completos y todos somos Seth. Intentamos traducir realidades en términos que tú puedas comprender. Modificamos nuestro rostro y forma, pero siempre somos uno. Muchos de nosotros no nacimos en la carne, como yo no lo he hecho. En cierta forma nos hemos sembrado a través de infinitos universos.

"Físicamente me verías como una masa más pequeña que una nuez, pero mi energía está altamente concentrada. Existe en masa intensificada. . . quizá como una célula infinita existente en interminables dimensiones simultáneamente y extendiéndose de su propia realidad a todas las demás.

"No obstante, en tan pequeña masa, estas intensidades contienen recuerdos y experiencias electromagnéticamente embobinadas una dentro de la otra a través de las cuales viajamos. . . de la misma manera en que yo puedo viajar a través de otros yos que he conocido y que son una porción de mi identidad y, no obstante, que se hallan bellamente no predeterminados pues para ti no existen como personalidades completas dentro de mi memoria, sino que crecen dentro de mi memoria.

"Tú creces a través de mi memoria como un árbol crece a través del espacio y mi memoria cambia conforme tu cambias. Mi recuerdo de ti incluye tus probables yos y todas estas coordenadas existen simultáneamente en un punto que no ocupa espacio. . .

"Ya te dije que la personalidad de Ruburt actúa como una deformación en las dimensiones. En ciertas coordenadas existe en determinados puntos que sirven como caminos de entrada. La personalidad en general está formada por componentes que existen en muchas realidades y es un punto de contacto. Una ventana no puede ver a través de sí misma; pero tu puedes ver a través de una ventana. Lo mismo pasa con la personalidad de Ruburt. . . en este sentido es transparente."

La siguiente sesión nos demostró cuan diferente podría ser este nuevo desarrollo. También estuvo a punto de sacarme de quicio, por lo menos durante algunos momentos. Sin embargo, más que esto: abrió nuestros ojos a nuevas posibilidades de experiencia y demostró otro fenómeno más que podría ocurrir dentro del marco de la sesión.

Nuestro amigo Phil, el vendedor del que hablé antes, se apareció esa noche; comenzamos a las 9 p.m., como de costumbre. Seth habló a Phil sobre algunas cuestiones comerciales, y dio respuesta a varias preguntas que habían estado presentes en la mente de Phil. Sin embargo, durante nuestro periodo de descanso, sentí el ahora ya familiar efecto de pirámide y, cuando reanudamos los trabajos, la otra personalidad comenzó a hablar.

La transición de la voz profunda y los gestos vivaces de Seth, fue asombrosa para Phil, que no había escuchado a la otra personalidad hablar antes. Ahora mi cuerpo era casi algo así como una marioneta y mi rostro se veía carente de expresión. Poco antes de que la voz comenzara a hablar, sentí que mi conciencia era atraída hacia arriba a través de la pirámide invisible, como una corriente de aire en un tiro de chimenea. Sin embargo, no hubo indicios de que alguna otra cosa fuera a ocurrir.

La voz dijo: "Son como niños con un nuevo juguete y piensan que este juego lo juega todo el mundo. La vida física no es la regla. La identidad y la conciencia existían mucho antes que se formara su planeta. Ven cuerpos físicos y suponen que cualquier personalidad debe aparecer en términos y con cualidades físicas. La conciencia es la fuerza tras la materia y ella forma muchas otras realidades, además de la física. Es únicamente debido a que su propio punto de vista está actualmente tan limitado, que les parece que la realidad física es la regla y modo de existencia.

"La fuente y poder de tu conciencia presente nunca ha sido física y, donde yo estoy, muchos ni siquiera se dan cuenta que exista tal sistema físico. El sistema físico es una ilusión; pero debes aceptarlo y, desde tu punto de vista, tratar de entender las realidades que existen más allá de él. Las ilusiones son reales, puesto que existen. Tu (realidad) es simplemente una que yo no he frecuentado, y uno de los propósitos de mi participación en estas sesiones, es familiarizar al llamado Ruburt con el viaje interior. Debe abandonar el sistema físico y, al hacerlo, establecer hábitos y senderos que pueden usarse con gran ventaja."

Nadie pensó nada en particular respecto a la última aseveración, sino hasta más tarde esa noche. La voz continuó durante un corto tiempo y yo encontré alguna dificultad "para regresar". Me sentí suspendida en la oscuridad, en algún lugar muy arriba; pero también me daba cuenta que Seth se hallaba muy cerca de mí. Transcurrieron algunos minutos. De pronto entró Seth, fuerte y claro. El contraste entre las dos personalidades era tan marcado, que hasta Rob se asombró. Seth empezó a bromear: "Ahora que el 'hermano mayor' ha tenido su turno para hablar, haré que Ruburt regrese contigo."

Salí del trance con bastante facilidad, una vez que entró Seth. Durante algunos momentos nos sentamos a conversar y luego se reanudó la sesión, permitiéndome pasar por una de las más notables experiencias de mi vida. Ésta es hasta cierto punto difícil de describir, por lo que primero citaré lo que la "otra" voz estaba diciendo:

"Las porciones inferiores de tu propia realidad e identidad no te son conocidas, pues no puedes objetivizarlas y, por lo tanto, no las percibes. Se utiliza tanto de tu energía en estas producciones físicas, que no puedes permitirte percibir ninguna realidad sino la tuya propia. También aquí, como niños jugando con bloques, tu foco de atención se halla en bloques físicos.

"Otras figuras y formas que podrías percibir, no lo haces. Hasta al explicarte otras realidades, debo usar las palabras 'figuras' y 'formas', pues de otro modo no las entenderías. De nosotros han recibido sus matemáticas, mas ésta es una sombra de las verdaderas matemáticas, pues aquí también han insistido en encasillar la realidad. Su idea del progreso es construir bloques más grandes. No obstante, ninguno de nosotros pensaría en patear con ira sus construcciones de bloques o decirles que hagan a un lado sus juguetes infantiles, aunque algún día así lo harán ustedes mismos.

"Más tarde, en tu tiempo, todos ustedes mirarán hacia abajo en el sistema físico, como gigantes atisbando, a través de pequeñas ventanillas, a otros que estarán en la posición que ustedes tienen ahora, y sonreirán. Mas no querrán permanecer allí, reptando a través de pequeñas aberturas... Nosotros protegemos tales sistemas. Nuestro conocimiento básico y antiguo, y nuestra energía, automáticamente se extienden para nutrir todos los sistemas que crecen..."

Al llegar aquí, yo lancé un alarido y empecé a sacudirme violentamente. Rob pensó que mi pesada mecedora estaba a punto de volcarse. Rob y Phil saltaron para ponerse de pie, mientras Phil dejaba caer su vaso de cerveza al piso en el proceso. Rob me tomó las manos y trató de sacarme del trance.

Esta vez estoy citando de mis propias notas, hechas más tarde esa noche:

> Cuando la personalidad comparó la realidad física con bloques de juguete, hizo una observación respecto a individuos que regresan en nuestro futuro para atisbar dentro de la realidad física, como gigantes en cuclillas para ver a los niños jugar con bloques sobre el piso. (Cuando la voz hablaba, mis ojos se hallaban cerrados, claro está y no recuerdo qué fue lo que dijo la voz; pero he cotejado las notas manuscritas de Rob de la sesión.) En algún momento aquí, de súbito vi la cara de un gigante que atisbaba en nuestra sala de estar y su cara llenaba toda la ventana.

> Al momento siguiente mi propio cuerpo, la habitación y todo lo que en ella estaba, comenzaron a crecer hasta un tamaño tremendo. Mi cuerpo se tornó masivo y podía sentir crecer los órganos en mi interior. Al mismo tiempo, todos los muebles, absolutamente todo, se hizo más y más grande. Parecía como si el cuarto ahora fuera lo bastante grande para cubrir toda la ciudad. No obstante, todo se expandió en la misma proporción, reteniendo su forma usual.

No sentí *como si* esto estuviera ocurriendo. Para mí *estaba* pasando literalmente. Simplemente me embargó el pánico y comencé a gritar. Le llevó a Rob varios minutos sacarme del trance; pero, para entonces, yo me sentí avergonzada y me consideré una verdadera cobarde.

Rob estaba preocupado por mí y me preguntaba si deberíamos proseguir con la sesión; pero para este momento yo me sentí realmente apenada por hacer tal escándalo, y sabía que la experiencia era significativa. Volví a entrar en trance, pero muy pronto iba a romperlo de nuevo.

He aquí varias citas de las notas de Rob, poco antes de que se reanudara la sesión:

> Tenía esperanza que éste fuera el fin de la sesión, mas era obvio que Jane quería continuar, o por lo menos estaba dispuesta a hacerlo, a pesar de la desquiciante experiencia. Intenté hablar con ella para que se contuviera, pero sus ojos se mantuvieron cerrados.

—Estoy en camino hacia el otro tipo —dijo—. Acabo de pasar a Seth y me hizo una broma, algo respecto a una experiencia *masiva*.

—¿Por qué no simplemente regresas? —le pregunté.

—No sé cómo —me contestó.

10:55. Jane prosiguió con la voz elevada, distante y muy formal, que para ahora ya era familiar.

"Los bloques de realidad física te parecen a ti muy reales, cuando habitas dentro de su perspectiva. Tu Ruburt experimentó una transmigración de sistemas. No se pretendía que fuera desagradable. Esa fue su interpretación subjetiva. Pero él estaba involucrado en una aventura microscópica. La conciencia no ocupa espacio. . . debes entender esto. Luego volvió a entrar a tu propio sistema de bloques físicos y, por contraste, ese sistema pareció enorme y monstruoso.

"Cuando hacemos contacto, su conciencia y personalidad en forma concentrada hacen un viaje, según tus términos como una mácula en el espacio, con la conciencia reducida a su esencia. Y de esta experiencia lo dejamos caer de nuevo en el sistema físico. Los bloques de juguete entonces se tornan gigantes por contraste. . . esta fue una experiencia en conceptos."

Durante el monólogo anterior, mis experiencias subjetivas continuaron. De nuevo no me percataba de lo que la voz estaba diciendo, y sólo posteriormente comprendí que mis experiencias tenían un paralelo con el significado de los pasajes. He aquí algunas citas de mis notas:

Empecé a sentir la índole microscópica de nuestro universo físico, hablando comparativamente. . . esto es sumamente difícil de expresar en palabras. Había un sentido momentáneo de desolación que acompañaba a esto: el mío propio, según creo. Siempre me doy cuenta de la forma de pirámide, arriba de mí, un poco antes de que hable esta personalidad. Por lo regular "subo a través" de ella. No obstante, en esta ocasión, en el extremo estrecho que estaba arriba de mí, vi al mismo gigante, su cabeza, atisbando hacia abajo, hacia mí y el cuarto como a través de un microscopio. Si el salón y todo lo que en él estaba iba a encogerse con tanto realismo como antes se había expandido, y lo estaba haciendo, puedo asegurarlo, sencillamente no me hallaba lista para la experiencia.

Intenté encontrar mi voz para decir a Rob que quería poner fin a la sesión, pero la otra personalidad la estaba usando. Durante todo esto uso la palabra "yo"; pero "yo" era tan parte de la acción, que resultaba difícil separarme de ella. Ahora bien, queriendo salirme, intenté de nuevo usar mi propia voz.

Esta vez "me encontré a mí misma", me uní conmigo misma y encontré mis cuerdas vocales mientras la otra personalidad hacía un momento de pausa. Estaba más o menos en esto cuando vi la cara del gigante atisbando a través de la pirámide que estaba arriba de mí. En un episodio anterior, grité involuntariamente.

233

En el segundo, descubrí que había formas de "encontrar" mi propia voz y poner término a la experiencia. Con Seth nunca se me presentó tal duda. No había presión alguna sobre mí por la otra personalidad para continuar la experiencia... pero tuve que aprender cómo terminarla yo misma cuando así lo quería.

No creo que la otra persona entendiera que la experiencia me fuera desagradable o, en ese sentido, que tales términos tuvieran algún significado para ella. La información estaba siendo impartida en ciertos términos en lo que a ella concernía, punto. Ni siquiera sé si se daba cuenta de mis reacciones.

No obstante, todo esto era sumamente asombroso. Si un psicólogo quisiera decir simplemente que todo era una alucinación, entonces tendría que admitir que difícilmente sería fortuita, sino bien dirigida, hacia un punto y para un propósito. La fusión de mí misma con la acción en el episodio de la expansión, era atemorizante al principio. En su totalidad creo que reaccioné bastante bien y llevé la cosa a término en el segundo episodio, cuando decidí que ya había tenido suficiente para una noche. La segunda vez no estaba simplemente siendo arrojada a tontas y locas, y rompí el trance en anticipación a las experiencias que sabía se avecinaban. Así lo aprendí por el primer episodio.

Esa sesión tuvo lugar hace ya más de un año. Nuestras sesiones regulares con Seth todavía continuaron, y sólo de vez en cuando entra esta otra personalidad de que hablo. Nos referimos a ella como Seth Dos. A menudo estas sesiones me involucran en una especie de experiencia subjetiva, aunque ahora estoy aprendiendo a controlarme cuando esto ocurre. Una vez, durante un periodo de descanso, por ejemplo, Rob preguntaba qué se sentiría no tener forma física. Cuando se reanudó la sesión, me sentí aparentemente suspendida, perfectamente alerta y consciente, aunque sin cuerpo, en el espacio. No tenía forma, como yo la conocía, pero poseía completa libertad de movimiento —algo así como aire consciente—. Esta vez no sentí temor, comprendiendo que estábamos recibiendo una respuesta a la pregunta de Rob. Durante esta experiencia, la voz distante, rítmica y sin emoción alguna, explicaba cómo era la existencia no física.

La diferencia entre las dos personalidades fue particularmente clara y notoria en una reciente sesión de clases sobre PES, en la que Seth se comportó con su máximo aspecto jovial, mostrando interés personal en cada estudiante. Como era usual durante tales momentos, mi rostro se veía en extremo animado y los gestos característicos de Seth eran por completo observables. Tras hablar con cada estudiante individualmente, por un momento, Seth dijo con un toque de humor: "Vengo aquí, espero, como una personalidad 'cautivadora', con características con las que puedes relacionarte.

"Ahora bien, esas características son mías y yo soy quien digo que soy; y, no obstante, el Seth que tú conoces no es sino una pequeña

234

porción de mi realidad. . . la parte que ha sido física y que por ello puede entender tus problemas.

"Pero más allá de ese yo, existe otro yo, y otro más, de los cuales me percato plenamente. Y para ese yo, la realidad física es como un aliento de humo en el aire. . . y ese yo no necesita las características que conoces y que consideras como mías."

La voz había sido vibrante y profunda, fuerte y potente. Luego hubo una pausa y, por vez primera, la otra personalidad entró durante la clase. Todos los gestos y manerismos de Seth se esfumaron. Instantáneamente esa voz alta, distante y asexual, empezó a hablar. Es casi musical, sin inflexión, como simples notas. "Y ese yo te dice que existe una realidad más allá de la realidad y experiencia humana, que no puede ser verbal ni traducirse en términos humanos. . .

"Aún cuando este tipo de experiencia puede parecerte fría, es tan clara como el cristal, y en ella no se necesita tiempo para experiencia. . . en la que el yo interior condensa todo conocimiento humano que se ha recibido a través de varias existencias y reencarnaciones. . . pues se ha codificado todo y existe indeleblemente. Tú también existes ahora dentro de esta realidad. . .

"Sabe que, dentro de tus átomos físicos ahora, los orígenes de toda conciencia todavía cantan, y que todas las características humanas por las que ustedes se conocen a sí mismos, todavía existen. . .

"Así pues, yo soy el Seth que está más allá del Seth que conoces; y en mí todavía resuena el conocimiento y la vitalidad de ese Seth. En tus términos, yo soy un Seth futuro; pero esos términos carecen de sentido para mí.

"Te dimos imágenes mentales y sobre estas imágenes aprendiste a formar el mundo que conoces. Te dimos el patrón por el cual se forman tus yos físicos. Te dimos los patrones, intrincados, interrelacionados y benditos, con los cuales formas la realidad de cada cosa física que conoces.

"La célula más diminuta dentro de tu cerebro ha sido hecha de patrones de conciencia que nosotros te hemos dado. Toda la telaraña fue iniciada por nosotros. Nosotros te enseñamos cómo formar la realidad que conoces."

CAPÍTULO DIECIOCHO:

El concepto de Dios; la creación; los tres Cristos

Expuesto de una manera sencilla, este es uno de los breves pasajes que explican el concepto de Seth respecto a Dios.

"No es humano, en tus términos, aunque ha pasado a través de etapas humanas y aquí el mito budista se aproxima muchísimo a la realidad. No es un individuo, sino un *gestalt* de energía.

"Si recuerdas lo que dije respecto a la forma en que el universo se expande y que eso nada tiene que ver con el espacio, entonces quizás puedas percibir nebulosamente la existencia de una pirámide psíquica de conciencia interrelacionada y en constante expansión, que crea, simultánea e instantáneamente, universos e individuos a los que se ha dado, a través de los dones de perspectiva personal, duración, comprensión psíquica, inteligencia y validez eternas.

"Este *gestalt* psíquico absoluto, en constante expansión e instantáneo, que tu puedes llamar Dios, si así lo prefieres, está tan seguro en su existencia, que puede constantemente romperse y volverse a construir.

"Su energía es tan increíble, que ciertamente da forma a todos los universos; y, puesto que su energía está dentro y tras todos los universos, sistemas y campos, ciertamente se percata de cada gorrión que cae, puesto que Él *es* cada gorrión que cae."

Sin embargo, como ya se mencionó antes, el Material de Seth no pasa desapercibidas cuestiones más profundas que tengan que ver con el "principio" de la conciencia y la realidad. En verdad creo que este material en particular puede estar a la altura de los mejores escritos metafísicos de nuestro tiempo. Por esta razón voy a continuar este capítulo con extractos de las sesiones 426, 427 y 428, donde Seth inició una explicación más a fondo del espacio, tiempo y realidades probables, y luego nos llevó, paso a paso, a una discusión de Dios.

"Tu idea de espacio y tiempo está determinada por tu estructura neurológica.

"El disfraz está tan astutamente ejecutado y creado por el yo interior que debes, por necesidad, enfocar tu atención en la realidad física que se ha creado. Las drogas psicodélicas alteran funciones neurológicas y, por lo tanto, pueden dar ciertos leves destellos en otras realidades.

"Por supuesto, estas realidades existen, bien sea que las percibas o no. En realidad, el 'tiempo' existe mientras las pulsaciones saltan hacia las terminales nerviosas. Debes entonces experimentar lapsos de tiempo, puesto que éste no es un proceso simultáneo. El pasado, presente y futuro parecen sumamente convincentes y lógicos, cuando debe haber un lapso entre cada experiencia percibida.

"En muchas otras estructuras de personalidad no existe tal lapso. Los sucesos se perciben simultáneamente. Las reacciones son asimismo casi instantáneas, según tus términos. El crecimiento y el desafío se definen no en términos de logro o desarrollo en el tiempo, sino más bien en términos de intensidades. Tal personalidad es capaz no sólo de reaccionar y apreciar el Evento A, digamos, en tu tiempo presente, sino experimentar y entender el Evento A en todas sus ramificaciones y probabilidades.

"Obviamente, tales personalidades necesitan muchísimo más que los sistemas neurológicos con los que estás equipado actualmente. Tu propio sistema neurológico es físico, pero está basado en tus propias capacidades internas como son 'ahora'. Es la materialización de un marco psíquico interno. Muchas otras estructuras de personalidad no necesitan un marco perceptivo *materializado* como éste, pero siempre está presente una organización psíquica interna.

"Tu tiempo, pasado, presente y futuro, como lo concibes, sería experimentado enteramente como presente para muchas de estas personalidades. Sin embargo, tu pasado, presente y futuro serían experimentados enteramente como pasado, para aún otras estructuras de personalidad.

"Imagina entonces el pasado, presente y futuro, como un trazo de línea única de la experiencia en tus términos; sin embargo, la línea continúa indefinidamente. Otras estructuras de personalidad de otras dimensiones podrían entonces, teóricamente, observarlo desde una infinidad de puntos de vista. Sin embargo, hay mucho más que esto. La línea sencilla (que representa experiencia física), es meramente la hebra superficial a lo largo de la cual pareces viajar. Lo que tu percibes es todo el filamento, por lo que, cuando vislumbras otras dimensiones, te ves obligado a pensar en términos de observadores muy por arriba de la hebra, viendo abajo hacia ella desde cualquier punto de vista dado.

"En realidad, siguiendo la imagen por completo, y estrictamente como una analogía, también habría un infinito número de hebras, tanto arriba como abajo de la tuya propia, todas parte de una inconcebiblemente milagrosa telaraña. No obstante, cada filamento no sería unidimensional, sino que tendría muchas dimensiones y, concebiblemente, si supieras cómo, habría una especie de saltos de rana de un filamento a otro. No estarías obligado a seguir algún filamento en particular y como si fuera una línea sencilla.

"Ahora bien, hay personalidades lo suficientemente desarrolladas para hacer esto. Cada acto de saltar, por decirlo así, forma un nuevo filamento. Siguiendo con nuestra analogía, imagínate a ti mismo como el Yo A. Te haremos arrancar de la realidad física en el Filamento A, aun cuando ya has atravesado muchos otros filamentos para llegar a donde estás.

"Sin atajos o incluso recorrido promedio, cualquier Yo A viajaría por el Filamento A siguiendo la estrecha línea hacia el infinito. Sin embargo, en algún punto el Filamento A se convertiría en Filamento B. De la misma manera, el Filamento B se volvería Filamento C y así sucesivamente. Ahora bien, en el Filamento A, el Yo A no se percataría, en su presente, de los yos 'futuros' en los otros filamentos. Únicamente al conocer uno de estos otros yos puede darse cuenta de la naturaleza de esta extraña estructura a través de la cual está viajando.

"Sin embargo, existe un yo que ha recorrido ya estas rutas, de quien los otros yos no son sino una parte. Este yo, en sueños y condiciones disociadas, se comunica con los diversos yos 'ascendentes'. Cuando este yo crece en realización de valores, puede percatarse de esos viajeros en otros filamentos, que a él le parecerían ser futuros yos.

"Todo esto se oye complicado; pero únicamente porque debemos manejarlo con palabras. Confío que intuitivamente serás capaz de entenderlo. 'Mientras tanto', el yo total está formando nuevos filamentos de actividad, como verás. Los marcos que deja 'tras' de sí, pueden usarlos otros.

"El propósito es, simplemente, ser en oposición a no ser. Te estoy diciendo lo que sé, pero existe mucho que no sé. Sé que debemos prestarnos ayuda uno al otro y que la extensión y la expansión, son ayudas para ser.

"Ahora bien y esto parecerá como una contradicción de términos, existe el no ser. Es un estado, no de la nada, sino un estado en el que las probabilidades y posibilidades son conocidas y anticipadas pero bloqueadas para no expresarse.

"Nebulosamente, a través de lo que llamarías historia, y difícilmente recordado, tal estado existió. Era un estado de agonía en el que los poderes de creatividad y existencia eran conocidos, mas las formas para producirlos no lo eran.

"Esta es la lección que Todo lo que es tuvo que aprender y que no podía enseñarse. Esta es la agonía de la que la creatividad salió originalmente y su reflejo todavía se ve."

Seth usa la palabra "Dios" con medida, por lo regular cuando habla a estudiantes que están acostumbrados a pensar en términos teológicos. Como regla general, habla de "Todo lo que es" o "Gestalts de energía primarios".

"Parte de esta discusión es susceptible de distorsión, porque debo explicártela en términos de tiempo, como tú lo entiendes. Así pues, hablaré, en beneficio tuyo, de un pasado indescriptiblemente distante, en el que ocurrieron estos eventos.

"*Todo lo que es* retiene memorias de ese estado y le sirven como constante empuje, en tus términos, hacia renovada creatividad. Cada yo, como parte de *Todo lo que es*, por lo tanto, también retiene recuerdos de ese estado. Es por esta razón que cada conciencia diminuta está dotada con el impulso hacia la supervivencia, el cambio, el desarrollo y la creatividad. No es suficiente que *Todo lo que es* como gestalt de conciencia primaria, desee ser más, sino que cada porción de Él también mantenga esta determinación.

"No obstante, la agonía misma se usó como medio y la agonía misma sirvió como ímpetu, lo suficientemente poderoso para que *Todo lo que es* iniciara dentro de sí los medios *para ser*.

"Sí, y esto es imposible, todas las porciones a excepción de la última 'unidad' más diminuta de *Todo lo que es*, fueran destruidas, *Todo lo que es* continuaría, pues dentro de la porción más pequeña se halla el innato conocimiento del total. Por lo tanto, *Todo lo que es* se protege a sí mismo y a todo lo que Él tiene y lo que creará.

"Cuando hablo de *Todo lo que es*, debes entender mi posición dentro de Él. *Todo lo que es* no conoce otro. Esto no quiere decir que no haya más qué saber. No sabe si otros gestalts psíquicos como Él pueden o no existir. No se percata de ellos, si existen. Está constantemente a la búsqueda. Sabe que alguna otra cosa existió antes de Su propio dilema primario, cuando Él no podía expresarse.

"Es concebible, entonces, que Él haya evolucionado, según tus términos, hace tanto tiempo que ya olvidó su origen, que Él se desarrolló de otro Primario más que —nuevamente en tus términos— desapareció desde hace mucho tiempo. Así pues, existen respuestas que no puedo darte, pues no son conocidas en ninguna parte del sistema en el que tenemos nuestra existencia. Sabemos sí, que dentro de este sistema de nuestro *Todo lo que es*, la creación continúa y los desarrollos nunca se mantienen inmóviles. Podemos deducir que en otras capas todavía, de las que no nos damos cuenta, lo mismo ocurre.

"El primer estado de busca agónica de expresión, puede haber representado los dolores del nacimiento de *Todo lo que es*, como lo conocemos. Imaginemos, entonces, que posees dentro de ti mismo el conocimiento de todas las obras maestras del mundo en escultura y pintura, que éstas vibran como realidades dentro de ti; pero que no tienes ningún instrumento físico, y ningún conocimiento de cómo producirlo, que no hay rocas, ni pigmentos, ni fuente de ninguna de estas cosas y que tú te acongojas por el ferviente anhelo de producirlas. Esto, en una escala infinitesimalmente pequeña, quizá te dará, como artista (esto estaba dirigido a Rob, por supuesto), una idea de la agonía y el impulso que se sintió.

"El deseo, el anhelo y la esperanza, regulan todas las acciones y son base de todas las realidades. Dentro de *Todo lo que es*, por lo tanto, el deseo, el anhelo y la esperanza de creatividad, existieron antes que toda otra realidad. La potencia y vitalidad de estos deseos y esperanzas llegaron entonces a ser, en tus términos, tan insoportables que *Todo los que es* se vio impulsado a encontrar los medios para hacerlos realidad.

"En otras palabras, *Todo lo que es* existía en un estado de ser, pero sin los medios para encontrar expresión para Su ser. Éste fue el estado de agonía de que hablé. No obstante, es dudoso que sin este 'periodo' de gran anhelo que llegó a tener *Todo lo que es* pudiera concentrar Su energía lo suficiente para crear la realidades que existían en suspensión probable dentro de Él.

"Al principio, en tus términos, toda la probable realidad existía como sueños nebulosos dentro de la conciencia de *Todo lo que es*. Más tarde, la naturaleza no específica de estos 'sueños' se hizo más concreta y vívida. Los sueños se hicieron diferenciables uno de otro, hasta que atrajeron la atención consciente de *Todo lo que es*. Y, con curiosidad y anhelo, *Todo lo que es* prestó más atención a Sus propios sueños.

"Luego, con todo propósito, les confirió más y más detalle, y anheló esta diversidad, y llegó a amar aquello que todavía no estaba separado de Sí. Dio conciencia e imaginación a personalidades, cuando todavía no eran sino sueños. Ellos también anhelaron ser reales.

"Los individuos potenciales, según tus términos, tenían conciencia antes del principio o cualquier principio como tú lo conoces. Clamaron ser liberados a su realidad y *Todo lo que es*, con una simpatía inexpresable, buscó los medios dentro de sí mismo.

"En Su masiva imaginación, entendió la multiplicación cósmica de conciencia que no podía ocurrir dentro de ese marco. La actualidad era necesaria si se iba a dar nacimiento a estas probabilidades. *Todo lo que es* vio, entonces, una infinidad de individuos conscientes probables y previó todos los posibles desarrollos; pero éstos fueron encerrados dentro de Él hasta que encontrara los medios.

"Esto fue, en tus términos, un dilema cósmico primario, mismo con el que luchó Él hasta que *Todo lo que era* se vio por completo involucrado y encerrado dentro de ese problema cósmico.

"Si no lo hubiera resuelto, *Todo lo que es* se hubiera enfrentado a la insania y hubiera habido, literalmente, una realidad sin razón y un universo vuelto loco.

"La presión llegó de dos fuentes: de los yos individuales conscientes, mas todavía probables, que se encontraron vivos en un sueño de Dios y del Dios que anhelaba liberarlos.

"Por otro lado, tú podrías decir que la presión existía simplemente como parte del Dios, puesto que la creación existía dentro de Su sueño, pero tan tremendo es el poder que reside en tales gestalts piramidales primarios, que hasta sus sueños estaban dotados con vitalidad y realidad.

"Este, entonces, es el dilema de cualquier gestalt piramidal primario: crea realidades. También reconoció dentro de cada conciencia el potencial masivo que existía. Los medios, entonces, le llegaron a Él. Debía liberar a las criaturas y probabilidades de Su sueño.

"Para hacer esto les daría realidad. Sin embargo, eso también significa 'perder' una porción de su propia conciencia, pues era dentro de esa porción que eran mantenidos en cautiverio. *Todo lo que es* tenía que dejarlos ir. Si bien consideraba a estos individuos Sus creaciones, los mantenía como una parte de Sí mismo y se rehusaba a darles realidad.

"El dejarlos ir era 'perder' esa porción de Sí mismo que los había creado. A duras penas podía ya mantenerse a tono con la miriada de probabilidades que empezaron a emerger de cada conciencia separada. Con amor y añoranza Él dejó que se fuera esa porción de Sí mismo, y quedaron libres. La energía psíquica explotó en un destello de creación.

"*Todo lo que es*, por tanto, 'perdió' una porción de Sí mismo en ese esfuerzo creador. *Todo lo que es* ama a todo lo que Él ha creado, hasta lo más ínfimo, pues comprende lo querido y único de cada conciencia que ha sido sacada de tal estado y a tal precio. Está gozoso y triunfante en cada avance logrado por cada conciencia, pues esto es un triunfo más contra el primer estado, y revela y logra placer en el acto creativo más leve de cada uno de Sus hijos.

"Él, de Sí mismo y de ese estado, ha dado vida a infinidad de probabilidades. Desde su agonía encontró la forma de explotar en libertad, a través de la expresión y, al hacerlo, dio existencia a la conciencia individualizada. Por lo tanto, con toda razón se muestra jubiloso. No obstante, todos los individuos recuerdan su origen y ahora sueñan en *Todo lo que es*, igual que *Todo lo que es* alguna vez soñó con ellos. Y anhelan esa inmensa fuente. . . y anhelan verlo a Él libre y darle realidad mediante sus propias creaciones.

"La fuerza motivadora todavía es *Todo lo que es*; pero la individualidad no es ilusión. Ahora, de la misma manera, tú das libertad a los fragmentos de personalidad dentro de tus propios sueños y por la misma razón. Y por la misma razón tú creas y dentro de cada uno de ustedes está el recuerdo de esa agonía primaria, la urgencia de crear y liberar toda probable conciencia hacia la realidad.

"He sido enviado para ayudarte, y a través de los siglos de tu tiempo, otros han sido enviados, pues conforme te desarrollas también formas nuevas dimensiones y *tú* ayudarás a otros.

"Estas conexiones entre tú y *Todo lo que es* nunca pueden cortarse y Su conciencia es tan delicada y enfocada, que Su atención está ciertamente dirigida con el amor de un creador esencial a cada conciencia.

"Esta sesión necesita leerse muchas veces, pues existen implicaciones no obvias al principio."

En otras palabras, todo el marco de realidad, de acuerdo con Seth incluye mucho más que la reencarnación y el desarrollo dentro del sistema físico, como lo conocemos. Tenemos muchas sesiones referentes a la naturaleza de otras realidades y sesiones sobre "cosmología" que no pueden incluirse en este libro, debido a los requisitos de espacio.

Uno de los puntos más importantes, según creo, es que Dios no es estático en Sí mismo. Bloques enteros de Material de Seth discuten los potenciales y la creación de conciencia, cómo se manifiesta en moléculas, hombres y gestalts de energía en pirámide. Todas estas cosas se hallan íntimamente conectadas en una maraña cosmológica de actividad. Pero, como Seth dice, "Incluso este gestalt piramidal total, no se mantiene estático. La mayoría de tus conceptos de Dios tienen que ver con un Dios estático y aquí radica una de sus principales dificultades teológicas. La conciencia y experiencia de este gestalt cambia constantemente y crece. No hay Dios estático. Cuando dices 'Este es Dios', entonces Dios es ya alguna otra cosa. Estoy usando el término 'Dios' para fines de simplicidad.

"Todas las porciones de *Todo lo que es* están transformándose constantemente, envolviéndose y desenvolviéndose. *Todo lo que es*, buscando conocerse a Sí mismo, constantemente crea nuevas versiones de Sí mismo, pues esta búsqueda de Sí mismo es una actividad creativa y el meollo de toda acción.

"Las entidades, por ser acción, siempre giran y cambian. Nada arbitrario hay respecto a estas fronteras. Algunas personalidades pueden ser parte de más de una entidad. Como un pez, pueden nadar en otras corrientes. Dentro de ellas se halla el conocimiento de todas sus relaciones.

"Cualquier personalidad puede llegar a ser una entidad por sí misma. Esto implica un conocimiento altamente desarrollado del uso de energía y sus intensidades. Así como los átomos poseen movilidad, también la tienen las estructuras psicológicas.

"La conciencia, buscando conocerse a sí misma, por lo tanto, te conoce a ti. Tú, como una conciencia, buscas conocerte a ti mismo y te das cuenta de tu yo como una porción individual distinta de *Todo lo que es*. No sólo acudes a esta energía total, sino que lo haces automáticamente, puesto que tu existencia depende de ello.

"No existe un Dios personal individual, en términos cristianos —dice Seth— y, no obstante, tienes acceso a una porción de *Todo lo que es*, una porción altamente sintonizada hacia ti. . . Existe una porción de *Todo lo que es* dirigida y enfocada dentro de cada individuo, que reside dentro de cada conciencia. Cada conciencia es, por tanto, acariciada e individualmente protegida. Esta porción de conciencia total está individualizada dentro de ti.

"La personalidad de Dios, como generalmente se concibe, es un concepto unidimensional, basado en el pequeño conocimiento que tiene el hombre de su propia psicología. Lo que prefieres pensar cómo Dios es, asimismo, un gestalt de energía o conciencia piramidal. Se percata de sí mismo como alguien que es, como por ejemplo, tú, Joseph. Se percata de sí mismo como la semilla más pequeña. . . Esta porción de *Todo lo que es* que se da cuenta de sí misma como tú, que está enfocada dentro de tu existencia, puede llamarse para pedir ayuda cuando es necesario.

"Esta porción también se da cuenta de sí misma como algo más que tú. *Esta porción que se conoce a sí misma como tú, y como algo más que tú, es el Dios personal, como verás.* Nuevamente, este gestalt, esta porción de *Todos lo que es,* cuida nuestros intereses y puede acudirse a ella de un manera personal.

"La oración contiene su propia respuesta y si no hay una especie de viejo padre Dios, de blanca cabellera, a quien escuchar, entonces hay, en su lugar, la energía inicial y en expansión que forma todo lo que es y de la cual el ser humano es una parte.

"Ese gestalt psíquico puede parecerte impersonal, pero puesto que su energía da forma a tu persona, ¿cómo puede ser esto?

"Si prefieres llamar a este gestalt psíquico supremo Dios, entonces no debes pretender objetivizarlo, puesto que es el núcleo de tus células y más íntimo que tu aliento."

En otra sesión Seth explicó esto de la siguiente manera: "Ustedes son socios en la creación. Lo que tú llamas Dios es la suma de todas las conciencias y, no obstante, el total es más que la suma de sus partes. Dios es más que la suma de todas las personalidades y, no obstante, todas las personalidades son lo que Él es.

"Existe una creación constante. Dentro de ti hay una fuerza que supo cómo hacerte crecer de un feto hasta un adulto maduro. Esta fuerza es parte del conocimiento innato dentro de toda conciencia y es parte del Dios que hay dentro de ti.

"La responsabilidad por tu vida y tu mundo, es ciertamente tuya. No ha sido impuesta sobre ti por algún agente exterior. Tú das forma a tus propios sueños y formas tu propia realidad física. El mundo es lo que tú eres. Es la materialización física de los yos internos que lo han formado." Pero si Dios no puede objetivizarse, ¿qué hay respecto a Cristo? Seth dice que no existió como personaje histórico. "Cuando la raza se halla en la más profunda tensión y se enfrenta a grandes problemas, acudirá a alguien como Cristo. Buscando y ciertamente del interior de sí misma producirá las mismas personalidades necesarias para darles fuerza. . .

"Existieron tres hombres cuyas vidas se tornaron confusas en la historia y se fusionaron y cuya historia compuesta se llegó a conocer como la vida de Cristo. . . Cada uno de ellos estaba dotado físicamente en grado sumo, conocía su papel y lo aceptó voluntariamente. Los tres hombres eran parte de una entidad, ganando existencia física en una época. Sin embargo, no nacieron en la misma fecha. Existen razones del por qué la entidad no retornó como una sola persona. Por una parte, toda la conciencia de una entidad sería demasiado poderosa para un vehículo físico. Por otra, la entidad quería un ambiente más diversificado de lo que de otro modo podía proporcionarse.

"La entidad nació una vez como Juan el Bautista y luego nació en otras dos formas: una de ellas contenía la personalidad a la que la mayoría de los relatos se refieren como Cristo. . . En alguna ocasión te hablaré de la otra personalidad. Hubo comunicación constante entre estas tres porciones de una entidad, aun cuando nacieron y fueron enterradas en fechas diferentes. La raza dio nombre a estas personalidades desde su propio banco psíquico, en el estanque de conciencia individualizada que le estaba accesible."

Después del asesinato de Martin Luther King, Jr., mis estudiantes en la clase se sentían sumamente perturbados y, como mucha gente en Estados Unidos y probablemente en todo el mundo, comenzamos a discutir el significado de la violencia. En medio de nuestra conversación, entró Seth:

"Se les ha conferido libre voluntad y albedrío. Dentro de ustedes hay planos; saben lo que van a lograr como individuos y como pueblo, como raza y como especie. Pueden preferir ignorar esos planos. Ahora bien: haciendo uso de su voluntad libre, han hecho realidad física algo por completo diferente a lo que se pretendía. Han permitido que el ego se volviera exageradamente desarrollado y sumamente especializado. En muchos aspectos, se encuentran en un sueño. Son ustedes los que han hecho el sueño tan vívido. Iban a trabajar y resolver problemas y desafíos, pero siempre estando conscientes de su propia realidad interior y de su existencia no física. En gran medida han perdido contacto con esto. Se han enfocado tan poderosamente en la realidad física, que ésta se ha convertido en la única realidad que conocen.

"Cuando matan a un hombre, creen que lo matan para siempre. Por lo tanto, el asesinato es un crimen y es necesario enfrentarse a él, puesto que ustedes lo han creado. La muerte no existe en tales términos.

"En el amanecer de la existencia física, en los días anteriores a que se iniciara la historia, el hombre sabía que la muerte era meramente un cambio de forma. Ningún Dios creó el crimen del asesinato y ningún Dios creó el dolor o la pena. . . Nuevamente, debido a que ustedes creen que pueden matar a un hombre y a su conciencia para siempre, entonces el asesinato existe dentro de su realidad y debe manejarse en ese contexto. . . El asesino del Dr. King cree que ha eliminado una conciencia viva por toda la eternidad. . . Pero los errores y equivocaciones de ustedes, para su gran fortuna, no son reales y no afectan la realidad, pues el Dr. King todavía vive."

Mi clase es pequeña, pero los estudiantes varían en edad desde los dieciséis hasta los sesenta años. Cierta noche estábamos discutiendo las manifestaciones estudiantiles. Carl y Sue se encuentran ambos empezando su década de los veinte años y habían venido sosteniendo ideas de no violencia y paz. Los adultos mayores comenzaron a quejarse de los manifestantes con bastante amargura; sin embargo, Sue dijo con cierto calor: "Bueno, yo estoy contra la violencia también; pero en ocasiones ésta está justificada. . ."

Apenas dejó escapar estas palabras de su boca, cuando Seth la interrumpió. Todo el mundo brincó. En el calor de la discusión, tanto Seth como la PES en general se habían olvidado. Ahora la voz de Seth realmente estalló: "Nunca hay justificación para la violencia. No existe justificación para el odio, ni hay justificación para el asesinato. Aquellos que muestran indulgencia por la violencia, por cualquier razón, están ellos mismos cambiados y adulterada la pureza de su propósito.

"Les he dicho que si no les agrada el estado de su mundo, son ustedes mismos los que deben cambiar, tanto individualmente como en masa. Esta es la única forma en que se efectuará el cambio." Aquí Seth se quedó mirando a Carl y dijo: "Si tu generación o cualquier generación efectúan un cambio, ésta es la única manera en que se hará. Lo que te estoy diciendo, ha venido diciéndose antes a través de los siglos. Es responsabilidad de ustedes (señalando a Sue y a Carl) el que escuchen o no.

"Es erróneo maldecir una flor y es erróneo también maldecir a un hombre. Es erróneo no honrar a cualquier hombre y es erróneo ridiculizar a cualquier hombre. Deben honrarse ustedes mismos y ver dentro de ustedes el espíritu de vitalidad eterna. Si no hacen esto, entonces destruirán lo que toquen; y deben también honrar a todo otro individuo, porque en él se encuentra la chispa de vitalidad eterna.

"Cuando maldicen a otro, se maldicen a sí mismos y la maldición retorna a ustedes. Cuando se muestran violentos, la violencia les regresa como bumerang. . . Les hablo a ustedes porque la oportunidad es suya (de mejorar las condiciones del mundo) y de ustedes es el momento. No caigan en las viejas formas que los llevan precisamente al mundo que temen.

"Cuando todo joven se rehuse a ir a la guerra, tendrán paz. En tanto combatan por ganancia y codicia, no habrá paz. En tanto una persona cometa actos de violencia por amor a la paz, tendrán guerra. Desafortunadamente, resulta difícil imaginar que todos los jóvenes en todos los países se rehusen a marchar a la guerra al mismo tiempo. Así pues, deben trabajar por eliminar la violencia que la violencia ha forjado. Dentro de los próximos cien años llegará ese momento. Recuerden, no defiendan ninguna idea con violencia.

"No existe hombre que odie sin que ese odio se refleje al exterior y tome forma. Y no hay hombre que ame, sin que ese amor se refleje en el exterior y tome forma."

CAPÍTULO DIECINUEVE:

Los sentidos internos: qué son y cómo usarlos

En una reciente sesión de clases, Seth dijo: "Si por un momento haces a un lado los yos que das por supuestos, experimentarías tu propia realidad multidimensional. Estas no son solamente palabras bonitas que nada significan. No pretendo imbuir y machacar en ti una teoría simplemente porque quiero hablar y exponerla, sino porque quiero que pongas estas ideas en práctica."

—¿Precisamente qué pasos quieres que sigamos? —preguntó uno de los estudiantes.

"En primer lugar, debes tratar de entender la índole de la realidad. En pequeño grado he empezado a explicar esto en el Material de Seth. Las quinientas y tantas sesiones que hemos celebrado, representan escuetamente un esbozo, mas son suficientes para comenzar. Las ideas en sí mismas, te harán pensar. Les he dicho que existen Sentidos Internos así como físicos. Éstos te permitirán percibir la realidad como existe independientemente del mundo físico. Deben aprender a reconocer, desarrollar y usar estos Sentidos Internos. En el material se dan los métodos; pero no podrán utilizar el material, a menos que los entiendan.

"El material mismo, si me perdonan el término, está astutamente diseñado, de tal modo que cuando luchen por entenderlo, estarán ya empezando a usar aptitudes superiores a las que dan por sentado.

"Antes que nada, deben cesar de identificarse a sí mismos completamente con sus egos y comprender que pueden percibir más de lo que sus egos perciben. Deben demandar más de ustedes mismos de lo que han llegado a hacer antes. El material no es para aquellos que se engañarían a sí mismos con verdades brillantemente empacadas, adornadas con listones, las cuales se ofrecen en trozos ya cortados y separados, de tal modo que se pueden digerir. Este tipo de material llena una

247

necesidad, mas nuestro material demanda que ustedes se expandan intelectual e intuitivamente."

Una estudiante trajo consigo a una invitada, Mary, que arrugó la frente cuando Seth terminó de hablar.

—Pero si momentáneamente hacemos a un lado el ego —me dijo a mí—, ¿no estaríamos inconscientes?

No tuve ocasión para contestar. Seth respondió por mí, a su manera: "Tú eres una identidad —dijo—. Imagínate que tienes en la mano una lámpara y que esta lámpara es la conciencia. Puedes girar su luz en muchas direcciones pero, en vez de ello, tienes el hábito de dirigirla hacia cierto camino y has olvidado que existen otras sendas.

"Todo lo que tienes que hacer es girar la lámpara en otras direcciones. Cuando la mueves, la senda sobre la que te has estado enfocando momentáneamente parecerá oscura; pero otras realidades e imágenes te serán accesibles y nada hay que te impida mover la lámpara de nuevo a la primera posición."

Seth ha usado varias analogías para explicar este punto. En otra sesión de clases dijo:

"Tienes más de una mente consciente. Queremos que cambies los canales de tu conciencia. . . Si consideras la mente consciente, que utilizas usualmente, como una puerta, entonces te encuentras en el umbral de esta mente y miras la realidad física; pero existen otras puertas. . . tienes otros yos conscientes.

"Así pues, no se espera que llegues a estar inconsciente. No es necesario pensar que cuando bloqueas la mente consciente ordinaria únicamente te quedarás en blanco. Es cierto que cuando cierras una mente consciente (puerta), puede haber un momento de desorientación antes de que abras otra.

"También es cierto que tal vez necesitas aprender los métodos por los cuales puedas percibir otras realidades, simplemente porque no estás acostumbrada a manipular estas otras porciones conscientes de ti mismo. Pero estas porciones son tan críticas y hasta tan intelectuales, tan válidas y tan reales como la conciencia con la que estás comúnmente familiarizada."

Seth insiste en que sólo existe una forma de aprender lo que es la conciencia: estudiar y explorar nuestra propia percepción, cambiando el enfoque de nuestra atención, y usando nuestra propia conciencia en tantas formas como sea posible. Dice: "Cuando miras dentro de ti mismo, el mismo esfuerzo involucrado extiende las limitaciones de tu conciencia, la expande y permite que el yo egoísta use facultades que a menudo no sabe o no comprende que posee."

Los Sentidos Internos no son importantes porque liberen la clarividencia o facultades telepáticas, sino porque nos revelan nuestra propia independencia de la materia física y nos permiten reconocer nuestra identidad multidimensional individual única. Utilizados adecuadamente, también nos muestran el milagro de la existencia física y nuestro lugar en ella. Podemos vivir una vida física más sabia, más pro-

248

ductiva y más feliz, porque comenzamos a entender por qué estamos aquí, individualmente y como pueblo.

Los Sentidos Internos nos ayudan a usar aptitudes telepáticas, por ejemplo. Esto no quiere decir que siempre estaremos en aptitud de "leer mentes". Quiere decir que en la familia, los negocios o los contactos sociales, intuitivamente nos percataremos de lo que la otra persona nos está diciendo: sabremos qué hay detrás de las palabras. Nosotros mismos utilizaremos mejor las palabras para comunicar nuestros sentimientos internos, puesto que sabremos qué son esos sentimientos. No tendremos miedo de ellos ni sentiremos la necesidad de encubrirlos.

En ocasiones podemos "leer mentes", aun cuando ese es un término popular y deja mucho que desear. Pero, para usar los Sentidos Internos adecuadamente, deben emplearse con suavidad, a menudo mezclando uno con el otro. A veces es difícil saber si estamos recibiendo información clarividente o telepática, por ejemplo. No es que eso importe; usando los Sentidos Internos simplemente incrementamos toda nuestra gama de percepciones.

Cuando escribo lo anterior, estoy recogiendo toda suerte de información respecto a mi ambiente, pero difícilmente me doy cuenta de que lo hago. Ciertamente no separo conscientemente los datos visuales y auditivos, a menos que me detenga a pensar en ellos, aunque sé que recibo la información a través de diferentes sentidos. Todos los sentidos físicos operan de inmediato para darnos un cuadro de realidad. Usamos los Sentidos Internos de la misma manera, constantemente, mucho más abajo del nivel de nuestra observación consciente. Con objeto de explicarlos, debemos describirlos separadamente, aun cuando sus efectos se sienten juntos.

Seth comenzó a ennumerarlos y explicarlos al principio de nuestras sesiones, a partir de febrero de 1964 y todavía estamos aprendiendo a usarlos. Haré una lista de ellos como él lo hizo y daré algunos extractos de sus descripciones.

TACTO VIBRACIONAL INTERNO

"Pensamos en los Sentidos Internos como sendas que conducen a una realidad interior. El primer sentido involucra percepción de una naturaleza directa, reconocimiento instantáneo a través de lo que únicamente puedo describir como tacto o percepción vibracional. Imaginemos a un hombre de pie en una calle típica con casas, prados y árboles. Este sentido le permitiría a él palpar las sensaciones básicas que sienten cada uno de los árboles que lo rodean. Su conciencia se expandería para contener la experiencia de lo que es ser árbol, uno cualquiera o todos los árboles. Sentiría la experiencia de *ser* cualquier cosa que prefiriera ser dentro de su campo de observación: gente, insectos, hojas de pasto. No perdería la conciencia de lo que era, pero percibiría estas sensaciones en alguna forma, en la misma manera que tú sientes ahora el calor y el frío."

Este sentido es muy parecido a la simpatía, pero mucho más vital. (Seth dice que no podemos experimentar estos Sentidos Internos en su plena intensidad ahora, debido a que nuestro sistema nervioso no puede manejar tantos estímulos.) Resulta difícil categorizar experiencias de este tipo; pero creo que yo estaba usando el tacto vibracional interno en el caso siguiente:

Cierta noche, mientras Bill y Peg Gallagher estaban de visita con nosotros, una vecina también se acercó a llamar a nuestra puerta. Polly era una mujer joven, de tipo más bien emocional y me preguntó si yo podía "recoger" cualesquiera impresiones respecto a ella. Me rehusé, alegando que estaba cansada. La verdad es que sentía que ella estaba "sumamente cargada", de una manera muy desagradable y yo no quise verme involucrada. Aparentemente mi curiosidad despertó lo mejor de mí. Cambié a mis Sentidos Internos para buscar qué era lo que estaba equivocado, pero sin darme cuenta de lo que estaba haciendo. (En el uso de los Sentidos Internos, como en cualquier otra cosa, tenemos que aprender discriminación y discreción.)

Casi al instante vi a la joven retroceder a 1950, como adolescente. Se encontraba en una cama de hospital, sufriendo los dolores de parto. Los sentí allí, en mi propia sala de estar. La experiencia fue excepcionalmente vívida y el dolor sumamente real. Vi a una mujer de mayor edad y a un joven en la sala del hospital y estuve capacitada para describirlos. Polly identificó a estas personas como su anterior esposo y su madre, pero negó tener un hijo, aun cuando dijo que una amiga suya tuvo una hija ilegítima ese mismo año.

Al principio el dolor me atemorizó, de modo que simplemente exploté diciendo lo que ocurría. No tenía la intención de hacer que Polly se sintiera incómoda. Posteriormente me sentí tonta y molesta conmigo misma, pregutándome si el episodio del dolor era una especie de dramatización subconsciente. Dos años después Polly abandonó la ciudad. Antes de partir, me llamó para decirme que el episodio era absolutamente legítimo. El niño había sido suyo y mi descripción de la sala encajaba perfectamente con el cuarto del hospital. Naturalmente, no quería que nadie supiera lo del bebé, que había sido entregado en adopción (y eso, de cualquier manera, estaba fuera de mi incumbencia). Ella había estado rumiando respecto al nacimiento la noche que nos visitó, porque acababa de tener noticias del padre de la criatura por primera vez en muchos años. Probablemente esta es la razón del por qué yo "me sintonicé" con el episodio. En este caso usé el tacto vibracional interior para darme cuenta de sus sentimientos.

No obstante, por lo general ese primer Sentido Interno puede ser en extremo valioso y conduce a la expansión de la experiencia, y a mayor comprensión y compasión. Usándolo con práctica y acierto, se puede palpar el elemento emocionalmente vivo de cualquier cosa, disfrutando de su vitalidad. No disminuye la individualidad y no implica invasión psíquica. No tenemos que ser mirones psíquicos, pero deberíamos usar estas aptitudes únicamente para ayudar a otros, con el mismo gozo con que usamos los músculos y los huesos. El intento es importante; mas no creo que tú *puedas* usar estos sentidos equivocadamente en cualquier forma básica; si no estás listo y preparado para utilizarlos adecuadamente, tu propia personalidad verá que no los uses conscientemente de cualquier modo.

TIEMPO PSICOLÓGICO

"El Tiempo Psicológico es una senda natural que tiene la intención de proporcionar una fácil ruta de acceso del mundo interior al exterior y de regreso, aun cuando no lo uses como tal. El Tiempo Psicológico originalmente permitió al hombre vivir en los mundos interiores y exteriores con relativa facilidad. . . Cuando se progresa en el uso de él, se es capaz de descansar dentro de su marco, mientras se está despierto conscientemente. Agrega duración a tu tiempo normal y desde su marco verás que el tiempo físico es como un sueño, como alguna vez pensaste que era el tiempo interior. Descubrirás todos tus yos, atisbando hacia adentro y hacia fuera simultáneamente y sabrás que todas las divisiones son puras ilusiones."

En verdad, con la práctica, el Tiempo Psicológico conduce al desarrollo de los demás Sentidos Internos. En el Tiempo Psi, como nosotros lo llamamos, tú simplemente giras tu foco de atención al interior. Siéntate o acuéstate solo y cierra los ojos. Imagínate que existe un mundo interior, tan vívido y real como el físico. Apaga tus sentidos físicos, uno a uno. Luego, imagina que los Sentidos Internos tienen otro juego de cuadrantes. Imaginativamente, enciéndelos. Esta es una forma de empezar.

En vez de eso, puedes permanecer tranquilamente recostado y concentrarte en una pantalla obscura, hasta que en ella aparecen imágenes o luces. No te concentres en preocupaciones o trivialidades cotidianas que puedan surgir tan pronto como bloquees y hagas a un lado las distracciones físicas. Si tales pensamientos te llegan al primer plano de atención, entonces no estás listo para proceder. Primero debes deshacerte de ellos.

Puesto que no podemos concentrarnos plenamente en dos cosas a la vez, puedes enfocar tu atención de nuevo en la pantalla o en alguna visión imaginaria: esto hará desaparecer las molestas preocupaciones. O bien, puedes pretender que las preocupaciones por sí mismas tienen imágenes y luego "verlas" cómo se desvanecen y se van.

En cierto momento te sentirás alerta y consciente, pero sumamente ligero. Dentro de tu mente puedes ver luces brillantes; puedes escuchar sonidos o voces. Algunas de ellas pueden ser mensajes telepáticos o clarividentes y otros tal vez sean simplemente cuadros subconscientes. Conforme practiques, aprenderás a distinguir uno de otro.

Gradualmente, conforme progreses, te sentirás separado del tiempo como los conocemos, durante el ejercicio. Tal vez goces de diversos tipos de experiencias subjetivas, desde episodios extrasensoriales, hasta simples periodos de inspiración y dirección. Yo a veces disfruto de viajes fuera del cuerpo, por ejemplo, durante el Tiempo Psi. Este sentido se traduce en relajamiento, descanso y paz. Puede usarse de muchas maneras y para diferentes propósitos. La mayoría de mis estudiantes ahora utilizan este sentido perfectamente bien y lo usan como preliminar a otras experiencias.

PERCEPCIÓN DEL PASADO, PRESENTE Y FUTURO

"Si recuerdas a nuestro hombre imaginario que se encuentra parado en la calle, recordarás que yo hablé de que sentía todas las esencias unitarias de cada cosa viva dentro de su alcance, usando el primer Sentido Interior. Cuando se emplea este tercer sentido, esta experiencia se expande. Si lo prefiriera, también sentiría la esencia pasada y futura de cada cosa viva dentro de su alcance."

Recuerda, según Seth, que estos Sentidos Internos los usa el yo total constantemente. Puesto que el pasado, el presente y el futuro no poseen realidad básica, este sentido nos permite ver a través de las barreras aparentes del tiempo. Estamos viendo las cosas como realmente son. Cualquier experiencia cognoscitiva implicaría el uso de este Sentido Interior. En ocasiones se usa espontáneamente, cuando se practica el Tiempo Psi.

SENTIDO CONCEPTUAL

"El cuarto Sentido Interno implica el conocimiento directo de un concepto, en términos mucho más que intelectuales. Involucra experimentar un concepto completamente. Los conceptos tienen lo que llamaremos composición eléctrica y química (como también los pensamientos). Las moléculas y los iones de la conciencia cambian (a los del) concepto, que luego se experimenta directamente. No se puede entender o apreciar verdaderamente ninguna cosa viva, a menos que uno se *convierta* en esa cosa.

"Se puede lograr mejor cierta aproximación a una idea usando el Tiempo Psicológico (como preliminar). Siéntate en un cuarto tranquilo. Cuando te llegue una idea, no juegues con ella intelectualmente, sino abórdala intuitivamente. No tengas temor de sensaciones físicas no familiares. Con la práctica y hasta un grado limitado, descubrirás que puedes 'convertirte' en la idea. Te encontrarás dentro de ella, viendo hacia fuera, no hacia dentro.

"Conceptos tales como aquellos a que me estoy refiriendo, llegan más allá de tus ideas de tiempo y espacio. Si tú llegas a ser eficiente en el uso del tercer Sentido Interior (percepción del pasado, presente y futuro), cuando el conocimiento es más o menos espontáneo, entonces puedes utilizar el sentido conceptual con mayor libertad. Cualquier concepto verdadero tiene sus orígenes fuera de tu sistema de camuflaje y continúa más allá de éste. A menos que uses los Sentidos Internos de esta manera, recibirás únicamente un leve vislumbre de un concepto, fuera cual fuese su simplicidad."

Yo estaba usando este sentido, según creo, en el episodio que se describió en el Capítulo 17, experimentando un concepto que no era posible expresar adecuadamente en palabras, cuando todo en la habitación parecía crecer hasta alcanzar un tamaño colocal.

CONOCIMIENTO DE LA ESENCIA BIEN INFORMADA

"Recuerda que estos Sentidos Internos funcionan como un todo, trabajando juntos con gran suavidad y que, hasta cierto grado, las divisiones entre ellos son arbitrarias de mi parte. Este quinto sentido difiere del cuarto (sentido conceptual), en que no implica conocimiento de un concepto. Es similar al cuarto sentido en que se halla libre del pasado, presente y futuro e implica un íntimo llegar a ser, o transformación del yo, en alguna otra cosa.

"Esto es difícil de explicar. Tú intentas entender a un amigo usando tus sentidos físicos. El uso de este quinto sentido te permitiría estar dentro de tu amigo. En su sentido más amplio, no está disponible para ti dentro de tu sistema. No implica que una entidad pueda controlar a otra. Involucra el conocimiento instantáneo y directo de la esencia del 'tejido' vivo. Uso la palabra 'tejido' con toda precaución y te pido que no pienses en él necesariamente en términos de carne.

"Todas las entidades se hallan de un modo u otro envueltas dentro de sí mismas y, no obstante, conectadas unas a otras. Al usar este sentido, penetras a través de la cápsula que encierra el yo. Este Sentido Interior, al igual que los otros, está siendo usado constantemente por el yo interior, pero muy pocos de los datos recibidos son tamizados a través del subconsciente o ego. Sin el uso de este sentido, sin embargo, ningún hombre podría llegar a entender a otro." Este sentido es una versión más poderosa del tacto vibracional interno.

CONOCIMIENTO INNATO DE LA REALIDAD BÁSICA

"Este es un sentido en extremo rudimentario. Tiene que ver con el conocimiento del trabajo innato de la entidad, de la vitalidad básica del universo, sin el cual no serían posibles las manipulaciones de la vitalidad como, por ejemplo, tú no podrías mantenerte de pie erecto sin tener primero un sentido innato del equilibrio.

"Sin este sexto sentido y su constante uso por el yo interior, tú podrías construir el universo de disfraz físico. Puedes completar este sentido con el instinto, como tú lo entiendes, aun cuando su preocupación es el conocimiento innato de todo el universo. Los datos particulares respecto a áreas específicas de realidad son dados a un organismo viviente para hacer posible su manipulación dentro de esa área. El yo interior tiene a su mando el conocimiento completo, pero un organismo sólo usa porciones de éste. Una araña, al tejer su red, está usando este sentido casi en su forma más pura. La araña no posee intelecto o ego y sus actividades son usos puramente espontáneos de los Sentidos Internos, libres de trabas y sin disfraz, en gran medida. Pero inherente en la araña, como en el hombre, se halla la completa comprensión del universo como un todo."

Seth siempre mantiene que las respuestas a nuestras preguntas respecto a la realidad, se hallan dentro de nosotros. Se nos revelan cuando giramos nuestra atención de los datos físicos y miramos a nuestro interior; es allí cuando el sexto Sentido Interno entra en juego. También se nos muestra cuando nos inspiramos y en episodios de "conocimiento" espontáneo. Seguramente este sentido súbitamente entró en funcionamiento durante mi experiencia con la "conciencia cósmica" y fue parcialmente responsable por mi manuscrito sobre "Construcción de Ideas". Este sentido da origen a la mayoría de las experiencias con carácter de revelación.

La dificultad es que debemos de algún modo traducir los datos a términos que podamos entender, pues al explicarlo verbalmente o con imágenes, es probable que se produzcan distorsiones. Algunas de tales experiencias no pueden expresarse físicamente; no obstante, el individuo involucrado está convencido de su validez.

EXPANSIÓN O CONTRACCIÓN DE LA CÁPSULA DE TEJIDO

"Este sentido opera de dos modos. Puede ser una extensión o agrandamiento del yo, una ampliación de sus límites y de su comprensión consciente. También puede ser un juntar al yo dentro de una cápsula todavía más pequeña que permita al yo entrar a otros sistemas de realidad. La cápsula de tejido rodea cada conciencia y es en realidad una frontera del campo de energía, manteniendo la energía del yo interior e impidiendo que se escurra y escape.

"Ninguna conciencia existe en cualquier sistema, sin que esta cápsula la encierre. Estas cápsulas también han sido llamadas cuerpos astrales. El séptimo Sentido Interno permite una expansión o contracción de esta cápsula de tejido."

Rob y yo hemos tenido algunas experiencias usando este Sentido Interno y también la han tenido varios de mis estudiantes. En Tiempo Psi esto resulta en un sentimiento peculiar de "elefantiasis". Siento como si me estuviera expandiendo y, no obstante, haciéndome más y más ligera de peso. La sensación también puede presentarse precisamente antes de una experiencia fuera del cuerpo. He sentido esto a la inversa en varias sesiones con la otra personalidad, Seth Dos.

DESPRENDERSE DEL DISFRAZ

"El desprendimiento completo del disfraz rara vez se presenta dentro de tu sistema, aun cuando es posible lograrlo, particularmente en relación con el Tiempo Psicológico. Cuando se utiliza el Tiempo Psicológico en su plena extensión, entonces el disfraz se aminora hasta un grado verdaderamente asombroso. Con el desprendimiento, el yo interior se desengancha de un disfraz determinado, antes de que se adapte a otro juego de una manera suave o que se deshaga de él por completo. Esto se lleva a cabo mediante lo que tú podrías llamar un cambio de frecuencias o vibraciones; una transformación de vitalidad de un patrón particular o aspecto, a otro. En ciertas formas, tu mundo del sueño te ofrece una experiencia más cercana con la realidad interna básica, de lo que hace tu mundo en vigilia, donde los Sentidos Internos están perfectamente escudados contra tu conciencia."

Hemos tenido muy poca experiencia consciente con ese Sentido Interno. Únicamente en un pequeño episodio, que ya se mencionó antes, cuando me sentí sin cuerpo y sin forma, como aire consciente, he llegado a acercarme a su uso.

DIFUSIÓN DE LA PERSONALIDAD DE ENERGÍA

"Una personalidad de energía que desea convertirse en parte de tu sistema, hace esto usando este sentido. La personalidad de energía primero se difunde en muchas partes. Puesto que el ingreso en tu plano o sistema, como miembro de él, no puede efectuarse de ninguna otra manera, debe hacerse en los términos más simples y, posteriormente crecer: la esperma, por supuesto, es una entrada en ese sentido. La energía de la personalidad debe entonces recombinarse."

Lo que Seth está diciendo aquí, es que el yo interior usa este sentido para iniciar el nacimiento de una de sus personalidades en la vida física. También puede tener un papel que desempeñar en ciertas actividades de los médiums, por parte de la personalidad sobreviviente que desea lograr comunicación, y puede usarse en experiencias fuera del cuerpo, que involucran otra realidad que no es física.

¿Cuál es el objeto para aprender el uso de los Sentidos Internos? Seth habló acerca de algunos de los beneficios en la sesión grabada que impartió para la clase de psicología en la universidad. Dijo: "No serás tragado por la subjetividad. Aprenderás lo que es la realidad. . . Lo que no se entiende es que la autoinvestigación inicia estados de conciencia con los que por lo regular no estás familiarizado. Ahora pueden usarse éstos como instrumentos de investigación.

"En la clase de exploración de la que estoy hablando, la personalidad intenta ir dentro de sí misma, encontrar su camino a través de los velos de las características adoptadas por su propia identidad interna. . . La esencia interior del yo posee aptitudes telepáticas y clarividentes que afectan considerablemente las relaciones familiares. . . y tu civilización. Ahora no las estás usando efectivamente. Éstas son precisamente aquellas facultades que se necesitan ahora. Si existe alguna esperanza de comunicación mundial, entonces cada uno de ustedes debe entender dónde se encuentran sus potenciales, como criaturas subjetivas individuales.

"Los libros no pueden decirte esto. Incluso si descubrieras, a través del psicoanálisis, dónde se hallan tus neurosis, te encontrarías en aguas muy poco profundas. Todavía estás explorando los niveles más superficiales de tu personalidad y no tienes el beneficio de aquellos estados alterados de conciencia que ocurren cuando miras dentro de ti en la manera que he prescrito.

"Existe una condición en que la conciencia está más despierta de lo que tú hayas llegado a saber: una condición en la que te das cuenta de tus propios yos en vigilia y en sueño simultáneamente. Puedes estar perfectamente despierto mientras el cuerpo duerme. Puedes extender las presentes limitaciones de tu conciencia."

A lo que Seth está aludiendo, es que la práctica del Tiempo Psi extiende en verdad la conciencia normal. Toda suerte de inspiraciones anteriormente inhibidas, corazonadas e información extrasensorial de ayuda, llegan ahora a una conciencia consciente. Cuando aplicas regularmente el Tiempo Psi, te vuelves alerta a datos que llegan a través de los Sentidos Internos. Reaccionas a los datos y aprendes a manejar una cantidad más grande de estímulos que antes.

Este estado de alerta intuitivo te lleva sobre la vida cotidiana y dentro del estado del sueño. Mediante las instrucciones impartidas por Seth he aprendido a estar perfectamente despierta mientras sueño, como ya se mencionó antes. En este estado se reconocen los sueños *como* sueños y pueden manipularse más o menos a voluntad. Se puede dejar al cuerpo dormir plácida y seguramente, para una proyección de conciencia. Todo esto, sin embargo, implica trabajo, por lo menos de mi parte. Se debe aprender, mediante la experiencia, a mantener el nivel adecuado de conciencia, y siempre existe la posibilidad de caer de nuevo al estado usual de sueño.

Estos niveles de conciencia son únicamente preliminares para otro estado que yo sólo raras veces he alcanzado. En este estado tu intelecto, tus intuiciones y todo tu ser, funcionan a un nivel que es realmente supranormal. Tus sentidos son casi increíblemente agudos. Este estado puede ocurrir normalmente cuando se está en vigilia, "despierto" en el estado de sueño, o en trance. Pero se siente como si se hubiera vivido la vida en un sueño y ahora se estuviera despierto. Momentáneamente se percata uno de nuestra realidad multidimensional. Una vez que se ha tenido esta experiencia, nunca se olvida.

Estos logros comienzan con la simple práctica del Tiempo Psi. Comienzan cuando se gira el foco de atención hacia afuera de la realidad física, durante unos momentos cada día. Cada persona experimentará los Sentidos Internos de una manera diferente, puesto que la percepción de cualquier tipo es altamente individual. Sin embargo, resulta en extremo difícil usar los otros Sentidos Internos sin primero hacer uso del Tiempo Psi. De hecho, algunos de mis estudiantes "giraron" a sus otros Sentidos Internos espontáneamente cuando practicaban el Tiempo

Psi. Algunos de ellos han usado este Tiempo Psi para recibir información concerniente a sus vidas pasadas; en este caso, utilizaron muchos de los Sentidos Internos juntos, para buscar los datos que deseaban.

Tomados juntos, los Sentidos Internos darán a cada individuo un cuadro de la realidad que existe independientemente de la materia física, una imagen de la identidad interior que es suya propia. Automáticamente incrementarán la concentración y liberarán facultades que darán a la vida cotidiana significado adicional, vitalidad y propósito.

CAPÍTULO VEINTE:

Evaluaciones personales:
¿Quién o qué es Seth?

Como seres humanos que somos, vivimos suspendidos entre la vida y la muerte. Compartimos esto con los animales. Es una condición de nuestra existencia; pero los animales, hasta donde sabemos, no se anticipan a su propia muerte, o se preguntan cuál era su situación antes de su nacimiento. Su presente es el momento actual.

Nosotros nos percatamos del pasado, presente y futuro: una serie de momentos anudados, según nos parece, uno antes del otro. ¿Qué tal si esta serie es únicamente parte de un presente más grande, un "momento" más espacioso del que no nos damos cuenta?

Existiríamos en esta otra dimensión del tiempo, bien sea que lo supiéramos o no, claro está, exactamente como nuestro gato existe a las cuatro de la tarde en mi reloj, sin siquiera entender qué es un reloj. En cierta forma, el gato está más acertado de lo que yo estoy, porque el tiempo del reloj es un artificio y nada tiene que ver con él. Supongamos, como Seth lo sostiene, que el pasado, presente y futuro sean también artificios, divisiones superpuestas sobre un momento espacioso en el que toda acción es simultánea.

Físicamente sólo podemos manejar un número de datos a la vez, puesto que en este respecto somos dependientes de nuestra estructura neurológica. Cada sensación que hemos recibido desde nuestro nacimiento, se halla todavía intacta en nuestro subconsciente. Hacemos presión sobre detalles tales como "atrás", de tal modo que podamos manejar el presente. Enfocamos nuestra atención sobre cierto grupo de eventos, los "presentes" y luego los dejamos caer en el subconsciente, donde parecen quedar reprimidos y tornarse distantes. Si pudiéramos mantener nuestra atención sobre estos sucesos pasados y todavía concentrarnos en los presentes simultáneamente, entonces nuestro sentido del tiempo presente se agrandaría inconmensurablemente.

¿Y qué hay respecto al futuro? Quizá consista de eventos ya en existencia en este Presente Espacioso; sucesos a los que hemos decidido convenientemente no enfrentarnos "todavía". De acuerdo con Seth, los acontecimientos no son concretos en ningún caso, sino plásticos e, inicialmente, son siempre mentales. A algunos de ellos les damos forma de realidades físicas, en cuyo caso lo seguimos mediante el proceso mencionado arriba. Otros no los manejamos en lo absoluto en esta dimensión. Nunca entran siquiera en nuestro pasado, presente o referencia futura.

¿Somos biológicamente incapaces de percibir cualquiera de estos eventos o tenemos puntos psicológicamente ciegos, como mecanismos de defensa para prevenir el vernos sobrecogidos por la realidad como en verdad es? Nuestros sistemas nerviosos nos permiten percibir únicamente hasta un cierto grado, es cierto, pero más allá de esta limitación, mi manera de pensar es que algún elemento psicológico nos hace bloquear mucha información que podríamos percibir de otro modo.

Si pudiéramos remover estos puntos ciegos y agrandar el foco de nuestra atención, creo que llegaríamos a darnos cuenta de estos otros sucesos, y que la telepatía, precognición y clarividencia, serían métodos normales y prácticos para obtener información. En otras palabras, creo que las habilidades de PES son naturales y que las hemos negado debido a que parecen contradecir nuestras ideas de la realidad.

Puedo escuchar rápidas objeciones emocionales. "No, si pudiéramos hacer todo eso, ¡sabríamos cuándo íbamos a morir!" Pero supongamos que viéramos *más allá* del punto de la muerte, descubriendo para nuestra gran sorpresa, que todavía estábamos conscientes, no sólo de nosotros mismos como "éramos", sino de otras porciones de nosotros mismos como de las que no nos habíamos percatado. Supongamos de hecho que Seth tiene razón: nosotros únicamente habitamos la carne, existimos dentro de ella, pero somos independientes de ella.

Nos identificamos con nuestros cuerpos, como ciertamente los psicólogos nos dicen que debemos hacer. Pero esta identificación se basa en la idea que, sin el cuerpo, no existe el yo. También supone que todo conocimiento nos llega a través de los sentidos físicos. Obviamente, de acuerdo con esta idea, no podríamos percibir nada si estuviéramos fuera de nuestro cuerpo. De hecho, no habría un yo del cual salir, para empezar, puesto que nuestra conciencia sería resultado de nuestros mecanismos corporales. Este es el punto de vista ortodoxo de muchos científicos y psicólogos.

La religión organizada se concreta a sostener la idea opuesta: que la identidad del hombre es independiente de la materia física, después de la muerte. Sin embargo, a menudo mira con recelo cualesquiera investigaciones que pudieran demostrar que el hombre está sacando ventaja de esa independencia *ahora*. Si bien predica la supervivencia del alma, se muestra sospechosamente desinteresada en estudiar casos en los que parece haber comunicación entre los vivos y los "muertos".

No obstante, yo realmente creo que los hechos son claros para cualquiera con suficiente amplitud de mente para ver dentro del campo de la parapsicología, o que sea lo suficientemente abierto para hacer su propia experimentación dentro de la naturaleza de la conciencia. Los hechos deberían ser claros para cualquier persona que haya llegado a experimentar un sueño premonitorio válido, un suceso clarividente, o comunicación telepática.

Los hechos de mi experiencia y la de otros, son éstos. Estamos hasta cierto punto libres de nuestros cuerpos físicos. Podemos ver, sentir y aprender mientras nuestra conciencia está separada de la forma física. Podemos percibir fragmentos del futuro. Tenemos acceso a información que no llega a través de los sentidos físicos. Si quisiera hacerlo, la ciencia puede requerir cien años para aceptar estas ideas. Mientras tanto, estos son todavía hechos. La alucinación no se halla involucrada, a menos que yo esté sufriendo una mientras escribo esta página, bebo mi café y siento una honesta indignación porque algunos limiten nuestras facultades para proteger conceptos limitados. ¿Por qué debíamos dar por sentado que estos conceptos son correctos, si contradicen nuestra experiencia?

Desde la publicación de mi primer libro sobre PES, muchas personas me han escrito para darme a conocer sus propios casos de telepatía, clarividencia, precognición o proyección. Algunos me han confiado experiencias que han callado hasta a sus parientes más cercanos. Sabían que tales cosas no se *suponía* que ocurrieran y tenían miedo de que un suceso extrasensorial arrojara dudas sobre su propia estabilidad mental o emocional.

En cierta forma yo me porté igualmente mal: me cuestioné a mí misma y a mis experiencias en cada esquina, y todavía continúo haciéndolo. Pero, por lo menos, no permití que conceptos ya pasados de moda dictaran qué porciones de mi propia experiencia podía yo aceptar como reales, y qué porciones debería rechazar. Pero si no hubiera sido afectada por tales ideas, podría haber aceptado mis experiencias psíquicas iniciales más libremente y examinándolas de todo corazón. En vez de ello, particularmente al principio, yo me sentí tan asombrada como deleitada con cada nuevo progreso.

Estas experiencias me han enseñado esto: *Somos* personalidades multidimensionales ahora, tú, yo y cualquier otro. Creo que la conciencia se congrega exactamente igual como lo hacen los átomos y las moléculas; que hay masas de conciencia, del mismo modo que hay masas de materia; y que nosotros somos parte de estas masas o núcleos, lo sepamos o no. Poco sabemos respecto a nuestra propia psicología y menos aún en lo concerniente a la índole de la conciencia. Para aprender más debemos estar dispuestos a examinar nuestra propia conciencia, individualmente. Al hacerlo, estoy covencida que descubriremos una individualidad mayor, unidad y sentido de identidad. Al apegarnos tan estrechamente a los confines de la conciencia egoísta, orientada físicamente, tal vez nos estemos cerrando nosotros mismos a las respuestas de nuestras interrogantes más profundas, conocimientos que pueden ayudarnos mucho más inteligentemente con la vida física. Mi propia labor estriba en tal investigación. Yo considero mis experiencias psíquicas, las sesiones con Seth y toda mi relacion con éste, como una aventura de aprendizaje, aventura continuada. Creo sinceramente que el Material de Seth contiene introspecciones e información concerniente a la naturaleza de la realidad que tan urgentemente necesitamos. Las teorías expanden el significado de individualidad y nos desafían a aceptar el yo más grande que tanto la ciencia como la religión, en diversos momentos, nos han enseñado a negar.

Sobre todo, estoy segura que Seth es mi canal al conocimiento revelado y, por esto entiendo conocimiento que es revelado a las porciones intuitivas del yo, más que descubierto por las facultades del razonamiento. Tal información revelada es accesible a cada uno de nosotros, según creo, hasta cierto grado. De ella brotan las aspiraciones y logros de nuestra raza. Pienso que el conocimiento revelado llega primero en la forma de intuiciones, sueños, corazonadas o experiencias como las mías y que el intelecto usa luego la información proporcionada. Ambos son importantes.

Respecto a qué o quién es Seth, su calificativo de "personalidad de esencia de energía" parece tan cercana a una respuesta como cualquiera que pudiera recibir. No creo que sea parte de mi subconsciente, como suelen usar ese termino los psicólogos, o una personalidad secundaria. Más bien creo que tenemos un supraconsciente que está muy "por arriba" del yo normal, como el subconsciente está "abajo" de él, aunque Seth sostiene que no existen niveles reales del yo: los términos sólo hacen que las cosas sean más simples. Yo adjudico aptitudes de PES a esta supraconciencia y pienso que tiene acceso a información respecto a la naturaleza de la realidad, que no tienen normalmente las porciones egoístas de la personalidad. Puede ser que Seth sea la personificación psicológica de esa extensión supraconsciente de mi yo normal.

De ser así, ¿qué tan independiente sería? La pregunta no puede contestarse con facilidad. Ciertamente no estaría presente dentro de mi estructura de personalidad como yo la conozco. No creo, por ejemplo, que su presencia sería revelada por cualquier prueba psicológica de mi propia personalidad. La relación inherente quedaría dentro de foco durante una sesión, sin embargo, cuando la identidad supraconsciente tomara el mando.

La cuestión del sexo de Seth también se suscita aquí. Para mí al menos, las porciones intuitivas de la mayoría de las personalidades parecen tener características femeninas, más que masculinas. Si Seth fuera sólo mi yo intuitivo superior, esperaría que fuera femenino o que fuera del tipo pseudomasculino de macho, carácter que tan frecuentemente crean las mujeres escritoras. Por lo regular los varones instantáneamente reconocen caracteres trazados de esta manera como exageradamente románticos. Si bien Seth no es "abiertamente" masculino, en sus acciones y lenguaje es más el tipo de hombre que inventaría otro hombre que el tipo de hombre que crearía una mujer. A los hombres les agrada. Aunque es un maestro, tampoco es básicamente el "guía espiritual" estereotipado. Simplemente es él mismo, lo que puede, después de todo, ser el distintivo de su propia existencia independiente. Su efecto sobre otros es inmediato. Aparentemente tiene considerable "presencia". Reacciona ante otros y se relaciona mucho mejor de lo que yo hago con gente de diversas formas de vida. Como lo demuestran los extractos, no obstante, ha dejado ver claramente que las características por las cuales le conocimos son solamente una porción de su personalidad, y aquellas que él encuentra de más ayuda para atraer nuestra atención y entregar el material.

Rob alguna vez preguntó a Seth si siempre se hallaba accesible a nosotros para una sesión y la respuesta de Seth demuestra claramente que tenemos más que una simple relación equitativa. Yo confío en las respuestas que recibimos y pienso que son declaraciones honestas respecto a una conexión psicológica complicada.

De las sesiones 458, 20 de enero de 1969:

"Ahora bien, en lo que respecta a mi disponibilidad para sus sesiones, ustedes son capaces, dentro de las condiciones que hemos fijado y con mi ayuda, de llamar a los elementos de mi personalidad con los que se han familiarizado. Una forma de carta o comunicación vitalizada de cuatro dimensiones, en la que, si me perdonan el término, la médium es el mensaje.

"En ciertas formas, Ruburt se ha convertido en un telegrama vitalizado. Cuando ustedes envían una comunicación o un telegrama, meramente envían palabras. Yo envío porciones de mí mismo. No necesita verse involucrada toda mi esencia. En otras palabras, no me es necesario estar enteramente enfocado dentro de su dimensión, sino que estoy suficientemente enfocado para cumplir con nuestras citas. El puente psicológico del que he hablado, sin embargo, también nos sirve perfectamente y éste existe tanto por parte de Ruburt como de la mía.

"Una cierta porción de mi realidad, por tanto, es accesible a ustedes durante las horas señaladas y la labor de puente siempre se halla disponible. Usándola Ruburt puede acudir a mí en otras ocasiones. Usándola, yo puedo acudir a ustedes. Esto no necesariamente significa que tal llamado siempre se cumplirá con una respuesta afirmativa por cualquiera de nuestras partes o que se logrará el contacto.

"Es como si se tratara de dos partes de un puente, como un puente levadizo, y que estas dos partes deben encontrarse. (Con anterioridad Seth había explicado que este "puente psicológico" era construido por ambos de nosotros.) Cuando deseen estar en contacto conmigo en otras ocasiones, aparte de (las) usuales, yo tal vez me halle fácilmente accesible o no. Su propia necesidad emocional me sería conocida. Si esa necesidad fuera poderosa, yo, claro está, respondería a ella, de igual modo que ustedes no pasarían desapercibida la necesidad de un amigo. Sin embargo, no estoy automáticamente accesible, de la misma manera que ustedes no lo están."

Ambos sabemos que algunas sesiones parecen más "inmediatas" que otras y ahora, conforme Seth proseguía, vimos por qué.

"Sin embargo, yo soy automáticamente una parte del mensaje que les traigo. En ocasiones estoy 'aquí' de manera más completa que en otras sesiones. Estas razones a menudo tienen que ver con circunstancias por lo regular fuera de nuestro control normal: condiciones electromagnéticas o circunstancias psicológicas. Éstas podrían considerarse como condiciones atmosféricas por las que debo viajar.

"Como ya he dicho, hasta cierto grado se halla involucrada la proyección, tanto de mi parte como de la de Ruburt. Tu propia presencia (la de Rob) también es importante, bien sea que estés presente o no en cualquier sesión dada. . . Ahora, cuando contemplas, digamos, la televisión educativa, ves al maestro y éste habla. Él tal vez no esté hablando en realidad en ese instante, pues quizás lo que estás viendo es sólo una película; pero el maestro existe, tanto si está hablando en ese momento en persona como si no y su mensaje es legítimo. Así ahora ves a Ruburt como mi pantalla de televisión. . . No hay diferencia en que yo esté o no hablando dentro de Ruburt ahora. . . o si lo hice la noche anterior durante su sueño y en este momento se trata de una película o una reproducción.

"Repitiendo: el médium es el mensaje en el Presente Espacioso —dijo Seth sonriendo— y cuando se llega el momento del programa, yo estoy aquí en tu presente, fuera cual fuese el lugar en que me encuentre, *tú* lo denominarías mi presente. . . Yo puedo preparar mi película de antemano, cuando Ruburt no se percata conscientemente de ello. Esto no significa que tal sesión sea menos legítima."

Seth continuó diciendo que yo había dado mi permiso para ese arreglo y que mucho de nuestro trabajo proseguía mientras yo dormía o estaba de otro modo ocupada. "Esto no significa que yo use a Ruburt como si fuera marioneta y llenara su boca con cintas, como si fuera una grabadora y que tú estés siempre escuchando reproducciones, o que emocionalmente yo no siempre me encuentro con ustedes en las sesiones. Quiere decir que en tales comunicaciones multidimensionales, se halla involucrado más de lo que supones.

"El maestro está dentro de la cinta; la personalidad es condensada. Tu pregunta surge del sentimiento de que si yo estoy aquí, no puedo encontrarme en otro lugar al mismo tiempo y que todas mis energías deben estar enfocadas aquí, si yo estoy aquí. Existen aspectos de mi identidad con los cuales no estás familiarizado. . . aunque tal vez lo llegues a estar en un momento 'ulterior'.

"No todos los canales están todavía trabajando en este escenario, como verás —exclamó Seth de buen humor—. Tú sabes de mí todo lo que eres capaz de saber en cualquier momento dado, según tus términos. Resultaría relativamente imposible para mí hacer totalmente clara mi realidad para ti, puesto que tu comprensión no la entendería. Ahora, toma un periodo de descanso. No nos gustaría que estallara un bulbo. . ."

Obviamente, he evitado llamar a Seth un espíritu y dejar las cosas así. No me gusta esta frase, por una parte y, por la otra, creo que esto sería una respuesta demasiado sencilla. Al aceptar una solución, tal vez estemos cerrando nuestra mente a otras que se hallan detrás. No quiero decir que Seth sea *simplemente* una estructura psicológica que me permita sintonizarme con el conocimiento revelado, ni negar que posea una existencia independiente. Pero sí creo que en las sesiones algún tipo de mezcla debe tener lugar en cualquiera de tales comunicaciones. Seth se halla en un extremo y yo en el mío. Aquí convengo con Seth. No creo que sea una cuestión relativamente simple de un médium el nada más cerrarse y actuar como una conexión telefónica. Creo que Seth es parte de otra entidad y que es algo diferente de, digamos, un amigo que ha "sobrevivido" a la muerte.

No encuentro estas ideas contradictorias. Seth podría todavía ser parte de una antigua entidad y Seth Dos otra porción más evolucionada, según nuestros términos. Si la vida física evoluciona, ¿por qué no la conciencia misma? No encuentro difícil aceptar la posibilidad de que pudiéramos ser fragmentos independientes de tales entidades o masas de conciencia; y, si se concede esto, algún tipo de comunicación entre nosotros sería posible. Todos estaríamos formados del mismo "material" mental, cualquier cosa que sea ese material. Sin embargo, para nosotros tales experiencias *parecerían* sobrenaturales.

Seth Dos dijo que ciertas porciones de mi personalidad actuaban como ventanas transparentes en estas otras realidades de conciencia. De ser así, deben existir muchas de tales "ventanas". Seth Dos tal vez haya evolucionado casi más allá de nuestro entendimiento. La "distancia" por sí sola haría que la comunicación fuera difícil y tal vez sean necesarios una serie de traductores; Seth podría ser uno de ellos.

Yo misma tengo muchas preguntas. Por ejemplo, ¿qué tan consciente es Seth cuando no está hablando a través de mí? Si él es mi ventana a otras realidades, ¿yo soy *su* ventana a la vida física? Mi idea es que Seth está plenamente consciente pero en otras dimensiones de existencia. Pero esto sólo nos lleva a la pregunta: ¿Cómo es la vida no física?

Seth ha prometido escribir su propio libro, dictado durante sesiones, en las que dará respuesta a algunas de estas interrogantes: "En mi libro, demostraré la personalidad desde dentro y hacia fuera, por decirlo así. . . Hasta cierto grado, relataré mis propias experiencias; pero espero que mi libro también dará un panorama de la naturaleza de la realidad como la ve alguien que no se halla aprisionado dentro del sistema de tres dimensiones.

"El libro implicaría un estudio de las características de un médium, no desde el punto de vista de ese médium, sino desde la perspectiva de la personalidad para quien habla. Involucraría un examen de tu sistema de realidad, según me parece a mí. . .

"Dejaría ver clara la naturaleza y condiciones en las que yo ahora tengo mi existencia, y explicaría algunas de las razones para las tan a menudo contradictorias declaraciones hechas, concernientes a la vida después de la muerte, aseveraciones recibidas por diversos médium en que se reciben cuadros por completo diferentes de la realidad después de la vida.

"Tal perspectiva incluiría asimismo mis métodos de entrada a tu sistema y la clase de personalidad de puente psicológico que resulta. Una vez más: lo que tú recibes en sesiones no es mi identidad completa. Debe haber alguna forma de estructura psicológica presente para que yo use durante mis comunicaciones. Sin embargo, en ocasiones mi identidad entra con bastante claridad, por lo que hablando comparativamente, puedo existir independientemente como yo mismo, sin la ayuda de Ruburt.

"Tal libro nada tendría que ver con los escritos propios de Ruburt, que progresarían a su propio ritmo. El libro llevaría mi nombre, pero lo dedicaría a ustedes," dijo con una amplia sonrisa.

—¡Eso es magnífico! —exclamó Rob secamente.

Naturalmente, no reclamo que el material represente conocimiento puro y no distorsionado. Esta cuestión de distorsión se presentó quizás por quincuagésima vez en la sesión 463°. Después que hube firmado el contrato para este libro, nuestra amiga Peg Gallagher estaba preparando un artículo respecto a Seth para nuestro periódico local y concurrió a una sesión para obtener material. Después de varios comentarios en broma a Peg ("Algún día yo te entrevistaré *a ti*"), Seth empezó a hablar sobre distorsiones.

"Ahora bien, tanto si un médium está en un trance tan profundo como el Océano Atlántico, como si no, el médium no será un canal puro. Simplemente tendrá que rebasarse el ego; pero las otras capas del yo y las estructuras neurológicas, continuarán funcionando como siempre. Serán alteradas por las percepciones que pasan a través de ellas."

Prosiguió diciendo que la comunicación verbal no es una regla. No es usada por entidades más avanzadas ni por otras menos desarrolladas que nosotros. Con objeto de que tenga sentido para nuestros yos tridimensionales, la información debe ser "exprimida" y esto por sí solo es causa de cierta distorsión.

"Las palabras que yo pronuncio para ti, transmiten información, pero las palabras no son información, sino únicamente conductoras verbales de ella.

"La información raras veces puede fluir como agua cristalina, con el médium (actuando) como grifo que se abre y se cierra a voluntad. Debe ser filtrada a través de diversas capas de la personalidad del médium. El sistema nervioso reacciona ante los datos, incluso como los traduce. Nada es neutral en esos términos. La información se recibe y se traduce, como debe ser, en mecanismos que el sistema nervioso pueda manejar e interpretar. Al igual que cualquier otra percepción, la información entonces se torna en parte de la estructura del sistema nervioso. No puede ser de otro modo.

"Cualquier percepción altera instantáneamente los sistemas electromagnéticos y neurológicos del perceptor. Según tus términos, en esto consiste la percepción: una alteración de la estructura neurológica. Los mecanismos receptores cambian ellos mismos y son cambiados por lo que perciben. Estoy hablando aquí de la naturaleza física de cualquier percepción.

"Es una contradicción lógica imaginar, con sus estructuras físicas, que cualquier percepción pueda recibirse sin que se altere la situación interna del perceptor. Estoy procurando hacer que esto sea tan claro como sea posible: la información automáticamente se mezcla y se ve entremezclada y enmarañada con toda la estructura físicamente válida de la personalidad.

"Cualquier percepción es acción y modifica aquello sobre lo que actúa y, *al hacerlo, se ve cambiada por sí misma.* La más leve percepción altera todo átomo dentro de tu cuerpo. Éste, a su vez, emite ondas por lo que, como sabes, la más mínima acción se siente en todas partes."

Seth continúa dando ejemplos de los diversos tipos de distorsión que pueden ocurrir en la percepción, normal y extrasensorial. "Ahora bien, Ruburt o cualquier individuo con muy poco humor, podría mal interpretar la información exagerando los elementos pesimistas. Las personas propensas a la necesidad de autocastigo, consistentemente malinterpretarán cualquier percepción de esta manera."

Conforme Seth continúa explicando la índole de la percepción, se hace obvio que la percepción física misma configura la realidad dentro de ciertas formas. Incluso la percepción extrasensorial debe traducirse en términos físicos, si es que queremos percatarnos conscientemente de ella. El Material de Seth revela lo que hay detrás de la realidad normal que conocemos; pero la misma traducción en palabras debe, por necesidad, distorsionar el significado.

Además de esto, existen otras variables. Seth no es estático; no simplemente entrega metódicamente el material como si fuéramos grabadoras. Responde a preguntas, por lo que, hasta cierto punto, las preguntas que se le formulan a él a veces le hacen modificar la forma particular en que discute un tema determinado.

Puesto que es bastante sensitivo, debe verse afectado por su relación con nosotros (aunque, quizá, no en el mismo grado en que nosotros nos vemos afectados por él). No hay duda de que mi propia personalidad ha crecido conforme se ha acomodado a la experiencia de Seth. Yo tuve que aprender a manejar más estímulos que nunca antes y mantener la estabilidad general conforme aprendí a desarrollar facultades latentes. Esto ciertamente involucró esfuerzos y tensiones, así como recompensas; pero ninguna que no pudiera resolverse con cierto grado de humorismo y algo de sentido común. Cuando siento la necesidad de descanso, me tomo un respiro, que Seth respeta con mucha gracia.

Con todo lo que Seth nos ha dicho respecto a los potenciales del hombre, debo admitir que en ocasiones nos hemos preguntado por qué la raza no está más desarrollada moral y espiritualmente. Cierta noche, antes de nuestra sesión regular del miércoles, Rob y yo nos sentimos muy perturbados por la situación del mundo en general. Estábamos sentados conversando y Rob preguntaba en voz alta por qué nos comportábamos en el mundo como lo hacíamos.

—¿Qué sentido real o propósito se halla tras todo esto? —preguntó—. Puede concederse que parte de nosotros sabe lo que estamos haciendo; sin embargo, parece que tenemos una inclinación a destruir el planeta, si no a través de la guerra, a través de la contaminación.

—No lo sé —repuse. Me sentía tan mal como él.

Esto ocurrió el 6 de noviembre de 1968 y, a partir de esa noche celebramos una serie de sesiones que tenían que ver con las preguntas que ocupaban nuestra mente en primer plano. Esa noche en particular, nuestra sesión 446, la otra personalidad, Seth Dos, entró con esa su voz distante y clara.

Entre otras cosas, Seth Dos afirmó: "La raza humana se halla en una etapa a través de la cual viajan diversas formas de conciencia. . . Antes de que puedas ser admitido en sistemas de realidad que son más extensos y abiertos, debes primero aprender a manejar la energía y ver, mediante la materialización física, el resultado concreto del pensamiento y la emoción. Del mismo modo que un niño gusta de fabricar pasteles de lodo, ustedes forman su civilización de pensamientos y emociones, y luego contemplan lo que han creado.

"Cuando abandonas el sistema físico, tras varias reencarnaciones, has aprendido la lección y, literalmente, dejas de ser un miembro de la raza humana, pues entonces eliges abandonarla. Únicamente el yo consciente habita simultáneamente dentro de otros sistemas de adiestramiento. En sistemas más avanzados, los pensamientos y emociones son automática e inmediatamente traducidos en acción, hacia cualquier clase de materia que exista allí. Por lo tanto, las lecciones deben enseñarse y aprenderse bien.

"La responsabilidad por la creación debe entenderse con toda claridad. Hasta cierto punto, ustedes se encuentran en un salón aislado y a prueba de ruidos. El odio crea destrucción en ese 'salón' y hasta que se aprendan las lecciones, la destrucción sigue a la destrucción.

"Según los términos de otros sistemas, ese tipo de destrucción no existe, mas tú *crees* que sí lo hace, y las agonías del morir se sufren con amargura. Asimismo, se siente amargamente una pesadilla vívida, pero ésta se deja atrás con rapidez. No es que se te deba enseñar a no destruir, puesto que la destrucción no existe en realidad. Es que debes ser enseñado y adiestrado a crear con responsabilidad. Tuyo es un sistema de adiestramiento para la conciencia emergente. . .

"Este adiestramiento te servirá para la existencia en una variedad de sistemas interrelacionados. Si las penas y agonías dentro de tu sistema no fueran sentidas como reales, nunca se aprenderían las lecciones.

Los maestros dentro de tu sistema son aquellos que se encuentran en su última reencarnación, así como otras personalidades que han abandonado el sistema pero que han recibido la asignación de ayudar a los que todavía se encuentran allí...

"Están tratando con la transformación de energía emocional en acción y forma. Entonces actúan dentro del sistema que ustedes mismos han creado y, por sus efectos, aprenden dónde han tenido éxito y dónde han fracasado. El sistema incluye algunas personalidades fragmentarias, que están entrando por vez 'primera', así como aquellas en reencarnaciones posteriores.

"La humanidad sueña el mismo sueño simultáneamente y ustedes tienen un mundo de masas. Toda la construcción es como un juego educacional en que ustedes son los productores a la vez que los actores. Existe un juego dentro de un juego, dentro de otro juego. No hay fin al 'interior' de las cosas. El soñador sueña y el soñador dentro del sueño sueña; pero los sueños no carecen de significado y las acciones dentro de ellos son significativas. El yo total es el observador y a la vez participante en los papeles."

Las sesiones con Seth todavía continúan, dos veces a la semana. Los temas de Seth y el alcance de la conversación se amplían y crecen continuamente. Si lo que tenemos hasta ahora es un "esbozo", entonces es realmente notable.

Como dice Seth Dos: "No es que tu ser exista en una realidad inferior. Es que no has aprendido a reconocer el grado de la realidad en que vives." Espero que este libro y el Material de Seth hayan permitido al lector vislumbrar su propia existencia multidimensional.

APÉNDICE

En los capítulos anteriores, he tomado extractos de muchas sesiones, con objeto de presentar los puntos de vista de Seth sobre diversos temas. Este apéndice se incluye para aquellos lectores a quienes les agradaría tener una visión más completa de las sesiones individuales y una idea más clara de la forma en que el material se confirió originalmente.

Por tal razón, he escogido tres sesiones completas, aunque breves, y porciones de varias otras recientes y constructivas. Esta presentación muestra la forma que tiene Seth de entretejer un tema a través de otro, cuando inserta nuevas discusiones e información, mientras construye sobre sesiones pasadas, y señala su método de usar las experiencias cotidianas de Rob y las mías propias como plataforma de lanzamiento para su propio material.

El apéndice incluye varios temas no cubiertos en el libro propiamente dicho. En una sesión, Seth discute el concepto de Jung respecto al inconsciente. En otra, presenta nuevo material sobre el "sistema planetario original" y, en respuesta a la pregunta de un amigo, inicia una explicación sobre la percepción de un feto. Estas discusiones muestran la dirección actual que el Material de Seth está tomado, conforme se desenvuelve constantemente.

Las sesiones sobre las unidades electromagnéticas que yacen abajo del rango de materia, han comenzado apenas ahora, cuando termino este libro. Los científicos desde hace tiempo han empezado a preguntarse por la materia física que "desaparece dentro de sí misma" y las unidades EE de Seth bien pueden ser la respuesta.

Excepto por la puntuación, el Material de Seth en este apéndice está sin editar y en él se han incluido las notas de Rob.

Buenas noches.

(*"Buenas noches, Seth"*)

Ahora bien: los niños construyen castillo de naipes y los derriban de un golpe. Ustedes no se preocupan por el desarrollo del niño, pues comprenden que él aprenderá mejor. Tal vez hasta se rían con el sentido cabal de desolación de la criatura, hasta que ésta finalmente conecta el movimiento de su propia mano con la destrucción de la casa de cartón que ha desaparecido ahora y, a sus ojos, desaparecido más allá de toda reparación posible. Pues bien, la humanidad construye las civilizaciones. Ha ido más allá del juego del niño. Los juguetes son reales y, no obstante, básicamente se sostiene la analogía. No estoy condenando esas violencias que ocurren. La verdad es que nunca pueden ser perdonadas y, no obstante, deben entenderse por lo que son: el hombre aprendiendo a través de sus propios errores. También aprende por sus éxitos y hay ocasiones en que detiene su mano, momentos de deliberación, momentos de creatividad. (*Pausa*). Las identidades asumen distintos papeles en muchas vidas.

Existen periodos, ciclos si se prefiere, a través de los cuales tales identidades viven y aprenden de nuevo dentro de tu sistema. Hasta cierto punto son enseñados por otros: maestros de práctica, si se prefiere decirlo así.(*Divertido*).

(*Los periódicos de hoy daban a conocer el relato de la violencia que tuvo lugar en la convención presidencial demócrata en Chicago en agosto de 1968, informando de los muchos choques entre la policía y varios grupos de manifestantes; un veredicto de culpabilidad en relación con la conducta de la policía fue dictado por la comisión investigadora. Jane y yo discutimos el reporte, frente a la mesa de la cena*).

La raza del hombre, sin embargo, es algo más que la raza física. Tú lo ves sólo en una etapa de desarrollo. Cuando un individuo abandona tu sistema, lo hace por otros sistemas. Ha aprendido su ABC, pero eso es todo. Existen excepciones, identidades que prefieren regresar y enseñar. No juegan en la misma liga, por decirlo así, que aquellos cuyos ciclos reencarnacionales todavía no están completos. Tal vez regresen, incluso soportando la violencia, como un hombre podría fundar una escuela enmedio de una jungla de salvajes.

No obstante, con todo y esto, hay avances logrados dentro de tu sistema mismo. Un arma nuclear en manos de los habitantes de la Europa medioeval, se hubiera usado casi inmediatamente y sin escrúpulo alguno, para barrer con todos, excepto la cristiandad. El cristianismo bien podría haber perecido junto con el resto del mundo; pero esta posibilidad no habría sido considerada, tan estrechos y malvados eran los poderes gobernantes en esa época.

En aquellos días ni un hombre sano, razonable y cuerdo, prestaba ningún pensamiento a compartir su riqueza, o hasta considerar los ruegos de las clases más pobres. No sólo no se daba caridad, sino que la naturaleza de ésta ni siquiera era algo en que se pudiera pensar. El arcaico concepto de Dios (en esa época), cubría magníficamente tales cuestiones. Los pobres eran obviamente pecadores. La pobreza era su penitencia y se consideraba un sacrilegio tratar de ayudar a aquellos a quienes Dios había maldecido. A los animales se les torturaba por deporte. La compasión por las cosas, por parte de los hombres, se consideraba una debilidad que era necesario extirpar. A las mujeres escasamente se les consideraba como humanas, excepto en círculos muy selectos.

El progreso a través de los siglos sería mucho más notable si conocieras todos los hechos. Existe un aspecto aquí que no he mencionado antes: al hombre no se le permitía jugar con los juguetes más peligrosos, hasta que se presentaba evidencia de que había ganado cierto control. Esto no quiere decir que no pudiera haber destruido el mundo que conocía. Simplemente significa que tal destrucción no era inevitable. No se da a un niño un arma cargada, si se está seguro de que va a dispararla contra sí mismo o contra su vecino.

Ahora bien: las armas y la destrucción son las cosas obvias que ves. Las contrapartes no son tan evidentes y, no obstante, son esas contrapartes las que nos importan: la autodisciplina aprendida, el control, la compasión que finalmente se despierta, y la final y última lección aprendida: el deseo positivo de creatividad y amor, sobre la destrucción y el odio. Cuando se aprende esto, se determina el ciclo reencarnacional.

Existe una razón por la que estas lecciones deben aprenderse sólo de esta manera. Elementalmente sólo existe la creatividad. La destrucción es meramente el cambio de forma. El nubarrón de un tornado nada sabe de destrucción. Esta misma energía encastillada dentro de una forma humana, es otra cosa. Así pues, existen diferentes tipos de creatividad que deben aprenderse, así como una especialización en el foco de energía y sentimientos que emergen: la energía elemental que se vuelve consciente de sí misma y se percata de temas que no existían para ella "antes"; millones de moléculas momentáneamente unidas con la conciencia viva, plagadas de energía primaria, ahora aprendiendo a amar y formando patrones psíquicos altamente sensibles; cargas eléctricas que forman ahora emociones, en vez de nubes; el inocente caos de personalidad no diferenciada que existe tras el mecanismo altamente específico y verdaderamente sofisticado de un pensamiento. Y todo antes de que un individuo nazca dentro de tu sistema. En términos de tiempo, esto está detrás de todos nosotros.

Poca admiración causa que haya batallas psíquicas y, no obstante, más allá de tu sistema, hay refinamientos imposibles de describir y desarrollos adicionales más milagrosos que aquellos que han tenido lugar antes. Y, a través de todo esto, la entidad formada de ese caos masivo, retiene su identidad y el conocimiento de sus "pasados" y continúa creciendo en creatividad.

Esto es parte del material más importante que te he dado, pues tú te has admirado respecto al propósito (*de la conciencia dentro de este sistema*) y a menudo sólo has sido capaz de ver apenas una pequeña chispa de tiempo y espacio.

La violencia de que ambos hablaban esta noche, abrió un abismo dentro del alma de cada participante, a través del cual tuvo un vislumbre de los enloquecedores orígenes que se hallaban tras su identidad. Estaba el temor, entonces y después, de caer de nuevo en ese "impensable" abismo.

Ahora bien, una tormenta a veces fascinará a muchos y lo mismo hará la violencia; pero una tormenta sumamente destructiva encontrará que pocos van a su encuentro. Cada participante palpó el caos al cual tenía acceso directo. (*Enfático.*) Le temía hasta en su fascinación, porque era probable que reconociera que acabaría con él y con su enemigo y los llevara a la locura o la muerte.

Muchos de los participantes nunca han sabido que tenían acceso a tal energía; por lo tanto, la idea de que podría usarse creativamente nunca entró en sus cabezas. Muchos de ellos se sentían débiles, solos e impotentes. Ahora la energía misma se regocijaba. Por vez primera, muchos de los participantes comprendieron intuitivamente que tal energía era también fuente de creatividad. Un buen número de ellos intentará diversos métodos de reexperimentar esta energía, con objeto de liberar sentimientos creativos que no sabían que poseyeran. Por supuesto, la energía era neutra. Era el uso de ella en ese momento lo que causaba los elementos destructivos.

Sin embargo, la energía que se liberó ya ha modificado tu escenario nacional y continuará haciéndolo. Tales liberaciones masivas de energía se usarán, aun cuando no durante tu vida, para empezar a unificar a todo el planeta en la paz. Esto no tendrá lugar antes de que también ocurran más desastres, pero cuando tenga lugar, representará la primera vez dentro de la historia del planeta en que haya paz e igualdad para todos.

Ha habido varios periodos que fueron pacíficos; mas no había igualdad. Han existido innumerables civilizaciones distintas que se han destruido en el pasado del planeta y antes de esto, cuando otro planeta se aproximaba a la posición de la Tierra. Sin embargo, hubo civilizaciones que perduraron, que tuvieron mayor duración que su planeta y que se fueron a otra parte.

(*10:09. Jane hizo una pausa durante algunos momentos y luego reanudó, después de que yo había pensado que se encontraba fuera del trance y la llamé por su nombre*).

Alguna vez hubo nueve planetas, agrupados como joyas alrededor del Sol. Se hallaban igualmente espaciados, uno de otro y estaban uniformemente distribuidos hacia fuera del Sol. Y éste fue el primer sistema que conoció la raza del hombre. Se hallaban en el rincón del universo pero, en tus términos, hubiera parecido que viajaban a la deriva, tan lejos que ninguno de tus instrumentos podría nunca descubrirlos. Explotaron y fueron vueltos a crear muchas veces, desaparecieron y renacieron. Parecían ser pulsaciones. Para ti, parecieron desaparecer durante largas eras. Para ellos, su existencia fue continua. Así como los átomos y las moléculas imparten a tus sillas una realidad dentro de tu sistema, aun cuando los átomos y moléculas mismos llegan y se van, así este sistema planetario todavía retiene su identidad. Tus astrónomos tal vez perciban una imagen fantasmal de ello en los bordes de tu universo; pero sólo es un reflejo de una realidad que no puedes percibir. Ahora toma tu descanso.

(*10:19. Jane salió del trance con facilidad, abriendo los ojos ligeramente. Sin embargo, informó que había estado muy lejos y que tuvo una visión de los planetas y el Sol*).

(*Yo hice una rápida cuenta mental de los planetas que ahora sabemos que están dentro de nuestro sistema solar, hasta un total de nueve, total dado por Seth. Naturalmente, los datos de Seth suscitan muchas interrogantes; pero esta noche no las vería contestadas*).

(*Poco antes de que terminara el descanso, Jane dijo: "Acabo de tener todo un montón de pensamientos de Seth". Reanudamos a las 10:31*).

Ahora bien: la existencia usa a la forma. Cuando un sistema planetario se rompe, en muchos casos las entidades que son atraídas a él o que lo consideran su hogar, simplemente modifican su forma, reagrupan sus fuerzas y, si consideran que vale la pena, ponen la casa en orden de nuevo. Entran, luego, en las formas que haya accesibles, o hacen formas tales que puedan sobrevivir. Esto se ha hecho dentro de tu sistema en varias ocasiones. Sin embargo, no se hace *a menudo*, puesto que con los materiales que se tienen a mano no es posible formar una estructura lo bastante complicada para que la conciencia pueda expresarse plenamente.

Quizás llegue a haber, según tus términos, pérdida de memoria, complicaciones que confunden el conocimiento del origen. Cuando esta situación se presenta, siempre hay una división de fuerzas: algunas entidades se integran a la forma y otras no entran al proceso. Estas últimas vigilan y conservan sus recuerdos y conocimiento intactos y actúan como directores contra cuyos recuerdos se forman los nuevos modelos. De nuevo: esto ha ocurrido dentro de tu propio sistema.

Muchas entidades no tienen necesidad de forma, según tus términos; mas no nos preocuparemos por ellas esta noche. Este sistema original del cual he hablado, puede por lo menos teorizarse brevemente; pero la idea no será tomada seriamente en consideración para provocar una controversia a fondo.

La energía de este sistema fue enorme, mucho mayor de la que conoces y los restos despojados constantemente de sus pulsaciones, dieron origen a otros sistemas. (*Una larga pausa.*) Estamos luchando con el vocabulario de Ruburt. (*Pausa.*) La velocidad de su movimiento fue asimismo mucho mayor de la que tú conoces, aunque se aceleraba y hacía más lenta de una manera cíclica.

(*Jane hizo de nuevo una pausa. Su ritmo fue más lento aquí y utilizó muchos gestos, trazando cuadros en el aire y, en ocasiones, frunciendo el ceño*).

Poseía criaturas de conciencia, mas no criaturas como tú las conoces. Energía, entidades (*larga pausa*), continuamente transformando masivos roytans...

(*O, quizá, roetanos, mi interpretación fonética. No estaba yo seguro de la palabra que Seth o Jane usó y no quise hacer presión sobre este punto más allá de una pregunta que no fue contestada*)...

Estamos trabajando con el vocabulario de Ruburt.

(*"¿Quieres decir roentgens?", me refería aquí a las unidades internacionales de rayos X*).

Estos se originaron de sí mismos, unidades masivas de energía que reaccionaron automáticamente y de una manera explosiva sobre la forma del sistema. Su energía ocasionó la conducta del sistema.

Hubo una reacción directa e instantánea entre conciencia y materia, una explosión de poder electromagnético, lo suficientemente poderoso para sembrar un universo. Tu universo no es sino uno de los muchos y tú percibes apenas una pequeña fracción de él. Ahora terminaré la sesión, a menos que tengas preguntas.

(*"Las tendré un poco después"*).

El material de esta noche ha llegado a un punto de rompimiento natural; pero tambien hemos tocado algunos temas que no discutimos en sesiones anteriores y la de esta noche puede servir como preparación para información ulterior. Mis más cálidos buenos deseos a ambos y que pasen una buena noche.

(*"Buenas noches, Seth"*).

(*10:52. Jane salió del trance rápidamente, aun cuando éste había sido profundo. Sentía un fuerte flujo de energía al finalizar la sesión, según dijo*).

SESIÓN 453,
4 DE DICIEMBRE DE 1968, 9:06 P.M., MIÉRCOLES

(*Sue Mullin fue testigo*)
Buenas noches.
(*"Buenas noches, Seth"*)
Gracias por invitarme a tu fiesta.
(*"Está bien"*)

Ahora bien: el sistema planetario del que hablamos en nuestra última sesión, fue el primero dentro de tu universo, cuando hablas en términos de tiempo. Resulta difícil explicarte que el universo que ves, las estrellas y planetas que contemplas, son unidimensionales, hablando comparativamente. Tú únicamente percibes aquellas porciones de ellos que son aparentes dentro de tu propio sistema de realidad.

Las pesadas moléculas de hidrógeno tuvieron una gran parte que desempeñar en el nacimiento de ese sistema (anterior). La conciencia tuvo primero que crear el vacío o la dimensión en la que pudiera existir el sistema y, asimismo, dotar a ese vacío con todas las probabilidades del desarrollo que se ha alcanzado en tu época y que va a llegar después. El vacío, en otros términos, puede, por lo tanto, compararse con una mente y ¿quién puede predecir qué imágenes o pensamientos nacerán allí? Existen, como te he dicho, un número incontable de tales sistemas y, no obstante, dentro de todos ellos existe identidad y dirección. Este vasto vacío, esta mente infinita, provino de otra que era mucho más grande que ella misma. (*Seth sonrió.*) Las posibilidades que se han vuelto realidad dentro de este sistema universal, han dado origen cada una de ellas a otros sistemas y realidades, como un árbol que contiene miles de semillas. Tú, ustedes mismos, a través de sus propias acciones mentales, crean realidades de las que no se percatarán y dan origen a niños más que físicos.

No entiendes las dimensiones en las cuales caen tus propios pensamientos, pues éstos continúan su propia existencia y otros los ven y los contemplan como estrellas. Te estoy diciendo que tus propios pensamientos y acciones mentales aparecen a los habitantes de otros sistemas como estrellas y planetas dentro del tuyo propio; y *esos* habitantes no perciben lo que se halla dentro y detrás de las estrellas en sus propios cielos. Aun cuando sondean su propio universo, no habitan dentro de tu realidad. Únicamente perciben la figura y forma que tus propios actos mentales, pensamientos y sueños, asumen dentro de su propio sistema.

Esto último es material que no te hemos dado con anterioridad, para que las implicaciones no te produzcan sentimientos de insignificancia. Mas ustedes no son sólo receptores, también son dadores. Así como tu propio universo se formó por entidades que no entiendes en el presente, también los desechos de tu propia conciencia forman realidades para entidades que escasamente se percatan de tu existencia.

En esta abundancia nada carece de sentido o se desperdicia. Existe una interrelación, realidades entretejidas y conexiones que pueden negarse. Ya te dije, por ejemplo, que la realidad del sueño consistía en algo más de lo que sabías y que el universo del sueño continuaba, tanto si lo percibían como si no. Dentro de este contexto, aquellos habitantes sueñan, a su vez, sus propios sueños y forman realidades electromagnéticas. Tú no te encuentras en el tope ni en el fondo de la pila de la conciencia, por decirlo así. No estás en el centro ni en el borde.

En vez de esto, el yo interior se halla íntimamente conectado con cada realidad, aún cuando no te das cuenta de ello; y el yo interior puede trazar sus propias conexiones a través de la red de cualquier existencia y todavía mantendrá su identidad.

Recuerda que, cuando hablamos del principio de tu sistema, únicamente hablamos en consideración a tus ideas del tiempo. Obviamente, entonces, todo existe simultáneamente. Para tu modo de pensar, algunas vidas se viven dentro de un simple parpadeo (en varios sistemas), mientras que otras se viven por siglos. Sin embargo, la percepción de la conciencia no es limitada. Ya te dije, por ejemplo, que los árboles poseen su propia conciencia. La conciencia de un árbol no se halla enfocada específicamente, como la tuya; no obstante, para todos los intentos y propósitos, el árbol está consciente de cincuenta años antes de su existencia y cincuenta años a partir de hoy. Su sentido de identidad espontáneamente va más allá del cambio de su propia forma. No tiene ego que recorte y abrevie la identificación del "yo". Criaturas sin el comportamiento del ego pueden fácilmente seguir su propia identidad, más allá de cualquier cambio de forma. El yo interior se da cuenta de esta integridad de identidad, pero el ego, enfocado con tanta seguridad en la realidad física, no puede permitirse este lujo.

Cualquier conciencia, por lo tanto, se percata innatamente de su identidad básica. El yo interior sabe lo que se halla detrás de las estrellas y planetas físicos que el ojo contempla; pero el ego sería barrido a un lado, lleno de pánico, ante tal comprensión.

El sistema de que hablamos antes, el Sol y los nueve planetas originales, en tus términos, desde hace mucho pasaron y formaron otros sistemas universales. Sin embargo, toda la estructura cósmica fue la materialización de un pensamiento original, pues el pensamiento, la realidad básica, debe siempre existir antes de su representación. Había inteligencia, por tanto, dentro del primer sistema. Ahora puedes tomarte un descanso y continuaremos después; y mis mejores deseos a tu amiga (*Sue*).

(*9:36. Jane salió del trance rápidamente, pero dijo que este trance había sido muy bueno. Seth entró en cierto modo con más fuerza que lo usual, de una manera bastante rápida y con una voz más elevada. Reanudamos de la misma manera, a las 9:44*).

Ahora bien: repito que cada pensamiento forma su propia realidad electromagnética y está compuesto de energía que nunca puede disiparse, sino únicamente transformarse. La realidad subjetiva de un hombre, si estuviera solo en el universo, emitiría suficiente enegía para sembrar otra. Esa sentencia no está distorsionada.

Este fin de semana van a tener algunas sesiones extra. No quiero rebasar los recursos de Ruburt ni quiero mantenerte atado a la máquina de escribir por tres semanas. Por lo tanto, ésta será una sesión muy breve, para completar el material de nuestra última sesión. Yo sacaré la mejor parte en esta transacción. (*Humorísticamente.*) Mis más calurosos y buenos deseos a todos ustedes, entonces. Permaneceré aquí por un rato, para disfrutar de su conversación.

(*"Buenas noches, Seth"*)

(*9:48. Tomó a Jane un buen rato salir del trance. "Pude haber acabado; pero no estoy de regreso todavía. Odio tener la sensación de que esto* *la mitad adentro y la mitad afuera. Es como si me encontrara en*

un cono. Puedo oír lo que ocurre afuera pero todavía tengo que salir"
dijo ella).
*(A las 9:55 creímos que ya estaba fuera de trance, mas esto resultó
ser una sobreestimación. Seth o el estado de trance, persistió. Jane
mostró definidas tendencias a regresar al trance, notablemente un movimiento en los ojos, y yo continuamente le hablaba para sacarla: le di
té, etcétera).*

*(Una circunstancia que la mantuvo en este estado llamó mi atención
cuando ella casualmente mencionó, mientras tomaba asiento en la mecedora: "Seth todavía está aquí. Se encuentra a mi derecha ahora" y
extendió el brazo como para tocarlo. Seth, según parecía, ocupaba un
espacio a metro y medio de altura, una "burbuja" de espacio en el que
yo podía pararme, exactamente en el límite del alcance de Jane, sin
perturbarlo. La presencia de Seth persistió esa noche, mientras nosotros tres conversábamos).*

SESIÓN 503,
24 DE SEPTIEMBRE DE 1969, 9:32 P.M., MIÉRCOLES

(Casi dos páginas de material personal se borraron aquí)
*(Para resumir: Sue Mullin, ahora Sue Watkins, uno de los miem-
bros de la clase sobre PES de Jane, dejó pendientes tres preguntas la última noche, para que Seth las contestara cuando fuera posible. He
aquí la pregunta uno: "Cuando proyecto mi conciencia hacia fuera de mi
cuerpo, ¿mi cuerpo astral esta embarazado, puesto que físicamente yo
lo estoy ahora? ¿El cuerpo astral lleva la contraparte astral del feto
o el feto astral permanece en el cuerpo físico dentro del feto físico?")*
*(Yo ahora pregunté a Seth: "¿Puedes decirme algo respecto a la pri-
mera pregunta de Sue, en relación con el cuerpo astral del feto?" Jane
había leído las preguntas de Sue un momento antes, mas no sabía que
yo iba a formular alguna de estas preguntas esta noche).*

El feto tiene su propia forma astral. Ahora bien, esta forma astral pertenece al individuo, la personalidad que será en esta vida. No es la misma
forma astral que existía en una reencarnación "anterior". Hay muchas
cosas complicadas aquí y trataré de expresarlas de manera sencilla.

Existe gran energía conectada con el feto, pues en ningún otro momento en la vida física tanta energía llega a utilizarse con tanto propósito y tan claramente dirigida. Es esta carga de energía, de proporción
verdaderamente cósmica, la que permite la penetración inicial en la
materia. La personaliad está ocupada transformando literalmente infinidad de datos. Mucho de este trabajo ya se ha llevado a cabo durante el tercer mes de embarazo. Tan rápidamente como los nuevos datos
dan forma al feto y la estructura física, el yo de la reencarnación anterior debe empezar a retirar su posesión. Entra brevemente en este proceso *(del nacimiento)*, mas *no se convierte* en el nuevo individuo.

Ayuda a formar al nuevo individuo, pero luego debe retirarse. La
nueva unidad del yo debe verse libre y no obstaculizada por las de-

mandas que de otro modo podrían ejercerse sobre él. El nuevo individuo posee un recuerdo profundamente enterrado respecto a sus vidas pasadas; pero la conciencia personal del último yo reencarnado no debe sobreponerse en esta nueva identidad. La nueva personalidad, en su pequeño cuerpo astral, visita otras porciones de la identidad total. Se le dan lecciones de cierto tipo, pero es mucho más su propio yo.

(*"¿Se proyecta cuando lo hace Sue, por ejemplo?"*)

Tal vez lo haga y tal vez no. No está obligado. Puede proyectarse a otras áreas enteramente, mientras Sue se encuentra en alguna parte de su forma astral. Sin embargo, en este momento existe una conexión muy poderosa entre los dos. En un nivel más profundo, se dan cuenta de sus posiciones. La madre sabe dónde está el hijo, aun cuando no esté consciente de esto. La madre tal vez vaya tras el hijo en una proyección y lo traiga a casa.

Muchos abortos naturales son causados cuando la nueva personalidad está teniendo dificultades para construir la nueva forma, se proyecta en otros en busca de consejo y se le aconseja no regresar.

SESIÓN 504,
29 DE SEPTIEMBRE DE 1969, 9:17 P.M., LUNES

Extracto.

Me gustaría agregar algo a la discusión que iniciamos en nuestra última sesión. El feto ve el ambiente físico. La estructura celular en ese momento responde a la luz y activa facultades latentes en la estructura celular del cuerpo de la madre. Muy literalmente, ve a través del cuerpo de ella y con la ayuda del cuerpo de ésta.

No son imágenes nítidas, pero ya empieza a construir ideas de figura y forma. Es innecesario decir que también está equipado ya con pestañas. En otras palabras, puede ver a través de las pestañas cerradas. Se da cuenta de la luz y la sombra, de la figura y la forma, aunque debe aprender a distinguir estas porciones del campo accesible de realidad que tú aceptas como objetos, de aquellas que tú no aceptas como tales.

Ve más de lo que tú ves o más de lo que lo hace su madre, porque todavía no comprende que tú únicamente aceptas ciertos patrones y rechazas otros. Para el momento en que nace, ya ha aprendido a aceptar la idea de sus padres de lo que es la realidad. En gran medida, empieza a adiestrarse a enfocarse sólo en lo que tú llamarías realidad física, aun cuando todavía percibe parcialmente otros campos que tú no aceptas. Él solamente es reconocido y sus necesidades satisfechas, cuando se enfoca en una realidad particular. Entonces aprende con rapidez a descartar las otras.

Ahora el feto también oye, y lo mismo se aplica aquí mientras se halla aún dentro del vientre. Escucha sonidos del ambiente físico, pero también oye sonidos dentro de la gama accesible de realidad, que tú no aceptas. Cuando nace el infante, todavía oye estos sonidos y voces pero, también aquí, éstos no responden a sus necesidades físicas ni le traen leche cuando llora, por lo que gradualmente los descarta.

Durante algún tiempo percibe literalmente muchos niveles de realidad al mismo tiempo y parte de lo que parece ser desorientación, es simplemente el resultado de confusión temprana ante tantos datos. De conformidad con el individuo y la situación, el feto tal vez todavía reciba mensajes de aquellos que ha conocido en el pasado. Esto viene a agregar confusión, y es cuestión de supervivencia física que en gran medida ignore estos mensajes, mientras aprende a colocar su foco en la realidad física.

Se da perfecta cuenta de los cambios en temperatura, por ejemplo, y del clima. Se halla en comunicación telepática con animales y otras personas y, en un nivel diferente, está en una especie de comunicación con plantas y otras conciencias semejantes. Las plantas reaccionarán muy fuertemente a un aborto. Sin embargo, el feto también reaccionará ante la muerte de un animal en la familia y se familiarizará con las relaciones psíquicas inconscientes dentro de la familia, mucho antes de que alcance el sexto mes.

Las plantas en una casa también se dan cuenta clara del feto que está creciendo; y las plantas absorberán también el hecho que un miembro de la familia está enfermo, a menudo antes de que se presenten los síntomas físicos. Son así de sensitivas a la conciencia dentro de la estructura celular. Las plantas asimismo sabrán ya si el feto es masculino o femenino.

(*Material personal, dos páginas, borrado*).

(*Más temprano esta noche, yo había mencionado a Jane mi interés, que ya hacía tiempo abrigada, en la aseveración que hizo Seth, hace años, de que todas las percepciones de PES tienen una base electromagnética. Tenía curiosidad sobre el particular, porque habíamos leído que ninguna investigación había dado a conocer tal relación electromagnética. Ahora interrogué a Seth sobre el particular.*)

Creo que debería ligar esto con la información sobre el feto.

(*"Está bien"*)

Y de esa manera podemos llevar a cabo ambas discusiones.

(*"Perfectamente"*)

Ahora bien: existen estructuras electromagnéticas, por decirlo así, que en la actualidad se hallan más allá de tus instrumentos (científicos), unidades que son los conductores básicos de percepción. Tienen una "vida" muy breve, según tus términos. Su tamaño varía. Varias unidades pueden combinarse, por ejemplo; también pueden combinarse muchas unidades. Para expresarlo de una manera tan simple como sea posible: no es tanto que se muevan a través del espacio, sino que *usan* espacio para moverse a través de él. Hay una diferencia.

Por decirlo de alguna manera, se hallan involucradas cualidades térmicas y, asimismo, leyes de atracción y repulsión. Las unidades cargan el aire a través del cual pasan y atraen hacia ellas otras unidades. Las unidades no son estacionarias en la manera que, digamos, es estacionaria una célula dentro del cuerpo; pero incluso una célula únicamente parece estacionaria. Estas unidades no tienen "hogar". Son construidas en respuesta a intensidad emocional.

Son una forma que la energía asume. Siguen reglas de atracción y repulsión, así como un magneto, como sabes, atrae con sus filamentos, también estas unidades atraen a las de su misma especie y forman patrones que luego te parecen a ti como percepción.

Ahora bien: el feto utiliza estas unidades y también lo hace cualquier conciencia, incluyendo la de una planta. Las células no sólo responden a la luz porque éste es el orden de las cosas, sino porque está presente un deseo emocional de percibir la luz.

El deseo aparece en este otro nivel en la forma de estas unidades electromagnéticas, que luego ocasionan una sensibilidad a la luz. Estas unidades ruedan libremente. Pueden usarse en la percepción normal o en lo que tú llamas percepción extrasensorial. Discutiré la naturaleza básica en una sesión posterior y me gustaría eslabonar esto con el feto, puesto que el feto se halla sumamente involucrado en los mecanismos de la percepción.

(*"La siguiente sesión, será magnífica"*)

No quiere decir que no se puedan improvisar instrumentos para percibir estas unidades. Tus científicos sencillamente están formulando preguntas equivocadas y no piensan en términos de tales estructuras que ruedan libremente.

SESIÓN 505,
13 DE OCTUBRE DE 1969, 9:34 P.M., LUNES

Extracto.
Buenas noches.
(*"Buenas noches, Seth"*)
Ahora bien, estas unidades de las que hablamos antes, son básicamente animaciones que surgen de la conciencia. Hablo ahora de la conciencia dentro de cada partícula física, sea cual fuese su tamaño; de conciencia molecular, conciencia celular, así como de los *gestalts* más grandes de conciencia con los que por lo regular estás familiarizado. Debido al limitado vocabulario científico de Ruburt, esto resulta algo difícil de explicar. Asimismo algunas de las teorías que te presentaré en esta discusión, serán por completo desconocidas para ti.

Estas emanaciones surgen de modo tan natural como el aliento y hay otras comparaciones que pueden hacerse, en que existe un entrar y un salir y una transformación dentro de la unidad; así como lo que es llevado a los pulmones, por ejemplo, no es la misma cosa que sale en la exhalación. Podrías comparar estas unidades, simplemente para tener una analogía, con el aliento invisible de la conciencia. Esta analogía no nos llevará lejos, pero será suficiente, inicialmente, para captar la idea. El aliento es, por supuesto, una pulsación y estas unidades operan a manera de pulsaciones. Son emitidas por las células, por ejemplo, en plantas, animales, rocas, etecétera. Tendrían color, si fueras capaz de percibirlas físicamente.

Son electromagnéticas, según tus términos, siguiendo sus propios patrones de carga positiva y negativa y ajustándose asimismo a ciertas leyes de magnetismo. En este caso, tal y como lo definitivo atrae a su semejante. Las emanaciones son en realidad tonos emocionales. Las variaciones de tonos, para todo intento y propósito, son infinitas. Las unidades se hallan precisamente abajo del rango de materia física. Ninguna es idéntica. Sin embargo, en ellas hay una estructura. Esta estructura está más allá del rango de las cualidades electromagnéticas, como tus científicos piensan de ellas. La conciencia en realidad produce estas emanaciones y son la base para cualquier tipo de percepción, tanto sensorial en términos usuales, como extrasensorial.

Esta discusión apenas la estamos iniciando. Posteriormente verás que la estoy simplificando para ti, pero no lo entenderás a menos que empecemos de esta manera. Pretendo explicar la estructura de estas unidades. Tomémonos ahora un momento.

Estas emanaciones también pueden aparecer como sonidos y tú estarás en posibilidad de traducirlas a sonidos mucho antes de que tus científicos descubran su significado básico. Una de las razones por las que no han sido descubiertas, es precisamente porque se encuentran inteligentemente disfrazadas dentro de *todas* las estructuras. Por estar más allá del rango de materia, por tener una estructura, aunque no física y por ser de una naturaleza pulsante, pueden expandirse o contraerse. Pueden encerrar por completo, por ejemplo, una pequeña célula o retraerse al núcleo dentro de ella. En otras palabras, combinan cualidades de una unidad y de un campo.

Hay otra razón del por qué permanecen siendo un secreto para los científicos occidentales. La intensidad gobierna no sólo su actividad y dimensión, sino la potencia relativa de su naturaleza magnética. Atraerá otras de estas unidades hacia ella, por ejemplo, de conformidad con la intensidad del tono emocional de la conciencia particular en cualquier "punto" dado.

Estas unidades, entonces, obviamente cambian constantemente. Si debemos hablar en términos de tamaño, cambian constantemente de dimensión cuando se expanden o se contraen. Teóricamente no hay límite, como verás, a su ritmo de contracción y expansión. También son absorbentes. Desprenden cualidades térmicas y éstas son el único indicio que tus científicos han recibido de ellas hasta ahora.

Sus características las atraen hacia un constante intercambio. Grupos de ellas (*Jane hizo un gesto; su entrega era totalmente enfática y animada*), serán atraídos juntos, literalmente sellados, únicamente para separarse y dispersarse otra vez. Forman (y su naturaleza se halla detrás), lo que comúnmente se conoce como aire y usan éste para moverse a través de él. El aire, en otras palabras, puede decirse que está formado por animaciones de estas unidades.

283

Trataré de aclarar esto después; pero el aire es el resultado de la existencia de estas unidades, formado por la interrelación de las unidades en sus posiciones y distancia relativa una de otra y lo que podrías llamar la velocidad relativa de su movimiento. El aire es lo que ocurre cuando estas unidades se hallan en movimiento y es, en términos de clima, cuando sus efectos electromagnéticos aparecen más claramente a los científicos, por ejemplo.

Discutamos estas unidades como si se tratara de una roca. La roca está compuesta por átomos y moléculas, cada uno de los cuales tiene su propia conciencia. Esto forma una conciencia de roca *gestalt*. Estas unidades son enviadas indiscriminadamente por los varios átomos y moléculas, pero porciones de ellas son también dirigidas por la conciencia total de la roca. Las unidades son enviadas por la roca e informan a la roca sobre la naturaleza de su ambiente cambiante; el ángulo del sol y los cambios de temperatura, por ejemplo, cuando cae la noche, y hasta en el caso de una roca, cambian como cambia el tono emocional, llamémosle así a la ligera, de la roca. Cuando las unidades cambian, alteran el aire alrededor de ellas, lo que es resultado de su propia actividad.

Constantemente emanan de la roca y retornan a ella, con un movimiento tan suave, que parecería simultáneo. Las unidades se reunen y, hasta cierto punto, se funden, con otras unidades enviadas, digamos, por el follaje y todos los demás objetos. Existe una constante mezcla y, asimismo, atracción y repulsión.

Pueden tomarse un descanso y luego continuaremos.

(*10:10. La entrega de Jane fue totalmente enfática y animada en todo momento. Su estado de trance era bueno.*)

(*El resto de la sesión se dedicó a la interpretación de Seth de uno de mis sueños —Robert Butts.*)

SESIÓN 506,
27 DE OCTUBRE DE 1969, 9:40 P.M., LUNES

(*Un poco después de las 9 p.m., Jane y yo nos sentamos para ver si se presentaba Seth. Dije a Jane que no era necesario tener una sesión, pero estaba muy dispuesta, si es que Seth decidía hacerlo. Ella ha estado trabajando largas horas en su libro y tiene que reescribir un par de capítulos.*)

(*Jane, ha celebrado dos recientes y excelentes sesiones largas para su clase de PES, sin embargo, actuando como Seth y como Seth Dos e incluyendo nuevo material.*)

Buenas noches.

(*"Buenas noches, Seth"*)

Ahora bien: Ruburt no necesita preocuparse por haber perdido algunas sesiones regulares. Se ha venido ejercitando espontáneamente y, cosa bastante paradójica, es sobre la espontaneidad que depende la regularidad de nuestras sesiones. ¿Me sigues?

("Sí")

Ahora bien: las unidades respecto a las cuales hemos venido hablando, no tienen una "vida" específica, regular y predeterminada. No parecen ajustarse a muchos principios científicos. Puesto que son la fuerza intuitiva que se halla un poco más allá del rango de la materia, sobre la cual se forma la materia, no se ajustarán a las leyes que gobiernan ésta, aunque en ocasiones tal vez remeden las leyes de la materia. Es casi imposible detectar una unidad individual porque en su danza de actividad, constantemente se torna en parte de otras de tales unidades, expandiéndose y contrayéndose, pulsando y cambiando de intensidad, de fuerza y *cambiando* de polaridad. Esto último es en extremo importante.

(*Pausa, una de muchas*.)

Con el limitado vocabulario de Ruburt, esto es bastante difícil de explicar; pero sería *como si* las posiciones de tus polos norte y sur cambiaran constantemente, aunque manteniendo la misma distancia relativa uno de otro y, por su cambio de polaridad, desquiciando la estabilidad (*pausa*) del planeta, excepto que, debido a la fuerza comparativamente mayor en los *polos* de las unidades (*gestos, intentos de trazar diagramas en el aire*), una estabilidad más nueva se logra casi de inmediato, después del cambio. ¿Es claro eso?

("Sí")

El cambio de polaridad ocurre a ritmo con la variación de intensidad emocional o energía emocional, si así lo prefieres. La "inicial" energía emocional originadora que forma y pone cualquier unidad en movimiento, hace entonces que la unidad se convierta en un campo electromagnético altamente cargado con aquellas características de polaridades cambiantes que se acaban de mencionar. Las polaridades cambiantes son también causadas por atracción y repulsión de otras unidades semejantes que pueden pegarse o despegarse. Existe un ritmo que se halla abajo de toda esta polaridad cambiante, e intensidades cambiantes que ocurren constantemente. Pero los ritmos tienen que ver con la índole de la energía emocional misma y no con las leyes de la materia.

Sin una comprensión de estos ritmos, la actividad de las unidades parecería fortuita, caótica; y parecería no haber nada que mantuviera juntas a las unidades. Ciertamente, éstas parecen estar volando separadas a tremendas velocidades. El "núcleo", usando ahora una analogía de célula, si estas unidades fueran células, que no lo son, entonces sería como si el núcleo estuviera constantemente cambiando de posición, volando y alejándose en todas direcciones, arrastrando al resto de la célula consigo. ¿Sigues la analogía?

("Sí")

Las unidades obviamente están *dentro* de la realidad de todas las células. Ahora bien: el punto de iniciación es la parte básica de la unidad, como el núcleo es la parte importante de la célula. El punto de iniciación es la energía emocional específica originadora, única e individual, que forma cualquier unidad dada. Se convierte en la entrada a la materia física.

Es la envoltura inicial de tres lados, de la que toda materia debe brotar. El punto inicial forma los tres lados alrededor de ella. (*Gestos, pausa.*) Existe una naturaleza explosiva cuando nace la energía emocional. El efecto de tres lados, formado instantáneamente, nos lleva a un efecto que es algo así como fricción; pero el efecto hace (*más gestos*) que los tres lados cambien de posición, por lo que se termina con un efecto triangular, cerrado, con el punto inicial dentro del triángulo. Ahora bien, entenderás que ésta no es una forma física.

(*"Sí"*)

El punto de energía, de aquí en adelante, constantemente modifica la forma de la unidad; pero el proceso que acabo de mencionar debe ocurrir primero. La unidad puede volverse circular, por ejemplo, Ahora estas intensidades de energía emocional que forman las unidades, culminan transformando todo el espacio disponible en lo que ellas son. Ciertas intensidades y ciertas posiciones de polaridad entre y en medio de las unidades, y los grandes agrupamientos de las unidades, comprimen esta energía hasta una forma sólida (*resultando en materia*). La energía emocional dentro de las unidades es, obviamente, el factor motivador y puedes ver, entonces, por qué la energía emocional ciertamente puede hacer pedazos un objeto físico. Puedes tomar un respiro.

(*10:10. Jane salió del trance con bastante rapidez, aunque éste había sido bueno. En algunos momentos su entrega había sido sumamente rápida. Dijo que podía sentir que Seth la oprimía para hacer que ella dejara salir el material con tanta claridad como fuera posible, sin distorsiones.*)

(*Ella también tenía algunas imágenes mientras entregaba el material, aun cuando no pudo recordarlas durante el descanso. Por lo regular, dijo, olvida cualesquier imágenes y hasta si ha tenido o no alguna, a menos que yo específicamente se lo pida de inmediato cuando termina una sesión o en el descanso. En ocasiones, dice, las mismas imágenes regresan a ella cuando lee una sesión determinada; entonces las reconoce.*)

(*Jane tuvo la idea de mencionar que, con respecto al cambio en polaridades de las unidades: "Esto no es sólo con el viraje entre norte y sur, sino entre los opuestos en cualquier parte del borde del círculo [que se usó como analogía], con el oriente y el poniente invertidos, por ejemplo".*)

(*Reanudamos a las 10:26.*)

Ahora bien: la intensidad de la energía emocional original, controla la actividad, potencia, estabilidad y tamaño relativo de la unidad; el ritmo de su pulsación y su poder para atraer y repeler otras unidades, así como su aptitud para combinarse con otras unidades.

La conducta de estas unidades cambia de la siguiente manera: cuando una unidad está en el acto de combinarse con otra, alínea sus componentes de una manera característica. Cuando se está separando de otras unidades, alínea sus componentes de manera diferente. Las polaridades cambian en cada caso, dentro de las unidades. La unidad alterará sus polaridades dentro de sí misma, adoptando el diseño de polaridad de la unidad a la que está siendo atraída; y modificará su polaridad fuera de ese diseño, al romper el contacto.

Stockridge. . .

Tomemos, por ejemplo, cinco mil de tales unidades alineadas juntas, formadas juntas. Por supuesto, serían invisibles; pero si pudieras contemplarlas, cada unidad individual tendría sus polos alineados de la misma manera. Parecería una sola unidad, digamos que es de forma circular, por lo que parecería un pequeño globo con los polos alineados como en la Tierra.

Si esta gran unidad fuera entonces atraída por otra más grande, circular y con los polos que corrieran de este a oeste, en tus términos, entonces la primera unidad modificaría su propia polaridad y todas las unidades dentro de ella harían lo mismo. El punto de energía se encontraría entonces a la mitad entre estos polos, sea cual fuere su posición y (*el punto de energía*) forma los polos. Por lo tanto, se revuelven alrededor del punto de energía. Este punto de energía es básicamente indestructible.

Sin embargo, su intensidad puede variar hasta grados sorprendentes, por lo que podría, hablando en términos de relatividad, ser demasiado débil para invertirse con la fuerza suficiente para formar la base para la materia, sino proyectarse en otro sistema, quizá, donde se requiera menos intensidad para la "materialización".

Estas unidades pueden también ganar tanto en intensidad y en potencia, que forman estructuras relativamente permanentes dentro de tu sistema, debido a la sorprendente energía que se halla tras ellas. Tu Stockridge. . .

(*Seth hizo una pausa; Jane frunció el ceño, como si buscara una palabra.*)

(*"¿Oak Ridge?"*)

No. (*Gesto.*) Los restos de templos. . .

(*"Oh, ¿Baalbek?"*)

Estos eran lugares para estudios concernientes a las estrellas. Observatorios.

(*"¿Sí? Pensé que probablemente yo conocía la palabra que Seth/Jane buscaba: pero no disponía de un momento para pensar y escribir al mismo tiempo.*)

Las unidades así cargadas con energía emocional intensiva, formaron patrones para materia que retenían su potencia. Ahora estas unidades, aunque aparecen dentro de tu sistema, también pueden tener una realidad fuera de él, impulsando a las unidades de energía emocional *a través* del mundo de la materia enteramente. Estas unidades, como te dije, son indestructibles. Sin embargo, pueden perder o ganar poder, quedarse atrás en intensidad abajo de la materia o pasar a través de la materia, pareciendo *como* materia cuando lo hacen y proyectándose a través del sistema.

Trataremos de esa parte de su actividad separadamente. Sin embargo, en tales casos están obviamente en un punto de transición y en un estado de llegar a ser. Puedes tomarte un respiro o terminar la seión, como prefieras.

(*"Creo que es mejor que la terminemos"*)
Yo quería darte este material.

(*"Es muy interesante"*)
Es apenas el principio, Omitiría las analogías, si tú no las consideras necesarias. Que pasen una buena noche.

(*"Buenas noches, Seth"*)

(*10:45. Después de conversar un rato, deduje que Seth/Jane había estado tratando de encontrar la palabra "Stonehenge", aludiendo a los antiguos monolitos de piedra druídicos arreglados en forma de círculo en Inglaterra, etcétera. Jane entonces declaró que ésta era precisamente la palabra que Seth había estado tratando de lograr de ella. No sabía por qué no había podido pronunciarla mientras estaba en trance, puesto que conoce la palabra y lo que representa.*)

SESIÓN 509,
24 DE NOVIEMBRE DE 1969, 9:10 P.M., LUNES

(*El día de hoy Jane había estado leyendo* Psicología Experimental, *por C. G. Jung, primera edición norteamericana, publicada por los herederos de Jung en 1968. No habíamos pedido a Seth que comentara.*)
Buenas noches.

(*"Buenas noches, Seth".*)
Ahora bien: existe una gran cosa, subestimada por todos tus psicólogos cuando ofrecen una lista de atributos o características de la conciencia. Voy a eslabonar este material con nuestra discusión sobre nuestras unidades de energía electromagnética, puesto que existe una íntima conexión.

Empecemos con Jung. Él supone que la conciencia debe estar organizada alrededor de una estructura de ego. Y lo que llama el inconsciente, no organizado tan egoístamente, lo considera, por tanto, sin conciencia. . . sin conciencia del yo. Ofrece un buen argumento al decir que el ego normal no puede conocer material inconsciente directamente. Sin embargo no comprende, ni tampoco tus demás psicólogos, lo que te he dicho a menudo: que hay un ego interior y es este ego interior el que organiza lo que Jung llamaría material inconsciente.

Repito: cuando te encuentras en un estado que no es el de vigilia usual, cuando has olvidado este yo cotidiano, estás, no obstante, consciente y alerta. Meramente bloqueas la memoria del ego despierto. Así, cuando se dan los atributos de la conciencia, se hace en gran parte caso omiso de la creatividad. En vez de ello, se asigna ésta primordialmente al inconsciente. Mi punto de vista es que el inconsciente *está* consciente. La creatividad es uno de los atributos más importantes de la conciencia, entonces. Diferenciaremos entre la conciencia normal del ego y la conciencia que únicamente parece inconsciente a ese ego.

Ahora bien: el ego interior es el organizador de la experiencia que Jung llamaría inconsciente. El ego interno es otro término para lo que llamamos el yo interior. Así como el ego externo manipula dentro del ambiente físico, el ego interior o yo organiza y manipula una realidad interna. El ego interno crea esa realidad física con la que el ego externo trata después.

Todo el trabajo original, ricamente creativo, que hace este yo interior, no es inconsciente. Tiene un propósito, altamente descriminativo, y llevado a cabo por el ego consciente interior, del que el ego exterior no es sino una sombra y no, como verás, lo inverso. El lado oscuro del yo para Jung, es el ego, no el incosciente. El complicado tapiz, infinitamente variado e increíblemente rico del "inconsciente" de Jung, difícilmente podría ser *in*consciente. Es el producto de una conciencia interna con mucho más sentido de identidad y propósito que el ego cotidiano. Es la ignorancia de este ego cotidiano y su enfoque limitado, lo que hace ver la llamada actividad inconsciente, como caótica.

El ego consciente surge ciertamente del "inconsciente"; pero el inconsciente, por ser el creador del ego, es necesariamente mucho más consciente que su vástago. El ego simplemente no está lo suficientemente consciente para ser capaz de contener el vasto conocimiento que pertenece al yo consciente interior del que brota.

Es este yo interior, fuera del conocimiento masivo y el alcance ilimitado de su conciencia, el que forma el mundo físico y proporciona estímulos para mantener al ego externo constantemente en la tarea de percibir. Es el yo interior, que aquí denominamos el ego interior, el que organiza, inicia, proyecta y controla las unidades de EE (*energía electromagnética*) de las que hemos venido hablando, transformando energía en objetos, en materia.

Este yo interno usa la energía para dar forma partiendo de sí mismo, de sus experiencias internas, a una contraparte material en la que el ego externo puede luego actuar su papel. Es decir, el ego externo actúa un drama que el yo interno ha escrito. Esto no quiere decir que el ego externo sea una simple marioneta. Quiere decir que el ego externo es mucho menos consciente que el ego interior, que su percepción es menor, que es mucho menos estable, aun cuando hace gran alarde de estabilidad, que surge del yo interior y está, por lo tanto, menos, en vez de más, consciente.

El yo externo es alimentado a cucharadas y se le confieren únicamente aquellos sentimientos, emociones y aquellos datos que puede manejar. Estos datos se le presentan de una manera altamente especializada, usualmente en términos de información recogida por los sentidos físicos.

El yo interior o ego, no sólo es consciente, sino consciente de sí mismo, como una individualidad separada de otros, como una individualidad que es una parte de todas las otras consciencias. Según tus términos, se mantiene continuamente consciente, tanto de su separación como de su unidad. El ego externo no se percata continuamente de nada. Frecuentemente se olvida de sí mismo. Cuando se ve sacudido por una fuerte emoción, parece perderse; existe unidad, entonces, mas no sentido de separación. Cuando más vigorosamente mantiene su sentido de individualidad, deja de percatarse de su unidad con otros.

El ego interior siempre se da cuenta de ambos aspectos y está organizado alrededor de su aspecto primario, que es la creatividad. Constantemente traduce los componentes de su *gestalt* a realidad, bien sea realidad física a través de las unidades de EE que he mencionado o en otras realidades igualmente válidas.

Ahora puedes tomar tu descanso y después continuaremos.

(*Durante nuestro descanso, me pregunté en voz alta si Jung habría cambiado sus ideas desde su muerte física.*)

(*Reanudamos a las 10:05.*)

Ahora bien: las unidades de EE (*energía electromagnética*) son las formas que la experiencia básica asume cuando es dirigida por este yo interior. Éstas, entonces; forman objetos físicos, materia física. En otras palabras, la materia es la forma que la experiencia básica asume cuando penetra en sistemas tridimensionales. La materia *es* la forma de tus sueños. Tus sueños, pensamientos y emociones, literalmente se transforman en materia física con un propósito definido por este yo interior.

El yo interior individual, a través del constante esfuerzo masivo de gran intensidad creativa, coopera con todos los demás yos internos para formar y mantener la realidad física que conoces, por lo que la realidad física es un vástago o subproducto del yo interior altamente consciente.

Los edificios parecen estar construidos de roca, piedra o acero. Parecen bastante permanentes a los sentidos físicos. En realidad están oscilando, moviéndose siempre, *gestalts* altamente cargados de unidades de EE (*"por debajo"*, digamos, *de cualquier partícula atómica*), organizados y mantenidos por los esfuerzos colectivos por parte de los yos interiores. Ellos (*los edificios*) son emociones solidificadas, estados subjetivos solidificados, a los que se dio materialización física.

Así pues, los poderes de la conciencia no se entienden claramente. Cada individuo tiene su parte que desempeñar en la proyección de estas unidades de EE en realidad física. Por lo tanto, la materia física puede describirse legítimamente como una extensión del yo, de modo muy semejante a como el cuerpo físico es una proyección del yo interior.

Es obvio que el cuerpo crece alrededor del yo interior y que los árboles crecen del suelo, mientras que los edificios no brotan como flores, por propia voluntad; así pues, el yo interior tiene varios métodos de creación y usa las unidades de EE en formas diferentes, como verás cuando continuemos con la discusión.

Habiendo determinado la realidad física como una dimensión en la que se expresará a sí mismo, el yo interior, antes que nada, tiene cuidado de formar y mantener la base física sobre la cual todo lo demás depende: las propiedades de la tierra que pueden llamarse naturales. El yo interior cuenta con un vasto e infinito depósito del que extrae conocimiento y experiencia. Todos los tipos de elección son accesibles y la diversidad de materia física es un reflejo de esta profunda fuente de variedad.

Con las estructuras naturales formadas y mantenidas, se proyectan otras propiedades físicas secundarias, construcciones secundarias. La experiencia subjetiva más honda, más básica y duradera, sin embargo, se traduce en estos elementos naturales: el amplio paisaje que sustenta la vida física. Continuaremos con esta discusión en nuestra próxima sesión.

Jung se extendió en algunos de sus conceptos poco tiempo antes de morir. (*Inclinándose hacia adelante, humorísticamente enfático*). Ha cambiado un buen número de ellos desde entonces. Ahora puedes tomar un descanso o terminar la sesión, como prefieras.

(*"Tomaremos el descanso"*)

(*10:30 p.m., Jane dijo que pensaba que la entrega había tomado quizás diez minutos, en vez de los veinticinco que en realidad tomó. Reanudamos a las 10:43.*)

En breve terminaremos la sesión. Sin embargo, baste decir que en el futuro lo que estoy diciendo será más generalmente conocido. Los hombres llegarán a familiarizarse hasta cierto punto con su propia identidad interior, con otras formas de su propia conciencia.

A través de las eras, algunas personas han reconocido el hecho de que existe una autoconciencia y propósito en ciertos sueños y estados de sueño y han sostenido, incluso en la vida en vigilia, el sentido de continuidad de este yo interior. Para tales personas ya no es posible identificarse completamente con la conciencia del ego. Obviamente, se percatan más de sí mismos. Cuando se logra tal entendimiento, el ego puede aceptarlo, pues para su sorpresa encuentra que no es menos consciente, sino más y que sus limitaciones se disipan.

Ahora bien: no es cierto y enfatizo esto vigorosamente, que el llamado material inconsciente, si se le concede cierta libertad, quitará energía del yo organizado en torno al ego en una personalidad normal. Muy por el contrario, el ego se reabastece y más bien en forma directa. Es el temor de que lo "inconsciente" sea caótico lo que hace que los psicólogos hagan tales aseveraciones. Existe además algo en la naturaleza de aquellos que practican la psicología: una fascinación, en muchos casos ya predispuesta para temer al "inconsciente", en proporción directa a su atracción por él.

El ego mantiene su estabilidad, su aparente estabilidad, y su salud, del constante alimento subconsciente e inconsciente que recibe. Demasiado alimento no lo matará. ¿Me sigues aquí?

(*"Sí"*)

Únicamente cuando tal alimento, por alguna razón, se recorta hasta un grado considerable, se ve el ego amenazado por el hambre. Tendremos más que decir concerniente a la relación del ego con el "inconsciente". En una personalidad saludable, el yo interior proyecta fácilmente toda la experiencia en las unidades de EE, donde se traducen en realidad. Así pues, la materia física actúa como retroalimentación. Terminaremos ahora nuestra sesión, a menos que tengas algunas preguntas.

(*"Creo que no. Ha sido muy interesante"*)

Mis más cordiales saludos y una buena noche para ambos.

(*"¿Te gustaron tus retratos?" Esto se refiere a las fotografías tomadas la noche anterior a esta sesión, en nuestra sesión 508°, por un fotógrafo. Las fotografías se usarán en el libro de Jane sobre el Material de Seth.*)

Ciertamente, y también el joven que las tomó.

(*10:56.*)

GLOSARIO

Agentes. Espíritus guías que se posesionan de un médium humano para transmitir un mensaje.

Cayce, Edgar. Médium norteamericano célebre por su capacidad de diagnosticar enfermedades y prescribir remedios contra ellas en estado de trance.

Clarividencia. Facultad de percibir acontecimientos —o visualizar objetos— situados en un lugar remoto, o en el futuro.

Daimon. Espíritu amistoso que, según los griegos, acompaña a los hombres y les da consejos. Aunque la palabra "demonio" se deriva de este nombre, el daimon no es ni bueno ni malo. Sócrates se refería a él como sinónimo de una conciencia reflexiva.

Doppleganger. Dentro del folklore germano existe la creencia de que, en caso de peligro inminente, una persona recibirá la visita de un "doble" suyo, para advertirle del riesgo que corre. A esta aparición, a veces fantasmal y otras material, se le llama doppleganger.

Espiritismo. Creencia en la posibilidad de comunicarse con el espíritu de los que ya han muerto, y con entidades de otras dimensiones, a través de un médium.

Formas de Pensamiento. Objetos físicos e incluso seres vivos, creados por la fuerza del pensamiento de una persona,

Gestalt. Del alemán: forma, organización, configuración. Término psicológico que se emplea para referirse a un individuo como parte integral de un todo con el cual está en constante relación.

Karma. Doctrina hindú que sostiene la necesidad de completar muchos ciclos vitales, reencarnando a través de sucesivas existencias en cualquier clase de ser viviente, hasta obtener la liberación de esa "rueda de la vida" alcanzando el nirvana.

LSD. Ácido lisérgico. Un potente alucinógeno sintético, químicamente similar a substancias existentes en varias plantas y hongos empleados durante siglos por chamanes y sacerdotes para rituales mágicos (o, según la terminología moderna para "expandir sus conciencias").

Médium. Hombre o mujer capaz de ponerse en contacto con un espíritu —llamado agente— que se posesiona de su cuerpo para hablar a través de él.

Ouija. Tabla que tiene inscritas todas las letras del alfabeto y los números del

293

cero al nueve. Sobre ella se coloca una pequeña pieza en forma de triángulo o corazón que puede moverse libremente por la superficie. Si se apoyan los dedos índices de los participantes sobre esta pieza móvil —o indicador— y se hace una pregunta, el indicador deletreará la respuesta.

PES. Percepción extrasensorial. Término que se aplica en parapsicología a la capacidad de obtener información del mundo físico sin usar los sentidos. Por ejemplo a través de la telepatía, clarividencia, etcétera.

Premonición. Ocurre cuando se conoce un acontecimiento que ocurre en un lugar remoto o en el futuro, a través de un sueño, o intuición. Es distinta de la clarividencia porque ocurre involuntariamente.

Tulpas. Nombre que reciben en el Tibet las "formas de pensamiento". La escritora Alejandra David-Neel relata en su libro: *Místicos y Magos del Tibet*, cómo siguió las instrucciones que le proporcionó un lama para crear un Tulpa con la forma de un monje tibetano, y cómo tuvo después que esforzarse para "desaparecer" a su creación.

Vardoger. Como el doppleganger es un "doble" de la persona que se aparece a ésta o a otros. En los países eslavos se considera ésta una facultad propia de los brujos.

Sesión 452, 2 de diciembre de 1968, 9:17 P.M., lunes

Buenas noches.

Buenas noches, Seth.

Ahora bien, los niños construyen castillo de naipes y los derrumban. No te preocupas por el desarrollo del infante, pues comprendes que así aprenderá mejor. Inclusive quizás sonrías ante el hondo sentido de desolación de la criatura. Hasta que él finalmente conecta el movimiento de su propia mano con la destrucción del papel, la casa de cartón que desapareció, y a sus ojos desapareció, no tiene reparación posible.

Ahora bien, la humanidad construye civilizaciones. Ha ido más allá del juego del niño. Los juguetes son *reales* y, no obstante, la analogía es válida. No condono la violencia que tiene lugar. La verdad es que nunca puede condonarse y, a pesar de ello, debe comprenderse por lo que es: el hombre aprendiendo a través de sus propios errores. También aprende por sus éxitos y hay ocasiones en que estrecha sus manos, momentos de deliberación, periodos de creatividad. *(Pausa.)* Las identidades asumen muchos papeles en muchas vidas.

Existen periodos, ciclos si lo prefieres, a través de los cuales estas identidades viven y aprenden dentro de tu sistema. Hasta cierto punto, son enseñadas por otros, maestros de práctica, si prefieres llamarlos así *(Divertido)*.

(El periódico de hoy publicó el relato de la violencia que tuvo lugar durante la convención presidencial demócrata en Chicago en 1968, relatando los muchos choques entre la policía y diversos grupos de manifestantes; así como el veredicto de culpabilidad sobre la conducta de la policía rendido por una comisión investigadora. Jane y yo habíamos discutido el reporte en la mesa durante la cena.)

Sin embargo, la *raza* del hombre es mucho más que la raza física.

Página 4646 del Material de Seth, que muestra el inicio de la Sesión 452. El texto completo de esta sesión inicia en la segunda página del Apéndice.

ÍNDICE

LA COLECCIÓN AUDIO DE SETH
(Solo en Inglés)

GRABACIONES ÚNICAS DE SETH CUANDO HABLABA através de Jane ahora están disponibles en audio cassette y en CD. Estas sesiones fueron grabadas por Rick Stack, estudiante de Jane, durante las clases en Elmira, Nueva York en los 1970s. La mayoría de estas selecciones no se han publicado nunca en ninguna forma hasta ahora. Tomo I, descrito abajo es una colección de algunos de los mejores comentarios de Seth recogidos de entre más de 120 Sesiones de Seth. Más selecciones de la Colección Audio de Seth también están disponibles. Para más datos, pide nuestro catálogo gratis.

Tomo I de La Colección Audio de Seth consiste en seis cassettes (de 1 hora) más un librito de 34 páginas de las transcripciones de Seth. Temas cubiertos en Tomo I incluyen:

- Crear tu propia realidad -Como liberarte de las creencias limitadoras y crear la vida que quieres.
- Los sueños y las experiencias fuera del cuerpo.
- La Reencarnación y el Tiempo Simultáneo.
- Conectarte con tu ser interno.
- La espontaneidad-permitiéndote irte con el fluir de tu ser.
- Crear la abundancia en todo aspecto de tu vida.
- Los universos paralelos (probables) y el explorar otras dimensiones de la realidad.
- La curación espiritual, como tratar las emociones, superarte de la depresión y mucho más.

PARA UN CATÁLOGO GRATIS de productos relacionados con Seth, incluyendo una descripción detallada de la Colección Audio de Seth, rogamos nos solicites información a la dirección abajo.

PEDIDOS:
Si quisieras pedir la Colección Audio de Seth, Tomo I, favor de enviar tu nombre y la dirección, con un cheque o giro postal pagadero a New Awareness Network, Inc. US$60 (cintas), o US$70 (CDs) mas transporte. Residentes de USA en NY, NJ, PA & CT añadir impuestos estatales de venta (IVA).

Envío :   U.S. - US $7.50, Canada or Mexico US $10.00
          South America, Europe, Asia Africa, Pacific US $24.00
Tarifas : UPS nacional-USA continental y correo aéreo para PR y HI y pedidos al extranjero. 2 semanas para entregar pedido. Despacho alternativo: -$15.00 via marítima para todo el mundo - 5-8 semanas para entregar el pedido.
Por correo: NEW AWARENESS NETWORK, INC.
            P.O. BOX 192
            Manhasset, NY 10030 USA Teléf.: +1 (516) 869-9108
            (entre la 9:00 h.-17:00 h.) Lunes a Sábado EST

Libros por Jane Roberts : Todos los títulos están disponibles en inglés; algunos de los títulos también están disponibles en castellano. Le rogamos mirar nuestro sitio web en español para ver los detalles. Ir a **www.sethlearningcenter.org** y hacer 'click' en el link arriba y a la izquierda, o ponerse en contacto con nosotros por teléfono o por correo postal.

Habla Seth: la eterna validez del alma. Este guía esencial del vivir consciente, claramente y poderosamente expresa los alcances más distantes del potencial humano, y el concepto que cada uno de nosotros crea nuestra propia realidad.

La Naturaleza de la Realidad Personal. Técnicas prácticas para resolver problemas cotidianos y enriquecer la vida que conoces. En este bestseller perenne, Seth desafía nuestras suposiciones acerca de la naturaleza de la realidad y hace hincapié en la capacidad del individuo por la acción consciente.

El Individuo y la Naturaleza de los Acontecimientos Totales. Seth investiga la conexión entre las creencias personales y los eventos mundiales, como nuestras realidades se unen y se combinan "formar las reacciones en masa como el derrocamiento de los gobiernos, el nacimiento de una religión nueva, las guerras, las epidemias, los terremotos, y las nuevas épocas del arte, de la arquitectura, y la tecnología."

El Enfoque Mágico: Habla Seth sobre el arte del vivir creativo. Seth revela la verdadera naturaleza mágica de los niveles más profundos de nuestro ser, y explica cómo vivir nuestra vida espontáneamente, creativamente, y según nuestros ritmos naturales.

La Trilogía de Oversoul Siete (La educación de Oversoul Siete, la enseñanza superior de Oversoul Siete, de Oversoul Siete y del museo del tiempo) Inspirado por las experiencias propias de Jane con el Material de Seth, las aventuras de Oversoul Siete son una fantasía intrigante, una exploración de nuestro ser interno, y una celebración vibrante de la vida.

La Naturaleza de la Psique. Seth revela un concepto nuevo y sorprendente del "Yo", dando respuestas acerca de la realidad interna que existe aparte del tiempo, los orígenes y las potencias de los sueños, la sexualidad humana, y cómo escogemos nuestra muerte física.

La Realidad Desconocida. Tomos I y II. Seth revela la naturaleza multidimensional del alma humana, los laberintos resplandecientes de las probabilidades invisibles involucrados en cualquier decisión, y cómo las realidades probables se combinan para crear la vida despierta que conocemos.

Los Sueños, la Evolución y el Cumplimiento de los Valores. Tomos I y II. Seth discute el mundo material como una auto-creación en curso-el producto de un universo autoconsciente y totalmente animado, donde prácticamente no sólo existe toda posibilidad, sino que se anima constantemente a lograr su potencial máximo.

El Camino Hacia la Salud. Entretejido por la historia conmovedora de los días finales de Jane Roberts son las enseñanzas de Seth sobre la auto-curación y de los efectos de la mente sobre la salud física.

CPSIA information can be obtained
at www.ICGtesting.com
Printed in the USA
FFOW01n0540231014
8185FF

9 780976 897835